Renseigner les démocraties, renseigner en démocratie

Jean-Claude Cousseran
Philippe Hayez

Renseigner les démocraties, renseigner en démocratie

Un défi pour nous tous

JC Cousseran

Odile Jacob

15, rue Soufflot, 75005 Paris

www.odilejacob.fr

ISBN : 978-2-7381-3241-3

Introduction
Pourquoi un ouvrage sur les politiques de renseignement ?

Le renseignement relève-t-il de l'anecdote ? Comme le regrettent les experts, il est traditionnellement considéré comme la proverbiale « dimension oubliée » des relations internationales, reprenant ainsi la formule empruntée au diplomate britannique Cadogan par le maître historien britannique Andrew[1]. Il est vrai qu'il demeure absent de la plupart des manuels universitaires, peut-être parce qu'il aurait aussi été un « objet longtemps perdu des sciences sociales[2] ».

C'est aujourd'hui de moins en moins vrai car le sujet imprègne désormais notre quotidien, démentant l'avertissement lancé par le Premier ministre britannique Margaret Thatcher, en 1984, au lendemain de la guerre des Malouines, selon lequel « trop de choses ont été dites et écrites à propos du renseignement et moins devraient l'être à l'avenir ». La décennie qui vient de s'écouler, de l'attaque des Tours jumelles du World Trade Center aux révélations de l'objecteur de conscience Snowden, a fait entrer comme jamais le renseignement dans le champ du débat public. Il n'est guère de formule dans le vocabulaire contemporain de la sécurité internationale qui ne vienne le rappeler, de la « connexion des points » essentielle à la lutte antiterroriste, à l'exploitation des métadonnées par les agences, en passant par le recours aux drones ou aux *renditions*.

Dans ce contexte, il est presque étonnant que la notion de politique de renseignement (*intelligence policy*) soit encore si peu explorée, comparée à celles, familières à chacun, de politique de défense ou de politique de sécurité publique. Elle s'est cependant installée dans le paysage des démocraties à mesure que celles-ci reconnaissaient l'existence d'un contexte général de sécurité nationale dans lequel la contribution du renseignement était jugée indispensable[3]. Au Japon, un tel renforcement des moyens nationaux de renseignement a été recommandé par un rapport sur les capacités de sécurité et de défense (rapport « Araki ») remis au Premier ministre en octobre 2004. En France, le Livre blanc sur la défense et la sécurité nationale de juin 2008 a identifié une fonction stratégique « connaissance-anticipation » dans laquelle le renseignement est appelé à jouer un rôle de premier plan. Au Canada, c'est l'adoption, pour la première fois, par le gouvernement en avril 2004 d'une politique de sécurité nationale à travers le document *Securing an open society*, qui prône le renforcement du renseignement.

L'idée d'un ouvrage, dont l'ambition est de définir les contours des politiques de renseignement contemporaines et d'en dégager les principes, résulte d'une rencontre, les deux auteurs ayant été appelés à contribuer directement à sa mise en œuvre en France dans le contexte de l'après-11 septembre 2001. Ce compagnonnage a débouché sur un enseignement dispensé depuis 2010 à plusieurs centaines d'étudiants de Sciences-Po Paris, dont ce texte dérive largement. Il faut rendre ici hommage à Ghassan Salame, directeur de son école des affaires internationales (PSIA, Paris School of International Affairs), l'un des premiers à entrevoir que le renseignement était un marqueur du renouvellement des enseignements sur les questions internationales auquel il a tant contribué, en même temps qu'une connaissance devenue essentielle pour les élèves français et étrangers de cet établissement d'enseignement supérieur, dont le blason ancien est orné d'un lion et d'un renard.

Sciences-Po est ainsi venu rejoindre de nombreuses universités étrangères (États-Unis, Royaume-Uni, Espagne...) qui enseignaient déjà les principes du renseignement depuis plusieurs années. Au Royaume-Uni, on recensait récemment au moins 14 établissements universitaires dispensant de tels cours. Aux États-Unis, plus de 100 universités offrent des enseignements sur le sujet. Ces ambitions pédagogiques s'appuient sur des travaux scientifiques et universitaires (*intelligence studies*) de plus en plus nombreux et dont le développement en France[4] tient beaucoup à la prescience de l'amiral Lacoste, qui dirigea la Direction générale de la sécurité extérieure (DGSE) de 1982 à 1985 et y consacra une partie de son énergie en tant que président de la Fondation pour les études de défense nationale (FEDN) dans les années 1990. Ce « printemps français du renseignement », expression utilisée dès 1996[5], auquel sa figure doit être associée, a permis de compenser l'écrasante importance des publications anglo-saxonnes sur le sujet, dont il ne faut pas oublier que même les meilleures d'entre elles[6] ne valent pas dans tous les contextes nationaux.

Contrairement aux idées reçues, les sources d'étude du renseignement ne manquent donc pas. Certes, le renseignement demeure par nature une activité secrète et donc *a priori* difficilement accessible à la connaissance externe. La fiction littéraire et audiovisuelle sur le sujet est en revanche abondante et n'est pas sans contenir des parcelles de vérité, mais elle est inévitablement déformante. On ne fera pas injure au regretté Gérard de Villiers, l'immortel auteur de la série « SAS », ni même au plus subtil John Le Carré, en considérant que leurs œuvres respectives n'épuisent pas le sujet.

Le présent ouvrage se veut ainsi un ouvrage d'initiation, correspondant à une vision française, et destiné à un public non spécialisé. Ni témoignage ni même plaidoyer, il a pour ambition d'offrir aux étudiants francophones un livre de référence, dont il est à souhaiter qu'il nourrisse d'autres entreprises intellectuelles. Il vise aussi à proposer aux citoyens une base de connaissances permettant de nourrir une réflexion qui ne peut seulement résulter de la contemplation de l'actualité.

Quelles problématiques aborder ?

Il s'agit de traiter tout autant de « politiques de renseignement », approche qui met l'accent sur leur finalité (renseigner pour…), que des « politiques du renseignement », en s'intéressant au caractère « spécial » de l'objet et à la nécessité d'une vigilance particulière. Le renseignement est donc aussi bien un objet spécifique qui peut être abordé en tant que tel, comme l'a montré l'anthropologue et historien Dewerpe dans un ouvrage central[7], qu'une composante plus ou moins discrète de l'action des États, dont la valeur doit être mesurée de manière aussi objective que possible.

Le présent ouvrage ne se limite pas au renseignement en France mais ne saurait embrasser les systèmes de renseignement dans le monde. Il tente une approche comparée des politiques de renseignement dans les démocraties occidentales, qui s'impose aujourd'hui comme une nécessité[8]. La notion d'Occident, qui peut être jugée ambiguë, renvoie à l'histoire de nos sociétés et aux racines communes du renseignement. Celle de démocratie fait écho au contexte particulier qui fait des individus des citoyens auxquels on ne peut entièrement dissimuler le renseignement. Ce n'est toutefois pas une approche par pays qui a été retenue mais une réflexion centrée – principalement mais non exclusivement – sur quelques-uns (France, Allemagne, Royaume-Uni, États-Unis) qui disposent d'appareils structurés de renseignement et en admettent la relative publicité. Ceux qui s'intéressent à des systèmes non occidentaux, dans les pays arabes par exemple, pourront trouver ailleurs des réponses[9].

Le sujet central de cet ouvrage est en fin de compte l'équilibre qui existe entre les exigences d'efficacité et de légitimité d'une politique publique, définie en France comme un ensemble d'objectifs fonction des finalités d'intérêt général auquel sont affectés des crédits, ainsi que des résultats attendus et faisant l'objet d'une évaluation (loi organique relative aux lois de finances du 1er août 2001). Comme l'indique sir David Omand, éminent spécialiste britannique : « Les agences gouvernementales de renseignement dont nous disposons aujourd'hui, reconnues par leurs autorités, responsables sur le plan démocratique, supervisées de manière indépendante et visibles publiquement sur la Toile, opérant selon un strict code éthique, peuvent-elles être en mesure de collecter du renseignement secret et de s'engager dans une action secrète efficace[10] ? »

Quel cheminement emprunter ?

Le présent ouvrage est articulé en quatorze chapitres visant à explorer les notions essentielles à la définition des politiques de renseignement (renseignement, agence, communauté, recherche, action clandestine…), à éclairer les principaux champs d'application de celles-ci (sécurité intérieure, défense, diplomatie, économie, cybermenaces) et à définir les conditions essentielles de leur mise en œuvre (pilotage, coopération, contrôle). Chacun de ces développements est l'occasion d'une réflexion sur les problématiques que doivent affronter les responsables. Lorsque cela est pertinent, des principes de politique sont mis en évidence ou suggérés.

Objet de nombreuses tentatives de définition, souvent obscurcies par sa dénomination anglaise (« *intelligence* »), la notion de renseignement doit être confrontée à la conception moderne de l'information. Si cette approche permet d'en cerner le champ, elle doit être prolongée par une meilleure appréhension de sa finalité et de ses destinataires. Peut-on, dans ces conditions, s'accorder sur une définition unique du renseignement ? Doit-on évoquer aujourd'hui l'existence d'une « crise du renseignement » ?

Le renseignement ne peut en réalité être compris en faisant abstraction des cultures politiques et stratégiques nationales qui le sous-tendent. Quelles sont ces cultures ? Que nous disent leurs différences dans les grandes démocraties contemporaines ? Quels modèles d'organisation ou de regroupement engendrent-elles ? Les organes publics qui les incarnent, appelés communément « agences », ne sont pas des administrations ordinaires. Comment se manifeste leur particularisme ? Les caractéristiques communes des services de renseignement et de sécurité rendent-elles incontournable le modèle d'une communauté nationale qui s'étend depuis quelques années ? Comment comprendre les différences et les concurrences des agences ? La distinction entre le renseignement intérieur et le renseignement extérieur est-elle pérenne ?

Pour mieux comprendre le renseignement contemporain, il est nécessaire d'interroger son histoire. Celle-ci a jusqu'ici porté principalement, de manière souvent dépréciative, sur les événements auxquels le renseignement a été publiquement associé. Cette histoire est surtout en apparence celle des échecs et des abus. Elle doit naturellement être assumée, à condition de pouvoir l'appréhender avec objectivité et de disposer des éléments pour le faire. Il est cependant possible d'éclairer, dans la longue période et dans le contexte de sociétés différentes, le rôle du renseignement dans la prévention ou la résolution des problèmes stratégiques des États. Que peuvent nous dire la généalogie des structures destinées à le produire et la nature des liens que celles-ci ont entretenus avec leurs autorités politiques ? Comment cette fonction s'est-elle adaptée à l'évolution et à la diversité des États ?

Incarnant peut-être le propre du renseignement, les activités de recherche, que leurs vecteurs soient humains (en anglais, *human intelligence* ou HUMINT) ou techniques (*signal intelligence* ou SIGINT), font appel à des savoir-faire très particuliers, visant au recrutement et à la manipulation d'agents ou à l'extraction de fragments d'information. Elles concentrent également une part importante des risques et des coûts. Que cherche-t-on au juste *via* le renseignement, qui ne puisse être acquis autrement ? Quelle peut être l'efficacité théorique et pratique de cette activité dans un monde d'information surabondante ? Comment aborder le problème de la légitimité des méthodes employées ?

Contrairement aux apparences, il n'existe pas de renseignement brut, c'est-à-dire qui ne soit pas présenté, interprété et restitué dans son contexte par son analyse. Quelles exigences particulières s'attachent à cette analyse du renseignement ? Qu'est-ce que l'« orientation » ? Comment les services pratiquent en interne le *knowledge management* que leur activité appelle ? Comment organiser cette fonction au sein des États afin d'apporter aux autorités la contribution la plus pertinente et la plus objective ? Qui sont au juste les « analystes » des services ? Comment partager le résultat avec les autres administrations consommatrices de renseignement et productrices d'information utile ?

Délaissant les « clubs » où elle se nichait, la coopération internationale entre les services de renseignement a changé d'intensité et peut-être même de nature. Quels sont les buts de ces coopérations ? Comment leurs modalités ont-elles évolué en une décennie ? Peut-on encadrer la pratique par des régimes ou des normes, au regard des risques qu'elle présente ? Que penser des formes nouvelles imprégnant les institutions européennes ou internationales ?

Étroitement liée à la notion de service « spécial », l'action clandestine confiée à certains services revêt une dimension d'abord technique (favoriser le recueil dans des zones peu accessibles), particulièrement adaptée à la prolifération des théâtres de crise et à l'évolution contemporaine des menaces. Elle prend parfois une dimension stratégique, quand elle est perçue comme une alternative à la diplomatie ou à la guerre. Comment accepter aujourd'hui l'« action couverte » ? Celle-ci relève-t-elle réellement des services de renseignement ou s'inscrit-elle dans une évolution des missions et des modes d'action des forces armées ? Le culte de l'« action », auquel certaines agences auraient cédé, est-il compatible avec la recherche du renseignement ? La clandestinité a-t-elle un avenir dans un monde globalisé ?

La lutte contre le terrorisme international est devenue à l'évidence depuis des décennies la mission prioritaire des agences de renseignement. S'agit-il de la première « politique guidée par le renseignement » (*intelligence-led policy*) ? Quels objectifs assigne-t-on aux services dans ce domaine ? De quels atouts disposent-ils pour cette politique ? Comment s'esquisse la coopération entre les services et avec leurs partenaires ? Quelles pratiques nouvelles cette priorité a-t-elle engendrées au sein même des agences, qui puissent constituer des atouts pour l'avenir ?

La cyberdimension, qui est entrée dans le champ des politiques de sécurité il y a quelques années, affecte de manière croissante la vie collective. Cyberattaques, cyberespionnage, voire cyberguerres, sont de plus en plus évoqués comme justifiant une adaptation des postures de sécurité nationale. Faut-il opérer des distinctions entre les menaces liées à l'apparition de ce monde interconnecté ? Cette nouvelle dimension renouvelle-t-elle les modes d'action du renseignement ou les dévalue-t-elle ? Comment les organisations et les politiques tiennent-ils compte de cette réalité ?

Initialement confondus, le renseignement et la diplomatie sont devenus des instruments distincts depuis au moins deux siècles. Ils entretiennent désormais des liens étroits et subtils. Quelle division du travail retenir entre diplomates et acteurs du renseignement ? Comment cohabitent les deux fonctions régaliennes ? Subsiste-t-il une place pour la « diplomatie parallèle » ? Quelle part le renseignement peut-il prendre dans la « politique d'influence » recherchée par la plupart des États contemporains ?

Depuis plus d'une décennie, le renseignement prend également une place accrue dans les politiques de défense. Comment cette évolution se traduit-elle dans les doctrines, les organisations et les programmes militaires ? Quelle distance sépare encore le renseignement militaire du renseignement de défense ? Quels sont les besoins actuels en renseignement des forces armées ? Le renseignement militaire est-il soluble dans l'« information de combat » ?

Les objectifs économiques n'apparaissent, pour leur part, que rarement dans les politiques de renseignement. Ils figurent pourtant au cœur des préoccupations de sécurité des dirigeants et des populations. Quelle importance accorder à la mobilisation du renseignement au service de l'économie ? Quelle place définir pour le renseignement économique, au vu des attentes et des chausse-trapes ? Quels types de relations peut-on imaginer entre les services d'État et les entreprises ? L'intelligence économique relève-t-elle des logiques et des politiques de renseignement ?

Activité secrète, le renseignement est régulièrement soupçonné tantôt d'être dévoyé de son objet par ses maîtres, tantôt d'être négligé par eux, tantôt de poursuivre des desseins propres. Que signifie cette immersion des appareils de renseignement dans les réalités politiques ? Faut-il la prévenir ou l'assumer ? Comment arrêter des relations saines et vertueuses entre les autorités politiques et les techniciens du renseignement ? Quelles « bonnes pratiques » recommander en matière de direction et de contrôle des services par les responsables de l'exécutif ?

Pour garantir sa légitimité, le renseignement doit non seulement convaincre de son efficacité mais aussi déroger le moins possible aux principes des démocraties qu'il vise à protéger. Pourquoi est-il essentiel d'attacher ce moderne Prométhée ? Quelle cohérence peut se dessiner entre les contrôles internes et externes de l'activité ? Comment combiner leurs dimensions éthique, juridique et politique ? Faut-il en fin de compte être optimiste sur la bonne insertion du renseignement dans les démocraties contemporaines ?

L'ouvrage n'a pas la prétention d'apporter des réponses toutes faites à ces questions complexes. En les identifiant plus clairement et en recherchant leur mise en contexte, il contribuera peut-être à éclairer les débats qui ne manqueront pas, à chaud ou à froid, de traverser les démocraties au cours des prochaines années.

CHAPITRE 1

Définir le renseignement

Comme le rappelle l'expert américain vétéran Johnson[1], le renseignement répond à un besoin anthropologique : la nature humaine espère une amélioration de sa condition, mue par l'ambition, et craint simultanément le danger, soumise à un instinct de survie, ce qui provoque chez elle la recherche d'informations (cycle du renseignement), la protection de celles qu'elle détient (contre-espionnage), la recherche d'un avantage accru (action clandestine) et la protection contre les abus du secret (*accountability*). Le besoin de renseignement est ainsi lié à ce que l'universitaire canadien David appelle la « permanence de l'état d'insécurité[2] ». La notion de renseignement est donc de ce fait presque aussi ancienne que celle d'espionnage et que l'histoire, mais elle ne se laisse pas facilement appréhender. Comme l'indique un observateur américain, « toutes les tentatives pour développer des théories ambitieuses sur le renseignement ont échoué[3] ». En 2002, un des historiens internes de la communauté américaine du renseignement, Warner[4], reconnaissait encore qu'une définition du renseignement était nécessaire : « Même aujourd'hui, nous n'avons pas de définition du renseignement communément acceptée. »

Il faut en effet se garder de donner du renseignement une définition trop vague. Comme l'a indiqué l'expert suédois Agrell : « Si tout est renseignement, rien n'est renseignement[5]. » On peut penser, avec le criminologue canadien Brodeur, que « le renseignement n'est pas un objet qui tient sa spécificité de ses caractères intrinsèques mais plutôt de ses propriétés relationnelles[6] » avec divers termes : information, savoir, science, preuve, surveillance, producteur, destinataire, contenu ou processus.

En français, le mot renseignement désigne une double réalité. C'est d'une part une information particulière même si sa particularité ne doit pas aller jusqu'à considérer, comme le veut la théorie américaine de l'*intelligence exceptionnalism*, qu'il s'agit d'une information radicalement différente des autres. Celle-ci est marquée par des besoins spécifiques, par des considérations d'État comme par le souci de sécurité. Il renvoie d'autre part à une organisation, une structure, une machinerie confinée, relevant de l'État et travaillant sous le contrôle de l'exécutif. Il est nécessaire d'identifier précisément ce type particulier d'information, dénommée *intelligence* en anglais, *Nachrichten* en allemand, *разведки* en russe ou *qíng bào* (情报) en chinois, mais aussi de décrire les traits caractéristiques de cette machinerie. Cette information singulière, marquée par le secret et le confinement, participe de notre société de l'information, définie, elle, par l'accumulation d'informations globalisées, ouvertes et concurrentielles. Au XVIIe siècle, le mathématicien britannique Bayes a démontré comment améliorer les probabilités de bonne décision en mixant de nouvelles informations avec d'anciennes informations. Mais si elle s'inscrit dans une approche générale que l'on peut qualifier de « bayésienne », son économie est différente.

Il est nécessaire de mesurer comment et dans quelles conditions ce secteur des politiques publiques, profondément enraciné dans une culture du secret, du cloisonnement et de la clandestinité, s'insère dans les démocraties fondées sur le suffrage, la délibération, la critique, la transparence et le droit, avec quelles tensions, quels arbitrages et quelle cohérence. C'est dire la difficulté de trouver une définition synthétique, consensuelle, pour une réalité qui est, à l'évidence, composite et parfois contradictoire. C'est dire aussi le poids des défis, des obstacles et des contradictions qui pèse sur l'évolution du renseignement aujourd'hui.

Quelques définitions fonctionnelles du renseignement

Cette quête de définition est à rapprocher, parmi de nombreuses tentatives, de quelques propositions qui permettent de mettre en évidence les fonctions du renseignement.

L'approche psychologique

Selon les anciens Grecs, le renseignement était la *mètis* : une intelligence avisée et rusée, qui était divinisée. Selon la définition de l'helléniste et résistant Jean-Pierre Vernant, il s'agissait d'un « ensemble complexe, mais très cohérent, d'attitudes mentales, de comportements intellectuels qui combinent le flair, la sagacité, la prévision, la souplesse d'esprit, la feinte, la débrouillardise, l'attention vigilante, le sens de l'opportunité, des habiletés diverses, une expérience longuement acquise[7] ». Cette approche n'est pas dépassée et retrouve même peut-être ces jours-ci un sens nouveau face aux développements que connaît le monde. Sous cet angle, le renseignement est une attitude correspondant à la notion de *situational awareness* évoquée par des auteurs anglo-saxons comme sir David Omand, aussi bien qu'une envie et un désir de connaître et de comprendre. Il s'oppose aussi bien à une vision doctrinaire des réalités qu'à un abandon crépusculaire devant celles-ci. C'est aussi, comme le signale le romancier Kemp, « une affaire de bête à sang froid[8] ».

L'approche organisationnelle

Le renseignement est aussi une mécanique – une *machinery*, selon l'expression retenue par le gouvernement britannique – et un processus mettant en jeu de nombreux acteurs individuels et collectifs qui relèvent de l'État. Dans cette perspective, il s'agirait d'une information que le secteur privé ne peut offrir aux autorités. Selon l'expert américain Berkowitz, « la justification d'un appareil de renseignement est de trouver et interpréter une information concernant la sécurité nationale dont le gouvernement a besoin mais qu'il ne peut obtenir des médias ou d'autres sources commerciales. Cette information relève généralement des catégories suivantes : de l'expertise que le secteur privé ne peut entretenir parce qu'elle serait non profitable ; de l'information que le secteur privé ne veut ou ne peut collecter parce qu'elle serait non profitable ou trop exigeante sur le plan technologique ; de l'information que le secteur privé ne veut ou ne peut collecter en raison des contraintes légales ou des risques[9] ».

La machine à renseigner s'inscrirait alors dans une dimension cybernétique. Selon Lowenthal, le renseignement correspond d'abord à un

« processus par lequel des informations spécifiques importantes pour la sécurité nationale sont demandées, collectées, analysées et fournies ». Inspiré par les méthodes d'organisation industrielle des années 1920 et par une attention particulière au contrôle de sa confection, il vise à la qualité du produit qu'il fournit à ses destinataires.

L'approche politique

Certains auteurs, tels les experts britanniques Gill et Phythian, soulignent que le renseignement n'est pas seulement un processus d'information et de connaissance mais aussi un instrument de puissance impliquant politique et action[10]. C'est le « pouvoir de renseignement » (*intelligence power*) défini par le vétéran britannique Herman, qui peut devenir aussi « pouvoir du renseignement ».

On peut donc s'attacher dans ce cas à sa finalité, en y voyant une catégorie d'information tenant à son destinataire particulier : une « information collectée, organisée ou analysée pour les acteurs ou les décideurs[11] » ou une « information politiquement pertinente, collectée par des moyens ouverts et clandestins et soumise à l'analyse, afin d'éduquer, d'éclairer ou d'aider le décideur dans la formulation et la mise en œuvre de la politique étrangère et de sécurité nationale[12] ». Le renseignement est alors un adjuvant de la décision. Comme le veut la définition allemande du renseignement, c'est l'éclairage (*Aufklärung*) qui est recherché. Aux États-Unis, les buts officiels du renseignement sont ainsi, en vertu de l'*executive order* (EO) 12333 présidentiel du 4 décembre 1981 amendé le 31 juillet 2008, de « fournir au président, au Conseil de sécurité nationale et au Conseil de sécurité intérieure l'information nécessaire pour fonder les décisions relatives au développement et à la conduite des politiques étrangère, de défense et économique et à la protection des intérêts nationaux des États-Unis contre les menaces extérieures contre la sécurité ».

Ces dimensions se retrouvent toutes dans la définition classique du renseignement donnée en 1949 par l'un des pères fondateurs du renseignement américain contemporain, Kent[13], professeur à Yale, et reprise notamment par l'OTAN[14], selon laquelle le renseignement est tout à la fois une information (le produit), une activité (la pratique) et une organisation (le producteur).

L'information, dimension matérielle centrale

Un rapport au réel

Le renseignement est d'abord un fait. Il existe cependant des différences entre le fait brut observé, visible, photographié, et le fait situé, corrélé, analysé et mis en perspective. C'est le contraste entre un nom dans un annuaire et un nom dans une notice biographique de type *Who's Who* ou Wikipédia. La notion de renseignement brut doit, à cet égard, être prise avec prudence. Une image satellite peut ne pas avoir de signification pour un profane : elle doit être interprétée. Le renseignement est ainsi un système qui vise à passer du tacite à l'explicite, en filtrant, précisant, qualifiant, commentant l'information. C'est le sens des représentations des « pyramides du renseignement » qui fleurissent.

De la donnée au renseignement

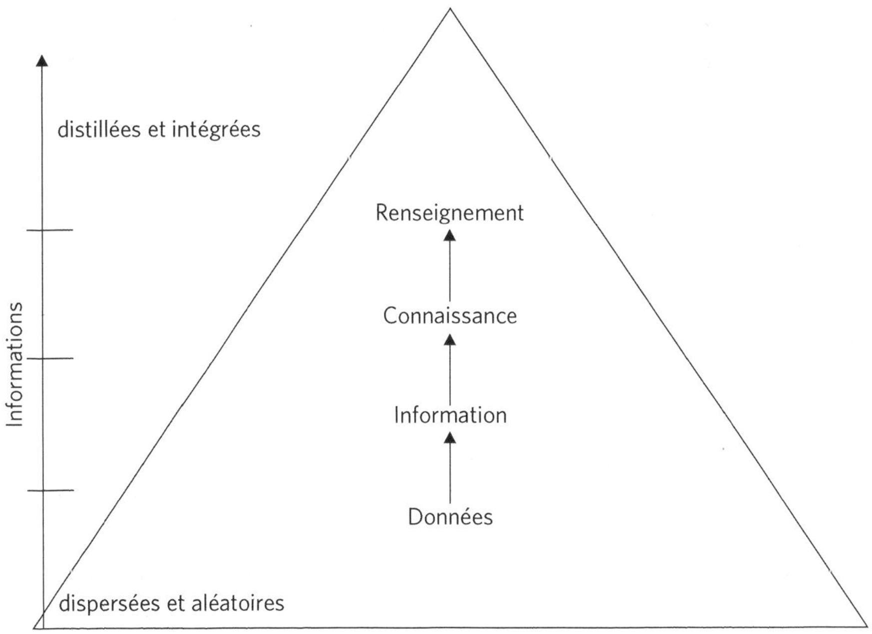

Source: Singh Gill M. et Nath S., University of Ottawa.

Ces faits doivent aussi être triés, archivés, conservés. Le renseignement est un peu comme la *Bibliothèque de Babel* (1941), chère à l'écrivain argentin Jorge Luis Borges, dans laquelle les fichiers et la mémoire jouent un rôle central. C'est un monde de méthodologie qui s'appuie sur le fichage et le criblage des données ; un monde de limites où pèse en permanence le risque ; un monde de technologie où la National Security Agency (NSA), agence de renseignement technique américaine, est réputée produire l'équivalent d'une Bibliothèque du Congrès (74 téraoctets) toutes les six heures ; un monde d'échange de données entre acteurs internes et externes.

Or le contexte moderne de l'information est radicalement différent de celui qui a présidé à la création des agences de renseignement il y a plus d'un siècle. Dans la société contemporaine de l'information, la relation entre l'émetteur et le récepteur, centrale dans la théorie quantitative « classique » de Shannon (1948), est devenue secondaire par rapport à l'existence d'un réseau, dans lequel « communiquer le savoir est en même temps la condition qui permet de se maintenir informé et l'obstacle à sa propriété exclusive », comme l'indique Castells, l'un des principaux théoriciens contemporains de la société de l'information[15].

Cette situation conduit à une inversion des perspectives par rapport à la guerre froide. Alors que le renseignement traditionnel était confronté à la pénurie d'informations, sur la situation intérieure en URSS par exemple, il doit surtout faire face aujourd'hui à la surabondance d'un monde de *big data*, ce qui lui impose de disposer de filtres tout autant que de capteurs efficaces. C'est ce contexte de dispersion des informations et des menaces elles-mêmes qui conduit certains experts à estimer qu'il existe aujourd'hui un « changement de paradigme du renseignement[16] ».

Un rapport à la connaissance

Le fondement anthropologique du renseignement le fait procéder d'une démarche cognitive qui habite tout individu et toute organisation. Mais si, comme l'avance Brodeur, « la collecte de renseignement constitue presque toujours une opération de nature épistémologique visant à la production d'un savoir », il n'est pas pour autant certain qu'il puisse être considéré comme une science[17]. Ainsi, des deux types de savoirs que distinguait déjà Aristote dans son *Éthique à Nicomaque*, le renseignement relèverait moins de la connaissance théorique (*épistémé*), qui s'acquiert par l'étude et le raisonnement, que de la connaissance pratique (*phronesis*), concrète, temporelle et présomptive. Il n'y a pas de renseignement sans contexte.

Le renseignement vise à construire cette connaissance pour agir : agir sur l'adversaire comme l'admettait Clausewitz, pour qui le terme désignait l'ensemble des « connaissances relatives à l'ennemi et à son pays[18] ». Agir en toute capacité selon Kent, dont la formule « *Intelligence is knowledge* » renvoie au célèbre « *Knowledge is power* » de Francis Bacon. C'est une invitation vertigineuse qui répond à celle du poète René Char : « Produis ce que la connaissance veut garder secret, la connaissance aux cent passages[19]. »

L'information de renseignement revêt à cet égard une nature particulière. Son domaine n'est pas circonscrit comme en témoignent les thèmes de *National Intelligence Estimates* (NIE) américaines consacrés aux maladies infectieuses en 2000, au sida en Chine et en Russie de 2003 ou au changement climatique en 2007. Sa qualité est recherchée, quoique non toujours atteinte en termes de fiabilité et de recoupements ; son origine est protégée par le secret des sources. Le rapport à la connaissance donne le but comme le souligne l'extrait de l'Évangile selon saint Jean inscrit depuis 1959 sur le mur d'entrée de l'Old Executive Building de la CIA : « Et vous connaîtrez la vérité et la vérité vous rendra libre » (« *And ye shall know the truth and the truth shall make you free* »). Il limite l'objet du renseignement. Ainsi, comme le rappelle Lowenthal, « tout renseignement est information, toute information n'est pas renseignement ». Cette dimension porte bien évidemment une illusion, particulièrement prégnante aujourd'hui : celle de construire le « panopticon », cher au philosophe des Lumières Jeremy Bentham (1786), qui ouvre la tentation au « surveiller et punir » mis en évidence par Michel Foucault. C'est impossible et dangereux.

Un rapport au secret

Selon le directeur général de 2009 à 2014 du Secret Intelligence Service (SIS), Sawers, l'un des services britanniques de renseignement extérieur, « les organisations secrètes doivent demeurer secrètes, [...] sans secret, il n'y aurait pas de service de renseignement[20] ». Le renseignement baigne depuis toujours dans le monde du secret, suivant ainsi la préconisation du philosophe chinois Lao-tseu selon laquelle « les armes les plus efficaces de l'État ne doivent pas être montrées aux hommes » (*Tao-Tö-King*, vers 660 avant Jésus-Christ). Le secret définit ainsi tout autant le renseignement que l'information.

Le secret, c'est l'ignorance et le dissimulé. D'un côté, c'est le silence, le rien, le trou noir, le degré zéro de la connaissance, le flou, le tumultueux, l'inaccessible. De l'autre, c'est le dissimulé (*deception*), le masqué, la tromperie (*denial*). Selon Bonello, « le secret est construit pour masquer mais il a vocation à être percé. Il est provisoire[21] ». Le secret est donc la matrice du renseignement, que les Britanniques définissent par *secret intelligence*. Il porte aussi bien sur le secret des informations que sur le secret du projet de l'autre. Il couvre le secret sur l'état de la connaissance sur l'autre. C'est aussi sa limite, car le secret n'est plus ce qu'il était. Certes, des puissances comme la Chine, la Russie, l'Iran ou la Corée du Nord peuvent être considérées comme des « empires du secret », qui justifient l'attention des services. En Chine, par exemple, l'essentiel de la production écrite du Parti communiste, de l'État ou de l'agence de presse nationale demeure « interne » (*neibu*), c'est-à-dire inaccessible aux étrangers. Mais les « sources ouvertes », notion importante du monde du renseignement, qui recouvrent l'ensemble des informations ne faisant pas l'objet d'une protection spéciale[22], explosent et offrent l'illusion d'une connaissance généralisée. L'information « grise » devient déterminante (bases de données, données personnelles juridiquement protégées...), notamment dans le contexte de l'antiterrorisme. L'information sature la communauté de renseignement et ses clients, victimes comme chaque citoyen d'un déferlement de nouvelles (*information overload*)[23].

La conservation du secret est un enjeu de plus en plus difficile à atteindre comme en témoignent le phénomène WikiLeaks, les publications récentes de Mémoires et de récits d'anciens du renseignement américain ou les actions des *whistleblowers* américains Manning et Snowden. Le secret peut même conduire à la médiocrité : « La règle selon laquelle les dossiers secrets ne doivent être composés que de nouvelles déjà connues est essentielle à la dynamique des services secrets [...]. L'informateur est paresseux, et paresseux (ou d'esprit limité) le chef des services secrets, qui ne retient comme vrai que ce qu'il reconnaît[24] », souligne Umberto Eco. Confronté à de telles ambitions, le renseignement ne peut qu'apparaître comme un instrument à vocation limitée. Lord Butler, qui fut chargé par le gouvernement britannique de présenter en 2004 un rapport sur les défaillances du renseignement dans la crise irakienne, a rappelé ainsi que « le renseignement procure seulement des techniques pour améliorer la base de la connaissance. Comme les autres techniques, ce peut être un outil dangereux si ses limites ne sont pas reconnues par ceux qui cherchent à en tirer parti[25] ».

Un défi pour le renseignement

« En termes simples, l'Agence [*i.e.* la CIA], dont la mission est de collecter et d'analyser l'information, se trouve elle-même au milieu d'une révolution de l'information, qui ébranle sans relâche le secteur privé. Il y a plus de sources d'information disponibles que jamais auparavant et plus de façons de l'extraire et de la traiter. Nous ne sommes pas dans la situation où nous étions pendant la guerre froide où souvent nous étions les seuls en ville pour ce qui était de la compréhension de ce qui se passait en Union soviétique et dans les autres pays qui étaient réellement fermés au monde extérieur. À moins que l'Agence ne continue à ajouter de la valeur à ce que les clients sont aptes de manière croissante à faire eux-mêmes, leur recours à la production de l'Agence diminuera. Les clients continueront assurément à accepter ce que nous produisons (après tout, c'est gratuit pour eux) mais à moins que nous ne parvenions à fournir des informations exclusives à partir de sources clandestines et à moins que nous ne sachions rassembler, extraire et analyser l'information d'une manière qui satisfasse les clients avec une information et des aperçus à temps et exclusifs, adaptés aux problèmes auxquels ils sont confrontés, notre aptitude à influer sur le processus de décision s'érodera au fil du temps. »

(*Source* : Snider L. B., inspecteur général de la CIA, allocution de départ, 19 janvier 2001.)

La dimension téléologique : le destinataire, autorité politique

Une définition du renseignement fondée uniquement sur l'information, fût-elle exacte (*accurate*) et perspicace (*insightful*), ne suffit pas. L'information doit être adaptée à un besoin (*tailored*) et produite en temps utile (*timely*). Le renseignement est donc aussi une réalité politique qui appelle une autorité légitime, des structures constituées, des processus de décision instaurés, des dispositifs de coordination mis en place et des pôles de contrôle institués. Il fait partie de la science du gouvernement. Dans ce contexte, les questions de la relation des services à l'État et de leur autonomie sont centrales.

Le renseignement au service de la sécurité de l'État

Le renseignement dans l'État trouve son origine dans une inquiétude ancienne. Le prince recourt au renseignement pour des raisons qui évoluent dans l'histoire. À l'origine se trouve son sentiment de vulnérabilité, de faiblesse, de risque. Au fur et à mesure que l'État se construit, l'identification d'un problème, d'une menace ou d'un ennemi devient prégnante. Comme le rappelle Herman, « le renseignement est dirigé sur “eux”, pas sur “nous”[26] ». Progressivement s'installe le besoin de savoir, de comprendre, comme base d'une politique publique.

Dans l'histoire, on retrouve ainsi trois grands objectifs assignés au renseignement. Il lui faut prévenir la surprise stratégique, comme en France en 1940, en URSS et à Pearl Harbor en 1941, pendant la guerre du Kippour en 1973 ou au World Trade Center en 2001. Il lui faut encore protéger l'État contre ses ennemis aussi bien extérieurs (agression) qu'intérieurs (subversion). Pour Dewerpe, l'espion est, à cet égard, « le stigmate éminent de la méfiance qu'éprouvent les gouvernants à l'égard des gouvernés ». Il lui est enfin demandé de sécuriser le fonctionnement de la société démocratique à la manière dont Rembrandt dépeint les marcheurs de *La Ronde de nuit* : entretenir ou restaurer la confiance des citoyens, contribuer à ce que l'on nomme désormais la « résilience » de la société.

Ces fonctions correspondent bien à la doctrine contemporaine du « réalisme offensif » défendue par l'universitaire américain Mearsheimer[27], qui est au cœur des théories des relations internationales depuis un demi-siècle. Selon cette vision, les États ont pour but principal leur survie. Ils demeurent les acteurs principaux du système international. Ayant la capacité de se nuire, ils doivent vérifier en permanence les intentions de leurs pairs. La Chine, premier État visé par la *National Intelligence Strategy* adoptée par les États-Unis en 2014, constitue, à ce titre, un objet privilégié de renseignement parce qu'elle est « opaque dans ses intentions ». Dans ce contexte, comme l'indiquait en 2009, l'ancien directeur du SIS britannique de 1999 à 2004, Dearlove, le renseignement peut être vu comme « la dernière assurance de notre souveraineté[28] ». En Espagne, par exemple, la loi de mai 2002 donne pour mission au Centro nacional de inteligencia (CNI) de protéger l'« intégrité territoriale » et la « stabilité des institutions » du pays. Mais on peut aussi bien voir dans l'instrument, comme le fait Herman, une contribution à l'ordre international libéral en ce qu'il offre aux États une faculté de jugement et de prévision autonome.

Quelle est donc la finalité générale pour le renseignement ? Elle est particulièrement centrale à la vie sociale et ne peut être réduite à des préoccupations de sécurité *stricto sensu*. En effet, « nous devons prévoir notre liberté et pas seulement notre sécurité, pour la raison que seule la liberté peut rendre la sécurité sûre », comme l'indiquait le philosophe autrichien Karl Popper.

Le renseignement au service du pouvoir exécutif

Le renseignement n'a d'autre but que de faciliter le processus de décision des autorités. Il suppose naturellement de leur part une volonté d'agir dans laquelle il joue le rôle de facilitateur (*enhancer*, *enabler*). C'est un critère pour le choix de ses objets. En effet, « l'information à partir de laquelle aucune action ne peut être engagée peut être intéressante, elle peut être utile pour les dossiers ou pour le futur mais elle est d'importance secondaire », comme l'indiquait le directeur général du SIS de 1939 à 1952, Menzies, dans une directive de novembre 1942.

Cette vue est partagée en France où l'on tient que « le renseignement n'est utile que dans la mesure où il peut influer sur une décision. S'il n'intéresse aucune décision, ce n'est pas à proprement parler un renseignement mais tout au plus une information[29] ». L'exigence utilitariste demeure prioritaire, comme le rappelle Omand, car « le but du renseignement est de permettre une optimisation de l'action en réduisant l'ignorance, ce qui lui confère un triple rôle : provoquer un état d'alerte, expliquer des "situations" et tenter de prévoir des évolutions[30] ».

Le renseignement vise à accroître l'autonomie du décideur dans un contexte de compétition. Selon Johnson[31], qui développe la notion de « renseignement de sécurité nationale », « le but principal du renseignement est de fournir de l'information aux responsables politiques qui puisse éclairer leurs options de décision ». Cette finalité correspond à la doctrine officielle française. Le Livre blanc sur la défense et la sécurité nationale, publié en juin 2008, indiquait que « le renseignement a pour objet de permettre aux plus hautes autorités de l'État, à notre diplomatie, comme aux armées et au dispositif de sécurité intérieure et de sécurité civile, d'anticiper et, à cette fin, de disposer d'une autonomie d'appréciation, de décision et d'action ». Le dernier Livre blanc français, publié en avril 2013, indique encore que « le renseignement [...] irrigue chacune des autres fonctions stratégiques de notre défense et de notre sécurité nationale. Il doit servir autant à la prise de décision politique et stratégique qu'à la planification et à la conduite des opérations au niveau tactique. Au-delà, il éclaire notre politique étrangère et notre politique économique ». Cette vision a été reprise dans un discours du 13 juillet 2012 par le président Hollande, pour qui le « renseignement et les capacités d'action spécialisées » concernent « la faculté de notre pays de conserver sa liberté d'appréciation et d'action » alors même que le pays s'interroge sur sa capacité à conserver sa souveraineté à moyen terme.

Le but du renseignement vise même à assurer un avantage comparatif sur quatre plans : obtenir de l'information sur les concurrents, anticiper de nouvelles compétitions, transmettre de l'information en dépassant le clivage entre renseignement et décideurs, dégrader les efforts des concurrents pour en faire autant[32]. Cette vision assez offensive place le renseignement au sein d'une compétition entre États, qui peut s'étendre naturellement au champ économique.

Cependant, comme l'indiquent plusieurs experts[33], le renseignement doit aider les décideurs à réduire l'incertitude et non à prendre les décisions à leur place[34]. Il n'est cependant pas seulement une stratégie d'acquisition d'information mais un instrument de filtrage des informations. À cet égard, Lowenthal souligne avec raison que « la croyance que plus de données sur l'information conduit à de meilleures décisions est probablement l'une des erreurs les plus malheureuses de la société de l'information ».

Les attentes du décideur sont cependant diversifiées. L'autorité politique, destinataire du renseignement, n'est pas uniquement un client. Elle entretient des relations complexes avec « ses » services, dont elle est, tour à tour, le responsable, le contrôleur, le gardien et le protecteur. En tant que client, le responsable d'État exprime des besoins de documentation et d'information sur une question pendante, d'éclairage d'une décision à prendre ou de confortation d'une politique, qui peuvent se résumer aux trois préoccupations évoquées plus haut par Omand. Ses attentes ne se bornent pas à solliciter une information utile visant à fournir un renseignement élaboré, adapté au besoin et sur mesure. Celui-ci compte en effet sur le renseignement pour exercer deux effets : d'une part, contribuer à la protection de la communauté en « contrant » le terrorisme, la prolifération d'armes ou l'espionnage, au nom de la « sûreté de la République » introduite en France par la Constitution de l'An III (1795) et devenue « sûreté de l'État » dans la Constitution de l'An VIII (1799). Les atteintes contre celle-ci sont réprimées depuis le Code pénal en 1810, qui distingue les atteintes contre la « sûreté extérieure de l'État » de celles contre la « sûreté intérieure de l'État » ; d'autre part, le renseignement doit appuyer les actions politiques par les moyens exclusifs de l'action clandestine et, dans un contexte militaire, des opérations spéciales.

Il y a donc pour l'autorité politique un double risque de sous-estimation (négliger le renseignement) et de surestimation (en attendre plus que ce qu'il peut donner). Omand nous rappelle à cet égard que « le renseignement secret sera toujours incomplet, fragmentaire et parfois faux ou, au moins, mal interprété. Il ne peut raisonnablement constituer la seule base d'une politique. Mais il peut apporter de la valeur en modifiant en notre faveur les données relatives aux questions de sécurité ». En démocratie, le dirigeant politique doit donc apprendre à faire un juste usage du renseignement, tout en repoussant les tentations qu'il offre, comme le rappelle le thème biblique de l'Arbre de la connaissance et du fruit défendu.

Peut-on circonscrire le champ du renseignement ?

Le recours au renseignement suppose l'existence ou la représentation d'un adversaire et s'oppose ainsi aux attitudes fatalistes ou irénistes. « L'épistémologie du renseignement secret est l'épistémologie de l'antagonisme[35]. » L'adversaire est aussi bien extérieur qu'intérieur. Dans un texte magnifique[36], l'écrivain italien Comisso montre ce que peut recouvrir cette tentation.

Le renseignement comme vecteur de la montée des inquiétudes

« Venise sentait croître autour d'elle le nombre de ses ennemis. Les menaces lui venaient tantôt de la Terre Ferme, tantôt du Levant. Les guerres se succédaient tous les dix ans, lui faisant perdre, en dépit de sa grande valeur, toujours plus de territoires et de pouvoir effectif. Pour arrêter, s'il se pouvait, cette décadence, la direction politique, assurée d'abord par des organismes comprenant un grand nombre de membres, passa à d'autres plus restreints, afin de pouvoir appliquer plus rapidement et plus sûrement les pratiques dont la nécessité s'avérait de jour en jour plus évidente. La République, sous la menace de sa chute, assuma une structure fortement oligarchique. Le Tribunal des Inquisiteurs d'État en devint une des plus importantes institutions, possédant des pouvoirs illimités – ce qui provoqua d'ailleurs contre lui, dans la seconde moitié du XVIIIe siècle, quelques tentatives de réforme, vite réprimées. »

L'estompement de la notion d'adversaire ou d'ennemi conduit certains à voir, avec un peu d'excès, le renseignement comme le pivot de la politique. Le vétéran français Chouet affirme que « de même que le XVIIIe siècle a pu voir dans la guerre la poursuite de la diplomatie par d'autres moyens, le XXe siècle a fait du renseignement la poursuite de la concurrence par d'autres moyens[37] ».

Pour les démocraties occidentales, le monde actuel paraît lourd de menaces multiples, qui peuvent être rassemblées dans ce que l'expert en stratégie Delpech appelle la « piraterie stratégique[38] ». Le renseignement est particulièrement adapté à ces enjeux. Certains, comme les autorités américaines en matière de *law enforcement*[39], en ont même déduit la possibilité de politiques publiques déterminées par le renseignement (*intelligence-led policies*). L'ambassadeur suisse Schreier indiquait ainsi en 2009 que « plus que jamais le renseignement est le prérequis pour toutes les mesures qui visent à la prévention effective, à l'entrave et à la suppression des menaces [...]. Ces menaces peuvent être contrebattues, entravées, prévenues seulement si les opérations de toutes les organisations du secteur de la sécurité qui sont appelées à en traiter sont conduites par le renseignement (*intelligence-driven*) ou pilotées par le renseignement (*intelligence-led*)[40] ». Dans ces conditions, un organisme principalement policier comme le FBI américain peut se présenter lui-même aujourd'hui comme une « organisation pilotée par le renseignement et concentrée sur la menace (*threat-focused*)[41] ».

Quel champ pour le renseignement ?

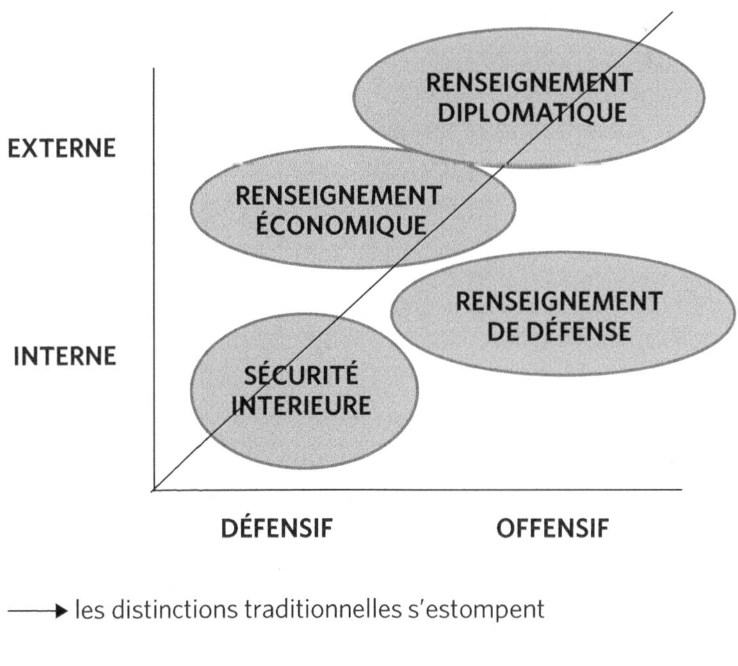

Le champ du renseignement dépend en premier lieu de l'objet même de la recherche d'information qu'il sous-tend. On a longtemps opposé le renseignement intérieur, censé s'exercer sur le territoire, au renseignement extérieur, déployé à l'étranger. On a également distingué le renseignement défensif, assurant une protection contre les menaces directes de toute espèce, du renseignement offensif, porté en principe par un projet politique. Ces distinctions traditionnelles s'estompent aujourd'hui au profit de plusieurs champs d'activité correspondant à autant de dominantes : renseignement de sécurité intérieure, renseignement de défense, renseignement économique, renseignement diplomatique.

Le renseignement peut également être circonscrit par les conditions de sa recherche telles que le choix d'un secret plus ou moins profond (clandestinité), le respect de la contrainte juridique (renseignement légal ou illégal) ou l'utilisation de méthodes non conventionnelles (renseignement passant par les canaux institutionnels connus ou innovants).

Une activité classiquement représentée par un cycle

Le renseignement correspond à une activité, à des objectifs, à des méthodes. Il s'inscrit dans le temps. Il s'agit donc une réalité humaine : un métier (*tradecraft*) – qui serait, selon l'auteur australien Philip Knightley, « la seconde profession la plus ancienne » au monde[42] –, une corporation, des hommes et des femmes préparés, encadrés, dirigés pour ce faire. En France, le terme d'espionnage est apparu dans le *Dictionnaire de l'Académie* dans la sixième édition de 1798 assorti d'une connotation péjorative (« l'espionnage est un métier infâme »). Dans la dernière édition (neuvième édition, entamée en 1986) a été ajoutée la notion d'« activité d'un espion professionnel » et sa dimension négative s'est trouvée atténuée : « L'espionnage au profit d'une puissance étrangère est un crime contre la sûreté de l'État. »

Le renseignement est donc avant tout une pratique. C'est « une activité secrète de l'État destinée à comprendre ou à influencer les entités étrangères », comme le propose Warner. On l'associe fréquemment à un processus linéaire présenté sous la forme d'un cycle. Issue des modèles « fordiens » de production industrielle des années 1920[43], cette notion dynamique, développée pendant la Seconde Guerre mondiale, a été établie par Kent en 1949[44]. Elle a été popularisée par la Commission d'enquête sur les agissements des services présidée en 1976 par le sénateur américain Church, qui distinguait cinq phases successives : l'expression de besoin par les « consommateurs », sa traduction en « objectifs » par les responsables des services, la collecte de renseignement brut, la transformation en renseignement par les analystes et la distribution aux « consommateurs ».

Le cycle traditionnel du renseignement

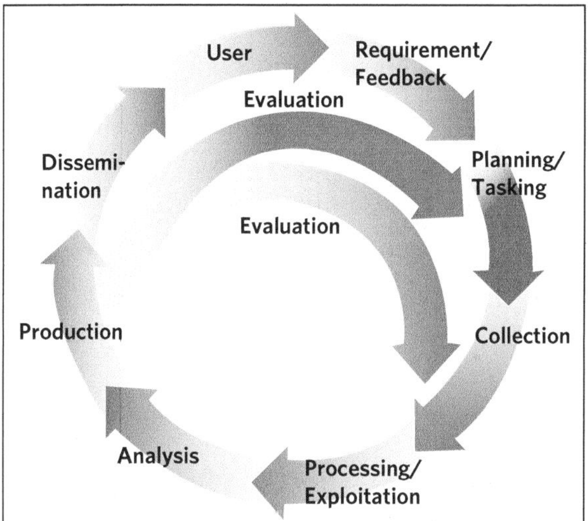

Source: d'après une publication de l'US Department of Defense, 2006.

Cette vision a été modernisée par Lowenthal, lequel distinguait sept phases dans le cycle : orientation, collecte, traitement, analyse, dissémination, consommation, feed-back. Une telle représentation commode de l'activité de renseignement, qui correspond à la vision officielle de la communauté américaine du renseignement, ne fait cependant pas l'unanimité. Elle est ainsi considérée par le vétéran américain Hulnick[45] comme un « modèle faussé » car, dans le monde réel, les autorités n'orientent pas les services mais attendent de leur part des alertes, les analystes cherchent à combler leurs propres *gaps* de connaissance, les capteurs de renseignement ne peuvent être instantanément créés, les autorités n'hésitent pas à utiliser des renseignements bruts et le cycle ignore les fonctions de contre-espionnage et d'action clandestine, ce qui reflète la thèse du spécialiste britannique Herman selon laquelle « le renseignement est de l'information et de la collecte d'information, pas de l'action sur les gens[46] ». Elle est également critiquée pour ne pas intégrer correctement l'existence de la coopération internationale du renseignement[47].

Ainsi, « le cycle de production du renseignement est un monument aux concepts industriels du XIXe et du XXe siècles, centré sur une ligne de production séquentielle, des besoins aux produits, puis recommencée », comme l'avance l'ancien de la NSA, devenu universitaire, Nolte[48]. Pour Omand, sa popularisation comme représentation est « un produit de la guerre froide, qui doit sans nul doute beaucoup à la nécessité perçue par les États-Unis de construire la respectabilité de la nouvelle machine centrale de renseignement et pour souligner les différences entre la nouvelle espèce professionnelle des analystes civils et militaires de renseignement et leurs clients politiques ainsi que le besoin évident de maintenir l'indépendance des premiers par rapport aux projets politiques des seconds[49] ».

Un cycle du renseignement orienté sur la sécurité

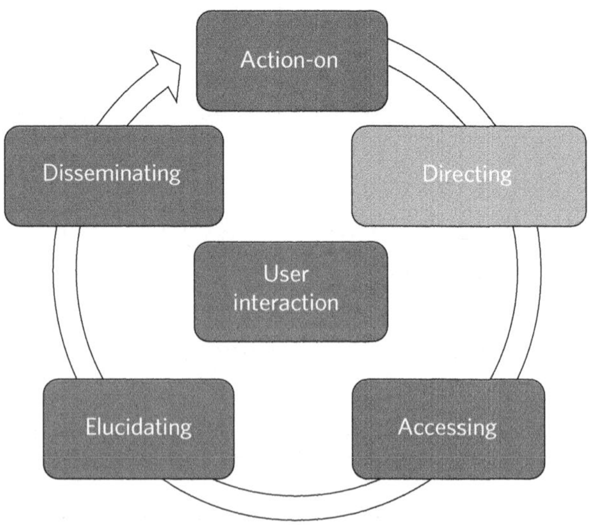

Source: Omand D., communication, Sciences-Po, 2011.

La vision circulaire du renseignement peut néanmoins être conservée mais elle doit être adaptée en suivant les recommandations proposées par Omand[50] : selon lui, la notion d'*access* est plus pertinente que celle de *collection* car elle recouvre l'accès aux sources secrètes et aux sources ouvertes aussi bien qu'aux données personnelles protégées que l'on peut appeler *protected information* (PROTINT). De même l'*elucidation* est préférable à l'analyse, qui s'étend de l'éclairage de situations (*situation awareness*) au renseignement opératif (*action-on intelligence*), tout comme la notion de *dissemination* traduit mieux l'élargissement des destinataires, la diversification des contenus (cartes, vidéos...) et l'apparition de logiques de *pull* de la part des clients. La notion d'*action-on* intègre l'impact croissant du renseignement sur les décisions des autorités ; la notion de *direction* incorpore le pilotage par celles-ci de la communauté. Enfin, la notion d'*user interaction* place le renseignement au cœur d'un réseau interactif que dans une boucle.

La représentation du renseignement en tant qu'activité a le mérite de mettre en évidence l'un de ses particularismes : la « tension morale » identifiée par l'universitaire britannique Quinlan[51], qui fait qu'au niveau collectif comme individuel, « la prise du secret d'autrui, lorsqu'il s'agit de l'État, est une activité où l'on joue à la fois sa vie et le respect de soi », ainsi que le rappelle Dewerpe.

Plus récemment, d'autres auteurs britanniques ont tenté de restituer la complexité de l'activité de renseignement sous forme d'un réseau complexe dans lequel les interactions foisonnent.

Si l'on en croit Confucius, « si les noms ne sont pas ajustés, le langage n'est pas adéquat. Si le langage n'est pas adéquat, les choses ne peuvent être menées à bien » (chapitre XIII de ses *Entretiens*). Il est donc nécessaire de définir précisément le renseignement pour fonder sa politique. On peut préférer le faire à travers ses fins plutôt que par ses moyens. Il serait alors une information utile à la décision gouvernementale, non accessible par d'autres canaux et faisant l'objet d'une certaine protection. Comme le rappelait en 1967 le directeur de la CIA de 1966 à 1973, Helms, « le domaine du renseignement sur lequel nous pouvons maintenir le secret traditionnel s'est progressivement réduit. Une raison importante [...] tient au conflit inhérent à la conduite d'opérations secrètes dans une société libre [...]. La nation doit dans une certaine mesure accepter que nous sommes aussi des gens honorables dévoués à son service […]. Nous entreprendrons ce que les autorités nous demandent de faire, pas plus et, nous l'espérons, pas moins[52] ». À ces conditions, le renseignement est sans aucun doute une contribution indispensable à l'action publique, même si elle ne peut répondre à toutes ses exigences.

CHAPITRE 2

Les agences et les communautés, acteurs institutionnels du renseignement

Comme le rappelle Kent, le renseignement s'étudie aussi en termes d'organisation. À cet égard, la notion d'« agence », souvent employée pour décrire les organes qui en sont chargés, n'est pas neutre. Parfois dénommés « services », comme le Security Service et le Secret Intelligence Service britanniques, tous deux créés en 1909, ou « bureaux » comme le Federal Bureau of Investigation créé en 1908, dénommé ainsi depuis 1935, c'est aux États-Unis que les services sont plus souvent qualifiés d'agences : Central Intelligence Agency créée en 1947, National Security Agency créée en 1952, Defense Intelligence Agency créée en 1961... L'appellation n'est en revanche pas naturelle en France où l'État s'organise en directions et en services, bien qu'une Agence nationale pour la sécurité des systèmes d'information (ANSSI) ait vu le jour en 2009. D'emblée, l'expression invite à considérer le service de renseignement comme un organe au service de l'État. Elle laisse aussi entrevoir un degré de fermeture. Plus encore qu'une administration ordinaire, un service de renseignement apparaît comme une « structure » cohérente au sens où l'entendaient les penseurs structuralistes. C'est une entité qui n'échappe pas à ses propres « intérêts organisationnels[1] », notion établie par l'expert américain Morton Halperin, pour qui ceux-ci constituent un déterminant de la décision publique, notamment dans le domaine de la sécurité nationale au motif que « toutes les organisations cherchent de l'influence, beaucoup ont une mission à accomplir, et quelques-unes ont besoin de maintenir des capacités coûteuses pour satisfaire leurs missions. [...] Les organisations ayant une mission cherchent à maintenir ou améliorer leur autonomie, leur moral organisationnel, leur "essence" organisationnelle et leurs rôle et missions. Les organisations avec des capacités coûteuses cherchent aussi à maintenir ou accroître leur budget ». Cette réalité peut expliquer la difficulté à réformer ces structures. C'est aussi un « système » particulier au sens des analystes de la systémique[2].

Cette autonomie très particulière conduit, dans certains cas, à un rattachement au sommet de l'État (CIA, NIS coréen) ou donner lieu à une tutelle ministérielle relativement formelle (le secrétaire à la Défense pour la NSA). En Europe, le lien entre les agences et leur tuteur administratif est parfois assez superficiel, notamment dans le domaine du renseignement extérieur (DGSE auprès du ministère de la Défense, SIS auprès du Foreign and Commonwealth Office). Au Canada, l'autonomie de l'agence de renseignement technique Communications Security Establishment (CSE) a été accrue en novembre 2011 au sein du ministère de la Défense auquel elle est rattachée, son chef étant désormais autorisé à ne rendre compte directement qu'au ministre.

Longtemps, un organe de renseignement a été caractérisé par son inexistence publique. Pour Chamberlain, ministre britannique des Affaires étrangères, « il est de l'essence d'un service secret qu'il doive rester secret, et si vous commencez à en parler, il est parfaitement évident qu'il n'y aura plus de service secret » (Communes, 1924). Désormais, il se définit par un siège, à l'architecture délibérément ostentatoire. Au hall du bâtiment historique de la CIA de Langley (Virginie), si souvent représenté, et à la « pierre noire » du siège de la NSA à Fort Meade (Maryland) se sont ajoutés à Londres la pyramide du SIS de Vauxhall Cross, à Cheltenham le « Beignet » (Doughnut) du GCHQ, et bientôt à Berlin le siège de la Chausseestrasse du service allemand de renseignement extérieur Bundesnachrichtendienst (BND), à Sydney le siège du service de sécurité intérieure Australian Security Intelligence Organization (ASIO) et à Ottawa, celui du service canadien de renseignement technique, Communications Security Establishment (CSE).

Comme l'a récemment rappelé le Conseil d'État français dans son étude de 2012 sur *Les Agences. Une nouvelle gestion publique ?*, une agence est un organisme exerçant un rôle d'« opérateur exclusif ou très dominant d'une politique publique » et disposant d'une autonomie. La notion évoque également un statut particulier, l'existence de droits et de privilèges, des contraintes aussi. Cela conduit à des débats. L'acquisition, plutôt recherchée, du statut de service de renseignement est parfois discutée pour certaines entités, comme aux États-Unis pour le New York City Police Department (NYPD), au sein duquel 1 000 personnes traitent du contre-terrorisme et qui dispose de représentants à l'étranger, ou, en France, pour la gendarmerie nationale ou la direction du renseignement de la préfecture de police de Paris. Ce statut administratif permet un dénombrement : les États-Unis comptent ainsi 17 agences depuis l'inclusion en 2006 de l'Office of Director of National Intelligence ; l'Australie six (Office of Net Assessment [ONA], Australian Security and Intelligence Service [ASIS], Australian Security and Intelligence Organisation [ASIO], Australian Signals Directorate [ASD], Defence Intelligence Organisation [DIO] et Defence Imagery and Geospatial Organisation [DIGO]), le Japon cinq (Bureau de recherche et d'information du Premier ministre, Quartier général de renseignement de l'état-major des armées, Bureau de la sécurité de l'Agence de police nationale, Agence de recherche de la sécurité publique, Service de renseignement et d'analyse du ministère des Affaires étrangères), l'Allemagne, l'Autriche et le Royaume-Uni trois seulement chacun mais d'autres entités (Joint Intelligence Council [JIC], Serious Organized Crime Agency [SOCA], Defence Intelligence Service [DIS] pour le Royaume-Uni) y sont parfois assimilées. De nombreuses démocraties, comme le Danemark, se contentent de distinguer une agence de sécurité intérieure et une agence de renseignement extérieur, souvent militaire. En France, le Livre blanc sur la défense et la sécurité nationale de 2008 a identifié six agences, dont deux « à vocation généraliste », la DGSE et la Direction générale de la sécurité intérieure (DGSI).

Les débats autour de la constitution et du périmètre des agences illustrent la difficulté à insérer le renseignement dans des organisations. Ils sont ainsi quasi permanents. En France, les six services de renseignement et de sécurité sont rattachés à trois ministères différents. Ils interviennent cependant avec d'autres entités administratives dépendantes de ces ministères. L'organisation nationale, clarifiée en 2008, n'est pas sans susciter des questions récurrentes : faut-il créer une agence

La communauté française de renseignement en 2014

INTÉRIEUR	ÉCONOMIE ET FINANCES	DÉFENSE	AFFAIRES ÉTRANGÈRES
DGSI (Direction générale de la sécurité intérieure)	DG Trésor (Direction générale du trésor)	DGSE (Direction générale de la sécurité extérieure)	CAP (Centre d'analyse, de prévision et de stratégie)
Préfecture de police (Direction du renseignement)	DNRED (Direction nationale de la recherche et des enquêtes douanières)	DPSD (Direction de la protection et de la sécurité de la défense)	Directions géographiques
Service central du renseignement territorial	Tracfin (Traitement du renseignement et de l'action contre les circuits financiers clandestins)	DRM (Direction du renseignement militaire)	DASD (Direction des affaires stratégiques, de sécurité et du désarmement)
Ucram (Unité de coordination de la recherche antimafias)		Brigade de renseignement	
DNAT (Division nationale antiterroriste)		COS (Commandement des opérations spéciales)	
Uclat (Unité de coordination de la lutte antiterroriste)		DGRIS (Direction générale des relations internationales et de la stratégie)	
SCTIP (Service de coopération technique international de police)		DGGN (Direction générale de la gendarmerie nationale)	
OCRGDF (Office central de répression de la grande délinquance financière)		GIGN (Groupement d'intervention de la gendarmerie nationale)	
RAID (Recherche, assistance, intervention, dissuasion)		DGA (Délégation générale pour l'armement)	

concentrant les moyens de recherche technique comme la NSA américaine ? Fusionner les agences de contre-espionnage militaire (DPSD) et civil (DGSI) ? Revenir sur le rattachement ministériel de la DGSE en la replaçant auprès du Premier ministre, comme avant janvier 1966, ou en la rattachant même directement au président de la République ? Créer un véritable service de renseignement financier au sein du ministère des Finances à partir de Tracfin ? Instituer une agence autonome de renseignement géospatial ? Ces discussions ont naturellement lieu dans la plupart des pays. Aux États-Unis, on s'interroge sur la création d'une agence pour la *homeland security* ou sur l'éclatement des fonctions de recherche et d'analyse de la CIA. Au Royaume-Uni, on se demande si la création d'une entité spécialisée dans le crime organisé (SOCA) a été justifiée. Au Canada, on réfléchit depuis la commission McDonald d'août 1981 à la création d'un service doté d'une véritable capacité de recherche humaine clandestine à l'extérieur du territoire, le SCRS/CSIS pouvant actuellement conduire des opérations à l'étranger au titre de l'article 12 du *Canadian Security Intelligence Service Act* du 13 juillet 1984 (« renseignement de sécurité ») et seulement des opérations sur le territoire canadien avec l'autorisation du ministre de la Sécurité publique au titre de l'article 16 de cette loi (« renseignement extérieur »).

Le dénombrement général des agences, qui permettrait de dresser un tableau mondial de celles-ci, est évidemment malaisé, compte tenu de leur hétérogénéité. Il n'existe dans ce domaine pas d'annuaire fiable comparables au *Jane's* ou à la *Military Balance* de l'IISS en matière militaire. Une identification a cependant été tentée il y a quelques années par un étudiant américain[3], qui a recensé 246 agences de renseignement, soit 1,28 par État. Selon cette étude, la dépense mondiale de renseignement aurait atteint 106 962 millions de dollars américains en 2008, dont 65 % aux États-Unis, qui ne représentaient alors que 24 % du PIB mondial. 20 États assuraient 93 % du total de cette dépense. Les 10 premiers budgets nationaux étaient ceux des États-Unis (75 milliards de dollars américains), du Japon (4,7 milliards de dollars américains), de la Chine (4,2 milliards de dollars américains), de la Russie (3,3 milliards de dollars américains), du Royaume-Uni (2,9 milliards de dollars américains), de l'Italie (2,2 milliards de dollars américains), du Mexique (1,1 milliard de dollars américains), de la Corée du Sud

(1,0 milliard de dollars américains), de la France (0,6 milliard de dollars américains) et de l'Allemagne (0,5 milliard de dollars américains). Les effectifs employés dans le renseignement atteignaient 1,13 million de personnes en 2008, dont 144 000 aux États-Unis (13 %) et 172 000 en Russie (15 %). La taille moyenne de la communauté de renseignement dans un pays serait ainsi de l'ordre de 2 500 personnes, la communauté française en comptant 13 000 en 2014.

En France, les budgets consacrés au renseignement ne sont pas secrets, comme dans d'autres démocraties, mais ils sont dispersés entre plusieurs ministères et sont donc jusqu'ici difficiles à appréhender de manière consolidée[4]. Le gouvernement a pour la première fois présenté un montant de crédits pour 2014 de 1,45 milliard d'euros correspondant à la communauté *stricto sensu* et de 1,98 milliard d'euros en incluant l'ensemble des concours nécessaires à la « fonction renseignement ». Il n'est pas douteux cependant que les agences de renseignement et de sécurité ont connu ces dernières années une transformation comme nulle autre catégorie d'entité publique n'en a vécue. Dans le contexte de la lutte contre le terrorisme, leurs budgets ont crû très significativement, faisant plus que doubler en volume, voire tripler. Les budgets de la communauté américaine du renseignement ont été multipliés par 2,1 entre 2000 et 2014 (par 2,7 pour la NSA entre 2001 et 2013, par 2,4 pour la DIA), du SCRS/CSIS canadien par 2,2 entre 2001-2002 et 2011-2012, de l'AIVD néerlandais par 2,3 entre 2004 et 2013, de la communauté britannique du renseignement par 2,6 entre 2000-2001 et 2012-2013, de la Sûreté de l'État belge par 2,7 entre 2004 et 2008, du BND par 2,9 entre 2001 et 2012, de la DGSE par 3 entre 2000 et 2014, du CSE canadien par 3 entre 2001 et 2013 et du renseignement australien par 3,3 entre 2001-2002 et 2008-2009. Ainsi la France consacre-t-elle à son effort de renseignement 0,6 % du budget de l'État, une proportion légèrement inférieure à celle de son budget d'action diplomatique extérieure et équivalente à environ 5 % de celui de défense ou environ 10 % de celui de sécurité intérieure.

Bien qu'il n'existe aucune normalisation internationale – il n'y a pas de standard OTAN –, des distinctions sont habituellement opérées entre les grands types d'agences. On peut différencier les services selon plusieurs critères : leur objet – les services de renseignement recherchent activement de l'information tandis que les services de sécurité visent avant tout la sécurité du territoire –, leur champ d'activité – les services spécialisés dans un seul domaine se distinguent des services généralistes –, leur mode de recherche du renseignement – les services « monomodaux », comme le SIS ou le GCHQ coexistant avec des services « multimodaux » comme la CIA, le BND ou la DGSE –, leur intégration des fonctions de recherche et d'analyse du renseignement (CIA, BND ou DGSE) ou non (SIS, ONA australien) ; leur concentration sur le renseignement *stricto sensu* à titre exclusif (dans la plupart des agences européennes) ou leur inclusion dans des services « spéciaux » ayant aussi vocation à l'« action », comme la CIA, le SIS, le Mossad ou la DGSE.

Il revient en principe aux autorités politiques d'organiser cette activité en réservant à des services déterminés certaines compétences comme la capacité de recherche clandestine à l'étranger par exemple. Il leur incombe également d'imposer si nécessaire aux agences des protocoles de collaboration entre elles. C'est le cas en France des accords passés entre la Direction de la surveillance du territoire (DST) et la Direction de la protection et de la sécurité de la défense (DPSD) en juillet 1984, entre le Commandement des opérations spéciales (COS) et la DGSE en février 1993, entre la Direction du renseignement militaire (DRM) et la DGSE en juin 1994, entre la DST et la DRM en mars 2000, entre la Direction centrale du renseignement intérieur (DCRI) et la Direction centrale de la sécurité publique (DCSP) en juin 2010. Cette division formelle du travail existe également au Royaume-Uni, entre le SIS et le Security Service (SS, *alias* MI5) depuis juillet 1949, aux États-Unis, entre la CIA et les forces armées depuis avril 2003 ou en Israël, où les accords dits *magna carta* de 1998 et 2000 ont transféré la responsabilité du suivi des Palestiniens du Shabak au service militaire Aman.

Malgré cette diversité, on peut retenir qu'une agence de renseignement est avant tout un organisme gouvernemental destiné principalement au recueil et au traitement du renseignement, au prix d'un savoir-faire particulier et dans un cadre juridique spécial. Elle n'est donc pas assimilable à une administration ordinaire.

La diversité des modèles nationaux

Chaque démocratie dispose d'un modèle national d'organisation de son activité de renseignement, que l'on pourrait qualifier d'« organico-culturel ». Celui-ci repose sur quelques déterminants fondamentaux : la culture du pouvoir d'État, qui peut confier aux services la mission de protéger les institutions ou de se livrer à des actions clandestines à l'étranger ; la place faite à la notion de « communauté » du renseignement ; le jeu respectif du secret et de la transparence vis-à-vis des institutions elles-mêmes, de leurs actions ou de leurs responsables. Warner fait ainsi valoir l'existence de « systèmes nationaux de renseignement », dont la configuration serait définie par trois catégories de variables (stratégie, régime et technologie) et par 17 variables spécifiques (position géopolitique, forme de gouvernement, moyens de production...)[5].

La reconnaissance d'un appareil de renseignement en tant que « structure » conduit à identifier ses relations fonctionnelles avec son environnement, c'est-à-dire avec les autres composantes de l'État : pouvoir exécutif, chargé du pilotage ; pouvoir législatif, responsable du contrôle ; autres

L'environnement d'une agence de renseignement

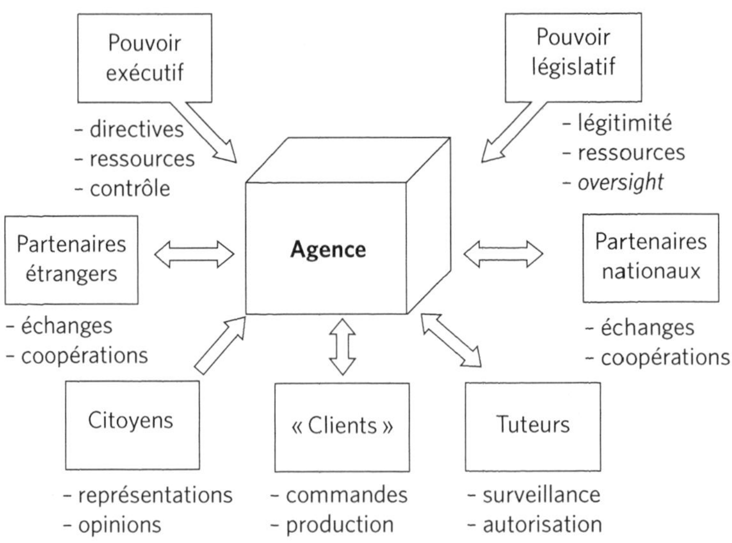

administrations avec lesquelles les services ont vocation à collaborer. Elle façonne également les relations de coopération, voire de mutualisation, avec les autres services nationaux et étrangers de renseignement et de sécurité ainsi qu'avec de nombreux segments de la société tels que l'opinion publique, les médias, l'université, les intellectuels.

En fonction du nombre et du profil des agences, on voit apparaître des modèles types distincts d'organisation du renseignement dans les démocraties contemporaines. On peut dénombrer quatre modèles principaux : modèle « intégré », dans lequel existe une imbrication très étroite entre le sommet de l'État et les services (Royaume-Uni, Israël) ; modèle « unifié », où le renseignement ne compte qu'une seule agence principale (Corée du Sud depuis 2001, Espagne depuis 2002, Suisse depuis 2010) ; modèle « communautaire » où coexistent plusieurs agences spécialisées par domaine ou mode d'action (États-Unis depuis 1947, Canada depuis 2004, France depuis 2008) ; modèle « dual », fondé sur la distinction intérieur/extérieur (Allemagne depuis 1956, France de 1945 à 1992, Italie depuis 1977, Danemark). Ces organisations demeurent encore très marquées par leur passé. Elles existent pour la plupart depuis plusieurs décennies lorsque des menaces majeures en ont justifié la création. Comme l'indique Rathmell[6], « le mélange complexe de structures bureaucratiques, de stratégies et de tactiques, de procédures et de cultures, d'ethos professionnel et de perspectives qui caractérise le renseignement occidental contemporain est largement un produit de la Seconde Guerre mondiale et de la guerre froide ».

L'émergence de communautés de renseignement

Le fait communautaire

On évoque souvent la notion de communauté de renseignement. De manière générale, la notion de communauté présente une double dimension : elle rassemble et distingue. Pour Haas, de l'Université du Massachusetts, elle correspond à une « communauté épistémique », définie comme « un réseau de professionnels avec une expertise reconnue et une compétence dans un domaine particulier et une revendication crédible à un savoir utile pour les politiques dans le domaine considéré[7] ». Dans le champ de la sécurité, on a vu ainsi apparaître les notions de « communauté de sécurité nationale » promue aux États-Unis en 1947 par le secrétaire à la Défense Forrestal et par Eberstadt, ou de « communauté militaire », par exemple dans le Livre blanc français sur la défense de 1994.

Appliquée au renseignement, l'idée de communauté se fonde sur la pratique de techniques formant un métier et de l'atténuation des origines socioprofessionnelles (policiers, militaires...) de ceux qui y appartiennent. Le caractère « exceptionnel » des techniques employées et des contraintes pesant sur les hommes et les femmes du renseignement par rapport au reste de la société renforce le sentiment d'appartenance à un même groupe. Comme le rappelle Claude Lévi-Strauss, le fonctionnement d'une communauté humaine dépend de l'interaction de ses composantes, ainsi que de ses caractéristiques environnementales, psychologiques, historiques et sociales. La communauté liée au renseignement peut aussi être formée par ceux qui sont habilités à en connaître les activités et produits. Aux États-Unis, le nombre d'autorisations (*security clearances*) délivrées au profit de la communauté de renseignement en 2013 s'est élevé à plus de 777 000.

Plusieurs raisons relevant des politiques publiques conduisent en outre à circonscrire les pratiques du renseignement dans un ensemble propre : son pilotage, sa coordination, l'investissement consenti, sa gestion et son évaluation. La vision communautaire du renseignement correspond cependant à une notion tardive et inégalement adoptée. Le modèle américain joue ici un rôle d'archétype en raison de sa notoriété (publicité, controverses, fiction...), ce qui le rend différent d'autres modèles comme l'allemand ou l'israélien. La notion de communauté est centrale pour le renseignement des États-Unis même si sa date de naissance est un peu floue : 1947 selon Lowenthal, 1952 selon Warner et Johnson, 1955 selon Herman. Son périmètre a été établi pour la première fois par la directive présidentielle *executive order* (EO) 11905 de février 1976. Elle n'est apparue en France que dans le décret du 24 décembre 2009 sur le SGDSN et son périmètre vient d'être précisé par le décret du 12 mai 2014 qui y inclut les six services, le coordonnateur national du renseignement et l'académie du renseignement. Pour des raisons distinctes, elle n'existe pas en Allemagne ou au Royaume-Uni : crainte d'un Léviathan pour la première, vision intégrée du renseignement avec le politique pour la seconde.

L'archétype américain

Le modèle américain de communauté présente ainsi une singularité qui, comme l'a rappelé l'universitaire américain Turner[8], ne doit pas être oubliée. Parmi les démocraties, il est exceptionnel par sa dimension humaine : plus de 100 000 fonctionnaires spécialisés, quand la communauté néo-zélandaise en compte à peine 500. Ce modèle s'impose néanmoins pour plusieurs raisons dont la moindre n'est pas la notoriété.

La communauté américaine du renseignement en 2014

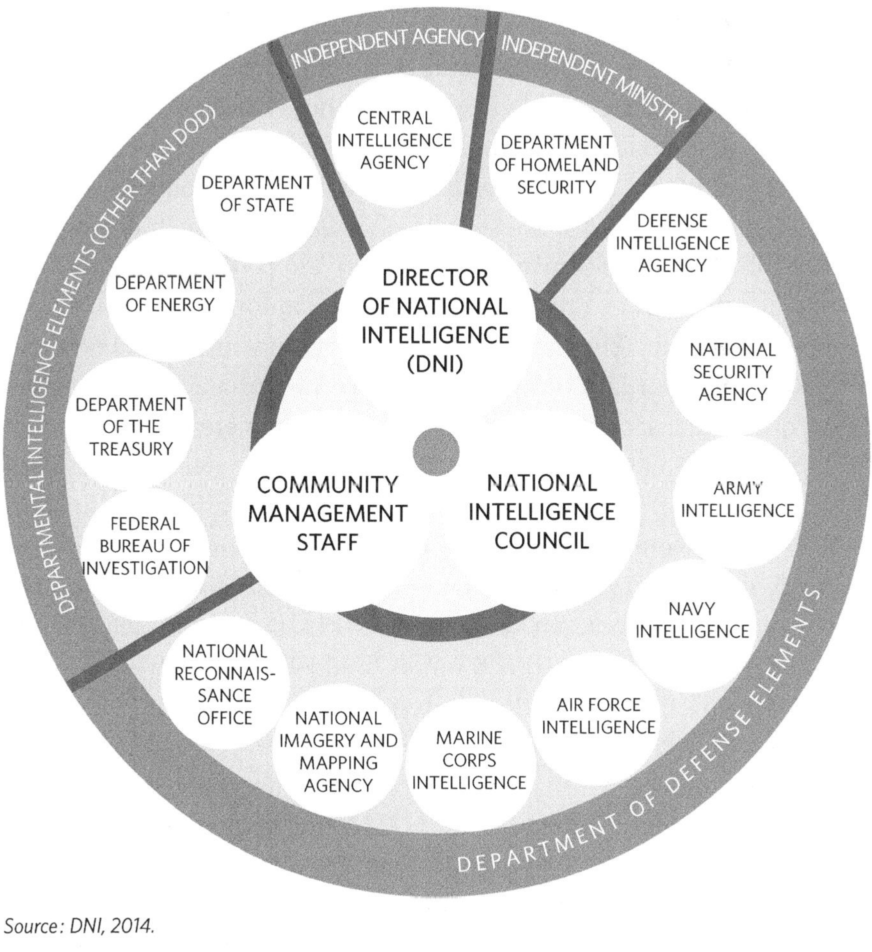

Source : DNI, 2014.

La communauté américaine se présente en réalité moins comme un ensemble de rouages huilés que comme un agrégat hétérogène, qui peut être perçu selon des critères organiques ou fonctionnels. L'ODNI distinguait en 2009[9] trois catégories de membres : les six *program managers* (CIA, DIA, NGA, NRO, NSA et branche Sécurité nationale du FBI), les cinq « départements » (Office of National Security intelligence de la DEA, Office of Intelligence and Counterintelligence du département de l'Énergie, Office of Intelligence and Analysis du Department of Homeland Security, Bureau of Intelligence and Research du Département d'État et Office of Intelligence and Analysis du Trésor) et les cinq « services » correspondant aux composantes renseignement des quatre armées.

La nouvelle organisation mise en place en 2004 banalise la CIA, qui perd sa position prééminente antérieure au sein de la communauté, son directeur ayant été depuis 1947 parallèlement le *director of central intelligence* (DCI), pour devenir l'une des 16 agences américaines. Plusieurs agences ou composantes d'administrations en sont des membres récents : les Coast Guards en 2001, le Department of Homeland Security (Office of Intelligence and Analysis) en 2003 et la Drug Enforcement Agency (Office of National Security Intelligence) en 2006. Après plusieurs tentatives infructueuses de renforcement de l'autorité du DCI sur les agences nationales, telles la directive du président Carter PDD/NSC-17 du 4 août 1977 sur la réorganisation de la communauté du renseignement, qui visait à accroître l'autorité du DCI en matière de coordination de la recherche et de préparation des budgets, ou celle du président Bush NSD-67 du 30 mars 1993, renforçant les moyens de coordination du DCI, cette communauté est désormais placée sous l'autorité fonctionnelle d'un directeur du renseignement national (*director of national intelligence*), qui dispose en vertu de l'EO 14370 du 30 juillet 2008 de prérogatives (organisation, programmes, budget) et de moyens propres importants sans être pour autant le responsable hiérarchique des chefs d'agence. Ainsi n'est-ce pas lui qui nomme les responsables d'agence mais il est consulté dans des conditions variables selon leur statut, à l'exception notable du directeur de la CIA. La France s'est également dotée d'un tel responsable en 2008 avec la création d'un coordonnateur national pour le renseignement mais ses responsabilités sont plus réduites. Le Royaume-Uni et l'Allemagne ne disposent pas d'une figure aussi apparente.

Au-delà de la communauté

Le schéma communautaire n'est donc pas universel. Il connaît aujourd'hui des limites. Peuvent lui être préférées d'autres approches. La notion de « mécanique » (*central intelligence machinery*, établie en 1993 et remplacée en 2009 par celle de *national intelligence machinery*) en vigueur au Royaume-Uni coexiste avec une communauté informelle de type *old boy's club* liée à des formations ou des origines sociales communes. Elle souligne le lien existant entre les agences de renseignement et l'autorité politique. La notion de « cercles de confiance », développée par Omand en 2007[10] dans le contexte de la réponse antiterroriste, montre la nécessité de dépasser la communauté du renseignement au profit de la reconnaissance d'une communauté de sécurité, qui associe les forces de police, d'une communauté gouvernementale, inclut les autres administrations, et même de la communauté nationale, laquelle comprend les partenaires privés des services. Il estime ainsi aujourd'hui que les services et la police forment une communauté unique. Dans le contexte de la mondialisation, le concept de « réseaux de renseignement et de sécurité », avancé par certains auteurs, permet d'insister sur la montée en puissance des facteurs transnationaux et de souligner l'association d'acteurs publics et privés[11].

La notion de communauté nationale de renseignement est donc arbitraire et mouvante. Elle répond à la vision contingente des autorités qui la définissent en fonction de leur perception des menaces et des traditions organisationnelles. Ainsi, au Royaume-Uni, le renseignement militaire est-il progressivement intégré dans le champ de compétences de l'organe de contrôle du renseignement (Intelligence and Security Committee) alors que le National Criminal Intelligence Service (NCIS), créé en 1992 et dissous en 2002, n'en a jamais fait partie. En Israël, la communauté peut être comprise soit comme celle des trois principaux services (Aman, Mossad, Shabak), dont les chefs se coordonnent depuis 1949 au sein du comité Varash placé sous l'autorité morale du directeur du Mossad (Memuneh), soit comme celle des huit entités soumises depuis 2002 au contrôle de la commission des affaires étrangères de la Knesset[12]. Au Canada, le Criminal Intelligence Service, structure multiagence ne relève pas explicitement de la communauté de renseignement. En France, la présence de la DNRED et de Tracfin parmi les six agences est encore contestée alors que certains voudraient y intégrer la Direction du renseignement de la préfecture de police (DRPP) et le Service central de prévention de la corruption (SCPC). Un récent rapport parlementaire, dirigé par le président de la commission des lois de l'Assemblée nationale, estime nécessaire de repenser la communauté du renseignement en trois cercles : quatre services formeraient un premier cercle (DGSE, DGSI, DRM, DPSD), entourés d'un deuxième (Tracfin, DNRED, SDIG, DGGN) et d'un troisième (Sirasco, bureau du renseignement pénitentiaire, ANSSI, « voire » COS, CAPS et DGRIS)[13].

Le raisonnement en termes de communauté permet de mieux saisir la réaction de ces entités au changement. La notion n'est pas dépourvue d'une valeur opératoire pour comprendre l'orientation et le positionnement des appareils de renseignement. Le sujet de l'adaptation des communautés de renseignement est devenu un classique de la littérature spécialisée des années 1990[14]. Au début des années 2000, les experts américains Berkowitz et Goodman[15] se demandaient déjà si les communautés nationales de renseignement disposeraient des ressources et des instruments intellectuels nécessaires à la compréhension du futur ordre mondial. Une école américaine, qui compte par exemple Zegart, professeur à UCLA, voit dans les faiblesses du renseignement avant tout des défaillances organisationnelles : pathologies culturelles qui conduisent les agences à résister aux nouvelles technologies, idées et missions dépassées, incitations perverties à la promotion des cadres du renseignement, faiblesses structurelles anciennes[16].

Il faut donc en fin de compte relativiser la notion de communauté. Comme l'indiquait Nolte en 2008, « la question de long terme est de savoir si la métaphore d'une communauté du renseignement doit être repensée en faveur de quelque chose de plus large et de plus en prise avec les réalités d'aujourd'hui, comme un réseau d'information de sécurité nationale ». Des mouvements de transformation ou de dilution des communautés peuvent survenir dans les prochaines années, en fonction des orientations qui seront données au renseignement. La nécessité politique et technique d'une structuration de l'activité de renseignement devra s'arrêter aux portes du « communautarisme » de ses organes.

L'ambiguïté de la culture nationale du renseignement

La notion de « culture » du renseignement est essentielle pour comprendre le cadre dans lequel interviennent les autorités politiques et les professionnels. Avatar de la « culture stratégique » d'une nation[17], elle peut de prime abord être définie comme la somme des représentations de cette activité par les acteurs étatiques (hommes politiques, hauts fonctionnaires, diplomates, militaires, policiers, magistrats...), l'intelligentsia (universitaires, journalistes, ONG, défenseurs des droits de l'homme...) et la population (grand public, contribuables, milieux d'entreprise...).

Une culture rapportée à un contexte national

La culture du renseignement s'inscrit dans une « culture politique » nationale, notion développée par le politologue américain Almond en 1956 comme un « ensemble spécifique d'orientations pour l'action politique ». Le degré de recours au renseignement dans un État résulte en effet de certains paramètres. On peut avancer l'équation simplifiée R = (ax + by) x E, dans laquelle le renseignement serait le produit du niveau de développement de l'État (E) par la somme de sa volonté d'autonomie vis-à-vis de son environnement extérieur (x) et de sa défiance vis-à-vis de la population résidant sur son territoire (y).

Il existe cependant une certaine contingence historique des attitudes culturelles vis-à-vis du renseignement, comme le montrent quelques jugements cités par l'historien Laurent[18], qui font apparaître une culture du mépris et de la « déprime ». En France, à la fin du XIXe siècle, l'ancien ministre des Affaires étrangères Bastide estimait que « l'espionnage est la ressource d'un gouvernement qui se sent faible, parce qu'il n'est que l'expression d'un intérêt individuel au milieu des intérêts généraux. La police devrait être gardienne de l'ordre et de la morale publique ; l'espionnage est un moyen de corruption qui ne rend pas même en services utiles ce qu'il fait perdre de valeur morale à ceux qui l'emploient, car il n'a jamais rien empêché, rien prévenu[19] ». Un spécialiste militaire contemporain considérait de la même façon que « l'espionnage comprendra à la fois des fonctions parfaitement nobles et des besognes qui doivent être faites, mais qu'on n'aime pas faire soi-même, le tout dépendant des circonstances dans lesquelles elles sont exercées et des mobiles qui y ont conduit[20] ».

La notion de culture du renseignement, qui peut se définir comme l'*ethos* manifesté vis-à-vis de cette pratique dans une collectivité donnée, a été développée en France à la fin des années 1990. La paternité semble en revenir au général Pichot-Duclos, auteur d'un plaidoyer « Pour une culture du renseignement » en mai 1992[21], à l'amiral Lacoste, qui mit en évidence l'existence d'« une culture française du renseignement, marquée par l'affaire Dreyfus, la lutte contre le parti de l'étranger, la défaite de 1940, la Résistance et la guerre d'Algérie[22] », et à l'historien américain Porch, auteur d'une histoire discutée du renseignement français[23]. Sans même évoquer les références non occidentales, le concept s'applique également à d'autres démocraties. La notion a été exposée aux États-Unis à la même période par l'universitaire Hastedt[24]. Les jugements sur l'existence d'une culture nationale, souvent négatifs, ne manquent pas. Ils n'épargnent aucune démocratie. Selon Laqueur, « l'aversion de la société américaine pour le renseignement est un fait politique, qu'aucun homme politique ne peut ignorer, [...] le renseignement va à l'encontre de l'esprit de la culture politique américaine ». Pour l'historien Krieger, « l'Allemagne n'a jamais produit de culture du renseignement avant 1945, malgré sa politique expansionniste[25] ». Selon Benatti, « la culture politique canadienne a oscillé entre l'apathie et la suspicion à l'égard de sa communauté de renseignement[26] ». Pour Faligot, « il n'y a pas de culture du renseignement japonais[27] ». Selon d'autres experts, « la perception publique du renseignement demeure négative en Espagne aujourd'hui[28] ». Seul ferait exception Israël, Denécé et Elkaïm évoquant une « prédisposition des Israéliens pour le renseignement[29] ». De manière plus fine, on peut repérer des « lieux de mémoire » comme Bletchley Park, s'agissant du Royaume-Uni, dont le mythe est essentiel dans la culture nationale du renseignement, car il symbolise le succès (décryptages de la machine allemande Enigma), l'union entre les services, les forces armées, l'université et les politiques ainsi que la modernité du renseignement technique.

En France plus qu'ailleurs, la notion de culture est devenue l'objet d'un débat en soi. Son thème central est l'ignorance du renseignement par les autorités politiques françaises. L'un des responsables historiques du renseignement français avant et pendant la Seconde Guerre mondiale, le général Rivet, évoquait déjà « l'inconcevable mépris qui stérilisa de bonne heure les données du renseignement[30] ». Plus d'un demi-siècle plus tard, l'amiral Lacoste regrette encore que, « pour les responsables français qui n'ont pas été éduqués sur ces sujets, il reste un long chemin à parcourir avant d'avoir totalement assimilé ces notions-là et avant d'être à un niveau de culture comparable à celui d'autres dirigeants étrangers[31] ».

Selon la vision de l'ancien responsable de la DGSE, qui peut faire écho aux propos d'un Ernest Renan, « les handicaps du renseignement français s'expliquent par les vicissitudes de notre histoire, par les particularités de notre peuple et par les carences traditionnelles de la société française ». Cette thèse peut cependant être discutée pour plusieurs raisons. En premier lieu, il faut rappeler que le caractère négatif du mythe de l'espionnage en France ne date pas de l'affaire Dreyfus mais remonte au moins au XVIIe siècle, en passant par Balzac et Hugo[32]. Le mépris apparent pour le renseignement tient également beaucoup à une perception enracinée dans une institution militaire, mue par ce que le sociologue d'Iribarne appelle la « logique de l'honneur[33] ». Un expert de la pensée militaire française rappelle à cet égard que, « dans la pensée stratégique française, vous ne trouverez pratiquement aucun développement substantiel consacré au renseignement » ou que « Napoléon utilisait beaucoup les espions mais avait peu de considération pour eux[34] ». Cette attitude traditionnelle de l'armée vis-à-vis du renseignement a cependant basculé, en France comme à l'étranger, lors de la Seconde Guerre mondiale. Aux États-Unis, entre les deux guerres mondiales, « la branche renseignement de l'armée de terre était si petite, si insignifiante, en fait méprisée, qu'il était généralement entendu qu'aucun officier de valeur n'y servait[35] ». Elle explique en partie, comme le souligne Laurent, que, « incontestablement, entre 1940 et 1944, l'indifférence traditionnelle du pouvoir politique à l'égard des services ne fut plus du tout de mise[36] ».

Pourtant, aujourd'hui encore, la conscience d'un déficit de perception conduit les autorités à exprimer une ardente obligation envers l'objet : il faut « consolider la culture du renseignement au sein du ministère », rappelait le Livre blanc du ministère des Affaires étrangères en juillet 2008. Le « développement d'une culture nationale du renseignement » figure également parmi les priorités affichées par la Fondation Jean-Jaurès dans sa note *Réformer les services de renseignement français* publiée en mai 2011. Comme une antienne, la critique ne faiblit guère : « Nous restons, en France, dépourvus de toute réelle culture du renseignement, contrairement à la Grande-Bretagne où prévaut un véritable continuum entre l'action politico-diplomatique et les services secrets », estime Squarcini, ancien directeur de la DST entre 2007 et 2008 puis de la DCRI entre 2008 et 2012[37]. L'historien autrichien Beer ne pense pas autrement lorsqu'il décrit une culture du renseignement en Europe centrale incapable d'accéder au niveau de celle des grandes puissances démocratiques que sont les États-Unis, le Royaume-Uni, la France, l'Allemagne ou le Canada[38].

Une notion de culture applicable à des groupes d'hommes et de femmes

L'idée de culture appliquée au renseignement reflète également des communautés sociologiquement différentes, marquées par leur propre « culture organisationnelle ». Selon Turner, ancien directeur de la CIA, une telle culture est « la culture qui existe dans une organisation, semblable à une culture sociétale. Elle comprend de nombreux éléments intangibles comme les valeurs, les croyances, les préjugés, les perceptions, les normes de comportement, les artifices et les modèles de comportement. Elle est la force invisible et inobservable qui est derrière toutes les activités organisationnelles qui peuvent être vues et observées ». À cet égard, les agences de renseignement correspondent, elles aussi, à des « tribus en quête de bannières[39] ». Ces communautés sont d'abord marquées par le secret, comme le rappelle un ancien cadre opérationnel de la CIA : « Les sociétés fermées sont par définition étanches à la plupart des formes de discipline et de supervision extérieures et un service d'espionnage doit pour une part importante et malsaine être une société fermée. Qu'ils soient de premier ou de dernier ordre, les officiers traitants et les agents doivent être camouflés et protégés[40]. »

Les cultures diffèrent naturellement selon les agences : les universitaires Bar-Joseph et McDermott ont mis en évidence une « culture de la CIA » illustrée par huit traits : l'ethnocentrisme et l'insensibilité aux autres cultures, marquée notamment par la déficience linguistique et le *mirror imaging* ; l'« esprit de club » ; la production en masse des renseignements ; la conviction de la supériorité de l'argent ; la promotion des relations publiques et des « ventes » ; la technologie comme panacée ; l'accent mis sur les opérations plutôt que sur l'analyse ; la compétition bureaucratique entre agences[41]. Comme le précise le juge et expert américain Posner[42], il existerait même « trois cultures de renseignement largement incompatibles : le renseignement militaire, le renseignement civil et le renseignement d'investigation criminelle ». De manière plus imagée, ce dernier dépeint les agents du FBI comme des chiens et les officiers de la CIA comme des chats. « Le pointer, le retriever, le lévrier ont une cible définie et vont sur elle. Le chat est furtif, rôde dans le noir, surgit de manière inattendue au moment et au lieu de son choix ». Une telle hétérogénéité est particulièrement perceptible dans les entités communes comme le National Counter Terrorism Center (NCTC) américain, créé en 2004, où les personnels provenant de la CIA bénéficient d'un prestige supérieur à ceux provenant du FBI ou de la DIA[43]. Ces différences peuvent fonder ce que l'on appelle parfois avec exagération la « guerre des services » pour évoquer les rivalités passées aux États-Unis entre CIA, FBI et NSA ou en France entre SDECE et DST. John Le Carré raillait ainsi dans ses romans « les chefs de service de renseignement français qui passaient plus de temps à s'espionner les uns les autres que leurs ennemis supposés », alors qu'un exemple patent de ces rivalités a été la relation tumultueuse entretenue pendant la Seconde Guerre mondiale entre le SIS britannique et le Special Operations Executive (SOE) créé par le Premier ministre Churchill.

Ces distinctions culturelles traversent parfois les organisations dans des sortes de « sous-cultures ». Au sein de la CIA, la culture orientée vers l'action de la direction des opérations (DO) a longtemps tranché avec celle de la direction du renseignement (DI), plus « intellectuelle[44] ». Issu lui-même de l'*intelligence establishment* – titre de l'ouvrage publié en 1960 par l'universitaire américain Ransom –, l'ancien directeur de la CIA de 1973 à 1976, Colby[45], estimait qu'il existe trois sous-cultures au sein de la CIA : les collecteurs d'information secrète, les activistes politiques et les analystes. En France, la DGSE connaissait encore au début des années 2000, un clivage fort entre les membres du « SR » (service de recherche) et ceux du « CE » (contre-espionnage), présents dans le service depuis la Seconde Guerre mondiale. Au SIS britannique, on opposait naguère les *camel drivers*, marqués par leur expérience du monde arabe, et les *Moscow rulers*, spécialistes du bloc soviétique. Dans ces deux exemples, la première tradition était réputée plus « créative », tandis que la seconde se voulait plus sensible aux impératifs de sécurité. La coexistence de personnels civils et militaires est également un facteur de distinction, en raison d'un *ethos* et de règles de gestion distincts. La communauté américaine compte ainsi une majorité de personnel militaire (54 %). Une agence militaire comme la DIA n'en compte en revanche que 20 % contre plus de 80 % pour la DRM française. La DGSE est composée, quant à elle, de près d'un tiers de personnels des forces armées[46].

Une notion disposant d'une vertu heuristique

La reconnaissance de la dimension culturelle permet de distinguer des modèles et des fonctionnements dans les pratiques professionnelles de la communauté. Ainsi, en matière de production de renseignement, l'expert britannique Davies[47] oppose deux modèles distincts qui montrent qu'on ne peut pas se contenter d'évoquer une approche « anglo-saxonne » du renseignement. Aux États-Unis, on invoquera l'impact de Pearl Harbor, l'accent mis sur l'analyse avec l'admission de divergences explicites introduites dans les NIE dès le début des années 1950 et la culture du *push*, en raison de l'importance de la production de renseignement élaboré ainsi que de la vision d'une communauté d'agences et de l'existence d'une relation filtrée entre les services et les autorités politiques par le National Security Council (NSC), organe contemporain de la CIA créé auprès du président américain par le *National Security Act* du 26 juillet 1947 pour le conseiller sur les questions de sécurité nationale et de politique extérieure[48]. Au Royaume-Uni, en revanche, on sera plus sensible à l'influence des déconvenues de la guerre des Boers sur la naissance des services, à l'accent mis sur la collecte d'éléments bruts, et donc sur la recherche secrète, à une culture de la demande des autorités (*pull*), à la vision d'une communauté d'administrations, à la recherche du consensus et à l'existence d'une relation directe entre les services et les autorités politiques.

On peut, par comparaison, considérer que, au moins jusqu'en 2008, la France a de son côté été marquée par plusieurs traits : l'impact des crises (première guerre du Golfe...) ; l'incapacité à organiser la production de renseignement pour les autorités dont a témoigné l'échec du Comité interministériel du renseignement (CIR) créé en octobre 1962 et supprimé en 2009 ; l'absence d'une communauté formelle, l'existence d'une concurrence non régulée entre les services militaires et extérieurs puis entre les services intérieurs et extérieurs ; l'ambiguïté de la relation entre les services et les autorités politiques. Malgré les changements organisationnels intervenus depuis 2008, il est encore trop tôt pour évoquer une « révolution culturelle » du renseignement français.

Les notions d'agence, de communauté et de culture sont donc indispensables à la compréhension des politiques de renseignement mais elles deviennent plus contingentes qu'elles ne le paraissent. Comme les institutions, les entités du renseignement sont d'abord déterminées par de grands paramètres d'évolution des sociétés[49] tels que la relation entre l'individu et la communauté, l'évolution technologique ou la définition de la sphère publique. Les agences devront anticiper ces évolutions pour ne pas faillir à leur exigence d'efficacité.

La gestion du secret, qui reste en définitive au cœur des problématiques d'efficacité et de légitimité, doit en tenir compte. Le renseignement demeure une information et une activité secrètes mais n'est désormais plus une organisation secrète. Près d'un siècle plus tard, on ne peut donc plus dire comme en 1920 le commandant Cummings, fondateur et chef du SIS de 1909 à 1923, que « la première, dernière et plus essentielle caractéristique d'un service secret est qu'il doit être secret[50] ».

CHAPITRE 3

La généalogie du renseignement contemporain

L'histoire du renseignement a jusqu'ici porté principalement, souvent de manière dépréciative, sur les événements auxquels il a été publiquement associé. Cette histoire publique est en apparence celle des échecs et des abus. Elle doit être assumée à condition de l'appréhender avec objectivité et de disposer des éléments pour le faire. Il est cependant possible d'éclairer, dans la longue période et dans le contexte de sociétés différentes, le rôle du renseignement dans la prévention ou la résolution des problèmes stratégiques des États. Que peuvent-nous dire la généalogie des structures destinées à le produire et la nature des liens que celles-ci ont entretenus avec leurs autorités politiques ? Comment cette fonction s'est-elle adaptée à l'évolution et à la diversité des États ?

Il est difficile de dresser un acte de naissance du renseignement contemporain, c'est-à-dire de son apparition en tant qu'organisation pérenne. Jusqu'à l'époque moderne, il s'est agi plus d'une attitude ou d'une activité que d'un véritable métier : comme l'indique Knightley, auteur de *La Plus Vieille Profession du monde* (1986) et de l'*Histoire de l'espionnage au XX*e* siècle* (1989), « l'espion est aussi vieux que l'histoire mais les services de renseignement sont récents ».

Le renseignement est ainsi ancré dans l'histoire. Il est réputé faire partie des activités humaines les plus anciennes. On en trouve trace dans la Bible (Nombres 13:1-14) avec les douze espions que Moïse envoie, sans grand succès d'ailleurs, dans le pays de Canaan. Il est codifié en Chine ancienne où, dans *L'Art de la guerre*, datant d'environ

500 avant Jésus-Christ, l'illustre stratège Sun Zi distingue cinq catégories d'espions : les natifs (citoyens de l'ennemi), les agents intérieurs (responsables ennemis), les agents doubles (espions ennemis), les agents « consommables » (agents laissés à l'ennemi pour le désinformer) et les agents actifs. Il est même intégré par César dans son récit *La Guerre des Gaules* dans ce qui ressemble déjà à une politique de renseignement militaire, visant au contrôle du terrain conquis par les armes.

Au cours des périodes médiévale et moderne, l'espionnage s'installe, en marge de la vie des princes. Il accompagne à merveille une diplomatie dynastique, patrimoniale, maritale, dans les principautés italiennes ou germaniques, qui est aussi militaire et sécuritaire, en soutien du jeu des alliances et des conquêtes. C'est ainsi que se développe la figure moderne, mais ambiguë, de l'espion. C'est un homme, plus rarement une femme, intelligent mais libre, fidèle mais dont les fidélités peuvent être successives. Sa rétribution compte : il peut être vénal… C'est un voyageur, aisé, parlant les langues, quelquefois aventurier à l'image d'un Cagliostro, d'un Casanova, d'un chevalier d'Éon… à la fois séducteur et travesti[1].

Dès cette période se développent les méthodes modernes d'espionnage : la corruption ; l'interception des correspondances dans les ports, sur les frontières et dans les marchés, autorisée par le Parlement britannique en 1711 et confiée la même année au « service secret du cabinet » de l'empereur d'Autriche ; le codage des correspondances et des messages ; la désinformation, comme aux Pays-Bas avec les diverses gazettes qui s'y publient (11 en 1710) ou en Grande-Bretagne à travers la *newsletter* diffusée par le secrétaire d'État britannique ; l'usage de filières commerciales pour les Italiens et les marchands de la Hanse et de réseaux d'agents comme celui animé par le marquis de Torcy, secrétaire d'État de Louis XIV lors de la guerre de Succession d'Espagne.

Ainsi voit-on naître une profession reconnue. Des « brevets d'espion » sont délivrés en France au XVIIe siècle, comme le rappelle l'historien Pernot[2]. Mais cette profession demeure peu honorable : « C'est un vilain métier que d'espionner », rappelle le *Dictionnaire de l'Académie* en 1694. Le renseignement salit ses acteurs. Comme l'indique le romancier Alexis Jenni, « c'est le cambouis de la guerre, le truc sale qui tache quand on le touche[3] ». La distinction entre officiers traitants et agents n'est pas non plus encore bien établie. Tout cela porte la marque du provisoire, du temporaire, du cas par cas. L'institutionnalisation viendra dans la phase suivante.

Un mouvement porté par la construction de l'État

« Avant d'être une affaire d'État, le renseignement est en premier lieu une affaire de l'État[4]. » Pour plusieurs auteurs anglo-saxons, il faut attendre la fin du XVIe siècle pour voir s'institutionnaliser l'activité de renseignement. *Le Prince* de Machiavel (1513), qui avance que « rien n'est plus digne de l'attention d'un bon général que la tentative de pénétrer les desseins de l'ennemi », est lu avec intérêt dans les cours d'Europe. On considère Francis Walsingham, né vers 1532, formé à Cambridge au King's College, successivement député, ambassadeur en France de 1570 à 1573, puis secrétaire d'État de la reine Élisabeth Ire d'Angleterre, comme le père fondateur des politiques modernes de renseignement dans leur double dimension intérieure et extérieure. Objet de plusieurs biographies contemporaines, Walsingham créa un réseau d'*intelligencers*, postés dans le royaume pour déjouer les intrigues domestiques et sur le continent européen pour suivre les attitudes des Couronnes française ou espagnole. L'espion passe ainsi, selon l'expression d'Omand, d'une position où il est « *on Her Majesty's secret service* » à celle où il devient « *in Her Majesty's secret service* ». La logique d'État s'est substituée en partie à celles centrées sur la confiance interpersonnelle, sans faire disparaître entièrement cette dernière, comme en témoigne la persistance de figures des conseillers occultes, du père Joseph au côté de Richelieu à François de Grossouvre dans l'ombre du président Mitterrand.

Le développement très progressif des premiers appareils permanents de renseignement se fonde sur cinq facteurs principaux.

L'affirmation de la souveraineté (XVIe-XVIIIe siècle)

Le traité de Westphalie (1648) stabilise les enveloppes territoriales en Europe et assoit la souveraineté des États, qu'il faut désormais mieux protéger. Les trois grands pays européens en tirent des leçons similaires. En Espagne, le roi développe le Correo Mayor, réseau de correspondants en Europe apparu dès le XVIe siècle[5]. En Grande-Bretagne, Cromwell crée le Department of Intelligence en 1653, qu'il confie à Thurloe et qu'il fait reconnaître par le Parlement en 1670. Ce même Parlement accorde en 1689 un Foreign Secret Service Fund, précurseur des « fonds spéciaux » d'aujourd'hui. En France enfin, le roi Louis XV met en place en 1746 le fameux « Secret du Roi[6] », réseau d'agents déployé à l'étranger par le prince de Conti et le duc de Broglie, qui entretiennent une correspondance secrète, à l'insu des ambassadeurs (sur la succession polonaise notamment) et viennent compléter le cabinet noir de six « intercepts » chargés d'ouvrir le courrier pour le roi, sous l'autorité de l'intendance générale des postes.

Dans les trois cas, on retrouve les mêmes fondamentaux : une structure permanente, des agents sélectionnés, formés et encadrés, des réseaux d'espions puissants et ramifiés, des pratiques secrètes déjà sophistiquées. La notion de « sécurité nationale », affichée par Blum en 1937 ou par le *National Security Act* américain de 1947, est cependant encore dans les limbes. Elle n'a été introduite sur le plan juridique en France qu'avec la loi de 1991 portant sur les interceptions de sécurité. Les moyens demeurent précaires et sujets à changement d'humeur. Le renseignement est ainsi *in fine* un attribut, voire un marqueur de souveraineté. C'est en ce sens qu'il faut apprécier la construction de services de renseignement et de sécurité au sein de mouvements de libération ou de « proto-États ». Le renseignement peut en effet précéder l'État. La Haganah assurait la protection des intérêts sionistes en Palestine et disposait d'un service propre, le Shai, dès les années 1920. Le mouvement kurde PDK dispose d'une agence de renseignement, le Parastin, depuis 1965. Les accords d'Oslo de 1994 ont validé la création d'un Service de sécurité générale palestinien (Mukhabbarat al-Amma). L'État islamique en Irak-Syrie disposerait de son propre service, l'Amni.

La naissance des bureaucraties wébériennes (XIXe siècle)

Au sein des puissances européennes, la première partie du XIXe siècle voit naître ce que Laurent a appelé l'« État secret », qui a subsisté dans les démocraties au cours de la guerre froide, sur fond de risque d'attaque nucléaire et de subversion intérieure comme le montre Hennessy dans son analyse du Royaume-Uni des années 1945 à 1990, et que l'on retrouve encore en Turquie depuis les années 1970 sous le nom d'« État profond » (*derin Devlet*). Alors que les ministères régaliens sont fondés dès l'époque moderne, le renseignement tarde à s'institutionnaliser. En France, le département de la Guerre est créé par le roi Charles IX en 1567 et celui des Affaires étrangères par le roi Henri IV en 1589. La création du ministère de l'Intérieur attendra un décret de la Convention de 1791. Le Foreign Office britannique et le State Department américain voient respectivement le jour en 1779 et en 1789. La Révolution française joue un rôle important en justifiant, au nom de la « patrie en danger », la mise en place de dispositifs de surveillance générale de la population : loi des suspects de la Convention en 1793, Comité de sûreté générale et Comité de salut public, qui disposait d'un Bureau de la partie secrète chargé du renseignement extérieur. Le Consulat se dote d'un Bureau des affaires secrètes, à l'instigation du général Bonaparte en mai 1796 au sein de l'Armée d'Italie et financé par les fonds secrets, pour recueillir du renseignement militaire et diplomatique. L'Empire poursuit dans cette voie sur le plan intérieur en donnant ce rôle de surveillance aux préfets créés en l'an VIII et à la police confiée à l'ancien bagnard Vidocq et au ministre Fouché. Ce dernier fait ainsi réaliser au profit de l'Empereur un « bulletin quotidien » à partir de juillet 1804, contenant des renseignements politiques, diplomatiques et sociaux, sous la forme d'éléments bruts et de synthèses. Un « bulletin des journaux étrangers arrivés au ministère » y est joint. Cette source était, selon Laurent, l'« élément principal et quasi exclusif » d'information de l'Empereur.

En France, sous la monarchie de Juillet et le second Empire, la construction de l'appareil de renseignement se poursuit. L'« État secret » connaît ses prémices dans l'armée, avec la Section de statistique créée en 1826 et le Dépôt des fortifications en 1839. Des fonds spéciaux sont identifiés par le Parlement français en 1849 au profit du ministère de l'Intérieur. Des administrations permanentes voient le jour plus tard, à partir de 1860 (police ferroviaire créée en 1855 et active à partir de 1861 dans la surveillance des opposants politiques et des étrangers aux frontières et dans les ports, deuxièmes bureaux), mais aussi des bureaucraties privées : la première société de renseignement privée, le Bureau de renseignements universels dans l'intérêt du commerce, est créée par

Vidocq en 1832. Un droit spécial, relatif au secret et à l'espionnage, naît à partir de 1880, pour se protéger des pratiques adverses.

Aucun pays touché par la révolution industrielle du XIXe siècle n'échappe à ce mouvement que le sociologue Crozier a bien défini dans son ouvrage *Le Phénomène bureaucratique* (1963) : le gouvernement par les bureaux, la rationalisation des activités et la frustration des membres et des clients de l'organisation. Le Japon, qui se dote de son premier service institutionnalisé, avec la Kempeïtai, organe de contre-espionnage militaire, en 1881, et la Corée, qui crée une Agence impériale d'intérêt et de recherche en 1902, appartiennent aussi de ce point de vue au monde occidental.

La révolution technologique (début du XXe siècle)

Le renseignement n'aurait pas pris son essor au XXe siècle s'il ne s'était appuyé sur l'évolution technologique[7]. Le besoin d'information croît avec le développement des nouveaux modes de communication : aux malles-poste succède le télégraphe optique, inventé par le Français Chappe en 1793. Cette révolution du renseignement ajoute au « renseignement physique » traditionnel, un « renseignement verbal » nouveau pour reprendre la distinction de l'historien américain Kahn[8]. Est ainsi créée aux États-Unis en 1920 une *black chamber* chargée des interceptions de communications, dissoute quelques années plus tard. Les États réalisent des investissements scientifiques et techniques en matière de cryptologie et d'informatique, qui vont connaître un essor particulier au cours de chacune des deux guerres mondiales et dont témoignent la création de la Room 40 de l'amirauté en 1914, l'aventure de Bletchley Park au Royaume-Uni. Les supercalculateurs font leur apparition pour traiter des données de masse. La machine Colossus est inventée par Allan Turing à Bletchley Park. La machine Atlas-I est livrée à l'Army Security Agency (ASA), précurseur de la NSA, en décembre 1950, l'ordinateur IBM Harvest à la NSA en février 1962, le premier CRAY à la NSA au printemps 1976 et au CSE canadien en 1985. En France, le SDECE obtient un ordinateur Univac 9400 au début des années 1970.

Ce sont donc autant l'évolution des supports d'information que les menaces nouvelles qui conduisent dans les années 1970 à l'avènement du « renseignement de masse[9] », imposant des capacités de traitement industrielles. Cette révolution mobilise des talents scientifiques auprès des professeurs d'Oxbridge pour les services britanniques et de l'Ivy League pour l'OSS, à l'image du docteur Land, inventeur du Polaroid et père des satellites optiques de la CIA. Elle fait aussi passer le renseignement à l'âge des programmes d'investissement massifs, dont les agences de renseignement technique sont les continuatrices. À l'ère de Google (2000), de Facebook (2004) et de Twitter (2006), c'est cette « technologisation du renseignement », selon l'expression de certains chercheurs[10], qui suscite aujourd'hui, comme dans d'autres domaines de la vie en société, certaines appréhensions.

L'émergence des appareils de renseignement spécialisés

Le renseignement se spécialise et se professionnalise en fonction de ses milieux, de ses objets et de ses techniques. Sous l'empire d'un certain darwinisme des organisations, on voit apparaître au XIXe siècle un renseignement ferroviaire, un renseignement frontalier (à Colmar et à Metz, par exemple) ou même un renseignement médical. Aux États-Unis, une Medical Intelligence Subdivision est ainsi créée au sein de l'US Army en juin 1941. Devenue US Army Medical Intelligence and Information Agency (USAMIIA) en août 1952, elle est intégrée à la Defense Intelligence Agency (DIA) depuis 1963. L'USAMIIA a été rebaptisée Armed Forces Medical Intelligence Center (Afmic) en 1982 puis National Center for Medical Intelligence (NCMI) depuis juillet 2008. Le NCMI compte environ 250 personnes. Des adjectifs sont désormais accolés au substantif renseignement.

Le renseignement policier se forme à partir des « polices spéciales ». Au Royaume-Uni, la Metropolitan Special Branch est créée en 1883 pour lutter contre les nationalistes irlandais (Fenians). La Special Branch n'a cédé au MI5 ses compétences en matière de lutte contre le terrorisme irlandais sur le territoire britannique qu'en 1992. L'« État de surveillance » y fait un bond lors de la Première Guerre mondiale, le

Military Intelligence 5 (MI5), créé en 1909, se trouvant doté de pouvoirs accrus par le *Defence of the Realm Act* de 1914 et voyant passer le nombre des fiches qu'il établit sur des individus de 17 500 en 1914 à plus de 250 000 en 1918[11]. En France, le « contrôle de la surveillance du territoire », créé en 1889 au sein de la Sûreté nationale, devient autonome à partir de 1934. Il coexiste avec les Renseignements généraux, établis en 1894 et transformés en Direction centrale en 1968, jusqu'à ce que la DCRI, nouvellement créée, absorbe les deux services en 2008. Cette fusion avait déjà été recommandée au ministre de l'Intérieur en 1994 par le préfet Fournet, qui dirigea la DCRG et la DST. Avec la création de la Direction générale de la sécurité intérieure (DGSI) en mai 2014, le renseignement policier demeure explicitement dans l'orbite de la police nationale tout en cessant d'être rattaché à la Direction générale de la police nationale. Aux États-Unis, l'Investigation Bureau, créé en 1908 pour lutter contre le Ku Klux Klan et les voleurs de bois, est rebaptisé Federal Bureau of Investigation en 1935. Avec l'élargissement progressif au contre-espionnage, à la contre-ingérence économique et au contre-terrorisme des missions confiées à ces services, on passe du renseignement policier au « renseignement de sécurité » contemporain, centré sur les ministères de l'Intérieur.

Le renseignement colonial s'épanouit de son côté[12]. Aux Indes britanniques, les *political agents* apparaissent dans les premières années du XIXe siècle avant que le MI5 ne joue un rôle important dans la décolonisation de l'Empire dans les années 1950, les États successeurs disposant longtemps de *special branches* héritées de la Couronne. En Algérie, sous la monarchie de Juillet, sont créés les « bureaux arabes », le ministère des Affaires étrangères se dotant de son propre service des affaires musulmanes en 1906. En Indochine, les services sont actifs malgré la création tardive, en 1937, du Service de renseignement intercolonial (SRI), rattaché au cabinet du ministre des Colonies.

À la charnière des XIXe et XXe siècles, les militaires perdent cependant progressivement un monopole qui n'aura duré que quelques décennies. Ce constat ne vaut toutefois pas pour Israël, où ils conservent un rôle important depuis 1948 dans l'*establishment* de sécurité nationale, et par conséquent dans la communauté de renseignement de ce pays, ni pour l'Autriche où deux des trois services sont sous leur autorité. Leur prééminence dans les appareils de renseignement s'estompe mais les organisations militaires se professionnalisent également. Ainsi, au Royaume-Uni, naît en 1803 le Depot of Military Knowledge, transformé en Topographical and Statistical Department en 1855, puis en Intelligence Branch en 1873, en Intelligence Division en 1888 et enfin en Intelligence Department, comme le rappellent Forcade et Laurent. En Allemagne, le service de renseignement militaire III-B, créé en 1889, est rebaptisé Abwehr à partir de 1921. Aux États-Unis, le Bureau of Military Information créé par l'Union en 1863 est transformé en 1885 en Military Information Division de l'US Army. En France, le deuxième bureau de l'état-major, apparu en 1874, comprend des « services spéciaux » distincts de l'état-major au lendemain de la Première Guerre mondiale. Cette évolution vaut dans les autres pays, comme en Suède, où le renseignement militaire (Upplysningsbyran) naît en 1905 dans un contexte de tension avec la Norvège. Les marines nationales se dotent aussi de leur propre organe de renseignement : en 1882 au Royaume-Uni, en 1883 aux États-Unis (Office of Naval Intelligence), en 1891 en France et en 1901 en Allemagne. Il n'est donc pas entièrement exact d'écrire, comme le fait Lowenthal, que « parmi les puissances majeures des XXe et XXIe siècles, les États-Unis ont la plus brève histoire du renseignement ». Dès 1775, le Congrès continental avait accédé à la demande de Washington de création d'une Commission de la correspondance étrangère secrète pour approuver des fonds spéciaux. Élargissant leurs prérogatives, les organes militaires de renseignement évoluent et voient leur champ s'étendre comme le veut le concept de « renseignement d'intérêt militaire » officialisé en France en 1992 avec la création de la Direction du renseignement militaire (DRM).

Comme on l'a vu, le renseignement technique explose véritablement pendant la Seconde Guerre mondiale. Il mobilise déjà à cette époque les effectifs principaux des services de renseignement. À Londres, la Government Code and Ciffer School (GC and CS), créée en 1918, passe de 200 personnes en 1939 à près de 9 000 en 1944, avant de devenir Government Communications Headquarters (GCHQ) en 1948. Aux États-Unis, les services de renseignement technique des trois armées, apparus dans les années 1930, sont remplacés en 1949 par l'Armed Forces Security Agency (AFSA), qui devient la NSA en novembre 1952. En Suède, l'agence Försvarets Radioanstalt (FRA), toujours active, est créée en juillet 1942 à partir d'une première expérience en 1938.

Le renseignement diplomatique, de pratique courante avant le XIXe siècle, survit avec plus de difficultés. Les nouveaux services sont un enjeu de contrôle pour les ministères des Affaires étrangères, que parvient à maîtriser le Foreign and Commonwealth Office (F&CO) britannique en obtenant une autorité sur le SIS, le GCHQ et le JIC. Seul le Département d'État américain se dote d'un outil propre, le Bureau of Intelligence and Research (INR), créé en 1946 par transfert de la branche analyse de l'OSS et confirmé en 1957.

Le renseignement stratégique apparaît après la Seconde Guerre mondiale avec la création en 1947 de la CIA, agence inspirée par Donovan, chef de l'OSS, Dulles et Kent, et dont le modèle a été théorisé par ce dernier en 1949. Selon Cline, un vétéran de la CIA, « pour la première fois, des Américains enregistrés comme des diplomates officiels se sont trouvés en compétition avec des diplomates étrangers et des espions associés de tous les pays pour obtenir des bribes d'information dans les cafés et les casinos[13] ». Les services français (SDECE) et israélien (Mossad), respectivement créés en 1944 et en 1951, s'en réclament. Le Livre blanc du BCRA de 1945 plaide pour un service qui puisse « tenir le gouvernement informé, jour par jour et parfois heure par heure, de l'évolution exacte de la situation économique, militaire et politique d'un monde plus volcanique, plus sournois, plus mouvant qu'il n'a jamais été ». La notion de renseignement stratégique subsiste sous le nom de *national security intelligence*, forgée par Johnson. Comme l'explique Warner, « la montée du renseignement a été la réponse des États-Unis à trois défis : la volonté croissante des États de mettre en risque les non-combattants à des fins politiques, les progrès soudains de l'aptitude des États à créer la panique, et la spirale des dépenses pour dissuader les ennemis de détenir des armes nouvelles puissantes[14] ». C'est cette ambition globale qui imprègne aujourd'hui encore les stratégies nationales de renseignement de la plupart des démocraties.

En revanche, le renseignement financier ne prospère guère alors qu'il est à l'origine du premier et du plus ancien service de renseignement fédéral américain : le Secret Service, créé en avril 1865 par le président Abraham Lincoln et rattaché au département du Trésor, qui a pour mission de lutter contre la contrefaçon de monnaie.

Au cours de cette évolution historique, trois questions se posent ainsi au regard de l'insertion progressive des agences dans leurs États : le degré d'autonomie de ces services vis-à-vis des autorités et des administrations ; la coordination de leurs actions respectives ; leur pilotage central par les autorités politiques. La question de leur contrôle est encore absente.

L'institutionnalisation du secret d'État

Les services grandissent à l'ombre du secret. La reconnaissance d'un « secret du prince » légitime est ancienne. Analysée par Machiavel (*arcana imperii*), elle s'installe de manière très générale au XIXe siècle. En France, la notion de « secret professionnel » apparaît dans le Code pénal français en 1801. La loi organique militaire du 18 avril 1886 définit pour la première fois en droit français l'espionnage comme la « livraison de plans, écrits ou documents secrets ». La première norme relative à la protection des informations est une instruction du ministère de la Guerre du 6 mai 1893 sur le service des états-majors en temps de paix et de guerre, qui ne mentionne que la « discrétion professionnelle ». C'est naturellement la reconnaissance d'un secret d'État qu'il faut protéger qui provoque la mise en place d'appareils de contre-espionnage, distincts de ceux chargés de la sécurité des opérations. Au Royaume-Uni, le premier *Official Secrets Act* vise en 1889 à prévenir la livraison de renseignements par les agents publics. Il est durci en 1911. Aux États-Unis, un service de contre-espionnage voit le jour au sein du FBI à la veille de la Première Guerre mondiale[15]. Alors naît un « grand jeu » (*Funkspiel*) prométhéen : le renseignement se cache en même temps qu'il se dérobe. Pour Lowenthal, « le renseignement existe parce que les gouvernements cherchent à cacher certaines informations à d'autres gouvernements, qui, à leur tour, cherchent à découvrir des informations cachées ».

Le renseignement se bureaucratise aussi. Selon Dewerpe, « avec l'État bureaucrate apparaît le service spécial ; devenu public, l'État invente une administration secrète. Et à la bureaucratisation fait écho la professionnalisation. Le "renseignement" apparaît dès lors comme la forme à la fois extrême et rationalisée que l'État contemporain donne au secret politique ». Cette modernité des appareils de renseignement conduit à s'interroger sur les agences contemporaines, héritières de ces ruptures. Ce point est bien résumé par le chercheur Gomart : « Si l'espionnage se révèle consubstantiel aux pouvoirs politiques, la création et le développement de services de renseignement, inscrits dans l'appareil d'État, sont étroitement liés à la modernité politique[16]. » Les services ont presque précédé l'État, habité ses structures et introduit des formes originales d'organisation. Accèdent-ils à l'autonomie aujourd'hui ? Forcade estime que, « entre 1918 et 1939, les services secrets français sont devenus une administration ordinaire de la République[17] ». Une double tendance s'est donc imposée : le désinvestissement des appareils publics traditionnellement porteurs du renseignement s'est accompagné de la création et de la normalisation des appareils de renseignement.

L'évolution contemporaine des agences

L'évolution historique des services occidentaux présente donc des traits communs qui forment comme une « hélice ADN » du renseignement. Elle progresse par étapes institutionnelles, qui sont jalonnées de réussites et d'échecs. Ces derniers jouent un rôle essentiel dans le changement des structures et non seulement de leurs responsables. Comme le rappelle Zegart, « l'histoire a montré que les responsables politiques répondent habituellement aux échecs gouvernementaux perçus en créant de nouvelles agences, pas en éliminant celles qui existent[18] ». Les agences de renseignement trouvent presque toutes leur origine dans le siècle passé, seuls demeurant inchangés deux des trois services britanniques (SIS et Security Service) et le FBI. La plupart d'entre elles ont évolué dans leur dénomination et leur périmètre à l'issue de la Seconde Guerre mondiale. La chronologie des agences est ainsi ponctuée de changements organisationnels et d'échecs apparents, qui ne conduisent pas toujours à des modifications mais entament leur crédit public comme en témoignent au fil des décennies les démissions de chefs de service pour défaut d'alerte (le chef du Mossad, Zamir en mars 1974 après la guerre du Kippour), opérations illégales (les chefs de l'Aman, Shalom en mai 1986 et Gilon en juin 1996) ou pénétrations adverses de leur agence (le directeur général du MI5, Jones en 1985 ; le président du BND, Pörzner en mars 1996 ; les présidents du BfV, Hellenbroich en juillet 1985 et Fromm en juillet 2012).

Évolution comparée des organisations nationales de renseignement

FRANCE	ALLEMAGNE	ÉTATS-UNIS	ROYAUME-UNI
1934 : ST 1940 : BCRA 1941 : GCR 1944 : DST 1946 : SDECE 1951 : GCMA 1958 : GIC 1961 : DSM 1962 : CIR 1963 : affaire G. Pâques **1964 : Gabon** 1965 : affaire Ben Barka 1971 : CERM 1973 : affaire du *Canard enchaîné* **1979 : Centrafrique** 1981 : DPSD **1981 : opération Farewell** 1982 : DGSE 1984 : UCLAT 1985 : opération Satanic (*Rainbow Warrior*) 1990 : Tracfin 1991 : guerre du Golfe 1991 : CNCIS 1992 : DRM 1995 : réorientation DCRG **2004-2005 : otages en Irak** 2006 : Livre blanc sur la sécurité intérieure 2007 : DPR 2008 : Livre blanc défense et sécurité nationale 2008 : DCRI 2008 : CNR 2012 : affaire Merah 2014 : DGSI et SCRT 2015 : attentats de Paris (*Charlie-Hebdo*)	1947 : organisation Gehlen 1956 : BND 1956 : BfV 1956 : ASBw 1974 : affaire G. Guillaume 1978 : loi sur le contrôle parlementaire des services 1980 : ANBw 1984 : MAD 1985 : affaire H. Tiedge 1990 : loi sur les services de renseignement 2002 : ZNBw 2005 : affaire de la surveillance de journalistes 2010 : bavure de Kunduz 2012 : affaire des meurtres commis par la NSU	1908 : FBI 1920 : Black Chamber 1929 : Fermeture de la Black Chamber 1941 : Pearl Harbor 1942 : OSS 1947 : CIA et NSC **1948 : Italie** 1950 : Corée du Nord 1952 : NSA **1954 : opération Pbsuccess (Guatemala)** 1956 : Hongrie 1960 : affaire U2 de G. Powers 1961 : baie des Cochons 1961 : DIA 1968 : offensive du Têt 1973 : opération Fubelt (Chili) 1974 : Watergate 1975 : commission Church **1978 : agression chinoise au Vietnam** 1979 : prise de Kaboul **1985 : Roll-back en Afghanistan** 1985 : Iran/Contragate 1989 : chute du mur de Berlin 1990 : invasion du Koweït par l'Irak 1994 : affaire A. Ames 2001 : attentats du World Trade Center 2001 : affaire R. Hanssen	1909 : Secret Service Bureau 1916 : SIS 1919 : GC&CS 1936 : JIC 1940 : SOE **1940 : opération Ultra** 1946 : GCHQ 1951 : affaire du réseau de Cambridge 1953 : affaire G. Blake **1953 : opération Ajax (Iran)** 1956 : opération Claret (Cdr R. Crabb) 1957 : rattachement du JIC au Premier ministre **1961 : opération O. Penkovsky** 1964 : DIS 1968 : *Assessment staff* **1977 : opération Tickle (O. Gordievsky)** 1982 : Malouines 1989 : *Security Service Act* 1992 : reconnaissance publique du SIS **1992 : paix en Irlande du Nord** 1994 : Intelligence and Security Committee 2000 : RIPA 1995 : affaire R. Tomlinson 2002 : Opération Telic (armes de destruction massive en Irak) 2005 : attentats de Londres 2013 : affaire Rigby

FRANCE	ALLEMAGNE	ÉTATS-UNIS	ROYAUME-UNI
		2003 : armes de destruction massive en Irak 2003 : enlèvement de l'imam de Milan 2003 : NGA 2004 : IRTPA (DNI) 2009 : bavure de Khost 2009 : bavure du vol transatlantique **2011 : élimination d'OBL** 2013 : affaire Snowden	
CODE DE LECTURE : - normal : étape administrative - souligné : échec public - **gras : succès public**			

Il faut cependant prendre garde à cette inévitable asymétrie du regard sur les services. En l'absence de processus de déclassification généralisé des documents les concernant, seuls leurs échecs sont annoncés à grands sons de trompe. Les États-Unis, qui publient régulièrement les principaux documents relatifs aux services ou en accordent l'accès sur demande au titre du *Freedom of Information Act* (FOIA) de 1966 modifié en 1974, constituent une exception. Le gouvernement britannique a de son côté autorisé la publication d'une histoire officielle du MI5 *The Defence of the Realm*, confiée à Christopher Andrew, celle du SIS, confiée à Keith Jeffery en 2010, et celle du JIC, rédigée en 2014 par Michael Goodman. Le BND allemand a également confié à des historiens la rédaction de sa propre histoire officielle jusqu'en 1968, laquelle devrait paraître en 2015. En France, les documents relatifs aux services postérieurs à la Seconde Guerre mondiale ne sont qu'exceptionnellement déclassifiés, les lois de 1978 sur la communication des documents administratifs et de 1979 sur les archives prévoyant des exceptions à leur accès. Ce sont pourtant eux qui justifient la création de nouvelles agences. En Autriche, celles-ci ont dû leur naissance aux risques d'attentat contre le souverain (1850, pour l'EvidenzBureau) et en Russie (1881 pour l'Okhrana), ou plus fréquemment encore aux défaites comme la guerre des Boers (1902) pour le Royaume-Uni, la guerre de 1870 pour la France, Pearl Harbor (1941, pour l'OSS), la guerre de Corée (1950, pour la NSA) et le 11 septembre 2001 (pour le DNI) aux États-Unis.

La naissance des problématiques du renseignement au XXe siècle

Ce passé des services doit être exploré et médité. Les débats contemporains autour des services de renseignement ont en effet des précédents méconnus. Ainsi, selon le général Rivet[19], responsable français des services militaires dans les années 1930 et 1940, la période d'avant 1945 a vu notamment se produire des événements qui constituent encore la trame de la vie des démocraties contemporaines. Léon Blum aurait tenté d'utiliser des fonds secrets en juillet 1936 pour se constituer une « caisse noire ». Le service NEMO du service de renseignement s'est livré, à la demande du ministère des Affaires étrangères du Front populaire, à l'interception des communications des ambassades allemande, russe et italienne mais aussi britannique à partir de l'automne 1936. La relation entre l'échelon politique et les services a été perçue comme problématique, le colonel Rivet, chef du SR/SCR, et le président du Conseil Daladier ne s'étant rencontrés que cinq fois entre 1938 et 1940. Le ministère des Affaires étrangères a tenté sans succès de créer son propre « service de renseignement politique extérieur » en mai 1939, période d'indifférence qui n'a cessé qu'en 1940. Une expérience de coordination des trois services de renseignement (Terre, Air, Mer) a été introduite par la création par le décret du 18 août 1941, signé par le maréchal Pétain, sous la forme d'un Centre d'information gouvernemental (CIG), rattaché au vice-président du Conseil Darlan. La mutualisation des moyens a été esquissée avec le projet de Darlan à l'automne 1941 de centraliser le décryptement autour de ce CIG. La question de la nécessité d'un « service spécial » s'est posée avec la création en 1943 par le général de Gaulle de la Direction générale des services spéciaux (DGSS), service mêlant renseignement, action clandestine et action politique. Les rivalités entre services ont été vivaces, tant entre les antennes du « SR » et les antennes du « CE » en février 1941 qu'entre les services gaullistes (BCRA du colonel Passy) et giraudistes (SR/SCR du colonel Rivet) entre 1942 et 1944.

Phénomène très ancien, le renseignement porte sa marque historique en ayant toujours été confronté aux défis des rivalités, des tensions et de la dissimulation du pouvoir. Il s'est affirmé dans les États de vieille tradition comme la France, l'Angleterre et l'Espagne. À ce titre, il est « par définition, un miroir de la complexité du changement historique », selon Agrell. Celui-ci est cependant désormais installé sur la place publique. « La vieille vision du renseignement secret comme une fonction extra-légale de l'État, modeste, non reconnue, bien cachée, et hautement spécialisée, n'est plus tenable », comme l'indique Omand[20]. Ce mouvement vers la publicité des agences doit beaucoup à la bureaucratisation, à la publication de souvenirs par les « anciens », à la pression de la Cour européenne des droits de l'homme, aux ouvrages de fiction, aux scandales médiatisés et, en fin de compte, au changement des attitudes sociales. Il est difficile d'imaginer que les sociétés puissent désormais oublier le renseignement.

CHAPITRE 4

La collecte, caractéristique propre de l'activité de renseignement

La recherche est à la base du renseignement. Cette notion, dénommée *collection* en anglais, vient rappeler que le renseignement comprend une dimension offensive, inamicale. Selon la définition officielle américaine donnée par l'EO 11905 de février 1976, elle correspond en effet à la « récolte, analyse, dissémination ou stockage d'une information non publiquement disponible obtenue sans le consentement express informé de l'auteur de l'information ». Pour approcher ce qu'elle recouvre, on peut croiser deux types de méthodes : recherche ouverte ou clandestine d'une part, recherche directe ou indirecte d'autre part, ce qui permet de distinguer plusieurs modes de recherche pratiqués par les services. La recherche clandestine et directe correspond ainsi à la « recherche opérationnelle » pratiquée en terrain hostile mais aussi à la recherche par moyens techniques. La recherche clandestine et indirecte est le propre de la recherche humaine. La recherche ouverte et directe conduit au *reporting* direct des personnels des services et à la coopération entre les agences. La recherche ouverte et indirecte permet enfin aux services d'exploiter les sources ouvertes.

Contrairement à certaines idées reçues, la recherche du renseignement ne privilégie donc pas un mode exclusif, mais combine divers modes d'action en fonction de la nature de l'objectif visé.

La recherche humaine, ressort traditionnel du renseignement

La recherche humaine (HUMINT) est un mode d'action des services dans presque toutes les démocraties. Le point le plus sensible porte sur son déploiement hors des frontières. L'Allemagne ne l'admet qu'avec réticence. Le Canada n'a reconnu publiquement pour la première fois qu'en octobre 2003, à travers une déclaration de Ward Elcock, directeur du SCRS/CSIS de 1994 à 2004, que son service se livrait à des opérations clandestines à l'étranger. La pratique repose sur l'emploi de professionnels, appelés en France « officiers traitants » (OT). À l'étranger, ce sont des *case officers*, récemment rebaptisés *operations officers* à la CIA, ou *targeting officers* au SIS. Ce peuvent être des « maîtres espions ». On peut ranger dans cette catégorie les figures des Allemands Sorge, qui servit Moscou pendant la Seconde Guerre mondiale, et Wolf, qui dirigea l'espionnage extérieur est-allemand de 1953 à 1986, ou même du Français Rondot, qui, au SDECE puis à la DST, s'illustra notamment par le rapatriement du terroriste Carlos depuis Khartoum en 1994. Ces professionnels utilisent généralement des couvertures, diplomatiques s'ils sont déclarés aux services locaux mais aussi des couvertures clandestines (*non official cover* ou NOC) si leur qualité n'est pas connue. La recherche humaine vise ainsi à leur permettre d'observer des faits et/ou de les expliciter. Elle tient de l'archéologue et de l'historien.

La recherche humaine repose sur une notion centrale mais ambiguë, celle de la manipulation. Il faut aller chercher les secrets des autres, que ces autres protègent et dans un cadre secret. « La manipulation utilise les techniques du clandestin. Manipuler, c'est l'art d'amener quelqu'un à faire ce qu'il ne veut pas faire, sans trop s'en rendre compte, on utilise des méthodes indirectes, biaisées ; en principe, dans une véritable manipulation réussie, on ne peut remonter à la source, au concepteur, au bénéficiaire, le cloisonnement est de règle, la manœuvre ne doit pas apparaître. » Ces techniques supposent un apprentissage méthodique, qui nécessite des aptitudes particulières et, depuis la Seconde Guerre mondiale, justifie des formations spécialisées de plusieurs mois aux États-Unis, au Royaume-Uni ou en France[1].

Ce mode d'intervention des services a donc des hommes pour origine mais aussi pour cibles. C'est le « facteur humain » cher à Graham Greene. À cet égard, le vocabulaire courant est trompeur, car un agent de renseignement n'est pas un membre d'un service mais une de ses sources recrutées. Comme le signale Dewerpe, « cheville ouvrière de l'économie sociale de la politique secrète, l'agent en désigne aussi les faiblesses, les conflits et les failles, les ambiguïtés et les impasses ». Cela pose ainsi des problèmes de nature technique aussi bien que morale, au cœur des dilemmes d'efficacité et de légitimité du renseignement contemporain.

La recherche humaine suppose en effet l'existence de cibles/objectifs et de sources permettant d'y accéder. Comme l'indiquait l'ancien ministre de la Défense Pierre Joxe : « Faut-il rappeler que les sources du renseignement sont d'abord humaines ? Pour évaluer au plus près les intentions de l'adversaire, nous devons disposer d'agents fiables dans les zones les plus sensibles : non pour des menées agressives, mais pour

Les sources du renseignement humain

Source: Herman M., Intelligence power in peace and war, *Cambridge University Press, 1996.*

savoir, c'est-à-dire lire, voir, comprendre, par tous les moyens disponibles[2]. » Ces sources ont longtemps été considérées avec suspicion. Comme le décrit le juriste Colonieu, « l'espion volontaire est généralement un déclassé, un homme que le vice et la débauche ont rendu incapable de faire un métier honnête, et qui consent sans regret à descendre jusqu'en bas l'échelle sociale, même au risque de son existence perdue d'avance ; d'autres fois, c'est un fanatique entraîné par la passion politique, un patriote qui, de bonne foi, se dévoue pour son pays en haine de l'étranger ; le plus souvent aussi, c'est le vil appât d'un lucre déshonnête qui fournit les recrues pour cette triste besogne[3] ». Elles sont de nature et de motivation variées. Elles peuvent être classées en fonction de leur volonté croissante de coopérer.

Sauf dans le cas des *walk-ins* – parfois célèbres comme Oleg Penkovsky du GRU en 1961 ou Oleg Gordievsky du KGB en 1985 et qui peuvent dissimuler des tentatives de pénétration ou d'influence de services adverses (*dangles*) –, on peut discerner un cycle de la manipulation de source (relation entre l'OT et son agent) qui n'est pas sans ressembler aux « fragments d'un discours amoureux », signifiant ce qu'un professionnel a appelé la « rencontre entre deux désirs ». Ce cycle (*agent recruitment cycle*) parcourt, selon le vétéran de la CIA Olson, les sept étapes suivantes : la détection de cibles par l'officier traitant (*spotting*), l'évaluation d'un prospect (*assessing*), le développement de la relation (*developing*), le recrutement (*pitching*), la formalisation de la relation (*formalizing*), la production (*producing*) et la fin de la relation (*terminating*)[4].

À la différence d'un diplomate ou d'un journaliste, un officier traitant (OT) oriente en effet sa source, la rétribue et la transmet ultérieurement à un autre OT, ce qui installe la relation dans un régime de domination et de dépendance. La valeur des « leviers » de manipulation, qui vont de l'héroïque au sordide, est souvent débattue, notamment dans un contexte d'évolution de l'allégeance des individus aux organisations. On évoque traditionnellement l'acronyme « MICE », apparemment né aux États-Unis où il aurait été imaginé par le colonel Stanislav Levtchenko, défecteur du KGB aux États-Unis dans son ouvrage *On the wrong side : My life in the KGB*, publié en 1988.

Quelques exemples de motivation pour les agents (MICE)

• L'argent (*money*) : Robert Hanssen, Américain, *special agent* du FBI depuis 1976, a proposé ses services au KGB en octobre 1985. Ayant été arrêté en février 2001, il a été condamné à vie pour trahison en 2002 et emprisonné depuis. Selon une étude de 2008 sur l'espionnage aux États-Unis de 1947 à 2007, l'argent a été sa principale motivation, croissante au cours de la période.
• L'idéologie (*ideology*) : Harold « Kim » Philby, a étudié à Cambridge (Trinity, 1933), où ses sympathies pour l'Union soviétique l'ont conduit à travailler clandestinement pour Moscou. Devenu membre du SIS de 1941 à 1951, et notamment chef de poste à Istanbul de 1947 à 1949 puis à Washington de 1949 à 1951, il a été dénoncé par le défecteur Oleg Golitsyne en 1961. Exfiltré à Moscou en janvier 1963, il a vu sa collaboration avec le KGB publiquement révélée en octobre 1967 et est décédé en exil en 1988.
• La compromission (*compromission*) : le général Lo Hsien-Che, officier taïwanais marié, a été attaché de défense à Bangkok de 2002 à 2005. Piégé en 2004 pendant son séjour par une Chinoise à passeport australien dans un *honeytrap*, il a livré des documents sur les systèmes de communication militaires taïwanais contre une rétribution de 1 million de dollars américains. Il a été arrêté en février 2011 et condamné en mai 2011.
• L'ego (*ego*) : Jonathan J. Pollard, citoyen américain, a été employé comme analyste dans le renseignement naval depuis 1995. Manipulé par le service israélien Lakam, il a fourni divers renseignements secrets, dont des indicateurs de fréquences utilisés par la NSA. Arrêté en novembre 1985, il a été condamné à la prison à vie en mars 1987 et purge depuis sa peine de prison malgré les appels répétés d'Israël en faveur de sa libération.

Certains professionnels ajoutent la vengeance comme mobile, fréquente pour le recrutement de sources en Afghanistan où les rivalités entre tribus et villages sont constantes[5]. Ces motivations ne sont pas nouvelles. Thucydide distinguait déjà parmi les trois passions fondamentales qui poussent les hommes à agir la peur (recherche de sécurité), l'avidité (recherche des biens matériels) et la vanité (recherche de la gloire ou reconnaissance)[6]. On peut y ajouter la bêtise ou l'imprudence. L'ancien inspecteur général de la CIA de 1990 à 1998, Hitz[7], retient pour sa part des motivations, qu'il appelle les « sept péchés mortels de l'espionnage » : l'idéologie, l'argent, la revanche, le chantage, l'amitié, la solidarité ethnique ou religieuse et, enfin, le goût pour l'espionnage. Il insiste notamment sur la solidarité ethnique et religieuse au vu des exemples de trahison aux États-Unis de Pollard, analyste de la marine américaine, au profit d'Israël, et de Wu-Tai Chin, analyste de la CIA, au profit de la Chine.

La méthodologie fondée sur MICE est aujourd'hui discutée. Elle s'applique à des cibles sensibles à la culture et aux valeurs occidentales. Une analyse récente[8] tente d'actualiser les motivations en proposant une méthodologie appelée RASCLS (*reciprocation, authority, scarcity, commitment [and consistency], liking, social proof*), développée sur la base des travaux du psychologue américain Cialdini[9].

La contrainte physique, symbolisée par les *renditions*, et surtout morale n'est pas absente de cette relation entre l'agent et son traitant. À titre d'exemple, la CIA a utilisé entre 1962 et 1973 comme agent d'influence le journaliste autrichien Otto Schulmeister, rédacteur en chef du journal *Die Presse*, en faisant pression sur lui car il était un ancien membre du parti nazi NSDAP. Cette contrainte ne doit cependant pas être surestimée. Chouet avance à juste titre qu'« il y a deux mauvaises manières d'obtenir du renseignement humain, la torture, car la source dira n'importe quoi pour que cela s'arrête et l'argent, parce qu'elle dira n'importe quoi pour que cela continue ». Le secret de la manipulation vis-à-vis de tiers extérieurs à celle-ci doit naturellement être préservé, au sein des services, au sein du milieu professionnel de l'officier traitant, dans le temps… L'espion égyptien Ashraf Marwan, gendre de Nasser traité par le Mossad, renseignant Israël entre 1969 et 1998, a été démasqué par plusieurs ouvrages en 2002 et 2003, soit plus de trente ans après les faits, et retrouvé défenestré à Londres en avril 2007. La protection des sources et des méthodes est en effet la clé de la qualité du renseignement, ce qui justifie sa défense par la loi et par les autorités.

Le bilan de la recherche humaine est contrasté. Ce mode d'action présente des avantages comparatifs, qui tiennent principalement à sa capacité à atteindre des objectifs spécifiques (*hard targets*) et à son coût modéré (moins de 10 % du budget du renseignement américain en 2005)[10]. Comme l'a rappelé le président Obama dans son discours de West Point en mai 2014, « notre communauté du renseignement a accompli un travail formidable et nous devons continuer à protéger ses sources et ses méthodes ». Un « cheptel » de sources humaines de qualité constitue un actif incomparable pour un service de renseignement. Il présente également des inconvénients propres : une réactivité modérée ; des risques physiques pour les officiers traitants et les agents (emprisonnement, assassinats...) ; des risques politico-diplomatiques résultant des scandales (expulsions diplomatiques...) et des crises qu'il peut provoquer ; des problèmes moraux au motif que, comme le rappelle Omand, « la recherche des secrets d'autrui conduit à enfreindre les règles morales quotidiennes » ; et, enfin, des risques de contre-manipulation et d'intoxication que chaque lecteur du roman de Graham Greene, *Notre agent à La Havane*, conserve à l'esprit. Dans cet ouvrage, publié en 1958, un représentant en aspirateurs à Cuba, Jim Wormold, fait croire au service extérieur britannique qu'il dispose d'un réseau d'agents et de secrets militaires, qui se révèlent tous imaginaires.

Sur ce dernier plan, l'Orchestre rouge, réseau de résistants juifs antinazis et procommunistes, manipulé par l'Abwehr pendant la Seconde Guerre mondiale, dirigé par Trepper, donne une idée de ce risque de retournement[11]. Deux épisodes récents montrent la persistance de cette vulnérabilité. La mise en contact du président afghan Hamid Karzai, à l'été 2010, avec un présumé responsable taliban, le mollah Akhtar Mohammad Mansour, ancien ministre de l'Aviation civile du régime taliban, a été parrainée par le SIS britannique malgré les réserves de la CIA et des services afghans, alors qu'il s'agissait d'un imposteur, en réalité simple boutiquier pakistanais de Quetta qui a ainsi obtenu plusieurs centaines de milliers de dollars américains[12]. La manipulation par le SIS et le CSIS canadien depuis décembre 2000 d'Adil Hadi al-Jazairi Bin Hamlili, ancien moudjahid d'origine algérienne au Pakistan, ne l'a pas détourné de sa participation à divers attentats au Pakistan en 2002, dont celui perpétré contre les techniciens de la Direction des constructions navales française à Karachi en mai 2002. Sa capture par la CIA à Peshawar en juin 2003 a conduit à sa détention à Bagram, à son transfert en 2004 à Guantanamo puis à sa remise aux autorités algériennes en janvier 2010.

Une des dimensions importantes de la recherche humaine tient à la validation des sources[13]. On rappelle que, depuis au moins à la Seconde Guerre mondiale et pour de nombreux pays, la cotation de la qualité des renseignements dépend de la fiabilité de la source (cotée de A à X) et de celle de l'information (cotée de 1 à 6). La pratique de la recherche humaine nécessite, en outre, un contrôle soigneux des opérations à un triple niveau : l'autorisation du lancement des opérations, l'utilisation de leurs résultats et la protection des sources employées. Cette rigueur pose le problème de l'exclusivité de la pratique dans un pays. Depuis 2012, les États-Unis ont élargi l'HUMINT, traditionnellement réservée à la CIA, en estimant que la compétence pouvait être partagée par d'autres agences de la communauté nationale. Le secrétaire à la Défense a ainsi annoncé la création, au sein de la DIA, du Defense Clandestine Service, dont l'ambition est de recruter plusieurs centaines d'officiers traitants clandestins d'ici 2018. Dès 2005, la direction des opérations de la CIA, traditionnellement chargée de la recherche humaine, est elle-même devenue le National Clandestine Service (NCS) afin de coordonner plus explicitement cette activité dans toutes les agences de la communauté. En France, la conduite d'opérations de recherche sur le territoire national par les services intérieurs et extérieur a pu poser des problèmes d'articulation par le passé.

Dans le contexte actuel, on peut s'interroger sur l'avenir de la recherche humaine, après l'âge d'or de l'adversaire unique. On a parfois considéré qu'elle avait été surévaluée. Une étude de la CIA sur la période 1947-1985 a mis en évidence que moins de 5 % des officiers traitants de l'Agence ont recruté des sources capables de produire des renseignements significatifs. L'ancien directeur de la CIA de 1991 à 1993, Robert Gates[14], admettait en 1997 : « Nous n'avons jamais recruté un espion qui nous ait donné une information politique de l'intérieur du Kremlin. » De son côté, l'historien britannique Hennessy estime que le SIS ne disposait que de 60 à 80 sources au sein du bloc soviétique de 1956 à la fin de la guerre froide. Beaucoup d'agents de la CIA en URSS et dans les pays de l'Est étaient en réalité sous contrôle adverse. Selon un cadre du service clandestin de la CIA, celle-ci « n'avait pas de sources en Irak avant l'invasion américaine de ce pays[15] ». S'agissant de la Chine, des experts américains prétendent que « toutes les preuves disponibles montrent que la CIA a été incapable de recruter un agent de haut niveau au sein du gouvernement ou de l'armée chinois et que l'Agence et ses partenaires étrangers n'ont jamais été capables d'organiser et d'opérer pour une durée significative des réseaux d'agents de bas niveau sur le continent chinois[16] ». Ainsi, plusieurs auteurs tendent aujourd'hui à relativiser son importance. Selon l'IISS britannique, si la guerre froide était l'ère de la recherche (*collection*), la période qui lui a succédé est peut-être devenue celle du traitement des informations collectées (*processing*)[17]. Proposant un nouveau cycle du renseignement, Omand redécouvre la notion d'« accès », déjà chère à Dulles, qui y voyait « l'essence de l'espionnage[18] ». Selon Omand, elle serait désormais plus importante que celle de recherche.

Alors que certains étaient tentés de la reléguer au rang de vestige de la guerre froide, les gouvernements continuent cependant, sans surprise, à mettre l'accent sur la nécessité de développer la recherche humaine. Le gouvernement américain a tiré les enseignements des Commissions qui se sont livrées à l'analyse des échecs du 11 septembre 2001[19] et de l'engagement en Irak[20] pour prôner une relance du HUMINT. Le président américain a demandé en 2004 au directeur de la CIA une augmentation de 50 % des *case officers* de l'Agence. De leur côté, les autorités françaises ont, pour la première fois, publiquement reconnu l'importance de la recherche humaine. Le Livre blanc sur la défense et la sécurité nationale de juin 2008 indique ainsi qu'« une attention spéciale sera portée, dans l'effort global, au renseignement de source humaine. Cela implique une amélioration du recrutement et de la formation des personnels chargés de cette mission, une augmentation du nombre de sources et une amélioration de leur répartition géographique en fonction de nos centres d'intérêt prioritaires ».

La recherche humaine demeure en réalité essentielle, bien qu'elle ait peut-être muté au cours de la décennie passée dans le contexte de l'antiterrorisme. Selon Dearlove, « les opérations de recherche des services sont passées d'un petit nombre de recrutements à long terme d'agents de pénétration profonde de haute valeur au recrutement de nombreux agents de court terme et occasionnels dans la logique du contre-terrorisme[21] ». Ce mode de recherche doit ainsi composer avec des milieux cibles hétérogènes, qui contrastent avec l'homogénéité sociale et la proximité physique dans lesquelles évoluaient les officiers de renseignement de la guerre froide. Son apport au renseignement doit aujourd'hui être situé dans un triple contexte. La recherche humaine doit être intégrée aux autres modes de recherche de renseignement : le rapprochement entre la recherche humaine et technique n'est formellement intervenu entre la CIA et la NSA qu'en janvier 2002 avec la création du Strategic Partnership Advisory Group. En France, il n'a été mis en place au sein de la DGSE qu'au début des années 2000. Les autorités françaises reconnaissent dans le Livre blanc sur la défense et la sécurité nationale d'avril 2013 que « le renseignement d'origine humaine (ROHUM), le renseignement électromagnétique (ROEM) et le renseignement image (ROIM) sont complémentaires et indissociables. C'est la combinaison des informations recueillies par ces trois voies qui donne au renseignement sa valeur ». La recherche humaine doit également être placée dans le contexte des sources ouvertes (OSINT) et des traitements de masse (*crowdsourcing*). Elle doit enfin être insérée dans un contexte croissant de coopération internationale, qui constitue en soi un facteur de complication mais aussi de partage des risques.

Une fragilité de l'instrument illustrée par quelques manipulations récentes

Plusieurs études de cas montrent la complexité des manipulations de recherche.

Certaines sources sont d'une importance historique. Elles peuvent être considérées comme des « sources en or » tant leur apport est déterminant. Hans-Thilo Schmidt, *alias* Asche, citoyen allemand né en 1888 et dont le frère était dans les transmissions de l'armée allemande, a offert de coopérer depuis Prague avec le deuxième bureau français en 1936. C'est un *walk-in*. Il a livré l'ordre de bataille de la Reichswehr et les clés de la machine Enigma avant d'être arrêté et exécuté en 1943.

La source Farewell, un officier du KGB traité depuis 1981 par la France, qui joua un rôle important à la fin de la guerre froide et qui constitue un succès remarquable des services français, est plus connue, depuis notamment le film *L'Affaire Farewell* de Carion sorti en 2009. Le lieutenant-colonel Vetrov, né en 1932, officier du KGB depuis 1959, en poste à Paris de 1965 à 1970, puis à Montréal, a proposé ses services à l'ambassade de France à Moscou au début 1981 par rancœur contre sa hiérarchie. C'est aussi un *walk-in* qui s'est adressé à la France par affinité. Compte tenu des rivalités entre les services français, le poste de défense a sollicité, par l'intermédiaire du chef d'état-major des armées, la DST, le service intérieur français plutôt que le SDECE. Avec l'aide opérationnelle de la CIA, le lieutenant-colonel Patrick Ferrand, attaché militaire adjoint, et un « honorable correspondant » (HC) français de la société Thomson ont récupéré entre mai 1981 et février 1982, date du dernier contact, des informations de la branche scientifique et technique du Premier directorat du KGB, qui mettent en évidence l'ampleur de l'effort soviétique en matière d'espionnage scientifique et technologique. Alcoolique et volage, il a été arrêté et exécuté en janvier 1985. Le président Mitterrand a été avisé de l'opération le 14 juillet 1981 par le directeur de la DST Chalet. Il en a avisé confidentiellement le président Reagan lors du sommet du G7 de Montebello (Québec) en juillet 1981. 70 % de la production de Farewell concernait les États-Unis. La source a également permis de percer à jour 70 agents du KGB. Cette source a été à l'origine du raidissement de la posture contre l'URSS en France et aux États-Unis (NSD 75 du 17 janvier 1985 sur les transferts de technologie, document publié par la CIA sur les acquisitions soviétiques significatives de technologie militaire). Le successeur de Chalet, le préfet Bonnet, aurait été limogé par le président Mitterrand en août 1985 en raison des confidences faites à la presse sur cette affaire.

La manipulation de la source Curveball est également tristement célèbre. Début 2003, les autorités américaines faisaient les déclarations suivantes sur l'Irak. Dans son discours sur l'état de l'Union du 28 janvier 2003, le président Bush indiquant : « Nous savons que l'Irak disposait de plusieurs laboratoires bactériologiques mobiles à la fin des années 1990. » Dans sa célèbre intervention au Conseil de sécurité de l'ONU, le 5 février 2003, le Secrétaire d'État Colin Powell précisait : « Chaque constat que je fais aujourd'hui est soutenu par des sources, des sources solides. Ce ne sont pas des assertions. Ce que nous vous donnons sont des faits et des conclusions fondées sur des renseignements solides. Je vais citer quelques exemples, et ils proviennent de sources humaines. ». Il ajoutait : « Nous avons un témoin oculaire » des laboratoires mobiles irakiens.

Ces approximations, dont on connaît les conséquences, résultent d'un processus malheureux, déclenché par la source Curveball[22]. Né vers 1967, Rafi Ahmed Alwan al-Janabi est un ingénieur chimiste de nationalité irakienne, qui avait quitté l'Irak en 1998 par la Jordanie, l'Égypte, la Libye et le Maroc. Arrivé à Munich en novembre 1999, il s'établit dans le camp de réfugiés de Zirndorf, où il demanda l'asile politique en janvier 2000 et indiqua vouloir faire des révélations. Il fut interrogé par un docteur Paul du BND à 52 reprises entre janvier 2000 et septembre 2001, car il disait avoir travaillé entre 1994 et 1998 dans le complexe chimique de Djerf al-Nadaf. En réalité, il avait été licencié en 1995 pour vol et était devenu trafiquant et petit délinquant. Au prétexte qu'il avait été associé au programme irakien d'armes de destruction massive, Al-Janabi a prétendument révélé l'existence de laboratoires bactériologiques mobiles. Le BND a communiqué l'information au printemps 2000 au SIS et à la DIA, qui en a déduit « 112 rapports » sur le programme bactériologique irakien, transmis au centre d'analyse de la prolifération (Winpac) de la CIA. La DIA n'a obtenu du service allemand de rencontrer Curveball qu'une seule fois. En 2000, elle a transmis ses informations sur la source à la CIA, qui a demandé à son tour au service allemand à pouvoir l'entendre mais ce dernier s'y est opposé au motif que la source ne parlait pas anglais et était antiaméricaine… Le chef de poste du BND à Washington l'a pourtant officieusement décrite à l'été 2000 à la CIA comme un « fabricateur » dépressif, menteur, alcoolique et corrompu. Malgré ces réticences, Curveball est l'une des cinq sources dont les renseignements ont été incorporés par Winpac dans la NIE sur l'Irak d'octobre 2002. En décembre 2002, la division Europe de la Direction des opérations (DO) de la CIA fit part de ses doutes à son sujet aux analystes de Winpac. Le chef de poste de la CIA à Berlin transmit le 20 décembre 2002 un refus du président du BND, Hanning, de présenter Curveball à la CIA et de témoigner en public. Le chef de la division Europe du DO/CIA indique au DDCI McLaughlin, en février 2003, que la source était un faussaire. Ce dernier et le DCI Tenet ont pourtant validé les éléments du discours du ministre Powell fin janvier 2003.

L'Unmovic inspecta le 9 février 2003 en Irak les sites mentionnés par Curveball, qui ne correspondaient pas à ses déclarations. La CIA et la DIA ont validé un *white paper* en mai 2003, malgré l'opposition de l'INR, indiquant avoir trouvé des laboratoires mobiles en Irak. Ce n'est qu'en octobre 2003 que la CIA a reconnu auprès de l'Iraq Survey Group que la source était un imposteur. Elle ne l'interrogea qu'en mars 2004 et confirma les incohérences de son témoignage. Elle émit en juin 2004 une *burn notice* sur Curveball, la qualifiant de source à éviter. Le rapport préliminaire de l'Iraq Survey Group d'octobre 2004 a confirmé qu'il n'y a jamais eu de laboratoires mobiles, Saddam ayant abandonné son programme d'armes de destruction massive après la guerre de 1991. Curveball a néanmoins bénéficié d'une pension mensuelle du BND de 2 000 euros jusqu'en 2008. Il a obtenu l'asile politique puis la nationalité allemande et vit désormais d'expédients en Allemagne.

Un dernier cas montre les conséquences désastreuses que peut avoir une manipulation ratée. Humam Khalil Abu-Mulal al-Balawi est un Palestinien né au Koweït en 1977. Réfugié en Jordanie après la guerre du Golfe de 1990, il obtint un diplôme de médecine à l'Université d'Istanbul en 2002 qui lui permit d'exercer dans un camp palestinien de Jordanie. Proche des Frères musulmans, il épouse une journaliste turque islamiste et devient actif sur la blogosphère islamiste salafiste à partir de 2005 sous le pseudonyme d'Abu Dujana al-Khorasani. Identifié par la NSA fin 2008[23], il est arrêté en janvier 2009 par le GID jordanien et retourné. Il est alors envoyé au Waziristan en mars 2009 pour infiltrer Al-Qaida. Le GID le transmet à la CIA à l'été 2009 par l'intermédiaire de son poste d'Amman en raison de ses connaissances alléguées sur Ayman al-Zawahiri, n° 2 d'Al-Qaida. Considéré comme une « source en or » pour approcher le commandement de l'organisation terroriste, selon le briefing fait par le DCIA Panetta au président Obama en novembre 2009, il meurt à Khost, en Afghanistan, le 30 décembre 2009 dans une explosion-suicide commise en représailles à l'élimination du chef taliban Baitullah Mehsud. Cette séquence a été reprise dans le film de fiction *Zero Dark Thirty*, sorti en 2013. L'explosion fit 8 morts dont 7 membres de la CIA. Comme le résume le journaliste Warrick, « personne à la CIA n'avait pensé qu'une source monterait une rencontre avec ses traitants pour les tuer avec lui-même ».

Quelles limites éthiques fixer à la recherche humaine ?

Olson a exposé à titre pédagogique les difficultés d'ordre éthique que présente la recherche humaine. Il utilise une série de questions pratiques et difficiles susceptibles de se poser aux agences et à leur personnel. On peut en citer un certain nombre. Peut-on exposer une personne inconsciente à un risque opérationnel ? Peut-on utiliser une fausse nationalité pour recruter un agent ? Peut-on user de la séduction pour recruter un agent ? Peut-on utiliser une couverture de journaliste, d'humanitaire, de missionnaire ou de cadre privé sans autorisation ? Peut-on fabriquer de faux titres universitaires pour un agent ? Peut-on employer secrètement un journaliste national ? un universitaire (recherche, orientation de recrues) ? Peut-on ne pas tenir ses promesses envers un agent ? Peut-on piéger par des faux un officier traitant d'un service étranger ? Peut-on offrir à un agent une prostituée, un enfant prostitué ou de la drogue ?

Aucune de ces questions n'appelle évidemment de réponse simple. On s'indignera par exemple aisément aujourd'hui que les agences de renseignement américaines aient recruté environ un millier d'anciens nazis après la Seconde Guerre mondiale, dont certains criminels de guerre qui ont pu bénéficier de leur protection contre des poursuites judiciaires[24]. Toutes imposent une attention vigilante à la qualité du recrutement et du management des officiers traitants, condition première d'un traitement éthique des questions, comme le souligne une récente étude de la RAND consacrée au contre-terrorisme[25]. « Un homme, ça s'empêche[26] », disait Albert Camus. Certains services ont par ailleurs cru nécessaire de se doter de règles de prohibition : aux États-Unis, la CIA a été soumise aux *Deutch rules* posées en 1995 par le directeur de la CIA, Deutch, qui interdisaient à l'Agence de recruter des sources ayant violé les droits de l'homme. Ces règles ont été levées après le 11 septembre 2001. En Allemagne, le BND privilégie, selon l'un de ses anciens responsables[27], les incitations positives par rapport aux incitations négatives (chantage, *honeytraps*). Il interdit l'utilisation des « faux pavillons » ou de certaines couvertures professionnelles (universitaires, journalistes, fonctionnaires, ecclésiastiques).

La montée en puissance de la recherche technique

Apparues véritablement au début du siècle passé, alors que le téléphone a été inventé par Graham Bell en 1876, les premières interceptions téléphoniques remontent aux années 1890. La recherche technique (*technical collection*) est une réalité qui a longtemps été sous-estimée pour des raisons diverses. Elle a parfois été considérée comme éthiquement douteuse. « Les gentlemen ne lisent pas le courrier des autres » (« *Gentlemen do not read each other's mail* ») s'indignait le Secrétaire d'État américain Stimson en 1929. Elle est demeurée longtemps très confidentielle, ce qui explique que, jusqu'aux dernières révélations de Snowden, le SIGINT soit demeuré « un mot encore curieusement absent de la grande majorité des histoires des relations internationales », selon la formule d'Andrew[28].

Pourtant, ce mode de recherche est une composante essentielle de la collecte des services, qui justifie des investissements massifs de la part des gouvernements. Selon l'expert américain Dupont, « la collecte de renseignement est de manière croissante la fonction de systèmes automatisés à partir de plates-formes dédiées ou multiusages[29] ». Comme le relevait le Livre blanc sur la défense et la sécurité nationale de juin 2008, « la part réservée aux investissements techniques dans les budgets annuels des services de renseignement devra augmenter ». La NSA évoque même, dans un récent document stratégique dévoilé par Snowden, la période actuelle comme l'« âge d'or du SIGINT[30] ». Certains ont même pu y voir un avantage stratégique déterminant, qui fait dire à Kemp que « le renseignement technique remplit désormais une mission impériale de dissuasion qui revenait par le passé à l'arme nucléaire[31] ».

La recherche technique est en réalité un enfant du XXe siècle. Son intérêt éclate pendant la Première Guerre mondiale avec l'interception par la Room 40 britannique en 1917 du télégramme Zimmermann envoyé par Berlin à l'ambassade d'Allemagne au Mexique[32]. Cette action est considérée par Kahn[33] comme « le plus grand coup de renseignement de tous les temps », sa révélation ayant été déterminante dans l'entrée en guerre contre l'Allemagne des États-Unis. En France, le « radiogramme de la Victoire » intercepté et déchiffré par l'armée française début juin 1918 a alerté sur l'imminence de l'offensive allemande et permis de la contenir victorieusement. Dès le temps de paix, le SIGINT se révèle déterminant, notamment, dans la conférence de la paix de Paris de 1919 à 1920 et dans les négociations commerciales anglo-soviétiques commencées en mai 1920. Dans ce dernier cas, le Premier ministre britannique Lloyd George reçoit en effet directement les décryptements du CG and CS selon Andrew[34].

Pendant la Seconde Guerre mondiale, les Alliés bénéficient des interceptions et décryptages ULTRA/Enigma réalisés par les Britanniques sur les codes de la Luftwaffe en 1940 et des sous-marins allemands en 1942 ainsi que des interceptions américaines Magic/Purple du chiffre diplomatique japonais. Ces succès sont si sensibles que leur existence n'a été respectivement révélée qu'en 1974 et en 1986 lors de la déclassification des archives des services. Selon l'historien du renseignement technique britannique, Harry Hinsley, cryptanalyste au GC and CS pendant la Seconde Guerre mondiale et auteur d'une *Histoire du renseignement britannique pendant la Seconde Guerre mondiale* publiée entre 1979 et 1990, le décodage du chiffre allemand par le GC and CS de Bletchley Park aurait permis de réduire la durée de la guerre de deux ans. L'expert américain Ferris[35] estime pour sa part que le SIGINT américain dans le Pacifique a raccourci la durée de la guerre et le coût de la victoire sur le Japon. L'US Army Signal Security Agency parvient à intercepter plus de 600 câbles diplomatiques dans le cadre de l'opération Magic lors de la conférence fondatrice des Nations unies à San Francisco en 1945. Dès le début de la guerre froide, l'opération Venona de décryptage des transmissions du GRU et du KGB, commencée en 1940 et poursuivie jusqu'en 1948 par l'ASA américaine avec le concours du GCHQ, a permis de démasquer les espions soviétiques Ethel et Julius Rosenberg, Guy Burgess, Donald McLean et Harold Philby. Exploitée entre 1948 et 1951, elle n'a été déclassifiée par la NSA et la CIA qu'en 1995.

En France, le renseignement technique a une triple origine[36]. Il se fonde sur la maîtrise de la cryptologie militaire à partir de 1912, qui conduit à l'interception des émissions allemandes depuis le Mont-Valérien et la tour Eiffel pendant la Première Guerre mondiale. Cette réussite est à l'origine de la création en 1940 du Groupement de contrôle radioélectrique (GCR), dont les compétences sont reprises par le BCRA en 1942 avant d'être transférées au Service technique de recherche (STR) du SDECE en 1944. Parallèlement, les interceptions du trafic des ambassades étrangères sont confiées à la section D du Service de renseignement (SR) en 1936, puis au GCR en 1946. Enfin, la surveillance des communications domestiques est assurée par le Poste central de recherche (PCR) de la DST en 1944, puis par le GIC en 1958. Plusieurs services français ont ainsi des compétences en matière de renseignement technique mais la DGSE détient un mandat de *senior SIGINT* et la DRM un mandat de *senior IMINT*, qui leur permet de coordonner les échanges sur les plans national et international. La DGSE a développé des stations d'interception satellitaires (Satcom) à partir des années 1970, le centre d'interception de Domme (Dordogne) créé en 1974, selon l'expert américain Aid. Elle a mis sur pied au début des années 1980 sa propre direction technique (DT), devenue depuis plusieurs années la principale direction du service en termes d'effectifs.

La recherche technique s'est naturellement développée durant la guerre froide, comme y invitait la directive NSC-68 *United States Objectives and Programs for National Security* approuvée par le président Truman en avril 1950. En octobre 1954, une commission présidée par le général Doolittle a insisté sur la nécessité de progrès significatifs

Les étapes du renseignement technique américain

- Premier vol opérationnel à partir de Wiesbaden de l'avion U2 sur l'URSS en avril 1956.
- Premier navire SIGINT (*USS Oxford*), lancé en novembre 1959.
- Premier satellite SIGINT (*Grab*), lancé en avril 1960.
- Premier satellite IMINT (*Corona*), opérationnel en août 1960.
- Premier vol opérationnel de l'avion SR-71 en avril 1962.
- Premier satellite ELINT en mai 1962.
- Premier vol opérationnel de l'avion A12 sur le Nord-Vietnam en 1967.
- Premier satellite COMINT (*Canyon*), lancé en août 1968.
- Premier satellite SIGINT/COMINT (*Rhyolite*), lancé en mars 1973.
- Premier satellite SIGINT en temps réel (*Keyhole 11*), lancé en décembre 1976.
- Premier satellite COMINT (*Chalet*), lancé en juin 1978.
- Premier satellite SIGINT (*Orion*), lancé par la navette *Discovery* en janvier 1985.

dans le domaine technique pour compenser les faiblesses du renseignement humain face à l'Union soviétique. Plusieurs développements en ont résulté, dont les principales étapes se situent entre les années 1960 et 1980.

Au cours de cette période, la recherche technique a eu pour principale fonction d'évaluer le potentiel stratégique et militaire des adversaires des pays occidentaux ainsi que de donner l'alerte dans des situations dont s'est moqué le cinéaste Stanley Kubrick dans son film *Docteur Folamour* (1964). Il est à noter que les États-Unis ont conduit des missions IMINT au-dessus du site nucléaire français de Mururoa, avec des satellites *Corona* – équipés de caméras KH-4A et KH-4B – entre juin 1966 et août 1968 et *Gambit* – équipés de caméras KH-7 et KH-8 – entre mars 1966 et septembre 1974[37].

Il y a en réalité une telle variété de modes de recherche technique que les Anglo-Saxons la qualifient parfois d'« INT'soup » (« soupe aux renseignements »).

La variété des modes de recherche technique

- COMINT (*communications intelligence*) : renseignement des transmissions.
- SIGINT (*signal intelligence*) : ROEM, renseignement d'origine électromagnétique.
- ELINT (*electronic intelligence*) : renseignement d'origine électronique.
- IMINT ou SATINT (*imagery intelligence* ou *satellite intelligence*) : renseignement satellitaire.
- ROIM : renseignement d'origine imagerie.
- MASINT (*measurement and signature intelligence*) : renseignement des signatures.
- ACINT (*acoustical [navy] intelligence*) : renseignement acoustique (marine).
- ACOUSTINT (*acoustical intelligence*) : renseignement acoustique.
- LASINT (*laser intelligence*) : renseignement laser.
- OPTINT (*optical intelligence*) : renseignement optique.
- PHOTINT (*photographic intelligence*) : renseignement photographique.
- RADINT (*radar intelligence*) : renseignement radar.
- RINT (*radiation intelligence*) : renseignement des radiations.
- TECHINT (*technical intelligence*) : renseignement technique.
- TELINT (*telemetry intelligence*) : renseignement télémétrique.

Source: Baud J., Encyclopédie du renseignement et des services secrets, *Lavauzelle, 2004.*

Au cours des dernières décennies, le renseignement technique a principalement reposé sur quatre outils. La cryptologie, c'est-à-dire le codage des communications, s'est développée à mesure que s'accroissaient les puissances de calcul disponibles. Son importance a bien été mise en évidence par l'historien américain Kahn[38]. Le renseignement d'origine électromagnétique (ROEM ou SIGINT), élément central du renseignement technique, s'est porté sur les faisceaux hertziens, les câbles et les satellites à partir du début des années 1960. Quant au renseignement d'origine imagerie (ROIM ou IMINT), dont les vecteurs se sont progressivement diversifiés (avion U2 à partir de 1956, satellite *Corona* à partir de 1960,

Quelques techniques employées par les agences de renseignement technique selon les révélations d'Edward Snowden

- Stockage par la NSA des métadonnées de millions d'utilisateurs pendant un an dans un répertoire *Marina* (*The Guardian*, 30 septembre 2013).
- Collecte par la NSA des carnets d'adresses et des *buddy links* des messageries instantanées (*Washington Post*, 15 octobre 2013).
- Intrusion de la NSA dans les comptes d'utilisateurs de Yahoo et Google (opération Muscular) (*Washington Post*, 30 octobre 2013) en utilisant notamment les cookies de Google (*Washington Post*, 10 décembre 2013).
- Intrusion du GCHQ dans les systèmes de réservation de 350 hôtels (opération Royal Concierge) (*Der Spiegel*, 17 novembre 2013).
- Infiltration par la NSA de 50 000 réseaux informatiques par des virus (NRC, 23 novembre 2013).
- Collecte par la NSA d'environ 5 milliards d'enregistrements par jour sur les itinéraires de plusieurs centaines de millions de téléphones mobiles (outil Co-Traveler [*Washington Post*, 4 décembre 2013])
- Surveillance par la NSA et le GCHQ des jeux en ligne de type World of Warcraft et Second Life depuis 2008 (*New York Times*, 9 décembre 2013).
- Introduction par la NSA de *back-doors* dans les sécurités informatiques grâce à un contrat secret de 10 millions de dollars américains avec la société RSA (*New York Times*, 20 décembre 2013).
- Contrôle par la NSA de près de 100 000 ordinateurs par radiofréquence depuis au moins 2008 (*New York Times*, 15 janvier 2014).
- Collecte par la NSA de près de 200 millions de SMS par jour (opération Dishfire) (*The Guardian*, 16 janvier 2014).

drones à partir du début des années 2000, micro- et nanosatellites aujourd'hui), il est devenu essentiel au renseignement de situation. Le renseignement d'origine informatique (ROINF), apparu dans les années 1980, s'est, lui, considérablement développé depuis.

Ces outils sont en train de fusionner entre eux. Dans ce que la NSA appelle le *digital network intelligence* (DNI), ce renseignement est tiré des données transitant sur les réseaux numériques, qui portent autant sur les contenus que sur les « métadonnées » qui y sont attachées. En effet, comme le souligne un des récents directeurs du GCHQ, la révolution Internet « requiert une approche technique entièrement différente pour les intercepteurs, qui ne peuvent plus se fonder sur des cheminements fixes pour les messages qu'ils recherchent[39] ». Une telle évolution technique a suscité des inquiétudes chez les spécialistes de la sécurité d'Internet[40]. C'est dans ce contexte technique que survient le débat lancé en 2013 par Snowden sur le basculement d'une « surveillance sélective » (*targeted surveillance*), qui serait légitime, vers une « surveillance de masse » (*mass surveillance*) qui ne le serait pas. Dans cette controverse, Omand fait cependant valoir à juste titre qu'il ne faut pas confondre cette tentation fantasmatique avec l'accès généralisé (*bulk access*) qu'autorise pour les agences la technologie d'aujourd'hui[41].

Des agences techniques de taille imposante

- États-Unis : National Security Agency (40 000 personnes, dont 32 000 pour le SIGINT), *National* Reconnaissance Office (3 500 personnes) et National Geospatial Intelligence Agency.
- Royaume-Uni : Government Communications Headquarters (5 500 personnes).
- Israël : Unité 8200 de l'Aman (5 000 personnes).
- Canada : Communications security establishment (2 100 personnes).
- France : DGSE/Direction technique (2 100 personnes) et DRM (700 personnes).
- Allemagne : Bundesnachrichtendienst/Direction II (1 000 personnes).
- Australie : Australian Signals Directorate.
- Suède : Försvarets Radioanstalt.
- Russie : x dizaines de milliers de personnes.
- Chine : x centaines de milliers de personnes.

Depuis 2002, se développe par ailleurs la notion de renseignement géospatial (GEOINT), visant à suivre des activités en permanence par des moyens techniques divers. Selon le général Clapper, DNI, « le GEOINT est le mode de renseignement le plus transparent[42] » car il n'appelle pas nécessairement dissimulation.

Par sa complexité et son importance, le renseignement technique a justifié la création d'agences spécialisées, qui représentent des organisations particulièrement complexes et sophistiquées. La première d'entre elles, la NSA, est, selon le général Alexander, qui en fut le directeur de 2005 à 2014, « le plus grand employeur de mathématiciens des États-Unis » et emploie « 1 103 mathématiciens, 966 docteurs Ph.D et 4 374 informaticiens[43] ».

Deux modèles existent à cet égard : des agences autonomes (Royaume-Uni depuis 1919, Canada depuis 1946, États-Unis depuis 1952), membres à part entière de la communauté du renseignement, et des branches intégrées dans d'autres agences (France, Allemagne). Les États passent parfois de l'un à l'autre. Les Pays-Bas viennent ainsi de décider de créer en 2014 une agence commune aux deux services existants. Chaque formule a ses vertus mais la première n'est pas sans poser des problèmes d'efficacité. Selon l'expert Aid[44], la NSA a commencé à suivre les activités d'Oussama ben Laden dès 1995. Elle a intercepté son téléphone Inmarsat Compact M à partir de la fin 1996 mais elle ne captait que la moitié du flux, la CIA interceptant l'autre moitié sans la partager avec l'agence technique. Cette absence de coopération a pu expliquer certains échecs du renseignement américain contre Al-Qaida. Certaines de ces agences sont par ailleurs simultanément chargées de la recherche technique et de la protection nationale contre les intrusions au titre de la sécurité des systèmes d'information. C'est le cas aux États-Unis (Central Security Service rattaché à la NSA depuis 1972) comme au Royaume-Uni (Communications Electronics Security Group rattaché au GCHQ depuis 1969) où les agences de recherche technique exercent une fonction complémentaire d'« assurance » (*information assurance*). Une telle situation peut cependant créer des conflits d'intérêts entre les deux missions comme le craignent les entreprises et les défenseurs des libertés publiques.

Comparée à la recherche humaine, la recherche technique n'est pas sans avantages. Elle réduit le risque opérationnel sans l'annuler complètement, comme le montrent les effets de l'affaire Snowden. Elle permet une excellente réactivité si ses capteurs ont été initialement bien conçus et orientés. Parfois confiée à des agences spécialisées comme la National Geospatial-Intelligence Agency (NGA) américaine qui a remplacé en 2001 la National Imagery and Mapping Agency créée en octobre 1996 ou la Defence Imagery and Geospatial Organisation (DIGO) australienne créée en novembre 2000, l'imagerie est à cet égard une capacité essentielle pour le suivi et la détection des efforts en matière d'armes de destruction massive (Iran, Corée du Nord, Syrie...). Comme la recherche humaine, la recherche technique pose cependant des problèmes particuliers. Elle demeure un instrument très coûteux, qui en réserve l'exclusivité à quelques pays, le coût d'un satellite KH-11 et de son vecteur s'élevant par exemple à plus de 1,1 milliard de dollars américains. Elle doit s'adapter en permanence à l'évolution des supports de communication (satellite *Intelsat* en 1967, câbles en fibre optique dans les années 1970, téléphones mobiles dans les années 1980, VOIP au début des années 2000...). Elle est confrontée aux exigences de traitement[45] et de stockage de masse (650 millions d'événements par jour selon Lowenthal). Comme l'a indiqué en juillet 2013, en termes imagés, Alexander, directeur de la NSA, « vous avez besoin de la botte de foin pour trouver l'aiguille ». Selon Johnson, « dans les nations riches qui collectent des volumes importants d'information secrète sur l'étranger, le traitement (*processing*) de cette information sera toujours en retard par rapport au flux de collecte, ce qui entraînera un stockage extensif de données non analysées ». Malgré cet avertissement, la NSA a créé un centre de stockage à Bluffdale (Utah), d'un coût de plus de 2 milliards de dollars américains. Fondée sur un « chalutage » d'informations qui conduirait, selon les révélations de Snowden, la NSA à surveiller 75 % du trafic Internet aux États-Unis, la recherche technique a du mal à discriminer entre les cibles domestiques et étrangères, comme le montrent les « bourdes » de la NSA récemment révélées, ce qui présente le risque ou le fantasme d'un « État panoptique », évoqué par Omand. Enfin, elle impose le développement de mesures protectrices, qui relèvent de la sécurité et du contre-espionnage.

Le contrôle de ses opérations est donc véritablement essentiel. En effet, la gestion des projets est délicate et peut conduire à de coûteux échecs techniques et financiers dont témoignent les mésaventures des programmes de satellites Zircon au Royaume-Uni en 1997 ou Future Imagery Architecture du NRO en 2005. Le partage du renseignement avec les partenaires nationaux et étrangers est délicat. La recherche technique impose des investissements très importants et peut entraîner une relation de dépendance, à l'image du Royaume-Uni, étroitement lié aux États-Unis depuis le partenariat Ukusa de 1948, ou du Canada, qui se reconnaît comme un « importateur net » de renseignement, selon les mots de la conseillère à la sécurité nationale Bloodworth en 2007. La collaboration des agences avec les opérateurs privés est également rarement transparente et présente les risques illustrés par l'affaire Snowden. Enfin, la recherche technique laisse entrevoir le risque d'un dérapage vers le « renseignement de masse » dénoncé par Bigo, susceptible d'enfreindre les libertés publiques.

L'adaptation des schémas de recueil

L'organisation du travail sur la base des modes de recherche est aujourd'hui discutée. La combinaison entre ces modes ne va pas de soi, l'« approche équilibrée », prônée notamment par l'EO 12333 américain de 1981 ne pouvant être appréciée indépendamment des objectifs assignés. Selon l'expert américain de la RAND Treverton[46], le renseignement porte encore la marque de l'héritage de la guerre froide, c'est-à-dire d'une capacité de recherche compartimentée par vecteurs (HUMINT, SIGINT...), contrastant avec une capacité d'analyse centralisée. Si l'on en croit Omand, ce cloisonnement avait déjà été identifié par l'expert britannique Jones, qui voyait une difficulté dans la division des composantes (*inputs*) du renseignement en fonction des sources (HUMINT, SIGINT...) et de ses produits (*outputs*) en fonction des sujets.

La lutte antiterroriste dans laquelle les services se sont engagés leur a appris à gommer ces distinctions en mutualisant leurs capacités, en intensifiant leurs échanges entre eux sur la base de protocoles, comme, par exemple, le Strategic Partnership Advisory Group établi entre CIA et NSA en janvier 2002 ou le Memorandum of Understanding entre le SCRS/CSIS et la Police montée royale canadienne, et en fusionnant leurs informations dans des entités nouvelles comme le NCTC aux États-Unis. Opposer la recherche humaine à la recherche technique est de ce point de vue factice, comme l'indiquait déjà en 1999 Davies[47]. Ainsi le chef d'Al-Qaida en Irak, Abou Moussab Al-Zarqawi, a-t-il été tué par tir de missile d'avion F-16 en juin 2006 près de Baqouba en Irak grâce à une combinaison d'HUMINT (localisation de son refuge), de SIGINT (interception de ses communications avec son guide spirituel) et d'IMINT (transmission des coordonnées du refuge). De la même manière, l'élimination d'Oussama ben Laden à Abbottabad en mai 2011 n'a été rendue possible que par la concentration de l'attention sur son agent de liaison Abu Ahmad al-Kuwaiti, un Pachtoun pakistanais né au Koweït, membre d'Al-Qaida depuis la fin des années 1990 et proche de Khaled Sheikh Mohammed. Identifié par la CIA sur la base de témoignages collectés à Guantanamo en 2004, il a été localisé par des sources humaines de l'agence comme vivant à Abbottabad en 2009. Cependant, ce n'est que lorsque le renseignement a été confirmé en 2010 par la NSA qui avait intercepté ses conversations avec des correspondants du Golfe, que le président Obama a pu décider l'opération avec des chances raisonnables de succès[48].

Les évolutions actuelles de la recherche du renseignement constituent ainsi un défi technique si l'on veut qu'elle puisse continuer à être « non annoncée, non conventionnelle et non attendue[49] ». Comme l'a indiqué le directeur adjoint de la CIA de 2000 à 2004, McLaughlin[50], « nous devons repenser notre paradigme de la recherche [...] qui est fondé sur le mariage de l'espionnage classique et de la technologie développée dans les années 1960 impliquant principalement l'espionnage, l'imagerie, les interceptions de communication et quelques autres méthodes spéciales de recherche de renseignement ». La situation présente constitue donc également un défi de nature politique : la sophistication croissante des méthodes employées, le poids des investissements consentis, les conséquences éthiques et politiques des actions engagées par les services justifient à l'évidence et plus que jamais un renforcement du pilotage et du contrôle de leurs opérations de recherche.

CHAPITRE 5

L'analyse du renseignement, une activité partagée

Le renseignement ne peut être réduit à un simple processus mécanique de compilation d'informations collectées en secret. Il requiert une analyse rigoureuse de ces données, qui fait entièrement partie de l'activité des services mais ne leur est pas exclusive.

Cette fonction ne dispose souvent que d'une image banalisée, voire dépréciée auprès des spécialistes du renseignement. Dans une approche romanesque du renseignement, il n'y a en effet pas de place pour l'analyse, à la différence de la recherche ou de l'action. La culture du renseignement minore d'ailleurs le rôle des analystes, bien que ceux-ci constituent une composante importante des agences : près de 20 % à la CIA, environ 25 % à la DGSE et à la DRM. L'explosion des sources ouvertes, marquées par l'avènement de CNN en 1980, d'Internet en 1990 et des réseaux sociaux Facebook et Twitter depuis 2006, fait enfin du renseignement analysé une « seconde opinion », qui conduit bien souvent à valider des informations déjà disponibles. Comme le relève avec humour Clark, « les sources ouvertes sont un danger ; après tout, n'importe qui peut y accéder sans autorisation ». Il existe au demeurant une interrogation ontologique sur la nature de l'analyse du renseignement[1] : est-ce une science ainsi que le prétendent des experts comme Kent en 1949, Knorr en 1964, Heuer en 1978 ou Ben-Israël en 2004, ou bien constitue-t-elle un art comme le pense Lowenthal en 2014 ?

L'analyse du renseignement est souvent présentée comme une étape essentielle du cycle du renseignement mais chacun – autorité politique comprise – croit pouvoir assurer son propre traitement du renseignement : fréquents sont, par exemple, les cas d'images satellites qui sont directement soumises aux responsables politiques, désormais habitués à s'informer de manière autonome sur les questions de sécurité. La fonction elle-même ne fait pas l'objet d'une définition universelle. Ainsi, en France, on ne parle pas d'analystes mais de « rédacteurs » du ministère des Affaires étrangères, d'« experts » dans les *think tanks* et même de « traitants » dans certains services comme la DRM. La répartition des tâches entre responsables de la recherche et de l'analyse doit être soigneusement pensée, notamment au regard de la question de la validation des sources et des « conditions de recueil » du renseignement. Des analystes existent même au sein des entités (agences ou directions) chargées de la recherche, ce qui n'est pas anormal mais présente le risque de les rendre dépendants des capteurs de recherche dont ils ont l'habitude. La CIA a ainsi mis en place au sein de son National Clandestine Service des *collection management officers* (CMO), chargés d'extraire les renseignements utiles pour les analystes du *directorate of intelligence*. Une tendance relativement ancienne, confirmée depuis le 11 Septembre, a consisté à regrouper responsables de la recherche et de l'analyse dans des centres à l'objet spécialisé : centre contre-terroriste de la CIA depuis 1986, centre contre-prolifération de la CIA depuis 1991, centre national contre-terroriste du DNI depuis 2004, centre national de contre-prolifération du DNI depuis 2010, centre de contre-prolifération du FBI depuis 2011. Selon son directeur de 2012 à 2014, le général Flynn, la nouvelle organisation de la DIA donne en outre la priorité à une organisation en « centres » comme celui consacré au Moyen-Orient-Afrique[2].

Une attention nouvelle et une fonction désormais reconnue

Les conséquences positives et négatives que l'on peut tirer du renseignement ont cependant conduit à porter une attention accrue à l'analyse au cours des dernières années. Déjà en 2001, Herman estimait qu'on assisterait peut-être à la banalisation des *assessment staffs* aux côtés des experts nationaux et internationaux de toutes sortes. Aux États-Unis et au Royaume-Uni notamment, un réexamen et une revalorisation de la fonction ont été engagés depuis 2004 à la suite des déboires rencontrés dans les crises du 11 Septembre et de l'Irak. Le Royaume-Uni a formé plus de 350 « analystes gouvernementaux de renseignement » de la communauté dans le cadre du programme mis en place à King's College après la débâcle d'Irak. En France même, ce parti a été soutenu. Ainsi, dans le Livre blanc du ministère des Affaires étrangères sur l'action extérieure de juillet 2008, est-il indiqué que « le renseignement constitue un atout considérable pour notre action extérieure et le ministère doit être en mesure de tirer pleinement parti de l'information et des analyses issues de nos capacités de renseignement ».

La fonction de l'analyse est en réalité particulièrement complexe, dans un contexte où l'attention des destinataires est sollicitée par de nombreux « bruits[3] ». Le renseignement brut collecté est raffiné par un triple processus de validation des informations, qui conduit à écarter celles qui ne sont pas fiables, d'analyse proprement dite, visant à rassembler les fragments d'information dans un narratif cohérent, et d'évaluation qui tente de mettre le renseignement dans son contexte et dans la perspective de son consommateur[4]. Cette dernière dimension, qualifiée d'*assessment*, est elle-même complexe. Selon l'ancien responsable du JIC de 2001 à 2004, Scarlett, un tel *assessment* résulte de la compilation de renseignements bruts, de commentaires des agences de recherche et de contributions des analystes des ministères[5]. Un *assessment* peut avoir vocation à la publicité à l'image du Worldwide Threat Assessment of the US Intelligence Community présenté par le DNI au début de chaque année aux commissions de contrôle du Congrès et publié dans une version non classifiée. L'analyse peut être considérée, selon l'expression d'Omand, comme l'« élucidation » d'une question à partir d'éléments d'information privilégiés. Elle répond alors à plusieurs attentes : la vigilance face aux « situations » (*situational awareness*) en s'intéressant au « qui ? », au « quoi ? », au « où ? » et au « quand ? » ; l'explication des événements par le « pourquoi ? » et le « dans quel but ? », et la prévision, en tentant d'indiquer « quand la prochaine fois ? » et « où la prochaine fois ? ». L'analyse s'impose ainsi comme un métier[6], dont l'exclusivité n'appartient pas aux agences de renseignement, mais qu'elles doivent maîtriser avec excellence, en recourant à diverses techniques comme l'utilisation de l'analogie historique ou à des instruments spécialisés. C'est le cas des logiciels développés par la société britannique I2 LTD (Analyst's Notebook…) ou du logiciel d'analyse prédictive Senturion développé par la société SENTIA pour la CIA et la DIA. Une démarche rigoureuse doit permettre de distinguer le connu, l'incertain et le présumé ainsi que les similitudes et les différences des situations auxquelles les responsables publics sont confrontés.

« Puzzles » et « mystères »

« Il y a le mystère et il y a le secret », rappelait Vladimir Jankélévitch dans son *Debussy et le mystère de l'instant* paru en 1976. On distingue traditionnellement en matière de renseignement les « puzzles » et les « mystères » que les analystes doivent résoudre. Weise, responsable du FBI, estime même que l'âge de l'analyse ayant remplacé l'âge de la recherche, « tandis que les espions volent des secrets, les analystes dévoilent des puzzles et des mystères[7] ». Cette distinction marque certaines limites du renseignement, qui ne doit pas se confondre avec la conjecture. Le général Powell, alors chef d'état-major des armées en 1990, demandait ainsi à ses collaborateurs : « Dites-moi ce que vous savez, ce que vous ne savez pas et, seulement après, ce que vous pensez. Distinguez toujours les trois. » Les analystes anglo-saxons sont souvent invités à méditer la maxime d'un des poètes favoris des communautés de renseignement, T. S. Eliot : « Ce que vous ne savez pas est la seule chose que vous sachiez[8]. »

L'importante distinction a été opérée pour la première fois par Jones[9]. Les « puzzles » sont pour lui des questions dont la résolution nécessite plus d'information (indices) alors que les « mystères » sont des questions dont la résolution nécessite plus de jugement mais pas nécessairement plus d'information. Ainsi la question de la capacité de l'Arabie saoudite à devenir un État doté d'une arme nucléaire avant 2030 est-elle un puzzle, mais la réalité des intentions des dirigeants saoudiens qui succéderont au roi Abdallah relève du mystère. De la même manière, le nombre, l'origine et les affiliations des combattants étrangers présents actuellement en Syrie sont un puzzle que les services s'efforcent de résoudre mais leurs intentions et celles de leurs sponsors constituent un mystère se prêtant plus aux conjectures qu'aux analyses.

Cette différenciation présente plusieurs intérêts. Elle permet de marquer les limites du renseignement : il n'y a pas de machine à renseigner, une part de conjecture est toujours inévitable. La mobilisation considérable d'indices sur l'Union soviétique n'a pas permis aux services occidentaux de deviner les intentions de Mikhaïl Gorbatchev, dont la *perestroïka* paraît avoir été assez peu préméditée. À cet égard, il n'est pas certain que la proverbiale « source de haut niveau au Kremlin » ait changé quoi que ce soit. Sur un plan plus positif, la distinction prouve la valeur ajoutée intrinsèque du jugement des analystes ainsi que le travail méticuleux qu'impose le renseignement. Comme le dit Lowenthal, « l'analyse, c'est plus que rassembler les pièces d'un seul puzzle. C'est plutôt travailler sur beaucoup de puzzles, peut-être des centaines de puzzles, simultanément et décider ensuite quel puzzle et quelle pièce dans ce puzzle doivent prévaloir[10] ». Il faut en effet se garder d'investir dans la résolution de ce que l'on appelle le « mauvais puzzle », issu de présupposés et de fausses intuitions. Une des difficultés contemporaines du renseignement est, comme l'indique Treverton, que « les puzzles peuvent être plus satisfaisants mais le monde nous offre de manière croissante des mystères[11] ».

Des produits diversifiés

L'analyse correspond ainsi à un processus complexe qui dépend d'abord du domaine thématique (analyses de contre-terrorisme, de contre-prolifération…). Elle peut prendre quatre formes particulières en fonction de son horizon et de son mode d'élaboration :

LE RENSEIGNEMENT DE SITUATION (*CURRENT INTELLIGENCE*)

Ce n'est pas un genre vraiment nouveau. Prenant la suite des divers bulletins produits sur les opérations militaires pendant la Seconde Guerre mondiale, le renseignement stratégique s'est mis à fabriquer du renseignement de situation à partir de novembre 1950, dans le contexte de la guerre de Corée, avec la confection par la CIA d'un *daily summary*. Celle-ci a progressivement mis au point un produit quotidien spécial pour son premier client, le président des États-Unis. La *President's intelligence check-list* (PICL) a été conçue pour le président John F. Kennedy en juin 1961. Elle est remplacée depuis le 1er décembre 1964 par le *President's daily brief* (PDB), destiné aux seuls président, vice-président, Secrétaire d'État, secrétaire à la Défense et chef d'état-major des armées, et par un *national intelligence daily* (NID) plus largement diffusé. Ces documents d'environ 15 pages chacun ont été produits par le *directorate of intelligence* de la CIA puis, depuis 2005, directement par le DNI. Une rubrique du PDB en date du 8 août 2011 indiquait par exemple : « Ben Laden déterminé à frapper à l'intérieur des États-Unis. » L'accumulation des situations de crise et l'immédiateté croissante des réponses attendues de gouvernants confrontés à des situations de « gestion de crise » ont conduit à l'institution d'une routine d'« abonnement » entre les services fournisseurs et les autorités clientes. La communauté américaine sécrète ainsi 50 000 rapports de renseignement par an selon l'un de ses responsables, Fingar[12]. Dans plusieurs démocraties, des analyses de situation hebdomadaires sont effectuées comme en Allemagne ou la *Nachrichtendienstliche Lage* est présentée à la chancellerie sous l'autorité du chef de la chancellerie en présence des chefs des services et des secrétaires d'État aux Affaires étrangères, à la Défense, à la Justice et à l'Intérieur.

Au sein des agences, les structures se sont adaptées. La CIA a donné naissance à son Office of Current Intelligence dès 1951. Avec l'avènement des médias produisant en continu, les agences ont créé leurs centres de production fonctionnant vingt-quatre heures sur vingt-quatre. L'Operations Center de la CIA a vu le jour dans le contexte de la crise de Saint-Domingue en 1965 avec un mandat élargi au traitement des informations de source ouverte depuis 1973. Le Lage und Information Zentrum (LIZ) a été créé par le BND à l'automne 1996 et le centre de situation de la DGSE début 2001.

Dans les principaux pays occidentaux, les services produisent ainsi quotidiennement plusieurs dizaines d'analyses (plusieurs centaines pour des notes d'analyse, plusieurs milliers pour des notes de sécurité) à destination de clients nombreux et variés. Cet accent mis sur le fil de l'actualité peut paraître dommageable. Ainsi pour la CIA, elle est critiquée par plusieurs experts. Selon Ford, ancien analyste de la CIA, qui dirigea le BIR du Département d'État entre 2001 et 2004, « si je devais relever un problème spécifique qui explique pourquoi nous faisons un si mauvais travail de renseignement, c'est cette obsession du *current reporting*[13] ». L'expert américain George, quant à lui, s'alarme de la perte de capacité d'analyse de la CIA du fait de la primauté du *current intelligence*[14].

LE RENSEIGNEMENT DE CRISE

C'est un type de renseignement où la rapidité de traitement du renseignement, le croisement des sources et la coordination politique sont cruciaux comme en témoigne, par exemple, la séquence très souvent analysée du renseignement de la crise de Cuba.

Le renseignement dans le brouillard de la crise de Cuba

- 24 mai 1962 : plan de l'état-major général soviétique de déploiement Anadyr de missiles nucléaires IRBM et tactiques (non détecté par le renseignement américain).
- 10 juin 1962 : approbation de l'opération Anadyr par le présidium soviétique (non détectée par le renseignement américain).
- Juillet 1962 : interception par la NSA de communications de 21 cargos soviétiques quittant les ports de la mer Noire et faisant escale à Cuba (devenus 46 cargos, 12 tankers et 4 paquebots en septembre 1962).
- Juillet 1962 : révélation par interrogatoire par la CIA de réfugiés et défecteurs cubains de l'arrivée de 5 000 « techniciens agricoles » soviétiques à Cuba.
- Août 1962 : confirmation à la CIA par le chef de poste du SDECE à Washington, Philippe de Vosjoli, après une visite dans l'île, de l'assistance soviétique à Cuba.
- 20 août 1962 : mémo du DCI John McCone au président John Kennedy révélant l'assistance militaire soviétique à Cuba.
- 23 août 1962 : indication par la NSA du départ de navires soviétiques chargés d'armes.
- 29 août 1962 : détection par un avion U2 de la CIA de l'existence de huit sites de missiles SA-2 (contestée jusqu'en août par les analyses de la DIA) et de MIG21.

- Septembre 1962 : révélation par le Département d'État et le *Washington Post* de l'assistance militaire soviétique à Cuba (NIE-91-3-62 « L'effort militaire cubain » de septembre 1962).
- 15 septembre 1962 : détection par la NSA de signaux radar prouvant le caractère opérationnel des sites de missiles sol-air.
- 17 septembre (CIA) et 25 septembre (NSA) : indication de l'arrivée de nouveaux cargos et paquebots soviétiques.
- Fin septembre 1962 : détection par la NSA de communications radio prouvant la présence de pilotes d'avions soviétiques.
- 4 octobre 1962 : arrivée à Cuba du cargo *Indigirka* contenant les premiers missiles soviétiques (non détectée par le renseignement américain).
- 9 octobre 1962 : confirmation par interceptions de l'US Air Force de la mise en service opérationnelle du réseau de surveillance et détection aérienne de Cuba.
- 11 octobre 1962 : détection par la NSA de nouveaux convois de cargos soviétiques.
- 14 octobre 1962 : détection par un avion U2 de la CIA de 6 missiles MRBM SS-4 sur la base de renseignements de source humaine.
- 16 octobre 1962 : briefing du président John Kennedy sur la présence de missiles SS-4 à Cuba.
- 19 octobre 1962 : détection par un avion des émissions radar prouvant le caractère opérationnel des sites de missiles soviétiques.
- 22 octobre 1962 : annonce publique télévisée par le président John Kennedy de l'existence de sites de missiles soviétiques nucléaires offensifs à Cuba et déclaration d'un embargo naval sur Cuba.
- 23 octobre 1962 : détection par la NSA de préparatifs militaires soviétiques à Cuba et de communications (non décryptées) entre Moscou et le convoi de 23 navires soviétiques ayant quitté la mer Noire pour Cuba, détection par l'ONI de l'arrêt des navires.
- 24 octobre 1962 : détection par la NSA de transmissions (non décryptées) envoyées par Moscou à 4 sous-marins Foxtrott déployés en Atlantique pour accompagner le convoi marchand.
- 25 octobre 1962 : information du secrétaire à la Défense Richard McNamara par l'amiral Anderson, chef d'état-major de la marine, confirmée par surveillance aérienne, du repli des navires soviétiques.
- 26 octobre 1962 : information par la NSA de la mise en alerte accrue des forces terrestres et aériennes du pacte de Varsovie en Europe et du déploiement de ses forces terrestres et navales.
- 27 octobre 1962 : destruction d'un avion U2 et de son pilote par un missile SA-2 au-dessus de Cuba, prise en charge directe de la défense aérienne cubaine par les conseillers militaires soviétiques.

- 28 octobre 1962 : détection par U2 de la mise en service opérationnelle de la totalité des 24 batteries de MRBM.
- 22 novembre 1962 : annonce aux dirigeants cubains par l'envoyé spécial soviétique, le vice-Premier ministre Anastase Mikoyan, du retrait de l'ensemble des armes nucléaires de Cuba (non détectée par le renseignement américain).
- Novembre 1962 : interception par FBIS de l'annonce par Radio Moscou de la décision de retrait des missiles.
- 1er décembre 1962 : départ du port de Mariel du cargo *Arkhangelsk* contenant les 98 têtes nucléaires tactiques (non détecté par le renseignement américain).

→ *Conclusion* : la crise cubaine n'a pas été un succès pour le renseignement américain :

- Le président John Kennedy n'a été prévenu que plusieurs semaines après les premières acquisitions de renseignement.
- La NSA n'a pas été capable de décoder le chiffre soviétique de haut niveau avant et pendant la crise.
- Des divergences d'analyse ont subsisté entre la CIA et la DIA.
- La NSA n'a pas détecté l'arrivée de 36 missiles offensifs MRBM SS-4 en septembre 1962 jusqu'à sa révélation par la CIA à la mi-octobre 1962.
- Le renseignement n'a pas pu prouver le caractère opérationnel des missiles SS-4 jusqu'au 19 octobre.
- L'ONI n'a pas transmis à la CIA, au Pentagone ou à la Maison Blanche le renseignement du 23 octobre 1962 sur l'arrêt des navires soviétiques.
- L'existence de missiles tactiques à tête nucléaire couvrant Guantanamo et les villes du sud des États-Unis n'a pas été détectée (confusion des missiles FKR LUNA/FROG avec des missiles conventionnels SOPKA) et n'a été connue que par les déclarations du responsable soviétique… en janvier 1992.

(D'après notamment Aid M. M., The secret sentry, the untold history of the NSA, *Bloomsbury, 2010.)*

LE RENSEIGNEMENT ÉLABORÉ (*FINISHED INTELLIGENCE*)

La distinction entre renseignement brut et élaboré peut être discutée mais on peut cependant reconnaître, comme le fait un expert américain[15], plusieurs profils d'analystes. Ainsi, face au client politique, l'analyste de renseignement peut se présenter comme un « boucher » (*butcher*), découpant des éléments bruts de renseignement et les fournissant sans évaluation, un « boulanger » (*baker*) cuisinant les informations et les analyses ou un « faiseur de renseignement » (*intelligence maker*).

Cette distinction produit souvent des tensions : les analystes du renseignement peuvent ainsi se trouver écartelés entre le besoin d'un renseignement pour l'action et la recherche d'analyses sophistiquées[16]. Elle conduit à l'élaboration de produits sophistiqués et bien identifiés comme émanant du renseignement. Aux États-Unis, les *national intelligence estimates* (NIE) sont des analyses prospectives (cinq à dix ans), élaborées par l'ensemble de la communauté sous l'égide du NIC/CIA. La première d'entre elles (NIE-1) a été consacrée en 1950 aux « Perspectives d'une action communiste aux Philippines » à l'initiative du DCI Bedell Smith, en s'inspirant de la pratique britannique. Selon l'amiral McConnell, DNI de 2007 à 2009, la communauté produisait 25 NIE par an à l'origine, mais 80 par an sous Reagan. Selon Johnson, plus de 1 300 NIE auraient été produites entre 1947 et 2005, soit une moyenne de 23 par an. Au Royaume-Uni, les *assessments* du JIC s'accompagnent depuis 1951 de la production hebdomadaire par celui-ci d'un *red book*, synthèse de renseignement destinée au Premier ministre et aux ministres concernés. Selon son responsable, Scarlett, le JIC recherche le consensus dans ses *assessments* alors que les NIE américaines font apparaître les opinions divergentes. Au Canada, l'International Assessment Secretariat du Conseil privé, renforcé depuis quelques années, produit lui aussi des *assessments*. En France, le SDECE s'est vu confier la production quotidienne d'une note pour le président de la République à partir de 1959, accompagnée de synthèses régulières assemblées et produites par le Comité interministériel du renseignement (CIR). Cette pratique a été reprise par le coordonnateur national du renseignement depuis 2010. À Bruxelles, le Centre de situation (Intcent) institué par l'Union européenne en 2001 produit des « évaluations » programmées, élaborées en commun et rédigées par un secrétariat spécialisé.

LE RENSEIGNEMENT PROSPECTIF

La capacité de prévision des services a souvent été mise en défaut dans l'anticipation d'événements importants, par exemple des événements de mai 1968, Laurent critiquant la myopie des services français face aux problèmes sociaux des années 1960[17] jusqu'aux révolutions arabes. Selon Bajolet, coordonnateur national du renseignement de 2008 à 2011, « ni notre ambassade, ni nos services de renseignement, ni les *think tanks*, en fait personne, n'a vu venir la révolution tunisienne », critique reprise par le préfet Silberzahn, DGSE de 1989 à 1993. Aux États-Unis, de pareilles critiques à l'encontre des services ont été émises par le président Obama et la présidente de la SSCI Feinstein. Les services israéliens Shabak et Aman n'ont pas échappé au reproche. Selon l'expert américain Perle, « le plus grand échec des deux dernières décennies est l'échec de la CIA à comprendre et à sonner l'alarme devant la montée du fondamentalisme djihadiste[18] ». La valeur prospective des analyses est pourtant de plus en plus déterminante pour les gouvernements. L'amiral Blair, qui fut DNI de 2009 à 2010, affirme qu'« un des changements que nous sommes en train de connaître est de ne pas se contenter d'avertir sur les menaces et les mauvaises choses auxquelles nous sommes confrontés mais d'essayer de discerner des opportunités dans les lieux où les États-Unis peuvent progresser pour faire avancer leurs intérêts dans le monde, plutôt que de seulement se défendre contre ce qui leur est opposé ». L'analyse de la construction du port de Gwadar, discrètement réalisée par la Chine au Pakistan à des fins stratégiques depuis la fin des années 1990, peut illustrer cette attitude. Ce projet ne constituait aucunement une menace mais pouvait être interprété comme un changement essentiel du positionnement géopolitique de Pékin vis-à-vis du Moyen-Orient.

Il ne faut cependant pas surestimer la capacité prospective du renseignement. « L'accent mis sur les prévisions tient à une conception du renseignement comme "sport-spectacle" plutôt que comme contribution à la formation d'une politique, qui est la seule raison légitime d'un service de renseignement[19]. » L'histoire de la prolifération montre à cet égard, au moins depuis Kennedy, les erreurs de prévision en matière d'acquisition de nouvelles capacités d'armes de destruction massive. L'un des sujets clés du renseignement, la date à laquelle l'Iran est susceptible de disposer d'une capacité nucléaire militaire effective, a ainsi fait l'objet de plusieurs prévisions contradictoires des services de renseignement.

Quand l'Iran aura-t-il la bombe nucléaire ?

1963

– Pour le président John Kennedy, 15 à 25 États disposeront de capacités nucléaires militaires dans les années 1970 (conférence de presse 21 mars 1963).

1984

– Exploration par Téhéran d'une future capacité nucléaire.

1988

– Pour la CIA, l'Iran ne présente pas de risque actuel de prolifération mais est susceptible de développer une capacité d'arme nucléaire.

1992

– Pour le DCI Robert Gates, l'Iran pourrait avoir la capacité nucléaire « avant la fin de la décennie ». → 1999
– Pour le député israélien Benyamin Netanyahou, l'Iran est « à trois à cinq ans de la production d'une arme nucléaire ». → 1995-1997
– Pour le ministre des Affaires israélien Shimon Peres, « l'Iran aura des têtes nucléaires en 1999 ». → 1999.

1993

– Pour le DCI James Woolsey, l'Iran pourrait devenir nucléaire « dans les huit à dix ans ».→ 2001-2003

1995

– Pour le ministre des Affaires étrangères israélien Ehud Barak, l'Iran disposera d'ici 2001 d'une bombe atomique « primitive » avec l'aide des spécialistes de l'ex-URSS (dépêche AFP, 26 décembre 1995). → 2001
– Selon les États-Unis, l'Iran pourrait se doter d'un armement nucléaire d'ici cinq ans (au lieu de dix ans comme précédemment estimé) (dépêche AFP, 5 janvier 1995). → 2010

1998

– Pour l'ancien secrétaire à la Défense Donald Rumsfeld, l'Iran possédera un missile balistique intercontinental « d'ici cinq ans » (déposition au Congrès).

2000

– Pour le DCI George Tenet, « d'ici quinze ans [...] nos villes seront soumises aux menaces des missiles balistiques d'une variété d'acteurs, la Corée du Nord, probablement l'Iran et possiblement l'Irak » (déposition au Sénat 1er février 2000).

2002

- Pour le DCI George Tenet, l'Iran disposera d'une arme nucléaire en 2010. → 2010
- Révélation par l'OMPI de l'existence de deux sites nucléaires à Natanz et Arak (septembre).

2003

- Gel des activités nucléaires par Téhéran négocié par la France, l'Allemagne et le Royaume-Uni et acceptation des contrôles de l'AIEA (octobre).

2004

- Rupture par Téhéran de l'accord avec l'AIEA (juin).
- Accord de vérification entre Téhéran et les trois États européens (novembre).
- « Plan Daniel » de ralentissement de l'effort iranien présenté par le Mossad (élimination de scientifiques, sabotage d'installations et d'équipements).

2005

- Reprise des activités nucléaires à Ispahan (août).
- Pour la communauté américaine du renseignement, il est improbable que l'Iran acquière une arme nucléaire « avant le début ou le milieu de la prochaine décennie ». → 2010-2015

2006

- Transfert du dossier iranien au Conseil de sécurité de l'ONU par l'AIEA (février).
- Demande de suspension des activités nucléaires par la résolution 1696 du Conseil de sécurité de l'ONU (juillet).
- Sanctions de l'ONU contre l'Iran par la résolution CSONU 1737 (décembre).

2007

- Sanctions renforcées contre l'Iran par la résolution CSONU 1747 (décembre).
- Pour la communauté américaine du renseignement, « l'Iran a interrompu ses programmes nucléaires à l'automne 2003 », « est moins déterminé à développer des armes nucléaires que nous le jugions en 2005 », « pourrait produire une arme nucléaire à uranium enrichi entre 2010 et 2015 » et « ne sera pas capable de produire suffisamment de plutonium pour une arme avant environ 2015 » (NIE sur l'Iran de novembre 2007). → 2010-2015
- Pour l'Aman, l'Iran disposera d'une capacité nucléaire militaire entre la mi-2009 et 2010, sauf attaque de ses sites, sanctions efficaces ou difficultés techniques majeures (cité par *Haaretz*, 11 juillet 2007). → 2010

2008

- Nouvelles sanctions économiques et commerciales par la résolution CSONU 1803 (mars).

2009

- Révélation par les États-Unis, la France et le Royaume-Uni, admise par Téhéran, de l'existence d'un site secret à Fordow (septembre).
- Pour la communauté américaine de renseignement, l'Iran ne disposera pas d'une capacité balistique intercontinentale avant 2015 ou 2020, alors que l'estimation précédente envisageait entre 2012 et 2015 (NIE de mai 2009 citée par dépêche AP, 18 septembre 2009).
- Pour Israël, l'Iran aura une capacité nucléaire militaire entre 2009 et 2012 (*Haaretz*, mai 2009). → 2009-2012

2010

- Pour le DCIA Léon Panetta, l'Iran dispose d'assez d'uranium faiblement enrichi pour construire deux bombes nucléaires mais aura encore besoin de deux ans (27 juin 2010). → 2012
- Renforcement du régime de sanctions contre l'Iran par la résolution CSONU 1929 (juin).
- Dégradation des systèmes de contrôle nucléaires iraniens par le virus Stuxnet (juin 2009-septembre 2010).

2011

- Admission par l'AIEA d'une « possible » dimension militaire du programme iranien (septembre).
- Pour le chef du Mossad, Meir Dagan, l'Iran ne sera pas capable de produire une arme nucléaire avant 2015 (presse janvier 2011). → 2015
- Pour le général Clapper, DNI, « nous ne savons pas si l'Iran décidera éventuellement de construire des armes nucléaires » (déposition au Congrès février 2011). → ?

2012

- Embargo de l'Union européenne sur le pétrole iranien (juillet).
- Pour le chef du SIS, John Sawers, l'Iran aura une capacité nucléaire en 2014 et aurait pu l'avoir en 2008 si des actions clandestines ne l'avaient pas retardé (conférence 13 juillet 2012). → 2014

2013

- Pour l'ancien chef de l'Aman, le général Amos Yadlin, l'Iran dispose de la capacité de construire une bombe nucléaire « d'ici quatre à six mois » (conférence de presse février 2013). → 2013
- Pour le général Clapper, DNI, « nous ne savons pas si l'Iran décidera éventuellement de construire des armes nucléaires » (déposition au Congrès mars 2013). → ?
- Ouverture du président Hassan Rohani à des négociations (août).

→ Comme le relevait dans les années 1990, le spécialiste américain de la prolifération, Seth Carus[20], les résultats de l'Iran depuis 1983 en matière de développement d'armes de destruction massive ont tendance à avoir été surévalués, aussi bien en raison d'insuffisances de sources et d'erreurs d'analyse qu'à cause de jeux politiques (mise en garde des opinions, relation complexe avec Israël, efforts israélo-américains de ralentissement du programme iranien, négociations diplomatiques...)[21].

Comme d'autres services étrangers, la communauté américaine du renseignement s'exerce à la prospective globale. Elle produit sous l'égide du NIC un document à vocation publique, traduit dans de nombreux pays, appelé *Global trends*. La dernière édition, *Global trends 2030*, date de décembre 2012. L'exemple de la première étude du genre, *Global trends 2010*[22], diffusée en 1997, montre les limites du genre. Ce document prévoyait, sur la base d'analyses de renseignement et d'avis d'experts, quelques tendances lourdes au cours des quinze prochaines années : la poursuite de l'effort nucléaire irakien et iranien, l'érosion de l'autorité du gouvernement central russe, la transformation de la Corée du Nord, la création d'un État palestinien, la réforme économique cubaine. Mais il envisageait également « l'absence d'émergence d'un mouvement et d'une idéologie menaçant globalement les intérêts des États-Unis », au moment même où le mouvement Al-Qaida prenait son essor.

Le DNI américain se livre en début de chaque année, avec les principaux responsables du renseignement national, à un exercice en partie public devant les commissions du Congrès sur l'« état de la menace ». D'autres agences pratiquent également ces exercices comme la DIA avec son *joint strategic assessment* biennal. Malgré ses faiblesses, la méthode des scénarios est en réalité féconde et il est utile que les services y prennent part.

L'analyse, enjeu de valeur ajoutée pour le renseignement

Si les techniques de l'analyse de renseignement ne sont pas encore codifiées – l'anthropologue Johnston ayant identifié au moins 160 instruments d'analyse disparates au sein de la communauté américaine –, ses qualités attendues sont aujourd'hui bien établies. Les principales d'entre elles ont été rappelées par Johnson[23].

La pertinence (*relevant*)

L'analyse doit tout d'abord répondre aux questions que se pose le « client », au moment où il se les pose. Elle doit nouer avec ce « client » une relation de type commercial adaptée à ses besoins. En France, la direction de la stratégie a été créée au sein de la DGSE en 1989 pour répondre à ce type de besoin en recueillant les besoins des administrations concernées et en vérifiant l'adéquation des fournitures à ceux-ci.

L'opportunité (*timely*)

L'analyse doit également répondre aux attentes correspondant au temps de la décision. Elle est dans beaucoup de cas *time sensitive*, par rapport à l'événement couvert ou même aux médias. On cite souvent la traduction tardive, le 12 septembre 2001, du message téléphonique intercepté en farsi par la NSA, « *tomorrow is zero hour* », d'un membre d'Al-Qaida. Les formes de l'analyse (écrites, verbales…) peuvent être adaptées en fonction de l'urgence.

L'adaptation (*tailored*)

Les agences de renseignement ont des clients multiples et hétérogènes, du chef de l'État aux échelons militaires déployés ou aux agents de sécurité. Aux États-Unis, la CIA a par exemple pour client la Securities and Exchanges Commission (SEC). Le produit ne peut donc être le même pour tous. L'évolution des systèmes d'information permet une plus grande diversité de ces produits, fournis sous forme de bases de données. Ainsi la CIA a-t-elle lancé en novembre 2006, selon son directeur d'alors, le général Hayden[24], une *world intelligence review* (WIRe) quotidienne, qui dissémine auprès des intéressés analyses, informations de source ouverte et renseignements bruts.

L'opérationnalité (*actionable*)

L'analyse doit être focalisée sur la recherche de solutions qu'elle éclaire et se garder d'orienter le décideur de manière biaisée. Au cours des dernières années, elle a évolué vers le *targeting* dans le contexte des priorités du contre-terrorisme et de la contre-prolifération, fonction qui absorberait désormais jusqu'à 80 % de la communauté américaine. Comme le dit le général Hayden, « l'essentiel de ce qui est qualifié aujourd'hui d'analyse est du *targeting* : *targeting* d'individus pour action directe, *targeting* d'individus pour de la recherche accrue, *targeting* d'individus pour qu'ils ne s'embarquent pas dans un avion pour les États-Unis[25] ». Ainsi apparaît la notion de « renseignement actionnable », qui regroupe l'exploitation d'informations aux fins de contre-terrorisme mais aussi de contre-espionnage, de contre-criminalité, de contre-prolifération ou de soutien aux opérations militaires.

L'analyse n'est pas un travail universitaire ou scientifique : elle demeure contingente, contrairement à ce que l'on pense parfois dans les services. Ce que les services appellent en France une « diffusion » doit être lu et exploité. La DGSE produit plus de 7 000 notes d'analyse et de renseignements par an[26], qui ont généralement chacune 10 à 15 destinataires, « parfois un seul », et « dans pratiquement tous les cas, le président de la République, le Premier ministre, le ministre de la Défense et le ministre des Affaires étrangères[27] ». La DRM produit un nombre équivalent de notes, dont la diffusion est en revanche plus large.

Une des évolutions les plus intéressantes dans l'appropriation des renseignements par leurs destinataires est l'adaptation du support technique de ces informations. Le PDB présenté par le DNI au président américain est désormais exclusivement fondé sur une tablette depuis février 2014. Il pourrait connaître une révolution technologique car, selon l'un des pères d'Internet, Cerf[28], le renseignement pourrait passer d'une fonction « éditoriale » à une fonction de documentation permanente, son bénéficiaire s'installant alors dans une logique de *pull* plutôt que de *push*.

À côté des productions « fossiles » des analystes se développe ainsi une présence continue de ceux-ci dans des fonctions de commentaire des productions, de mémoire des situations, voire de conseil aux décideurs. On peut citer à cet égard l'intérêt aux États-Unis de la création, inspirée par le DCI Tenet, de l'*Analytic resources catalog* (ARC), qui recense les analystes de la communauté en fonction de leur spécialité pour mieux les mobiliser.

Limites et échecs de l'analyse de renseignement

Les dérives de l'analyse

Bar-Joseph et McDermott ont fait état d'une « crise de l'analyse de renseignement ». Plusieurs points de vue d'experts permettent de comprendre trois des difficultés auxquelles elle se heurte. Tout d'abord, la place faite à l'initiative des analystes eux-mêmes est jugée insuffisante. L'analyse de renseignement ne consiste pas uniquement à répondre aux sollicitations. « La fonction la plus importante du renseignement est peut-être de poser des questions[29]. » La capacité des destinataires à accepter des réponses non conformes à leurs attentes implicites ou explicites est également mise en cause. Selon Kahn, « la double difficulté du renseignement est de prévoir ce qui va se passer et de convaincre ses destinataires d'accepter des informations qu'ils n'apprécient pas ». Comme le disait en 1974 au ministre des Affaires étrangères Callaghan, le chef du SIS de 1973 à 1978, Oldfield, « mon travail est de vous apporter des nouvelles malvenues ». À l'inverse, le DCI de 1961 à 1965, McCone, a tenté de modifier la NIE-53-63 d'avril 1963 sur les perspectives au Sud-Vietnam, jugée trop pessimiste par rapport à la vision officielle. Aid[30] confirme ainsi que le président Johnson ne supportait pas la CIA en raison de ses analyses sur le conflit vietnamien qui montraient que le nombre des forces nord-vietnamiennes et viêt-cong ne déclinait pas et que les campagnes Rolling Thunder de bombardement sur le Nord-Vietnam étaient inefficaces. Cette situation continue de prévaloir avec les estimations (NIE) effectuées ces dernières années par la communauté américaine du renseignement sur les perspectives politiques et sécuritaires en Afghanistan, jugées excessivement pessimistes par les responsables politiques et militaires de Washington. Elle s'est également manifestée, lors d'une audition en mars 2011 au Sénat, lorsque le DNI Clapper a indiqué que « le régime de Kadhafi était appelé à durer » et « prévaudrait à cause de ses ressources militaires supérieures » à celles de ses opposants internes, ce qui s'est révélé à la fois faux et inopportun. Enfin, la tentation d'une excessive prudence des réponses apportées par l'analyse est soulignée. Dans son rapport de mars 2005, la Commission sur les capacités du renseignement américain relative aux armes de destruction massive a souligné que « le rôle des analystes du renseignement est de dire aux responsables politiques ce qu'ils savent, ce qu'ils ne savent pas, ce qu'ils pensent et pourquoi ».

Plus généralement, le thème des erreurs de prévision ou d'analyse du renseignement est un chapitre classique des études sur le renseignement, depuis l'article célèbre de Betts en 1978[31]. La critique porte principalement sur le défaut de prévision d'un événement de type Pearl Harbor, qui, plus de cinquante ans après l'ouvrage classique de Roberta Wohlstetter *Pearl Harbor : Warning and decision*, demeure central dans la pensée stratégique américaine. On peut citer quelques exemples plus récents de ces failles du renseignement : l'échec de l'anticipation par les services israéliens Aman et Shabak du déclenchement de l'intifada palestinienne en décembre 1987 ; la NIE américaine d'octobre 1989 indiquant que les manœuvres militaires de Saddam sur le Koweït n'étaient que des gesticulations ; l'*assessment* du JIC britannique et la NIE américaine d'octobre 2002 indiquant que l'Irak disposait de capacités de destruction massive ; le témoignage de la directrice générale du Security Service britannique de 2002 à 2007, Manningham-Buller, devant le Parlement le 7 juillet 2005 (jour des attentats) selon lequel il n'existait pas de menace terroriste immédiate sur Londres. Le 11 Septembre demeure encore dans les mémoires de toutes les agences de renseignement. Selon Zegart, la CIA a raté 11 opportunités de prévenir l'attentat – elle suivait en janvier 2000 des opérationnels d'Al-Qaida comme Khaled al-Midhar en Malaisie mais ne transmit pas cette information au FBI – et le FBI a raté pour sa part 12 opportunités comme le rapport de l'agent spécial de Phœnix Williams du 10 juillet 2001 sur les cours de pilotage suivis aux États-Unis par des étrangers suspects.

Une des explications de ces faiblesses réside dans le fait que le renseignement porte toujours sur des réalités humaines. On distingue classiquement celui qui concerne des capacités, comme les ordres de bataille étrangers ou les armes de destruction massive, de celui qui s'intéresse aux intentions comme aux projets des dirigeants chinois, saoudiens ou iraniens. Comme l'indiquait en 1964, Kent à propos de la crise des missiles de Cuba, « nous avons raté la décision d'implanter des missiles à Cuba parce que nous ne pouvions pas croire que Khrouchtchev ferait une telle erreur[32] ». Dès les années 1950, la CIA a lancé des projets d'analyse du comportement des dirigeants soviétiques (Caesar) et chinois (Polo). Mais les intentions sont par nature difficiles à percer[33].

De quelques intentions mal perçues

- Pearl Harbor en décembre 1941 (non-exploitation des TD japonais déchiffrés par Magic).
- Bombe A soviétique en octobre 1949 (CIA).
- Invasion de la Corée du Sud en juin 1950 (ASA, JIC).
- Soulèvement en Irlande du Nord de 1965 (JIC).
- Coup de Prague en août 1968 (CIA, NSA, GCHQ, SIS et JIC).
- Mouvements étudiants en France et des contestations dans l'armée (RG, DST, Sécurité militaire).
- Offensive israélienne de 1967 (CIA).
- Coup d'État du général Lon Nol au Cambodge en 1970 (SDECE).
- Offensive du Yom Kippour d'octobre 1973 (JIC, CIA, NSA).
- Coup de force turc à Chypre en juillet 1974 (SIS et GCHQ).
- Offensive nord-vietnamienne sur Saïgon (NIE de décembre 1974).
- Révolution iranienne en 1979 (CIA, NIE sur l'Iran à l'automne 1978 prédisant le maintien au pouvoir du shah pour dix ans, SDECE).
- Crise des Falklands (Malouines) en 1982 (SIS et JIC).
- Agression irakienne sur le Koweït en août 1990 (SIS, NIE d'octobre 1989).
- Essai nucléaire indien souterrain du 11 mai 1998 (CIA).
- Attentats du 11 septembre 2001 (CIA, FBI).
- Attentats de Londres de juillet 2005 (SS, évaluation du JIC selon laquelle un attentat-suicide est improbable en Europe en juin 2005).
- Révolutions arabes au printemps 2011 (CIA).
- Attaque contre le consulat américain de Benghazi en septembre 2012 (CIA, NSA).

La Libye de Kadhafi, par exemple, avait-elle réellement l'intention de se doter d'armes nucléaires ou se bornait-elle à en donner les signes pour mieux négocier ? Certains experts des relations internationales comme Mearsheimer estiment même que « les États ne peuvent jamais être certains à propos des intentions des autres[34] » car « à la différence des capacités militaires, qui peuvent être vues et comptées, les intentions ne peuvent être empiriquement vérifiées[35] ».

Il y a heureusement des succès dus au renseignement, dont quelques-uns seulement sont publics : anticipation par la CIA du coup de Prague de juillet 1968, récupération par le Mossad auprès d'un journaliste juif polonais et transmission à la CIA du discours secret de Khrouchtchev devant le XXe Congrès du PCUS en 1956, détection par la NSA et par le SDECE de l'invasion soviétique de l'Afghanistan en décembre 1979, annonce par le JIC britannique des manœuvres soviétiques contre la Pologne en novembre-décembre 1980 et mars-avril 1981, anticipation par la CIA en mars 1991 de la perspective de guerre civile en ex-Yougoslavie. Plus récemment, à l'été 2006, l'opération Overt du renseignement britannique contre un projet d'Al-Qaida d'attentat à l'explosif liquide contre 7 avions transitant entre Londres et les États-Unis est une réussite des services anglo-saxons.

Deux cas significatifs d'échec de l'analyse

Il n'est pas inutile de détailler deux grands échecs des services de renseignement occidentaux pour mieux en comprendre les ressorts.

LA RÉVOLUTION IRANIENNE DE 1979

Les faits sont connus : le shah Pahlavi a été installé au pouvoir par les États-Unis et le Royaume-Uni en août 1953 à la suite du coup d'État contre le Premier ministre Mossadegh. La politique de ce « despote éclairé » vise à la modernisation du pays, mais aussi à la répression des opposants au régime (agitations dans les mosquées, terrorisme...) et à l'alignement du pays sur le camp occidental. À partir de janvier 1978, des manifestations d'opposants se déroulent dans les villes iraniennes (Qom, Tabriz...), alimentées par les provocations du régime. L'armée tire sur une foule de manifestants en mai 1978, faisant 300 morts. Elle tire à nouveau sur la foule à Téhéran en septembre 1978, faisant plusieurs centaines de morts et provoquant l'instauration de la loi martiale. Le chef de l'opposition religieuse au shah, l'ayatollah Khomeyni quitte l'Irak où il était réfugié pour la France, où il séjourne d'octobre 1978 à février 1979. Acculé et abandonné par ses soutiens, le shah quitte définitivement l'Iran le 15 janvier 1979. L'armée se retire dans ses casernes. La révolution est proclamée le 9 février 1979 puis la République islamique d'Iran en avril 1979.

Quelle vision le renseignement a-t-il eue de ces événements ? En France, le SDECE a été aveuglé, les alertes de son représentant à Téhéran n'ayant pas été prises au sérieux. Aux États-Unis, le poste de la CIA à Téhéran a considéré en août 1978 qu'il n'y avait pas de menace sérieuse pour le shah puisque « l'Iran n'[était] pas dans une situation révolutionnaire ou même prérévolutionnaire ». Une analyse de la DIA du 30 septembre 1978 a même prédit « le maintien possible au pouvoir du shah à travers la décennie 1980 ». Le NSC a demandé en juin 1978 une NIE, dont la production a été différée jusqu'à l'automne 1978 du fait de l'absence d'agrément de l'amiral Turner, DCI de 1977 à 1981. Ce dernier a quand même ultérieurement reconnu que « nous n'avons pas compris qui était Khomeyni et le soutien dont bénéficiait son mouvement. Nous étions tout simplement endormis ».

Comment expliquer cet échec ? Jervis, spécialiste des *post mortem* – analyses critiques d'un échec opérationnel introduites à la CIA dès juillet 1952 –, a notamment cherché à en mettre en évidence les raisons. Tout d'abord, le contexte était celui d'une aveuglante relation de dépendance mutuelle entre les États-Unis et l'Iran. Selon Turner, la CIA a ainsi dû consentir à une restriction de ses actions de recherche sur place et de contacts avec les opposants en raison du caractère amical du régime et en contrepartie de l'installation de deux stations radar Tacksman destinées à suivre l'URSS. Ensuite, les autorités américaines ont eu du mal à s'impliquer dans l'agenda local. Les services américains ne disposaient que d'une capacité d'attention modeste : quatre analystes sur l'Iran à la CIA, un seul à la DIA et un seul à l'INR. Leurs échanges avec l'expertise universitaire étaient très réduits. L'agenda international américain était occupé par d'autres priorités (traité de paix israélo-égyptien, négociations stratégiques avec Moscou, normalisation avec la Chine, crise au Nicaragua), ce qui n'a pas permis au Special Situation

Group du NSC de consacrer à l'Iran une réunion avant le mois d'octobre 1978. Parallèlement, le régime iranien était prétendument bien connu des Occidentaux. La présence de ceux-ci en Iran était massive. La CIA entretenait une relation étroite avec la Savak, le service de sécurité du shah, mais celle-ci s'est bien gardée de l'informer sur les troubles intérieurs. L'agence américaine disposait pourtant d'un réseau de 5 000 agents rémunérés, selon l'analyste Bergman[36]. Les communications du régime étaient interceptées massivement par la NSA selon Aid. Des erreurs d'analyse ont été commises : surestimation de la maîtrise de la situation par le shah (armées, Savak...) et sous-estimation du rôle de Khomeyni, de la religion et du sentiment antiaméricain. Enfin, les partenaires des États-Unis ne les ont pas alertés sur la situation. La relation secrète de coopération établie entre l'Iran et Israël n'a pas permis de préavis. La fragilité du régime du shah avait pourtant été perçue par le Mossad dès mars 1978, grâce à ses sources locales, et partagée sans succès avec les États-Unis[37].

Le phénomène révolutionnaire était-il donc intrinsèquement imprévisible ? Le cancer du shah n'était pas connu des Occidentaux. La complexité des mouvements sociaux conduisant à une dynamique révolutionnaire n'a pas été perçue : selon Jervis, « prédire les révolutions est très difficile », face à un « jeu complexe des forces politiques et sociales qui est imprévisible de manière inhérente[38] ». La CIA était en réalité concentrée sur la classe moyenne pro-occidentale et n'a pas analysé l'impact de la diffusion des cassettes audio de Khomeyni. Les capacités linguistiques en farsi de la CIA étaient dérisoires, qui ne disposait pas de linguistes sur place. L'information secrète a donc en fin de compte peu compté.

L'ARMEMENT DE L'IRAK DE SADDAM HUSSEIN EN 2003

Les jugements politiques des dirigeants occidentaux sur l'Irak étaient sans appel : « Saddam dispose d'armes de destruction massive et peut les lancer en quarante-cinq minutes. » Selon la préface au dossier sur l'Irak rédigée par le Premier ministre Tony Blair le 24 septembre 2002, « nous savons que l'Irak disposait de plusieurs laboratoires bactériologiques mobiles la fin des années 1990 », et on a rappelé plus haut le discours du président Bush sur l'état de l'Union en janvier 2003 et les déclarations de Colin Powell, alors Secrétaire d'État. Pour ce dernier, l'Irak disposait sans nul doute de quatre bunkers d'armes chimiques, cherchait à acquérir des tubes d'aluminium et disposait de laboratoires biologiques mobiles. Or, selon le rapport publié par l'Iraq Survey Group en septembre 2004, l'Irak avait bien interrompu ses programmes d'armes de destruction massive dès 1996. Ces jugements des responsables américains se fondaient sur des analyses de renseignement. Aux États-Unis, une NIE de 90 pages avait été demandée en urgence par la commission sénatoriale du renseignement en septembre 2002 et produite en octobre 2002. Au Royaume-Uni, un *assessment* du JIC du 24 septembre 2002 prétendait que l'Irak avait cherché à acquérir des quantités significatives d'uranium en Afrique.

De nombreux rapports ont tenté d'étudier cet échec du renseignement. Les principaux sont le rapport du Senate Select Committee on Intelligence (SSCI) sur l'évaluation de l'Irak par la communauté du renseignement américaine publié en juillet 2004 ; le rapport de la commission britannique présidée par lord Butler publié le même mois et le rapport de la commission Robb-Silbermann sur les capacités de renseignement des États-Unis sur les armes de destruction massive produit en mars 2005. À Londres, une commission d'experts présidée par sir Chilcot poursuit ses travaux sur l'épisode irakien depuis 2009 et n'a toujours pas prononcé son verdict. Les erreurs commises relèvent-elles seulement de la manipulation politique ? On peut sans nul doute avancer plusieurs causes d'ordre intrinsèque qui mettent en cause les services eux-mêmes. Les analystes américains ont fait preuve d'aveuglement (*mindset*). Le comportement passé de Saddam faisait apparaître une volonté dissimulatrice entre 1991 et 1993, dévoilée en août 1995 lors de la fuite de son gendre Hussein Kamel et marquée notamment par l'expulsion des inspecteurs de l'Unscom en août 1998. Or, selon Jervis, la communauté occidentale ne disposait pas d'explications alternatives à la persistance de ce comportement. Les analystes manquaient par ailleurs d'imagination. On a vu que les sources des services étaient fragiles. Les sources humaines étaient rares et médiocres, qu'il s'agisse de la source Curveball ou du faussaire italien à l'origine des pseudo-révélations sur l'uranium nigérien. Une partie des informations provenaient de l'Iraqi National Congress d'Ahmed Chalabi, qui se livrait ainsi à une manœuvre d'intoxication de Washington. Les services souffraient également du cloisonnement entre leur appareil de recherche et d'analyse : entre *reports officers* du DO et analystes du DI de la CIA, selon Jervis ; entre officiers traitants du SIS et analystes du DIS et de l'*assessment staff* britannique, selon Omand. Le conformisme incarné par le *groupthink* a sévi à nouveau. Ce travers psychologique collectif est une dérive mise en évidence par le sociologue américain Irving Janis en 1972, qui conduit à fausser le jugement pour des raisons internes. Il s'agit, selon lui, d'« une détérioration de l'efficacité mentale, du test de réalité et du jugement moral qui résulte de pressions internes au groupe[39] ». L'analyse de divers fiascos (baie des Cochons, Pearl Harbor, Vietnam...) avait pourtant fait apparaître les conséquences négatives de cette défaillance de jugement : limitation des options alternatives, absence de réexamen des décisions, absence d'analyse des actions dont les résultats se sont révélés négatifs, consultation insuffisante des experts, *a priori* négatifs sur les avis recueillis à l'extérieur, absence de prise en compte de l'inertie bureaucratique. Pour la commission sénatoriale américaine du renseignement comme pour lord Butler, les communautés de renseignement et de sécurité nationale ont été victimes de ce type d'intoxication collective. Cette incapacité à prévenir la surprise stratégique a pu en l'espèce tenir à l'autosélection des analystes recrutés, au conformisme de leur recrutement et à leur conditionnement pendant leur formation interne[40]. Les informations utilisées par les services ont été également filtrées de manière biaisée (*cherry picking*). Seuls les renseignements et informations appuyant la thèse de la détention d'armes par Saddam ont été retenus dans les analyses. Enfin, la rédaction des évaluations a été insuffisamment prudente. Pour la commission du Sénat et pour Omand, les informations ont été appuyées sur des hypothèses qui s'additionnaient dans le processus d'évaluation (*layering effect*). Les rédacteurs de la NIE américaine et de l'*assessment* britannique ont fait preuve de trop d'assurance selon des observateurs émérites comme Jervis et Omand.

Sortir de la culture de l'échec

Il faut donc prendre en compte le poids de la culture de l'analyse dans ces échecs des services. Aid rappelle que « les cinq faiblesses de la culture stratégique américaine sont [...] : la tentation de simplifier les menaces, la prédilection pour le consensus, le refus du risque, le préjugé du comportement rationnel de l'adversaire et la recherche d'un accès direct du directeur de la CIA au président ». L'étude commandée en mars 1982 à Nicholl, ancien de Bletchley Park et ancien directeur adjoint du GCHQ, sur la performance du JIC en matière d'alerte lors de 17 crises ou guerres auxquelles le Royaume-Uni a été confronté au cours des trente années précédentes – qui n'a été déclassifiée partiellement qu'en mai 2007 – a mis en évidence quatre faiblesses majeures du système : *mirror imaging*, *a priori* sur les jugements de l'adversaire, *perseveration* (trait psychologique conduisant à reprendre un jugement fondé sur des expériences précédentes mais de manière non pertinente) et présomption de la rationalité de l'adversaire dans le recours à la guerre[41].

Il faut, sans les ignorer et surtout en les analysant systématiquement, relativiser l'importance des échecs. La maxime de Betts selon laquelle « les échecs du renseignement ne sont pas seulement inévitables, ils sont naturels » doit être gardée à l'esprit. En effet, la part relative des échecs et des succès ne peut être estimée ; l'échec dépend non seulement de facteurs objectifs comme les crises, les attaques ou les attentats mais aussi des attentes des autorités ; les utilisateurs portent une part variable de responsabilité des utilisateurs lorsqu'ils n'exploitent pas les renseignements reçus.

La notion d'échec du renseignement est enfin parfois abusivement invoquée pour couvrir d'autres réalités, comme le veut l'adage selon lequel « il n'y a pas d'échecs politiques, il n'y a que des échecs du renseignement ». Ainsi, selon Lowenthal, l'affaire du *missile gap* aux États-Unis, à savoir l'erreur d'estimation du potentiel de missiles stratégiques soviétiques commise par les services à la fin des années 1950, n'a pas tant été une erreur d'analyse, qui aurait tenu à la sous-estimation du nombre de missiles par la CIA ou une manipulation des services qui auraient délibérément surestimé leur nombre, qu'un des premiers exemples de politisation du renseignement dans le cadre de l'affrontement entre le président Eisenhower et son challenger Kennedy ou, comme l'a soutenu la CIA dans l'histoire officielle de cette affaire en 2011, une illustration des tensions qui existaient alors entre l'US Air Force et l'Agence. La thèse d'un avantage de l'Union soviétique a pu être réfutée par la NIE-11-8/1-61 du 21 septembre 1961, qui a divisé par 10 l'estimation du nombre de lanceurs ICBM soviétiques en tirant parti des images des nouveaux satellites du programme Corona. On peut également distinguer, comme le suggèrent Goodman et Omand, les insuffisances (*gaps*) constatées des échecs (*failures*) rencontrés par l'analyse du renseignement.

Vers le renouvellement des méthodes de l'analyse

La déconstruction de la fonction

L'analyse ne se résume pas à la rédaction de notes à partir des informations secrètes recueillies. Elle comprend une dimension interne, souvent ignorée mais pourtant essentielle. L'analyse est parfois une vision réductrice de ce qu'est l'« exploitation », cœur de la fonction de renseignement. Celle-ci comprend l'évaluation de la qualité des sources, la compilation des informations (gestion des archives et bases de données)[42], leur corrélation (analyse des données et des réseaux) ainsi que l'orientation des capteurs humains et techniques par les analystes. Il ne faut pas sous-estimer l'importance de ce que Betts appelle la « fonction de bibliothécaire de la sécurité nationale » du renseignement, c'est-à-dire sa capacité « à conserver toutes les sources, secrètes ou non, et à les mobiliser dans une forme cohérente quand les responsables publics les sollicitent ».

Grâce aux travaux américains déclassifiés, notamment l'ouvrage *Psychology of intelligence analysis* de l'expert de la CIA Heuer paru en 1999 et eux-mêmes fondés sur les travaux des psychologues Kahneman et Tversky, les écueils inhérents à l'analyse sont mieux perçus afin d'être mieux maîtrisés. Leur liste est longue et comprend généralement quatre catégories. La première est celle des biais cognitifs : manque d'attention aux événements, manque d'empathie pour les sujets, auto-orientation des analystes, sélection par ceux-ci de leurs sujets préférés (*cherry picking*), poids de leurs préjugés (*mindset*), confusion du souhaitable et du possible (*wishful thinking*). La deuxième catégorie tient à des aspects socioculturels : rationalisme envers des comportements qui ne le sont pas toujours, ethnocentrisme des analystes, fascination pour l'exotisme, identification des attitudes des acteurs observés à la leur (*mirror imaging*). La troisième difficulté résulte de biais organisationnels : clivage entre appareils de recherche et d'analyse au sein des services, guerres larvées entre institutions (*turf wars*), exclusion des points de vue divergents (*groupthink*), accumulation des jugements sur les mêmes observations (*layering*), rivalité entre analystes des agences (*competitive analysis*). La dernière catégorie provient de tentations politiques : elle est illustrée par le catastrophisme (*worst case analysis*) et le clientélisme des analystes (*intelligence to please*).

Le nouveau management des analystes et de leur production

L'échec de prévision de la guerre du Kippour avait déjà conduit la commission Agranat, constituée pour en analyser les causes, à préconiser des mesures organisationnelles. Des « avocats du diable » ont depuis été créés auprès du directeur du service militaire Aman pour apporter un niveau supplémentaire de vérification en critiquant par principe les productions de ce service. Les « crises de renseignement » subies par les États-Unis et, accessoirement, par le Royaume-Uni ont mis en évidence, en 2001, le traitement défaillant des informations correspondant à des signaux faibles et le défaut de « connexion des points » recueillis par les agences et, en 2003, les erreurs de manipulation et d'analyse commises par les services ainsi que la mauvaise maîtrise de leur relation avec les autorités politiques. Même si l'on doit être attentif à la qualité des données, leur analyse ne se résume cependant pas à leur traitement adéquat : l'insuffisance de données ne doit pas paralyser une analyse, dont la dimension créative demeure essentielle. Une modestie nouvelle paraît s'être imposée. Selon la plaquette britannique *National intelligence machinery* de novembre 2010, « le renseignement offre des insights privilégiés normalement non disponibles ouvertement [...]. Sa limitation la plus importante est l'incomplétude. [...] le renseignement procure rarement la vision complète. Même après analyse, il peut encore être, au mieux, inférentiel ».

Dans un monde où les sujets sont difficilement délimités (terrorisme, crises africaines, pouvoirs au Maghreb...), une réflexion sur les vertus de la compétition/concurrence existant entre les agences s'est imposée. Si le modèle britannique se fonde sur une capacité d'analyse centralisée par le JIC, partagée par l'Australie depuis 1977 avec son Office of Net Assessment (ONA), il ne s'agit pas d'un modèle « westminstérien ». Au Canada, quatre organismes sont chargés de l'analyse du renseignement collecté (International Assessment Secretariat [IAS] rattaché au Privy Council Office, Center of Defence Intelligence, branche Intelligence Assessment du SCRS/CSIS et Integrated Terrorism Assessment Center [ITAC]). C'est un modèle différent qui est assumé depuis plusieurs décennies aux États-Unis sur la base des vertus prêtées à la concurrence[43]. Dès 1978, le National Foreign Assessment Center (NFAC), ancêtre du Directorate of Intelligence, a été créé au sein de la CIA pour organiser la confrontation des analyses des agences. La loi de la « compétition analytique » a été formulée par des experts comme Berkowitz comme un antidote à la politisation. Inscrite explicitement dans l'EO 12333 de décembre 1981, elle figurait encore aux États-Unis comme l'un des objectifs de l'EO 13355 du 27 août 2004 relatif au management de la communauté nationale de renseignement, sous l'influence de l'expert de la RAND Heuer. Selon le général Odom, ancien directeur de la NSA de 1985 à 1988[44], « l'analyse compétitive a rarement produit une meilleure analyse mais a fréquemment inspiré un intense *parochialism*. Comme règle, elle produit plus de chaleur que de lumière ». La commission bipartisane américaine sur les armes de destruction massive de 2005 a ainsi recommandé d'améliorer plusieurs volets de l'analyse du renseignement[45] : le management des analystes, l'utilisation de sources non traditionnelles, y compris les sources ouvertes, la compréhension de l'impact des comportements de dissimulation et de tromperie (*denial and deception*) sur la recherche et l'analyse, la recherche à long terme et la réflexion stratégique, l'enseignement de l'analyse. Sur ce dernier point, on peut signaler le cours *Analysis 101* à la Sherman Kent School of Analysis de la CIA, le cours sur l'analyse mis en place depuis 2006 au

Department of War Studies de King's College (Londres) par Michael Goodman et sir David Omand à la demande du PHIA ou le cursus destiné aux analystes de renseignement dispensé dans les Universités Juan Carlos et Carlos III de Madrid.

Au sein des services, la séparation entre personnels chargés de la recherche et analystes est fréquente. La CIA, le BND ou le SCRS/CSIS distinguent dans leurs organigrammes les deux fonctions. La juxtaposition de ces deux catégories à l'intérieur d'une même direction, comme au sein de la direction du renseignement de la DGSE, est plus rare bien qu'elle présente des avantages certains (« boucle courte »). La population des analystes croît quantitativement : environ 20 000 aux États-Unis, soit 20 % de l'effectif de la communauté, réparti dans 19 de ses entités et dont plus de la moitié a été recrutée depuis le 11 septembre 2001[46]. Compte tenu de son niveau de qualification (Ph.D. du DI/CIA), elle a légitimement des exigences intellectuelles accrues. Les attentes requises d'un bon analyste vont au-delà de la simple honnêteté intellectuelle. Selon les experts de la RAND George et Bruce, il lui faut faire preuve de plusieurs qualités : maîtriser son sujet ainsi que la politique nationale afférente ; comprendre les méthodes d'organisation et d'évaluation des données ; associer imagination et rigueur scientifique pour émettre et tester des hypothèses ; comprendre les méthodes de recherche du renseignement ; être conscient des biais et influences cognitifs ; être ouvert aux vues contraires ou aux modèles alternatifs ; être accessible à la reconnaissance et à la correction des erreurs.

La question de la circulation interne des analyses de renseignement a également été posée. Aux États-Unis, comme l'ont établi les diverses enquêtes, l'échec du 11 septembre 2001 s'explique en effet davantage par des défaillances de partage des renseignements entre la CIA, la NSA et le FBI qu'en raison d'une insuffisance de collecte des indices relatifs aux projets d'attentat d'Al-Qaida. Si la question vaut dans toutes les communautés nationales de renseignement, elle ne revêt pas la même dimension : en Nouvelle-Zélande, il a été récemment décidé de résoudre la question en regroupant la quasi-totalité des organes (NZSIS excepté) dans un seul bâtiment, Pipitea House. Depuis 2005, le DNI s'efforce donc de promouvoir le partage de l'information (*information sharing environment*). Cette préoccupation n'est pas entièrement nouvelle. Le NSAM 369 du 9 février 1968 du président Johnson se souciait, sur la base d'un rapport du President's Foreign Intelligence Advisory Board (PFIAB) – instance consultative créée par l'EO 10938 du 4 mai 1961 du président Kennedy pour lui offrir un avis externe confidentiel sur le renseignement national et rebaptisée President's Intelligence Advisory Board (PIAB) depuis l'EO 13462 du 29 février 2008 –, de la bonne dissémination du renseignement au sein de la communauté. Il envisageait un plan de modernisation de celle-ci sous la conduite du DCI. Les EO 13355 et 13556 du 27 août 2004 confiaient déjà des responsabilités significatives en la matière au DCI dans le cadre de la lutte antiterroriste. Une directive ICD-200 du DNI Negroponte du 8 janvier 2007 a tenté d'organiser la gestion, l'intégration et la supervision de l'analyse au sein de la communauté. La directive ICD-203 du 21 juin 2007, prise en application de l'IRTPA, impose des « standards analytiques » (*analytic standards*) à la communauté du renseignement tels que la qualité et fiabilité des sources, la mention des incertitudes de jugement, la distinction entre renseignement et hypothèses et jugements et la prise en compte éventuelle des analyses alternatives. La recherche d'une ouverture de l'analyse a par ailleurs été prônée par les directives ICD-205 du 16 juillet 2008 encourageant le développement de contacts entre analystes et experts externes (*analytic outreach*) et ICD-623, qui permet depuis octobre 2008 au DNI de recruter directement des experts universitaires. Parallèlement, un programme d'*analytic transformation* a été inauguré en septembre 2008 et supervisé par le DNI adjoint pour l'analyse Fingar. Inspiré par la volonté de « déchaîner le potentiel de la communauté d'analystes », il envisage le recours à de nouveaux outils tels que la Library of National Intelligence initiée en novembre 2007 et qui comptait déjà 1,8 million de références début 2010, l'espace de travail collaboratif A-SPACE lancé en septembre 2008 et devenu l'*Analytic resources catalog* ou l'outil Catalyst de traitement des *data overloads*.

Le problème des relations entre analystes et décideurs politiques

Une fois identifiés les biais intrinsèques au métier d'analyste et les problèmes techniques auxquels il est confronté, les difficultés se concentrent sur la relation entre les analystes des services et leurs clients politiques. Cette question nourrit des débats permanents, reflétés par les « écoles de la distance et de la proximité » évoquées par Lowenthal, illustrées par les figures opposées de Kent et de Gates[47]. Selon Kent, « le renseignement doit être suffisamment proche de la politique [*policy*], des plans et des opérations pour recevoir le maximum d'orientation [*guidance*] et ne doit pas être si proche qu'il perde son objectivité et son intégrité de jugement ». Selon Gates, le renseignement doit faire preuve d'une plus grande réceptivité aux attentes du politique. Il n'est à cet égard pas certain que puisse être aujourd'hui bien comprise la vision développée par la commission Robb-Silberman sur les armes de destruction massive en Irak en mars 2005 selon laquelle « la communauté de renseignement doit être pressée. Elle ne donnera pas son meilleur si elle n'est pas pressée par les responsables politiques, parfois jusqu'à l'inconfort. Les analystes doivent être pressés pour expliquer combien ils ne savent pas ». Bar-Joseph et McDermott distinguent pour leur part les biais conscients (*motivated biases*) des biais inconscients (*unmotivated biases*). Selon Treverton, une partie d'entre eux relève de la politisation du renseignement. Appliquée à la réception des analyses de renseignement par ses destinataires, elle est appelée « fermeture cognitive » ou « dissonance cognitive » et peut conduire à cinq types de dérapages de leur part : pression directe sur les services, questions orientées, conformisme politique en retour des analyses, *mindset* partagé entre producteurs et consommateurs, sélectivité des analyses retenues. Les analystes projettent ainsi régulièrement leur vision dans leurs travaux. Meyer, vice-président du NIC lors de la présidence de Reagan, indiquait ainsi que « pour réellement comprendre un phénomène étranger (*alien*) comme l'Union soviétique, il faut aller au-delà d'une liste de faits ; il faut faire un bond d'imagination[48] ». La formule célèbre employée par le secrétaire à la Défense Donald Rumsfeld pour qualifier le comportement de Saddam Hussein, « l'absence de preuve n'est pas la preuve de l'absence » (« *the absence of evidence is not evidence of absence*[49] »), trouve sa lointaine origine dans une évaluation de la communauté américaine de 1950 sur l'Union soviétique selon laquelle « l'absence de preuve d'une intention soviétique d'utiliser la force militaire ne peut pas être considérée comme la preuve de l'absence de telles intentions » (ORE-91-49 sur la possession de l'arme nucléaire d'avril 1950).

L'incompréhension entre les deux parties est en effet peut-être structurelle. Jervis estime que « les problèmes du système de renseignement ne sont pas prioritairement des problèmes avec l'information. Ce sont des problèmes relatifs à notre manière de penser[50] ». Il existe classiquement deux modes d'élaboration de la connaissance : la méthode déductive, théorisée par Bacon en 1268, qui consiste à formuler une hypothèse afin d'en déduire des conséquences observables permettant d'en déterminer la validité, et la méthode inductive, qui part de l'observation de faits particuliers pour en tirer une loi générale. La seconde méthode invite à la contextualisation, à la conceptualisation et à la recontextualisation dans un cadre différent. C'est *a priori* celle de l'analyste de renseignement, qui doit dériver ses arguments des faits. Or, selon Hayden[51], qui dirigea la CIA de 2006 à 2009, les décideurs politiques pratiquent, eux, la méthode de la déduction, à partir de leurs principes.

La réduction des frictions entre les deux parties passe ainsi par une chaîne de commandement adaptée. Les agences sont « orientées » par leurs clients à court (*requirements*) comme à moyen et long terme (*priorities*). En France, un Plan national de renseignement (PNR) a été mis en place en 1959, après avoir été esquissé en 1946. Son pilotage a été confié au secrétariat du Comité interministériel du renseignement (CIR) du Secrétariat général à la défense nationale (SGDN), héritier du Secrétariat général du conseil supérieur de la défense nationale institué en 1906, créé en 1962 auprès du Premier ministre pour mettre en œuvre les principes de défense globale posés en 1959 et devenu depuis décembre 2009 Secrétariat général pour la défense et la sécurité nationale (SGDSN). Délaissé par les autorités de 1974 à 1989, l'instrument a été restauré en 1989 par le Premier ministre Michel Rocard[52], en retenant huit thèmes pour une période triennale : quatre priorités géographiques, dont le monde arabe, une partie de l'Afrique et la Chine, et quatre priorités thématiques, dont l'intelligence économique et la recherche scientifique. Selon le préfet Rémy Pautrat, directeur de la DST de 1985 à 1986 et conseiller du Premier ministre pour la sécurité de 1989 à 1993, le PNR pour 1993-1995 a été approuvé par le chef de l'État et a retenu seize thèmes : Moyen-Orient, furtivité-détection, satellites d'observation, prolifération, minorités, nouvelle donne à l'est, Japon, Maghreb, circuits financiers clandestins, grands contrats, enrichissement de l'uranium, TV-HD et composants électroniques, avenir de France-Télécom, génie logiciel, propulsion hypersonique, molécules nouvelles, espace. Cet instrument a été transformé en « directives nationales de renseignement » entre 2001 et 2003 sous l'appellation de Plan national d'orientation de renseignement (PNOR) depuis le début 2010. Malgré la dissolution du CIR, le SGDSN demeure chargé du suivi des « groupes interministériels d'analyse et de synthèse en matière de renseignement » en vertu du décret n° 2009-1657 du 24 décembre 2009 relatif au SGDSN. Aux États-Unis, le NSC a fixé au DCI des *priority national intelligence objectives* (PNIO) dès décembre 1947. Au cours des années 1970, le DCI s'est efforcé de proposer divers cadres de priorités (*key intelligence questions, foreign intelligence requirements, categories and priorities*). Plus récemment, la directive PDD-35 du 2 mars 1995 du président Clinton a fixé des priorités au renseignement : par ordre décroissant, soutien aux opérations militaires, capacités et forces armées, prolifération, science et technologie, économie de défense, « *global trends* », instabilité régionale, menaces transnationales, terrorisme, drogue, C3 et ordinateurs, affaires humanitaires, activités étrangères de renseignement y compris dans les ONG. Selon Clark, depuis la NSPD-26 du 24 février 2003, un National Intelligence Priorities Framework (NIPF) distingue environ 30 objectifs répartis en 3 priorités et portant sur environ 220 objectifs étatiques ou non, formellement revalidé par le président tous les semestres. Au Royaume-Uni, un document *National intelligence requirements and priorities* (NIRP) était validé chaque année par le JIC. Il est devenu depuis 2011 le *Requirements and priorities for secret intelligence* (RPSI), qui se veut plus sélectif[53]. En Allemagne, une planification à moyen et long terme des efforts de renseignement (*Auftragsprofils der Bundesregierung*) est soumise chaque année à la chancellerie, après avis des ministères concernés. Elle permet, selon le classement des pays visés, de distinguer trois niveaux de mobilisation de la recherche (tous moyens de recherche, tous moyens hors HUMINT et sources ouvertes seulement). En Espagne, une directive annuelle de renseignement, approuvée par le Premier ministre, oriente l'action des services. En Israël, un plan annuel de recherche est établi à l'issue d'une réunion spéciale de l'ensemble des services civils et militaires de renseignement. Au Canada, le SCRS reçoit une directive annuelle validée par le Conseil de sécurité nationale et le Conseil privé.

Peut-être faut-il également envisager, comme le souligne Lieberthal[54], de former les consommateurs à l'usage de cette substance dangereuse qu'est le renseignement. En effet, comme le montre une récente enquête aux États-Unis, la plupart des *policymakers* ne sont pas préparés à l'utilisation du renseignement et n'ont pas de compréhension systématique des produits qu'ils reçoivent de la communauté du renseignement. La difficulté du dialogue entre analystes et clients politiques persistera malgré tout : comme le rappelle Treverton, « les analystes de renseignement sont réflexifs par nature ; ils veulent comprendre... les responsables politiques, par contraste, ont tendance à être actifs ; ils veulent agir, non seulement réfléchir[55] ».

Comme l'affirme Omand, « toutes les agences efficaces de renseignement de demain devront être des organisations de *knowledge management* par excellence[56] ». La fonction d'analyse est partagée au sein de la société. Elle n'est pas exclusive aux services. Pour le renseignement, un des défis majeurs, relevé par plusieurs études[57], porte sur la capacité d'ouverture de la communauté des analystes à l'extérieur. Lord Butler a rappelé dans son enquête que « les évaluations [*assessments*] ne devraient pas donner un poids injustifié aux renseignements par rapport à des facteurs plus larges d'analyse historique, psychologique ou géopolitique ». C'est l'ambition de la « démarche nationale d'analyse de risque » engagée en France en 2010 sur la base des recommandations du Livre blanc de 2008, et qui, selon le Livre blanc sur la défense et la sécurité nationale d'avril 2013, devait déboucher en 2014.

Elle pose sous un jour nouveau la question du besoin de structures consacrées à l'analyse pour permettre l'échange et la « compensation des analyses » ainsi que le dialogue avec les autorités politiques et les administrations concernées. Les responsables politiques ont de plus en plus tendance à se percevoir comme des « analystes en chef[58] ». À cet égard, les deux modèles principaux connaissent des évolutions. Au Royaume-Uni, le Joint Intelligence Committee (JIC) britannique, créé en 1936 sous l'autorité initiale des états-majors militaires, est une référence classique initiée par des membres du Commonwealth tels que le Canada ou la Nouvelle-Zélande. Placé au sein du Cabinet Office, il a été présidé par un diplomate de 1939 à 2001 puis par un chef du SIS de 2001 à 2004, Scarlett, et à nouveau par un diplomate. Il se réunit chaque semaine en présence du Premier ministre et des ministres concernés et dispose depuis 1968 de sa propre équipe (*assessment staff*) d'environ

40 rédacteurs. Il est ainsi présenté par son ancien directeur comme l'« interface entre le renseignement et la politique ». Aux États-Unis, le National Intelligence Council (NIC) américain est le successeur depuis 1980 de l'Office of National Estimates (ONE) né en novembre 1950. C'est une structure qui encadre une douzaine de *national intelligence officers* (NIO), « analystes experts » de la communauté à haute visibilité. Comme le rappelle Treverton, ancien vice-président du NIC, « les vrais produits du NIC n'étaient pas les NIE mais les NIO[59] ». À la différence du JIC, le NIC est généralement dirigé par un universitaire ou assimilé. C'est le cas de son président de 2009 à 2014, Kojm, qui a enseigné notamment à Princeton et a été *staffer* démocrate au Congrès. Cette structure est interne à la communauté de renseignement et n'associe pas formellement l'échelon politique. Des structures, inspirées de l'un ou de l'autre de ces modèles, existent dans les démocraties. C'est, par exemple, le cas en Australie, où un Office of Net Assessments (ONA), créé en 1977, rassemble 90 analystes, et en Nouvelle-Zélande, avec un National Assessments Bureau (NAB) créé en 2010 et comptant 30 agents. Le concept de « *net assessment* », qui ne se limite pas à la communauté de renseignement, conduit à confronter les capacités adverses aux siennes propres. L'existence d'un organisme proche de l'autorité politique et capable d'analyser les renseignements de toutes sources a été considérée comme digne d'intérêt pour la France. Un « JIC à la française » y a été proposé par plusieurs personnalités à différentes reprises[60]. Quelle que soit la formule retenue, la réouverture du champ du renseignement appelle une attention renouvelée aux méthodes, aux procédures et aux structures de l'analyse.

CHAPITRE 6

La coopération internationale entre les services, une dimension en expansion

La coopération de renseignement est une dimension importante de l'activité des services, bien qu'elle ne soit pas habituellement intégrée dans la présentation du cycle du renseignement. Laurent rappelle qu'en temps de paix, l'Okhrana tsariste, section secrète de police créée en 1881, avait installé un bureau à l'ambassade de Russie à Paris dès 1885, dirigé de 1885 à 1902 par Piotr Ratchkovsky, l'auteur supposé des *Protocoles des Sages de Sion*. Celui-ci a bénéficié, dans le contexte diplomatique de l'alliance franco-russe de 1893, de renseignements de la préfecture de police sur les milieux anarchistes et révolutionnaires russes. Compétent pour toute l'Europe, ce bureau a été fermé en 1913 à cause des protestations du député Jaurès mais, selon Laurent, s'est transformé en une agence de renseignement privée Bint et Sambain. En temps de guerre, les Alliés ont assez naturellement échangé du renseignement, comme le montrent les coopérations en matière de SIGINT pratiquées dès la Première Guerre mondiale pour protéger les convois navals dans l'Atlantique ou la constitution à Paris dès 1915 d'un Bureau central interallié (BCI) pour échanger du renseignement militaire entre Alliés contre l'Allemagne.

Un champ théorique très ouvert

La coopération repose sur une rationalité compréhensible, qui peut la faire apparaître comme un mode de recherche propre (« recherche coopérative »), complémentaire des modes classiques. Pour Herman, le renseignement est en effet une denrée (*commodity*), qui peut faire l'objet d'un échange quasi marchand. Pour Sims, la « liaison », expression courante dans le monde anglo-saxon, entre les services de renseignement est « une forme de collecte de renseignement sous-traitée fondée sur le troc[1] ». Si la relation n'est pas équilibrée, il peut y avoir dépendance institutionnelle ou influence. Ce risque a été identifié au Royaume-Uni ou au Canada[2]. Selon Peter Hennessy, dans les années 2000, 50 à 80 % de la production du JIC soumise aux autorités britanniques étaient d'origine américaine.

Comme toute coopération internationale, la coopération de renseignement résulte d'une combinaison de solidarités et d'avantages comparatifs semblables à ceux mis en évidence par Ricardo, ce qui incite à la modéliser. Elle peut aussi, comme le suggèrent les chercheurs Munton et Fredj, être soumise à la théorie des jeux (dilemme du prisonnier ou *tit-for-tat*).

La solidarité entre services de renseignement repose sur la perception d'une ou de plusieurs menaces communes : le communisme, qui justifia la coopération entre le Royaume-Uni, la France et la Belgique dès 1921 au sein d'un « Bureau Liaison armée occupée », ou entre la France et l'Italie en 1935 ; le fascisme, à l'origine de la coopération entre la France, le Royaume-Uni et la Pologne en 1939 ; l'URSS, qui motiva les coopérations techniques Venona en 1944 et Ukusa en 1948, les réunions entre les États-Unis, le Royaume-Uni, le Canada, l'Australie et la Nouvelle-Zélande, dites Cazab, à compter de 1967 ; ou le terrorisme international. Cette réalité a pu même conduire à dessiner un modèle communautaire de renseignement qui reflète une alliance militaire comme l'OTAN. Dans leur vision des coopérations, les services de renseignement militaires de cette organisation continuent de distinguer entre « alliés » et « partenaires ».

L'échange de renseignements est souvent asymétrique car il repose sur des avantages différents (*quid pro quo*) en matière de compétences sur des régions. La France est ainsi réputée disposer de renseignements de première qualité en Afrique, l'Allemagne dans les Balkans, le Royaume-Uni dans certains pays d'Asie du Sud-Est, l'Espagne en Amérique latine, le Portugal dans ses anciennes colonies africaines. Le troc prend également en compte les atouts respectifs en fonction des modes de recherche pratiqués (renseignement humain ou technique).

Les coopérations entre les services de renseignement ne sont nulle part recensées mais il s'en dégage quelques figures récurrentes comme celle qui rapproche des services homologues, tels ceux de renseignement militaire – par exemple entre ceux des États-Unis, du Japon et de la Corée du Sud sur les menaces nucléaire et balistique nord-coréennes –, ou la coopération entre services de profils divers centrée sur une menace prégnante comme le terrorisme. La moins intéressante n'est pas celle qui s'établit entre le service extérieur d'un pays et le service intérieur d'un autre pays, sur la base d'une complémentarité naturelle, comme l'illustrent les coopérations entretenues en France par la DST avec la CIA ou les services extérieurs algériens. Compte tenu de la nature du renseignement, cette coopération répond ainsi à une double finalité. Sa finalité technique vise à se répartir les moyens de renseignement et partager les coûts ou les risques, ce qui peut justifier l'établissement de relations de coopération avec des partenaires non conventionnels comme celles que les États-Unis et la France ont établies avec les services de l'OLP à partir de la fin des années 1960. Sa finalité politique peut revêtir plusieurs dimensions. Elle vise à consolider des relations politiques, en vertu de l'adage selon lequel « il n'existe pas de services secrets amicaux, seulement des services secrets d'États amicaux ». C'est le cas de la relation privilégiée établie entre les États-Unis et le Royaume-Uni depuis la Seconde Guerre mondiale ou de celles existant entre les États-Unis et Israël depuis 1951[3], entre l'Allemagne et Israël depuis 1956[4] et entre la France et l'Allemagne depuis le traité bilatéral de 1963. De telles synergies permettent de lutter contre des menaces communes. La « relation spéciale » entre les services britanniques et américains demeure essentielle mais pourrait avoir été surévaluée depuis 1960. Elle a permis de « ralentir le déclin de la puissance britannique et d'accélérer l'ascension de celle des États-Unis[5] ». Ces relations contribuent à la stabilité régionale, comme lorsque les États-Unis ont transmis simultanément des renseignements à l'Égypte et à Israël dans les années 1990. Elles conduisent aussi à déterminer des zones d'influence, au Moyen-Orient ou au Sahel. Elles peuvent enfin influencer le partenaire, comme ce fut le cas pendant la guerre froide des présentations de la menace soviétique faites par les États-Unis aux Alliés.

Une échelle des modalités de coopération internationale

On peut distinguer dans les faits plusieurs niveaux de coopération de renseignement. Un premier niveau porte sur les échanges *ad hoc* entre les agences d'analyses ou de renseignements bruts, qui constituent une part substantielle des renseignements acquis par certains services. Selon l'historienne Anne Karalekas, « au cours de la période 1952 à 1963, la CIA a obtenu l'essentiel de son information clandestine à travers des accords avec des gouvernements étrangers[6] ». Un deuxième niveau conduit à structurer les échanges dans des cadres permanents. Les manifestations en sont nombreuses, tels les accords Totem conclus par les services français dès la IVe République, et prennent souvent la forme de clubs multinationaux comme celui des partenaires Ukusa, le club « Safari » mis en place par le SDECE en 1976 avec ses partenaires iranien, saoudien, égyptien et marocain, le « Médi Club » monté par la DGSE en 1982 avec le Cesid espagnol, le Sismi italien, la Tunisie et le Maroc, le « groupe d'Egmont » créé en 1995 à l'initiative des États-Unis entre les services de renseignement financiers, la coopération lancée lors du sommet de Charm el-Cheikh en 1996 contre le fondamentalisme islamique entre les États-Unis, les Européens, Israël et les pays arabes ou le « Groupe antiterroriste » (GAT) formé en 2001 à partir du Club de Berne qui rassemblait certains services intérieurs européens depuis 1971. Les accords Ukusa, conclus entre 1946 et 1951, associant cinq partenaires (les Five Eyes : États-Unis, Royaume-Uni, Australie, Canada depuis 1951, Nouvelle-Zélande) pour un partage de renseignement SIGINT, ont été complétés par des accords faisant intervenir plus d'une trentaine de « troisièmes parties » dont, en Europe, l'Allemagne, la France, la Belgique, l'Autriche, l'Espagne, les Pays-Bas, le Danemark, la Norvège et la Suède. L'organisation dite « Echelon » qui en résulte a été révélée par un rapport du Parlement européen de janvier 1998[7]. Un troisième niveau, plus exigeant, concerne les coopérations opérationnelles. Celles-ci peuvent consister en des opérations communes telles que le traitement par la CIA et le SIS du transfuge du GRU à Moscou Oleg Penkovski en 1961 ou de la source Farewell par la DST et la CIA de 1981 à 1983. Elles peuvent également recouvrir des infrastructures permanentes partagées comme les stations d'interception de Bad Aibling en Allemagne, entre la NSA et le BND, ou de Kourou, en Guyane française, entre la DGSE et le BND. La coopération opérationnelle peut comprendre des actions de formation et d'assistance envers le partenaire étranger. Le quatrième niveau, qui n'est aujourd'hui qu'esquissé, correspondrait à une division internationale du travail des services. Pour les services des grands pays, elle est parfois abordée avec méfiance mais constitue un mode classique dans les institutions internationales appelées à utiliser du renseignement (Europol, Sitcen/Intcen de l'Union européenne, AIEA, ONU…).

Les formes de la coopération entre services doivent encore évoluer. « Les modes traditionnels d'échange international de renseignement hérités de la guerre froide, qui étaient conçus autour de cibles relativement statiques et d'un nombre limité d'alliés, tel Ukusa, sont aujourd'hui trop rigides lorsqu'ils sont appliqués aux entreprises terroristes ou criminelles[8]. » Pour autant, certaines visions comme celle de l'ancien cadre de la CIA, Joseph Wippl, devenu enseignant à Boston, qui voudrait « créer une plate-forme permanente de coopération de renseignement sur une base volontaire d'États[9] », ou de responsables politiques en faveur de la mise en place d'une « agence de renseignement franco-allemande[10] », paraissent utopiques. Le marché commun du renseignement n'est pas près d'exister.

L'explosion d'une coopération internationale en attente de structuration

Les raisons de l'expansion de la coopération

La coopération de renseignement n'a jamais véritablement pu atteindre une dimension multilatérale élargie. Le secrétaire général de l'ONU, Hammarskjöld, s'est opposé dès 1960 à la création au sein de l'organisation mondiale d'une structure permanente de renseignement au motif que celle-ci devait « garder les mains propres ». La proposition faite en 1992 par un certain nombre d'États occidentaux, dont les États européens, de mettre en place au sein de l'ONU une capacité de détection et d'alerte des crises n'a pas non plus été retenue. Le centre de situation implanté au sein du département des opérations de maintien de la paix (DOMP) en avril 1993 n'a pas survécu à la fin de la décennie. L'ONU dispose bien de capacités de théâtre dans le cadre de ses opérations de maintien de la paix (*joint mission analysis centres*) mais celles-ci sont notoirement modestes.

Le nouveau contexte sécuritaire des années post-2001 a relancé une vague de coopérations qui s'estompaient dans les années 1990. Celles-ci avaient été préparées par le soutien d'opérations militaires en coalition conduites dans les Balkans, en RDC ou en Afghanistan, sous forme d'une coopération entre les *national intelligence cells* (NIC) déployées sur les théâtres d'opérations. Elles n'ont cependant pris tout leur essor que dans le contexte de la lutte antiterroriste, fondée sur les obligations imposées par les résolutions 1267 d'octobre 1999 et 1373 de septembre 2001 du Conseil de sécurité de l'ONU. Les coopérations opérationnelles se sont structurées contre Al-Qaida, comme la « Base Alliance » établie à Paris après le 11 septembre 2001[11], ou autour de la problématique du Sahel. Ainsi, le Livre blanc français sur la défense et la sécurité nationale de juin 2008 a-t-il indiqué que « la coopération entre États et les relations bilatérales entre services de renseignement sont la clé de voûte de la sécurité de tous ».

Les liaisons entre services de renseignement et de sécurité sont en pratique très nombreuses, dépassant souvent le nombre des États reconnus par l'ONU, du fait de l'existence de services partenaires auprès d'acteurs non étatiques, au Kurdistan ou en Palestine par exemple, et de la multiplicité des services au sein des États partenaires. Le SCRS/CSIS canadien revendique plus de 280 accords de coopération avec des services étrangers ou des organismes internationaux relevant de 150 pays ou territoires en mars 2013[12]. Au sein d'un même pays, la coopération avec les services étrangers doit donc être organisée, comme l'a prévu en France le décret de décembre 2009 sur le coordonnateur national du renseignement. Des effets de concurrence sont toujours possibles comme, pour les services français, vis-à-vis des services algériens au cours des décennies passées. Ainsi, l'information parue dans le quotidien *Le Parisien* le 28 septembre 2003 selon laquelle le ministre de l'Intérieur « Manuel Valls a reçu dans la plus grande discrétion, mercredi et jeudi, John Brennan, directeur de la CIA, sir John Sawers, patron du MI6 britannique, et Hakan Fidan, le chef des services de renseignement turcs (MIT). Le ministre de l'Intérieur a eu des échanges, qualifiés de "très riches", avec ces interlocuteurs sur la situation en Syrie et sur la récente prise d'otages à Nairobi (Kenya) » n'est-elle pas neutre.

Le volume et la nature des coopérations entre services ont ouvert la voie à une véritable « diplomatie de renseignement », qui vise aussi à faire passer des messages. C'est en réalité une pratique ancienne, fondée sur le jeu permis par la nature secrète du renseignement. Elle permet le maintien de relations discrètes alors que les relations officielles ne sont pas autorisées ou ne sont plus de mise comme ce fut le cas entre le SIS britannique et les services israéliens dans les années 1950, entre la CIA et le SIS au cours de la crise de Suez en 1956 ou entre la CIA et le SDECE pendant les tensions gaullistes des années 1960. C'est en ce sens qu'il faut aussi interpréter la formation d'organisations inter-étatiques spécialisées comme la Commission africaine des services de renseignement et de sécurité (CISSA) fondée en 2004 ou l'Organisation commune de sécurité (OCS) créée à Shanghai en juin 2001 par Pékin et Moscou pour rassembler leurs partenaires d'Asie centrale.

Les limites de l'expansion

On assiste aujourd'hui indiscutablement à un phénomène de « globalisation du renseignement », définie comme « la création d'un réseau interconnecté d'arrangements formels et informels de liaison de renseignement à travers le monde[13] ». Cette évolution, principalement due à la nature, elle-même mondialisée, des menaces contemporaines, entraîne des conséquences positives et négatives. Le développement de cette coopération internationale a pour effet d'homogénéiser les pratiques mais présente aussi le risque d'un contournement des dispositions nationales de contrôle des services. Ainsi, pour le chercheur britannique Walton, « la coopération étroite entre la NSA et le GCHQ s'est développée en partie pour contourner l'illégalité de l'interception de citoyens et d'entreprises américains par la NSA ». La pratique des *renditions* de terroristes par la CIA, qui a utilisé le concours de gouvernements « amis », peut également être comprise dans cet esprit, suivant ce que Born et Wills dénoncent comme la « voie de la moindre redevabilité » (« *the road of least accountability*[14] »). Dévoilée, elle a conduit à la démission de certains responsables d'agence comme le chef du SCRS canadien, Judd, en juin 2009, le chef du VSD lituanien, Malakauskas, en décembre 2009, ou de celui de l'AW polonaise, Siemiatkowski, en mai 2014.

Cette évolution a suscité des craintes, peut-être excessives, chez certains chercheurs, que le nouveau régime de « contre-terrorisme global » produise un « réseau de professionnels de la gestion des insécurités liées à la terreur qui s'est plus ou moins autonomisé des logiques nationales gouvernementales[15] ».

Les obstacles rencontrés par l'intensification

Le renseignement n'échappe pas aux crises de régulation de la mondialisation. La coopération internationale dans ce domaine se heurte à des difficultés spécifiques[16]. Une partie des coopérations est devenue des « liaisons dangereuses[17] ».

Certains des obstacles rencontrés sont plutôt de nature technique. La préservation des « joyaux » nationaux, constitués de renseignements de sources trop sensibles pour être partagées (capacités de décryptage, sources ultrasensibles), est une préoccupation permanente des services. Ceux-ci courent le risque d'une saturation, du fait des centaines de liaisons qu'ils entretiennent, par l'intermédiaire de systèmes d'échange et de distribution, dont le rendement peut parfois paraître modeste. La DGSE entretient ainsi des liaisons avec « un peu plus de 200 services », dont 10 appartiennent à un premier cercle et 50 à un deuxième selon son ancien directeur général Corbin de Mangoux. Le SCRS canadien déclare pour sa part environ 280 accords avec 150 pays selon son rapport d'activité pour 2011-2013. Les agences peuvent également se retrouver contaminées par les informations reçues de services tiers, comme dans le cas de Curveball. Par ailleurs, la coopération présente une ambiguïté intrinsèque, qui interdit que la relation soit désintéressée et la soumet à des tentations permanentes, comme le montre la manipulation par le service israélien Lakam de l'analyste pro-israélien de l'US Navy Jonathan Pollard, arrêté pour espionnage en novembre 1985 et condamné à la détention à perpétuité, en dépit de l'étroite coopération de renseignement existant entre Israël et les États-Unis. Selon un vétéran de la CIA, Crumpton, la première raison de la coopération est la *liaison for spying*, comme le pressentait quelques décennies auparavant Angleton, responsable du contre-espionnage de la CIA de 1954 à 1974. Pour Byman, spécialiste de l'Université de Georgetown, « le développement de la coopération antiterroriste entre services doit s'accompagner de la pénétration des services alliés car il est nécessaire de glaner un maximum d'informations et de s'assurer de la non-contamination de ces services partenaires[18] ». Dans une conception audacieuse motivée par les tensions américano-allemandes provoquées par les révélations de Snowden, Sims avance même qu'il existe des « bonnes » motivations à l'espionnage entre alliés (*friendly spies*) : la protection d'intérêts que l'allié méconnaît, la protection contre les doubles jeux et la trahison, la prévention de surprises provenant d'intérêts divergents et la protection contre les erreurs d'un allié[19]. La « règle du tiers » enfin, baptisée *originator control principle* au Royaume-Uni, interdit de transmettre à une tierce partie sans autorisation de l'émetteur un renseignement reçu d'un partenaire. Ces accords, parfois écrits, sont rarement publics et d'une valeur limitée sur le plan juridique car il s'agit d'arrangements administratifs et non de véritables traités. Cette règle peut même, dans l'esprit des responsables des agences, être opposable aux contrôleurs nationaux. Récemment, le DNI Clapper avançait devant la commission de contrôle du Sénat « nous devons toujours protéger nos sources, méthodes, cibles, partenaires et relations de liaison[20] ». De telles contraintes de conservation du secret peuvent se révéler insuffisantes pour les services partenaires et embarrassantes aux yeux de l'opinion publique. Ainsi, le défaut de sécurité interne des agences est-il un risque permanent pour les partenaires, comme le montre la déconvenue subie par les services américains du fait de la trahison de Kim Philby, dont le poste le plus éminent fut d'être officier de liaison auprès de ces services à Washington après guerre. Le régime d'accès des nationaux, y compris les autorités parlementaires ou les juges, à la connaissance des coopérations peut être limité par des partenaires puissants, comme le rappelle l'inquiétude manifestée par les services américains devant les affaires de *renditions* soumises en justice à Londres. Les conséquences de fuites délibérées, comme les WikiLeaks en 2010 ou les révélations de Snowden sur la coopération entre NSA et GCHQ en 2013, peuvent être lourdes. Le partage d'un renseignement dégrade donc inévitablement sa confidentialité.

D'autres obstacles sont de nature politique. La volonté de préserver son autonomie nationale et de ne pas s'en remettre à un tiers pour sa sécurité habite en principe tout gouvernement. À cet égard, des limites ont été franchies en France vis-à-vis de l'imagerie américaine jusqu'à la guerre du Golfe de 1991 ou, pour les États-Unis, lorsque les coopérations de la CIA avec les services du Moyen-Orient l'ont rendue dépendante de ceux-ci pour la compréhension de la région. A *contrario*, la détention de moyens d'imagerie satellitaires propres, avec le satellite *Helios*, a permis quelques années plus tard à la France de démentir les indications américaines d'une agression du Kurdistan par les forces de Saddam Hussein. La cohérence politique conduit à ne pas pouvoir entièrement séparer la coopération de renseignement de la relation bilatérale politique et à considérer avec prudence les partenariats avec des régimes distants, qu'Aldrich a qualifiés dès 2002 de « liaisons dangereuses[21] ». Ainsi, par exemple, à l'initiative du Secrétaire d'État Kissinger, les relations entre la NSA et le GCHQ et entre la CIA et le SIS ont été gelées d'août 1973 à avril 1974 à la suite de divergences sur les négociations de désarmement en Europe (MBFR). De même la coopération de renseignement entre les États-Unis et la Nouvelle-Zélande a-t-elle été interrompue en 1985 à l'initiative de Washington en raison de l'opposition de Wellington au passage des navires nucléaires américains. Cette prudence s'est estompée depuis 2001 comme le montrent les relations développées par les services américains avec leurs homologues pakistanais ou libyens. Dès 2003, Treverton indiquait que « les États-Unis partagent maintenant du renseignement avec des pays qui pouvaient être des cibles il y a un an et demi ou qui sont encore des cibles potentielles aujourd'hui ».

Les étapes d'une coopération délicate : la Libye du colonel Kadhafi

- Identification de la Libye comme État sponsor du terrorisme par le Département d'État dès 1979.
- Attentats d'avril 1986 contre la discothèque La Belle à Berlin (2 morts et 200 blessés militaires américains) inspirés par la Libye.
- Destruction en décembre 1988 du Boeing 747 de la compagnie Pan Am à Lockerbie (270 morts) par des agents libyens.
- Existence de contacts secrets depuis 1999 entre la Libye et la CIA, révélés par l'ancien DCI George Tenet en 2007.
- Coopération antiterroriste de faible niveau avant 2003 entre Tripoli et la CIA et le SIS sur le Groupement islamique combattant libyen (GICL).
- Échanges sur le GICL entre Tripoli et le SIS en janvier 2003.
- Appel en mars 2003 d'un intermédiaire palestinien au SIS en vue d'une rencontre à Londres entre Saïf al-Islam Kadhafi et le SIS, indiquant la disponibilité du colonel Kadhafi à discuter des armes de destruction massive libyennes.
- Visite en Libye en mars 2003 du responsable des questions globales du SIS Mark Allen et d'un autre émissaire du SIS (rencontre du colonel Kadhafi à Syrte).
- Rencontres au printemps-été 2003 à Londres et Tripoli entre Moussa Koussa, chef de l'Organisation de la sécurité de l'État (OSE) libyenne, Mark Allen du SIS et Steve Kappes de la CIA, sur le programme libyen d'armes de destruction massive, soutenu par le Pakistanais Abdul Qader Khan.
- Arraisonnement en octobre 2003 dans le cadre de la Proliferation Security Initiative dans le port italien de Tarente du cargo allemand *BBC China* transportant des composants nucléaires (centrifugeuses) pour la Libye permettant de produire de l'uranium enrichi, fabriqués par la société malaisienne *Scope* sous contrôle suisse et proche du réseau d'Abdul Qader Khan.
- Vérification unilatérale au cours du second semestre 2003 des révélations libyennes sur leur programme d'armes de destruction massive par la CIA et le SIS (programme Abdul Qader Khan découvert grâce à la collaboration avec la CIA avec la famille suisse Tinner à partir de juin 2003).
- Visite du SIS à Tripoli en décembre 2003 (remise par Moussa Koussa des plans nucléaires offerts par AQK).
- Accord Libye/États-Unis/Royaume-Uni en décembre 2003 : renonciation de Tripoli à la prolifération en contrepartie de la levée de l'embargo commercial, progressivement levé entre mars et septembre 2004.

- Intensification de la coopération antiterroriste sur le GICL après 2003.
- Opération conjointe SIS/ESO en décembre 2003 sur une source Joseph contre une mosquée salafiste en Europe (à l'insu du service européen) (révélée par le *Telegraph* en avril 2012).
- Demande de compléments en février 2004 sur le programme libyen d'armes de destruction massive par la CIA.
- Initiative de contact de Tripoli en mars 2004 auprès du SIS, dans le contexte de l'attaque de l'Irak.
- Pratique de *renditions* au profit de la Libye en 2004 par la CIA (*rendition* d'Abdul Hakim Belhaj, ancien chef du GICL, réfugié à Pékin, détecté par le SIS, capturé à Bangkok par une équipe mixte CIA/SIS et livré en mars 2004 à Tripoli, interrogé en prison par le SIS, devenu « commandant militaire » de Tripoli depuis septembre 2011) et par le SIS (*rendition* de Sami al-Saadi, né en 1966, vétéran djihadiste, déporté de Hong Kong vers Tripoli en mars 2004, détenu et torturé jusqu'en août 2011, ayant porté plainte contre les services britanniques en novembre 2011, octroi d'une indemnité de 2,23 millions de livres sterling par le gouvernement britannique en décembre 2012), interrogation indirecte de suspects de terrorisme détenus par Tripoli (libyano-canadiens), interrogation en avril 2004 sur des scientifiques irakiens (en relation avec la préoccupation de recherche d'armes de destruction massive en Irak).
- Visite à Tripoli en mars 2004 du Premier ministre Tony Blair.
- Établissement en 2004 d'un poste déclaré de la CIA à Tripoli.
- Coopération entre MI5 et services libyens dans la surveillance d'opposants libyens réfugiés à Londres en 2006.
- Révélations en septembre 2011 sur cette coopération par l'ONG Human Rights Watch (documents prélevés au siège de l'OSE).
- Plainte en justice en avril 2012 d'Abdul Hakim Belhaj contre l'ancien secrétaire du F&CO Jack Straw pour autorisation de l'action de coopération du SIS.
- Assassinat de l'ambassadeur américain Chris Stephens à Benghazi en septembre 2012.
- Autorisation par la cour d'appel britannique en novembre 2014 de la plainte d'Abdul Hakim Belhaj contre le gouvernement.

La réserve éthique devrait conduire en principe à exclure des coopérations avec des régimes non respectueux des principes élémentaires[22]. Cette précaution n'a pas toujours été observée depuis 2011. C'est ce qu'illustrent trois exemples de coopérations antiterroristes de services anglo-saxons ayant débouché sur des échecs politiques et humains. Binyam Mohammed, Éthiopien résidant au Royaume-Uni depuis 1994, devenu drogué et islamiste, a été suspecté d'être un membre d'Al-Qaida, en s'étant entraîné dans un camp afghan en 2001. Il a été arrêté à Karachi en avril 2002 et interrogé par le MI5, puis transféré par la CIA en Afghanistan (torturé à Bagram) et en juillet 2002 au Maroc (torturé et interrogé par le MI5). Il a été ensuite retransféré en Afghanistan en janvier 2004, détenu à Guantanamo en septembre 2004 et libéré en février 2009. Il a été indemnisé dans le cadre d'une transaction par le gouvernement britannique en novembre 2010. Maher Arar, Canadien d'origine syrienne, a été arrêté à New York en septembre 2002. Il a été transféré en octobre 2002 en Syrie (torturé) puis libéré en septembre 2003. Il est désormais considéré par le gouvernement canadien comme innocent (indemnisé pour 10,5 millions de dollars américains) et a attaqué en justice le gouvernement américain et l'ancien DCI Tenet. Khaled al-Masri, Libanais ayant quitté son pays pour l'Allemagne en 1985 et devenu citoyen allemand, a été enlevé par la CIA à Skopje en décembre 2003, transféré en janvier 2004 en Afghanistan (torturé) *via* Majorque. Relâché en mai 2004 en Albanie, il est aujourd'hui considéré par le gouvernement allemand comme innocent, ce qui a conduit à la mise en examen de 13 responsables de la CIA par la justice allemande en janvier 2007, à une plainte de l'American Civil Liberties Union (ACLU) contre l'ancien DCI Tenet en décembre 2005 et à un procès de sa part contre l'État américain. Cette judiciarisation, du fait des procès toujours en cours de victimes de *renditions* auprès de la justice, et la médiatisation des coopérations existantes, à l'instar de la révélation en juillet 2005 par le *Washington Post* de l'existence de la Base Alliance, constituent des obstacles croissants pour les services.

Pour ces diverses raisons, le sentiment s'impose donc de la nécessité d'une meilleure coordination d'une coopération présentée désormais comme « la dimension la plus significative du renseignement[23] ». L'autorisation politique formelle des coopérations avec des services étrangers n'est pas prévue dans tous les États. Au Canada, le *Canadian Security Intelligence Act* de juillet 1984 (articles 17-1a et b) prévoit l'approbation des projets d'accord du SCRS/CSIS par le ministère de la Sécurité publique en consultation avec le ministre des Affaires étrangères.

À ce titre, les accords avec 11 services ont été récemment gelés « en raison de doutes concernant leur fiabilité ou de leur réputation sur le plan des droits de l'homme[24] ». Certaines d'entre elles sont opposables à la connaissance même des autorités nationales, comme au Luxembourg où la loi sur le renseignement adoptée en 2004 prévient la transmission de tels renseignements au Parlement national ou au Royaume-Uni où la transmission d'éléments résultant de coopérations peut être refusée aux juges, ce qui est de plus en plus mal compris par les opinions[25]. Au sein d'un même pays, les opérations des services avec des partenaires étrangers doivent éviter les dysfonctionnements, les surenchères et les risques de sécurité. « Le manque de transparence dans la coopération internationale de renseignement représente le défi le plus significatif à l'acceptabilité (*accountability*) démocratique des services de renseignement aujourd'hui[26]. » Comme l'a récemment suggéré Heisbourg[27], la coopération de renseignement est peut-être donc en attente d'une doctrine. Celle-ci est au demeurant esquissée dans l'une des recommandations faites en décembre 2013 par le groupe d'experts réuni par le président Obama à la suite des révélations de Snowden. Selon celui-ci, une collaboration étroite est envisageable, y compris dans les domaines les plus sensibles de la surveillance technique. Elle doit néanmoins être réservée à un nombre restreint de pays respectueux des droits de leurs citoyens et à condition de partager avec eux des objectifs de sécurité nationale, d'être fondée sur une relation de coopération étroite entre les responsables publics et de demeurer placée sous le contrôle des autorités.

Recommandations de la Commission présidentielle américaine sur le renseignement et les technologies de communication (décembre 2013)

- Interdiction de la collecte directe et du stockage massif de métadonnées par la NSA.
- Obligation de conservation des données par les fournisseurs privés avec réquisition possible.
- Justification des programmes de surveillance à l'étranger par la seule sécurité nationale (excluant le « vol de secrets commerciaux » ou la « recherche d'avantages commerciaux pour des industries domestiques »).

- Création d'un processus d'autorisation et de revue régulière des opérations de surveillance jugées sensibles (en fonction des méthodes, des cibles, des pays ou du moment).
- Contrôle renforcé par les autorités des priorités et des méthodes de recherche employées pour le NIPF.
- Supervision renforcée par le DNI de l'adéquation des programmes de recherche de l'IC aux principes posés (avec création d'un Sensitive Activities Office).
- Restriction au strict nécessaire de la surveillance des dirigeants étrangers, sous réserve qu'ils soient amicaux, estimables, non dissimulés et représentant des pays partageant les valeurs des États-Unis
- Développement de software permettant le ciblage sélectif plutôt que la collecte en masse.
- Proposition de conclusion d'accords de renseignement *no-spy* avec des partenaires étrangers sélectivement choisis.
- Nomination d'un directeur civil de la NSA agréé par le Sénat.
- Concentration de la NSA sur la recherche de renseignement sur l'étranger.
- Séparation de la direction de la NSA et du Cybercommand.
- Transfert du directorat Information Assurance de la NSA sous la responsabilité directe du secrétaire à la Défense.
- Création d'une fonction de *privacy and civil liberties officer* au sein du NSC et de l'OMB.
- Transformation du Privacy and Civil Liberties Oversight Board créé en 2006 en agence Privacy and Civil Liberties Protection Board, destinée notamment à recueillir les plaintes des *whistleblowers*,
- Transformation de la FISC en tribunal plus autonome, plus proche du modèle judiciaire classique et doté d'un défenseur des libertés.
- Soutien réel (sans arrière-pensées) par le gouvernement des standards internationaux de cryptologie.
- Mise en place d'une politique de restriction de l'exploitation des failles *zero days*.
- Adoption d'une politique internationale en matière de protection des échanges internationaux en ligne (notamment financiers).
- Création d'une position du directeur au Département d'État pour les questions internationales de technologies d'information.
- Renforcement des contrôles d'habilitation des contractants privés.
- Transformation profonde des méthodes de contrôle des personnels habilités en utilisant de nouveaux principes et méthodes.
- Renforcement de la SSI des réseaux gouvernementaux.

L'expérience particulière de la coopération européenne

Au-delà même des pratiques bilatérales ou de celles de clubs informels, l'Union européenne a redécouvert le besoin d'une coopération renforcée lors des guerres balkaniques des années 1990. L'assemblée de l'Union de l'Europe occidentale (UEO) s'est exprimée dès 1996 en faveur d'une « politique européenne du renseignement ». La France et le Royaume-Uni ont estimé dans leur déclaration commune de Saint-Malo en 1998 que « l'Union européenne doit disposer d'une capacité d'évaluation des situations, de sources de renseignement et d'une capacité de planification stratégique, sans duplication inutile ». Le sommet de l'Union européenne de Cologne en juin 1999 a souligné la nécessité de « renforcer les capacités dans le domaine du renseignement ».

Le contexte de l'après-11 septembre 2001 et, surtout, les attentats commis à Madrid en mars 2004 et à Londres en juin 2005 ont poussé à une nouvelle convergence. Un plan d'action contre le terrorisme a été adopté en juin 2004 et un coordonnateur européen contre le terrorisme instauré, sans aller jusqu'à la création de la structure unique suggérée par l'Assemblée de l'UEO en juin 2002 (Agence européenne de renseignement ou Eurorens) ou par la présidence autrichienne de l'Union européenne en 2004 (« CIA européenne »). Tout récemment, en novembre 2013, les conséquences des révélations de Snowden sur l'espionnage des États européens par la NSA ont conduit la vice-présidente de la Commission européenne et commissaire à la Justice Reding à proposer la constitution d'un service européen de renseignement à l'horizon 2020.

L'Union dispose en réalité déjà de quelques instruments spécifiques qui traduisent une volonté tempérée de coopération. Un centre satellitaire, créé par l'UEO en 1991 à Torrejon, est opérationnel depuis 1997, et a été rebaptisé depuis Satcen. Une cellule Renseignement de l'UEO a été créée en 1995 et transformée en division spécialisée (Inteldiv) de l'état-major de l'Union européenne par les sommets européens d'Helsinki de décembre 1999 et de Sintra de février 2000. Un Centre de situation (Sitcen), créé en 2001, est intégré dans le Service européen d'action extérieure depuis janvier 2011. Il porte désormais le nom d'Intcen. Ayant pris son essor au cours de la décennie passée, ce centre est devenu une réalité très particulière, qui est désormais une composante clé de la politique étrangère et de sécurité commune.

Évolution de l'Intcen de l'Union européenne

- Objectif : fournir un « soutien analytique à la PESC ».
- Création du Sitcen auprès du HR/SG en décembre 2001 avec le concours de six États fondateurs (France, Royaume-Uni, Allemagne, Espagne, Suède et Pays-Bas).
- Mise en place de sa cellule Renseignement en février 2002.
- Élargissement du Sitcen à la Suède et à l'Italie au printemps 2002.
- Élargissement aux nouveaux membres et aux services intérieurs (capacité en matière de contre-terrorisme) en février 2005 (décision du Conseil européen de Bruxelles de décembre 2004).
- Présence de 21 services (dont 6 services intérieurs) de 15 États depuis 2009.
- Production d'évaluations (150 en 2008) sur la base d'une *watchlist* de pays révisée tous les six mois et de points de situation (50 en 2008).
- Mise en place en janvier 2007 d'une capacité unique d'analyse du renseignement (*single intelligence analysis capacity*) avec l'Inteldiv de l'état-major militaire de l'Union européenne.
- Création d'une unité chargée des sources ouvertes en 2007.
- Déploiement sur le terrain de *security information officers* du Sitcen depuis 2008 (en Géorgie notamment).
- Intégration du Sitcen avec la *crisis room* de la Commission dans le nouveau Service européen d'action extérieure depuis décembre 2010 pour former l'Intcen.

Ces acquis institutionnels ne doivent pas estomper la centralité de la coopération interétatique entre les États européens. Comme le rappelle le chercheur suédois Fägerstein, « en jugeant comment la coopération de renseignement au sein de l'Europe a évolué au cours des quinze dernières années, la formalisation et l'institutionnalisation ne sont pas nécessairement la meilleure stratégie pour parvenir à une coopération de renseignement multilatérale effective[28] ».

L'un des moindres paradoxes du renseignement n'est pas que, en tant qu'action intrinsèquement unilatérale dans l'ordre international, il dépende de plus en plus de la coopération entre États. Cette intensification de la collaboration entre les agences était encore naguère présentée comme un nouvel horizon, pouvant conduire à un changement de paradigme. Selon Hitz, « les relations de coopération formelles entre services de renseignement sont rarement écrites, même chez des alliés de longue date. La norme est moins on en dit mieux cela vaut ». Exception jadis cachée au sein des services, devenue au cours de ces dernières années, une réalité quotidienne pour les services, elle est appelée de manière durable à s'installer comme une dimension centrale de leurs opérations, qui ne peut être entièrement assumée au sein des agences mais doit être pilotée et encadrée, en même temps qu'elle doit être publiquement assumée. Il ne peut ainsi y avoir de politique nationale réaliste de renseignement qui n'inclue cette dimension.

CHAPITRE 7

L'action clandestine, un adjuvant délicat de l'action politique

La première mission clandestine de renseignement pourrait avoir été celle envoyée par le roi perse Xerxès au Ve siècle avant Jésus-Christ dans la perspective d'envahir la Grèce. La première action clandestine (*covert action*) aurait été celle de Corinthe, mobilisant en 495 avant Jésus-Christ une force de « volontaires » pour s'opposer à la politique d'Athènes[1]. Et si Rome ne disposait pas de service de renseignement établi, ses responsables n'hésitaient pas à recourir à la manipulation politique, à l'espionnage et aux *dirty tricks* qui semblent caractériser l'action clandestine[2].

L'emploi de la ruse contre un État tiers heurte les principes de la souveraineté posés dès le XVIIe siècle par les traités de Westphalie. Elle n'a été vraiment légalisée que dans le champ de la guerre[3]. « Les ruses de guerre et l'emploi des moyens nécessaires pour se procurer des renseignements sur l'ennemi et sur le terrain sont considérés comme licites », stipule l'article 24 de la 4e Convention de La Haye de 1907. Occasionnellement, les gouvernements recourent à cet instrument : ainsi, par exemple, le roi de France toléra la création en 1778 par Beaumarchais d'une société, Rodrigue, Hortalez and Cie, destinée à expédier sous couverture des armes et des fournitures aux rebelles américains. De son côté, le Department of Military Intelligence britannique envoya trois missions clandestines en Russie (Bakou, Arkhangelsk et

Vladivostok) entre janvier et juin 1918 pour compenser la chute du tsar et préserver l'influence britannique[4].

La conception moderne de l'action clandestine est cependant née seulement au cours de la Seconde Guerre mondiale lorsque l'urgence a imposé la création d'organes particuliers pour lutter contre l'ennemi en zone interdite. Au Royaume-Uni, le Special Operations Executive (SOE) a été créé, malgré l'existence du SIS, à Londres par Churchill en juillet 1940 pour « mettre l'Europe à feu » (« *setting Europe ablaze* ») avant d'être dissous en juin 1946. Il a compté jusqu'à 13 200 agents (dont 3 200 femmes) en juin 1944[5]. Aux États-Unis, l'Office of Special Services (OSS) a été créé en juin 1942 à Washington par Donovan, coordonnateur de l'information de 1941 à 1942, comme la première agence de renseignement américaine d'envergure mondiale. Au plus haut de son activité en 1944, l'OSS employait 13 000 personnes, dont 7 500 déployées à l'étranger. En septembre 1945, date de sa dissolution, l'OSS comptait encore près de 10 400 employés, dont 5 700 à l'étranger. Selon Olson, environ un tiers des premiers employés de la CIA provenaient de cette agence. En France, le Bureau central de renseignement et d'action (BCRA), fut créé en 1942 par le colonel Passy au service du général de Gaulle. Combinant renseignement et action en s'inspirant du SOE, il a conduit à la création de la DGER en 1943, puis du SDECE en 1944, ce service se dotant dès 1946 d'un « service Action », qui existe toujours au sein de la DGSE. Dans les années 1970, le colonel Gaigneron de Marolles, chef du service Action du SDECE de Marenches, a même théorisé la doctrine de l'« Action ».

Les définitions anglo-saxonnes peuvent brouiller les pistes. Selon l'universitaire Kibbe[6], l'action couverte (*covert action*), dont l'auteur demeure secret, se distingue de l'action clandestine (*clandestine action*), dont seules les modalités tactiques sont secrètes. Aux États-Unis, La direction des opérations (DO) de la CIA, qui a succédé en 1975 à la direction des plans (DDP), elle-même créée en 1952, est communément dénommée *clandestine service*. En France, seule l'action clandestine est identifiée, que l'on opposera volontiers aux « opérations spéciales » en raison de différences de finalité et de mise en œuvre[7]. Cette action clandestine se distingue des autres domaines du renseignement par l'effet recherché : il ne s'agit plus simplement d'informer de manière clandestine mais de peser sur le cours des choses, d'inverser des tendances, comme le laisse entendre la notion britannique de *disruptive action* ou de *special political action*. C'est le point de départ d'une démarche qui, non sans illusion, a conduit certains à la considérer comme une « troisième option » aux côtés de la diplomatie et de la guerre, expression qui a été avancée par Henry Kissinger, qui estimait en 1978 que « nous avons besoin d'une communauté du renseignement qui, dans certaines situations compliquées, puisse défendre l'intérêt des États-Unis dans des zones grises où les opérations militaires ne sont pas adaptées et où la diplomatie ne peut opérer ». On a pu le voir comme un élément de dissuasion conventionnelle de l'adversaire, par exemple dans l'attitude d'Israël face à l'Iran en matière de renseignement. L'intensification des actions clandestines peut même conduire à ce que Bissell, responsable des opérations de la CIA de 1959 à 1962 et inspirateur à ce titre du débarquement raté de la baie des Cochons en 1960, appelait en 1968 la « guerre secrète ».

Une notion polysémique

Il existe plusieurs définitions de l'action clandestine. L'« action invisible » est le contrepoint de la diplomatie ouverte chère au président Wilson, une « action entreprise par les gouvernements au-delà de l'action ouverte menée par l'appareil d'État[8] ». Les opérations clandestines sont une tentative d'inflexion qui relève de ce que l'on appelle aujourd'hui influence mais qui doit demeurer masquée. Les textes officiels américains pris en 1991 à la suite de l'Iran/Contragate (*Intelligence authorization Act*) mentionnent ainsi « une activité du [...] gouvernement destinée à influencer les conditions politiques, économiques ou militaires à l'étranger [...] où le rôle du gouvernement n'apparaît pas ou n'est pas reconnu publiquement, lorsqu'il est souhaité que le rôle des États-Unis ne soit pas apparent ou reconnu publiquement ». Cette définition exclut les activités dont le but principal est d'acquérir du renseignement, les activités de contre-espionnage, les activités visant à améliorer ou maintenir la sécurité opérationnelle des programmes gouvernementaux ou les activités dites de *law enforcement*.

L'action clandestine nécessite une cause exceptionnelle et correspond à une pratique techniquement complexe. Elle recouvre, selon l'universitaire Godson, des « actes répondant à des impératifs de sécurité nationale, conçus par les responsables du pouvoir exécutif et réalisés par des services spécialisés, qui préservent les marges de manœuvre et la liberté de décision de l'État communautaire[9] ». Ce mode d'action requiert donc plusieurs conditions. Contrairement à la diplomatie publique, elle ne peut être affichée, ni même avouée (*plausible denial*). À l'heure de la diplomatie d'influence, elle vise à peser secrètement sur des volontés, comme en Libye sur celle du colonel Kadhafi. Elle doit enfin demeurer circonscrite au champ de la sécurité nationale et ne pas servir en principe la promotion d'intérêts privés. La critique de cette dérive a été faite lorsque ont été évoqués les intérêts des sociétés américaines United Fruit et ITT pour expliquer les actions de la CIA au Guatemala en 1954 et au Chili en 1973.

Elle doit également être distinguée de l'activité de renseignement *stricto sensu*, qui est en principe sans effet sur les volontés tierces, et de l'action de type paramilitaire. C'est le sens de sa première définition publique, donnée aux États-Unis par le *Hughes-Ryan Act* de 1974, comme des « opérations dans des pays étrangers autres que des activités seulement conçues pour obtenir du renseignement nécessaire ». Dans cette acception, l'action clandestine comporterait de nombreuses formes d'activités secrètes[10]. La première d'entre elles vise à soutenir une partie étrangère par une assistance en renseignement, sous forme d'infiltration d'officiers traitants ou d'agents. Tel fut le cas, par exemple, du soutien britannique apporté aux services de la France libre pour insérer environ 1 200 hommes en France occupée, de l'appui du Mossad israélien aux phalangistes chrétiens libanais à partir de 1976 ou du soutien apporté par la DGSE des Panshiris afghans du commandant Ahmed Massoud dans les années 1990[11]. L'action politique vise, quant à elle, à influencer les dirigeants étrangers. Elle emprunte des canaux très divers. Des responsables politiques peuvent être secrètement financés comme le fit la CIA avec le roi Hussein de Jordanie, le président tunisien Ben Ali, le président libérien Taylor, le président haïtien Cédras, le président grec Papadopoulos ou le gouverneur de Kandahar Karzai. Des pouvoirs établis peuvent être déstabilisés, soit directement, comme en Iran en août 1953 par l'opération américano-britannique Tpajax/Boot, inspirée fin 1952 par Londres pour remplacer le Premier ministre Mossadegh par le shah Pahlavi, ou en Centrafrique en septembre 1979, par l'opération Caban de renversement par le SDECE du président centrafricain Bokassa ; soit indirectement par des opérations de déstabilisation comme celle que pratiqua le SDECE contre le président guinéen Sékou Touré en 1959-1960 en émettant de la fausse monnaie. Le concours à l'élimination de responsables politiques, celui apporté par le SDECE au sergent-chef Eyadema contre le président togolais élu Olympio en janvier 1963, relève de cette catégorie. À l'inverse, un régime luttant contre ses opposants peut bénéficier d'un soutien secret comme tenta de le faire la CIA pour le régime sud-vietnamien de Ngo Dinh Diem à partir de juin 1954 ou le Mossad en protégeant l'empereur éthiopien Sélassié contre une tentative de coup d'État en 1962. La propagande secrète cible, elle, les populations. Ce fut le cas des « opérations psychologiques couvertes » de la CIA autorisées par la directive NSC-4-A de décembre 1947 comme le financement à Paris de 1950 à 1970 du Congress for Cultural Freedom, éditeur, entre autres, du magazine *Encounters* publié à partir de 1953, ou l'envoi clandestin à l'opposition polonaise de matériels d'imprimerie et de communication dans les années 1980. La France a pratiqué ce type d'opérations, avec la création par le service Action du SDECE, en pleine guerre d'Algérie et à la demande du Premier ministre Michel Debré, d'un Front algérien d'action démocratique visant à rallier les partisans du Mouvement national algérien de Messali Hadj. Comme la CIA en Italie en 1947 ou en Inde dans les années 1950, l'ASIS australienne a, elle aussi, financé secrètement des partis politiques en Malaisie dans les années 1990.

Les activités paramilitaires, que tous ne classent pas dans l'action clandestine, sont des actions de force, elles-mêmes d'une très grande diversité : soutien à des opposants armés, tel le parachutage par l'OSS en 1943 de 20 000 tonnes de munitions, d'armes et de nourriture ; soutien par la CIA et le Mossad du mouvement kurde PDK de Mustapha Barzani de 1963 à 1973 ; appui des services occidentaux au FNLA angolais en 1975 ; opération de *roll back* des Soviétiques en Afghanistan à partir de 1985. À cet égard, l'opération décidée par le président Reagan en mars 1985 (NSDD 166) visant à soutenir militairement les 150 000 Afghans luttant contre l'Armée rouge, demeure l'opération clandestine la plus imposante depuis la Seconde Guerre mondiale. Ces pratiques n'ont pas disparu puisqu'elles correspondent aujourd'hui à l'appui apporté par divers services aux opposants syriens au régime de Bachar el-Assad depuis 2011 ou aux Touaregs du MNLA pour contrer l'influence islamiste au Mali en 2012. Après la livraison d'armes légères par le Qatar et l'Arabie saoudite à la rébellion syrienne du CNS *via* la Turquie à partir de l'été 2012, le président Obama a ainsi autorisé par un *presidential finding* d'avril 2013 l'armement des rebelles syriens et leur entraînement en Jordanie, comme le proposaient le général Petraeus, DCIA, en août 2012 et son successeur Morell en décembre 2012, mais les commissions spécialisées du Congrès ont exclu l'armement antiaérien des rebelles[12]. Pour prévenir l'éviction du gouvernement élu de Bagdad par les rebelles islamistes, des livraisons d'armes ont été également autorisées au profit des Kurdes à l'été 2014. Certaines actions de type paramilitaire, qualifiées dans le jargon du SDECE d'« arma » (sabotages) et d'« homo » (assassinats), peuvent également consister en des enlèvements comme celui du criminel de guerre nazi Adolf Eichmann, en Argentine par le Mossad en mai 1960 ou en l'élimination de trafiquants d'armes étrangers approvisionnant le FLN pendant la guerre d'Algérie par la Main rouge, organisation émanant du SDECE, des auteurs de l'assassinat de l'ambassadeur de France au Liban en septembre 1981 par la DGSE ou des terroristes palestiniens tués par le Mossad. La liste des cibles connues du service israélien comprend notamment les noms d'Ali Hassan Salameh, responsable de l'OLP, à Beyrouth en janvier 1979 ; Fathi Shikaki, dirigeant-fondateur du Jihad islamique, à Malte en octobre 1995 ; Khaled Meshaal, du Hamas, à Amman en septembre 1997 (échec) ; Yeyah Ayache, artificier du Hamas, à Gaza en janvier 1996 ; Imad Moughnieh du Hezbollah, à Damas, en février 2008 et Mahmoud al-Mabhouh, du Hamas, à Dubaï en janvier 2010. Elles s'apparentent enfin aux opérations de sabotage des camps du FLN pratiquées par le SDECE au Maroc et en Tunisie ou à celles attribuées au service extérieur israélien du réacteur nucléaire irakien Osirak en juin 1981, du complexe d'armes chimiques syrien d'Al-Safir en juillet 2007 ou du réacteur nucléaire syrien d'Al-Kibar en septembre 2007.

L'action clandestine correspond donc à une capacité d'exception dont certains États décident de se doter. Aux États-Unis, elle relève en principe de la CIA à travers la Special Activities Division du DO/NCS. Au Royaume-Uni, elle incombe au SIS qui peut utiliser certaines composantes des forces spéciales issues du 22th SAS et du SBS, par exemple pour la recherche des criminels de guerre dans les Balkans (opérations Tango en juillet 1997 et Ensue en septembre 1998). En France, elle relève de la DGSE, qui dispose d'un service Action d'environ 1 000 hommes, créé pendant la guerre d'Algérie en succession du 11e choc, rattaché désormais à sa direction des opérations, instituée en 1987, plutôt qu'à sa direction du renseignement. En Israël, elle est confiée au Mossad, qui dispose d'une division des opérations spéciales (Kesaria), mais peut relever également des unités de forces spéciales de Tsahal telles que la Sayeret Matkal, chargée depuis 1957 d'actions de sabotage, de libération d'otages, d'« éliminations ciblées » ou de recherche clandestine à l'étranger, ou la Sayeret Duvdevan, chargée depuis 1968 de la neutralisation des groupes terroristes dans les Territoires occupés. En revanche, d'autres pays démocratiques, comme l'Allemagne ou le Canada, refusent le principe même de l'action clandestine.

Un problème persistant concerne la délimitation entre ce qui relève de l'action clandestine et des forces spéciales (paramilitaires), au regard de ce qu'une spécialiste américaine a appelé l'« ascension des guerriers de l'ombre[13] ». En France, la question de l'articulation, voire du doublon, entre le service Action de la DGSE et les forces placées sous l'autorité du Commandement des opérations spéciales (COS), est régulièrement posée, notamment depuis les interventions françaises au Sahel[14]. Cette question prend un tour nouveau avec le développement des opérations clandestines dans le cyberespace.

La clandestinité, remède aux limites de la recherche classique de renseignement

Le modèle de recherche conventionnelle des services, fondé sur des officiers traitants déclarés, sous couverture diplomatique et manipulant des sources, rencontre des limites objectives. Dans le contexte antiterroriste, l'action clandestine est parfois présentée comme l'instrument qui doit être privilégié[15].

Comme le fait ressortir un spécialiste américain issu de la CIA, Shirley, *alias* Gerecht, « seuls les officiers traitants clandestins (NOC) et les réseaux d'agents dirigés par des officiers traitants clandestins peuvent pénétrer de manière plausible les groupes terroristes, les réseaux de trafiquants d'armes et les sociétés, associations ou instituts potentiellement impliqués dans la production d'armes nucléaires, chimiques et biologiques[16] ». Le même auteur faisait valoir que la CIA était incapable de contrer Oussama ben Laden et ses hommes au Pakistan car elle ne disposait pas de la volonté ou des capacités clandestines pour pénétrer son réseau[17]. La clandestinité se justifie donc également dans les milieux physiques et humains difficiles d'accès tels que les zones sans contrôle étatique ou les domaines faisant l'objet d'une protection renforcée. Elle explique le concept français de « recherche opérationnelle ». Pratiqué par la DGSE, celui-ci conduit à l'engagement direct, en complément de la recherche humaine classique et de la recherche technique, de moyens humains non déclarés et non permanents.

L'action clandestine, facteur opposé aux missions de recherche de renseignement

Certains auteurs comme Herman rejettent l'idée selon laquelle l'action clandestine ferait partie du renseignement : « Le renseignement est de l'information et de la collecte d'information, pas de l'action sur les gens[18]. » Le mélange des genres peut de fait se révéler désastreux. Au Royaume-Uni, une tension s'est instaurée pendant la Seconde Guerre mondiale entre le SIS et le SOE, dont les modes d'action différaient sensiblement, comme le rappelle Jeffery. Aux États-Unis, le thème de l'obsession de la CIA pour l'intervention clandestine et paramilitaire était déjà soulevé dans l'ouvrage *The CIA and the cult of intelligence* publié par un ancien officier de la CIA, Marchetti, en 1974. Il a conduit plusieurs observateurs spécialisés[19] à prôner un éclatement de la CIA entre une agence d'évaluation du renseignement et un organisme d'action clandestine afin de préserver l'objectivité de l'analyse. C'est à nouveau la thèse du journaliste du *New York Times* Weiner dans son ouvrage *Legacy of ashes : The history of the CIA* paru en 2007. Pour cet auteur, « quand leur compréhension [de l'ennemi] a failli, les présidents ont ordonné à la CIA de changer le cours de l'histoire à travers l'action clandestine ». Selon lui, « le président Bush et son administration ont abusé l'Agence jadis fièrement dirigée par son père, la transformant en une force de police paramilitaire à l'étranger et en une bureaucratie paralysée au siège ». Cette vision est partagée par des auteurs comme Stiefler, qui estiment que les responsables de la CIA ont manipulé le renseignement auprès des responsables politiques pour privilégier l'action clandestine. Elle a même convaincu l'amiral Blair, ancien DNI, de recommander devant le Congrès la scission de la CIA entre une branche analyse et une branche action[20].

La thèse de Weiner est cependant critiquée. Selon Hulnick, le journaliste « confond souvent les opérations de renseignement avec l'action clandestine. Bien que de telles opérations puissent être conduites par les mêmes officiers, leurs modes d'action sont très différents. Même s'il a raison de noter que les pressions pour réaliser les deux types d'opérations créent des tensions, il n'offre pas de solution[21] ». Pour la CIA elle-même, « le livre souligne que les actions clandestines sont entreprises à la demande du président pour atteindre des buts spécifiques à des mouvements spécifiques. Pour Weiner, ces objectifs sont illégitimes, devant être seulement appréciés à travers le prisme des événements des décennies ultérieures, comme si on pouvait établir une relation de causalité simple, directe et décisive dans une histoire compliquée[22] ». Johnson estime de son côté que « la leçon principale à tirer de la critique de Weiner est que l'action clandestine devrait être utilisée parcimonieusement par les États-Unis, seulement dans des circonstances exceptionnelles. C'est précisément la conclusion de la commission Church ayant enquêté sur la CIA en 1975-1976[23] ». La thèse a refait surface récemment avec la nomination à la tête de la CIA, de 2011 à 2012, du général Petraeus, qui avait exercé des responsabilités en Irak et en Afghanistan et se présentait comme un spécialiste de la contre-insurrection. Au cours de l'année budgétaire 2013, la communauté américaine aurait consacré, à travers la CIA, un montant de 2,6 milliards de dollars américains à la seule action clandestine, soit 5 % du budget total du National Intelligence Program (NIP)[24]. Ce programme budgétaire, qui a succédé au National Foreign Intelligence Program (NFIP) depuis l'EO 14370 du 30 juillet 2008, concentre les moyens de la CIA, de la cryptologie et de certains programmes spéciaux. Il faut y ajouter le budget du Military Intelligence Program (MIP), qui recouvre le financement des agences relevant directement du département de la défense (NSA, DIA...), pour obtenir une vision consolidée du budget du renseignement américain.

L'inscription de l'action dans une « échelle de la clandestinité »

Johnson s'est efforcé, en établissant une « échelle de la clandestinité », de montrer l'intensité croissante des opérations de renseignement, notamment dans un but de réflexion éthique. Mais, selon la tradition américaine, il assimile l'action clandestine *stricto sensu* aux autres dimensions du renseignement.

L'échelle de la clandestinité selon Loch Johnson

a) Opérations de routine :
- mesures de sécurité passive et protection de dirigeants ;
- observation depuis une ambassade ;
- échange de renseignements de bas niveau.

b) Intrusions modestes :
- ciblage à distance de personnes ;
- ciblage à distance d'officiers de renseignement ;
- TECHINT à distance contre un État ;
- information objective dans des autocraties ;
- information objective dans des démocraties ;
- **financement de bas niveau de groupes amicaux.**

c) Options à risque élevé :
- information objective mais inamicale dans des autocraties ;
- information objective mais inamicale dans des démocraties ;
- **désinformation** contre des régimes autocratiques ;
- désinformation contre des régimes démocratiques ;
- recrutements et pénétrations de haut niveau ;
- surveillance politique intrusive de haut niveau ;
- effractions dans des ambassades ;
- partage de renseignement sensible ;
- **financement important** dans des autocraties ;

- financement massif dans des autocraties ;
- financement important dans des démocraties ;
- **attaques économiques** sans perte de vie ;
- **livraisons** limitées **d'armes** pour rééquilibrer les parties ;
- livraisons limitées d'armes à des fins offensives ;
- **entraînement de forces** militaires étrangères pour le combat ;
- opérations de sauvetage d'otages de faible ampleur ;
- financement massif dans les démocraties.

d) Options extrêmes :
- livraisons d'armes sophistiquées ;
- vol d'armes sophistiquées ou de matériels de fabrication d'armement ;
- opérations massives de sauvetage d'otages ;
- prise d'otages ;
- torture ;
- représailles ciblées contre des non-combattants ;
- modifications de l'environnement ;
- attaques économiques massives (récoltes, bétail) ;
- **coups d'État** de faible envergure ;
- **tentatives d'assassinat** ;
- **guerres secrètes** majeures ;
- utilisation d'armes de destruction massive.

*Nota : **en gras** les actions relevant de l'action clandestine.*
Source : Johnson L. K., « Ethics of covert operations », in Goldman J. (éd.), Ethics of spying*, Scarecrow Press, 2006.*

L'action clandestine peut comprendre des actions violentes, qui posent évidemment des problèmes d'ordre éthique, comme l'élimination sur ordre du Premier ministre Ben Gourion en 1956 de Mustafa Hafi, chef des services égyptiens dans la bande de Gaza, opération qui serait, selon certains experts[25], la première d'une longue série d'exécutions ciblées pratiquées par les services israéliens. Elle n'est cependant pas nécessairement synonyme d'action violente. Le SOE britannique a par exemple diffusé en 1941 une fausse lettre d'insultes au président brésilien imputée à la compagnie aérienne italienne Lati, ce qui a conduit à la fermeture de son implantation brésilienne et à la confiscation de ses actifs par les autorités locales. Il peut même y avoir dans certains cas une dimension morale dans l'action clandestine. Ainsi, le refus du président Eisenhower de suivre la proposition du DCIA Dulles visant à parachuter des armes et des fournitures aux résistants hongrois lors de l'insurrection de Budapest de novembre 1956 a-t-il été critiqué.

L'action clandestine, initiative des autorités ou des agences ?

C'est au lendemain de la Seconde Guerre mondiale que l'action clandestine a pris une nouvelle dimension, illustrée aux États-Unis par l'existence de l'Office of Policy Coordination (OPC), créé par la directive NSC-10/2 du 18 juin 1948 dans l'esprit de l'OSS et rapidement devenu l'une des composantes clés de la CIA. L'une de ses premières opérations a consisté dans l'infiltration d'agents en Albanie à l'automne 1949 avec le concours du SIS britannique, qui se révéla infructueuse. Cette organisation a favorisé auprès de certains esprits la thèse d'une action conduite par un « gouvernement invisible », titre de l'ouvrage du journaliste américain Wise paru en 1964. Une directive présidentielle d'avril 1951 a créé un Psychological Strategy Board (PSB) pour coordonner les activités d'action psychologique, remplacé en septembre 1953 par l'Operations Coordination Board (OCB). La difficulté initiale a été de coordonner la CIA et le Département d'État. La directive NSC-5412 du président Eisenhower a remplacé en mars 1954 le Panel 10/5 créé, en confiant l'exclusivité de l'action clandestine à la CIA. Dès 1954, la commission Doolittle sur les activités clandestines de la CIA, constituée à la demande du président Eisenhower, indiquait qu'« il est maintenant clair que nous sommes confrontés à un ennemi implacable dont l'objectif est la domination par n'importe quel moyen et à n'importe quel coût. Il n'y a pas de règles dans un tel jeu. Maintenant, les normes acceptables du comportement humain ne s'appliquent plus ». Les États-Unis ont ainsi un recours massif à l'action clandestine au début de la guerre froide puis sous le président Reagan. Cet instrument a retrouvé son utilité dans le cadre de la guerre contre le terrorisme engagée depuis fin 2001.

La crainte de Wise doit cependant être relativisée. Certaines études montrent en effet que l'initiative de l'action clandestine vient tout autant des agences que des autorités exécutives.

Attitudes de la CIA à l'égard des actions clandestines

Année	Pays	Soutien CIA
1949-1951	Albanie	Oui
1951-1955	Ukraine	Oui
1952	Pologne	Oui
1953	Iran	Oui
1953-1954	Guatemala	Oui
1957	Indonésie	Oui
1960-1961	Cuba	Oui
1961-196	Laos	Oui
1965	Indonésie	Pas clair
1965-1972	Vietnam	**Non**
1967-1973	Laos	Pas clair
1970-1973	Chili	**Non**
.1975	Angola	Non
1979-1986	Nicaragua	Non
1979-1983	Afghanistan	**Non**
1983-1988	Afghanistan	Oui
1989	Panama	Non
1991-2001	Irak	Oui
1999	Kosovo	Oui
1998-2001	Afghanistan	**Non**
2001	Afghanistan	Oui
2001-2002	Irak	Oui
2002-2003	Irak	Pas clair

Source : Stiefler T., « CIA's leadership and major covert operations : elephants of risk-averse bureaucrats ? », Intelligence & National Security, *décembre 2004.*

Les procédures de décision sont parfois confuses et difficiles à démêler : le détournement de l'avion Tunis-Rabat dans lequel se trouvait le président du GPRA Ahmed ben Bella en octobre 1956 a été initié par les chefs des services militaires en Afrique du Nord, avec le concours du SDECE de Boursicot. Il bénéficiait de l'appui du secrétaire d'État Lejeune mais ni le président du Conseil ni le président de la République n'étaient informés[26]. Aux États-Unis, le système d'autorisation des actions clandestines est formalisé au sein de l'exécutif (autorisation présidentielle ou *finding*) depuis les années 1950 et associe le Congrès depuis 1974. Le président Eisenhower autorisait personnellement chaque vol d'U2 au-dessus des territoires communistes. Il a approuvé en mars 1960 un programme d'actions contre le régime cubain mais il n'est pas clairement établi s'il a lui-même autorisé les actions de la CIA visant à l'élimination des dirigeants congolais Lumumba ou cubain Castro. Depuis décembre 1955, un comité du NSC – appelé successivement Special Group ou Comité 5412, Comité 303, Comité 40, Operations Advisory Group et, depuis l'EO 11985 de mai 1977, NSC Special Coordination Committee – a pour mission de superviser et d'approuver les opérations clandestines de la CIA. Au Royaume-Uni, la procédure prévoit depuis les années 1950 une décision du ministre des Affaires étrangères, qui fut préparée entre 1964 et le milieu des années 1990 au sein d'un *joint action committee* présidé par le président du JIC et rassemblant les administrations et les services concernés. En France, aucune procédure particulière n'a été portée à la connaissance du public ou du Parlement.

La maîtrise de l'action clandestine est donc un art difficile. Comme le rappelle le politologue américain Huntington, « les deux prérequis nécessaires pour une action clandestine efficace sont, d'abord, au-dessus, une direction politique claire et, en dessous, de bons renseignements[27] ».

L'action clandestine, concentration d'importants problèmes d'efficacité et de légitimité

Une fausse solution ?

Jugée souvent comme une *dying art form*, selon l'expression du vétéran de la CIA Tovar, l'efficacité de l'action clandestine doit être examinée avec soin, étant posé que la connaissance des actions clandestines ayant porté leurs fruits est encore incomplète, non seulement pour les événements récents (« révolutions de couleur » au Caucase et en Asie centrale, « printemps » arabes...), mais même pour des épisodes datant de plusieurs décennies. Revisitant le renversement du Premier ministre iranien Mossadegh en 1953, l'expert Ray Takeh estime par exemple que « l'impact de la CIA sur les événements de 1953 a été en fin de compte insignifiant[28] ». Les opérations Redsox d'infiltration par la CIA dans les pays du pacte de Varsovie (à côté de l'envoi de missionnaires sous couverture Redskin et du recrutement de Soviétiques à l'étranger Redcap) se sont néanmoins révélées être des échecs complets : sept projets Redsox ont été conduits par le DDP entre septembre 1949 et mai 1954 en Lettonie (Aecob), en Lituanie (Aegean/Aechamp), en Estonie (Aeroot/Aebasin), en Biélorussie (Aequor), en Ukraine (Aerodynamic) et en Russie (Aesaurus/Aenoble, Aeacre). Plus de 85 agents ont été parachutés dans ce cadre, sans qu'aucun revienne.

Au niveau politique, l'action clandestine doit être combinée avec une vision crédible de l'ordre international, plus inspirée par Kant que par Hobbes. Le soutien de mouvements de rébellion, la déstabilisation de pouvoirs, le jeu de l'influence et de la contre-influence peuvent infléchir cet ordre apparent jusqu'à laisser croire à une possibilité de « génie génétique ». À la tentation de certains gouvernements de peser par une main invisible sur les rapports de forces doit être opposé le culte du complot que les expériences suscitent auprès d'opinions auto-convaincues ou manipulées.

Au niveau stratégique, la mise en jeu de la « troisième voie » s'est révélée un échec dans les tentatives d'opposition aux dictatures russe et chinoise des années 1945 à 1975, par exemple, à travers l'opération Redsox/Redcap d'infiltration par la CIA de soutiens derrière le Rideau de fer, qui a pu jouer un rôle d'incitation des Hongrois au soulèvement en 1956, ou aux guerres de décolonisation (Vietnam, Angola...). On peut *a contrario* citer l'opération réussie du SDECE au Laos de 1947 à 1948 : implantation d'un maquis et campagne d'intoxication du Viet-minh par création d'un faux mouvement révolutionnaire (Viet Kieu Lien Minh), lettres de dénonciation... Leur effet à terme est toujours discuté pour des épisodes aussi anciens, dans la geste de la CIA, que l'Iran en 1953 (opération Tpajax), le Guatemala en 1954 (opération Pbsuccess) ou le Chili en 1973 (opération Fubelt de 1970 à 1972). Au Congo par exemple, un spécialiste américain estime que « l'action clandestine [de la CIA entre 1960 et 1964] a produit un gouvernement congolais qui a largement soutenu la politique étrangère américaine mais qui a grevé la diplomatie américaine en Afrique pour des décennies. En particulier, le renversement et le meurtre de Lumumba et le soutien des mercenaires blancs de Tshombé ont échauffé les nationalistes africains et gâté les relations avec de nombreux pays, tels que l'Algérie, le Ghana, le Kenya et la Tanzanie ; ces actions ont également stimulé les mouvements de libération en Angola, au Mozambique, en Afrique du Sud et au Zimbabwe[29] ». L'échec apparaît également patent à Cuba (opération Moongose de déstabilisation de Fidel Castro à Cuba lancée en novembre 1961), en Libye (opération Tulip de 1986 à 1990 de soutien d'une force au Tchad visant à renverser le président Mohammed Kadhafi) et en Irak (opération Dbachilles de 1994 à 1996 de soutien d'une force contre le président Saddam Hussein).

Au niveau opérationnel, ce type d'action surprend parfois par son caractère improvisé comme l'ont montré l'affaire du *Rainbow Warrior* en 1985, l'enlèvement par la CIA de l'imam de Milan en 2003 ou certaines opérations du Mossad en Europe. Il connaît un problème de positionnement devant la montée en puissance des actions et des appareils de forces spéciales. Ainsi souligne-t-on aux États-Unis dans le contexte des interventions sur le théâtre Afghanistan-Pakistan les possibilités de confusion entre le titre 50 du Code fédéral relatif aux opérations clandestines de la CIA et le titre 10 relatif aux opérations du Pentagone, qui ne nécessite pas de notification au Congrès. Une tendance actuelle soutient même l'idée d'une « guerre couverte[30] », qui émanerait d'une « stratégie furtive[31] » et donnerait un rôle accru aux forces spéciales[32]. Le problème peut cependant être résolu en distinguant plusieurs paramètres : légalité ou licéité de l'action, champ tactique, opératif et stratégique, contrôle/coordination opérationnels.

Au niveau technique, l'action clandestine requiert des conditions de technicité extrêmement exigeantes (rendement, secret, anticipation) faisant apparaître la clandestinité véritable comme un absolu difficile à atteindre. Ses échecs peuvent ainsi tenir à sa difficulté intrinsèque, au manque de pratique et de professionnalisme des agences, au désengagement de l'autorité politique, à une prise de risque excessive ou à l'incapacité à garder le secret (*blowback*). Selon Lowenthal, ses succès sont en revanche difficiles à évaluer en raison de la « loi des conséquences imprévues » (Chili, 1973) et de ses effets à long terme (Iran, 1953 et 1979). Ils tiennent avant tout, comme le rappelle le vétéran de la CIA Daugherty[33], à un recours modéré et à une cohérence globale de son emploi parmi d'autres instruments politiques.

La légitimité de l'action clandestine, facteur de vulnérabilité

Comme l'a dit un jour, Kissinger, « l'action clandestine ne doit pas être confondue avec le travail missionnaire ». Elle peut être rejetée pour des motifs de type « wilsonien ». Elle est le plus souvent considérée comme contraire au droit international. Selon Falk, professeur de droit de Princeton[34], les actions clandestines de la CIA violent en effet le droit international.

Lorsqu'elle est admise par un gouvernement, l'action clandestine devrait *a minima* être prévue par les textes fondateurs des services. C'est le cas des « autres fonctions et devoirs » (« *such other functions and duties* ») prévus pour la CIA par l'*executive order* 12333, de mission d'« entraver » prévue pour la DGSE par son décret fondateur de 1982 ou des « autres tâches (que la recherche et fourniture d'informations), lui permettant de réaliser des opérations et d'agir clandestinement à l'étranger pour le soutien des objectifs du gouvernement britannique » confiées au SIS par l'*Intelligence and Security Act* de 1994.

Lorsqu'elle est mise en œuvre, elle devrait être soumise à un contrôle politique particulier destiné à éviter des contournements tels que le coup d'État du mercenaire Denard aux Comores en 1977 ou du lieutenant-colonel North dans l'affaire de l'Irangate aux États-Unis en 1985. Le juge Webster, qui fut DCI de 1987 à 1991, a ainsi proposé une check-list : quelle est la légalité de l'action proposée ? Quelle est sa cohérence avec la politique étrangère nationale ? Quelle est sa cohérence avec les valeurs nationales ? Quel serait l'impact sur l'opinion publique nationale en cas de révélation ?

La procédure formelle d'autorisation des opérations clandestines aux États-Unis

Aux États-Unis, une *covert action*, notion apparue en 1947, requiert une approbation écrite du président. En vertu de l'EO 13470 du 30 juillet 2008 modifiant l'EO 12333 du 4 décembre de 1981, le NSC est l'instance compétente pour « apporter son soutien au président pour le suivi, la supervision et la direction du renseignement extérieur, du contre-espionnage et de l'action clandestine et des politiques et programmes afférents ». L'action clandestine a été autorisée pour la première fois par la directive NSC-4-A de décembre 1947 chargeant la CIA de conduire des « opérations psychologiques clandestines », puis élargie à d'autres formes d'action (sabotage, subversion, soutien aux guérillas...) par la directive NSC-10/2 de juin 1948 et encore intensifiée par la directive NSC-10/5 d'octobre 1951. À partir de décembre 1955, un *special group* a été constitué en son sein pour superviser les actions clandestines. Après des rivalités entre le Département d'État et la CIA, la CIA s'est vu confier le monopole de l'action clandestine par directive NSC 5412 du président Dwight Eisenhower de mars 1954. Ce monopole a été inscrit dans l'EO 12333 de 1981, qui indique que « *no agency except the CIA (or the Armed Forces of the US in time of war declared by the Congress or during any period covered by a report from the President to the Congress consistent with the War powers Resolution,* Public law 93-148) *may conduct any covert action activity unless the President determines that another agency is more likely to achieve a particular objective* ».

Le Congrès a imposé par l'amendement Hughes-Ryan de décembre 1974 au *Foreign Assistance Act* de 1961 (remplacé par l'*Intelligence authorization Act* de 1991) plusieurs conditions :

- l'existence d'une cause « importante pour la sécurité nationale » pour engager une *covert action* (justifiée depuis l'*Intelligence Act* de 1991 par le « soutien d'objectifs politiques identifiables ») ;
- une autorisation écrite explicite par le président (*presidential finding*), comme par exemple celle du président Jimmy Carter fin 1979 autorisant la CIA à assister les Afghans, y compris militairement, contre les Soviétiques ;
- une information du Congrès (*in a timely fashion* depuis l'*Intelligence oversight Act* de 1980 ; le président Reagan ayant mis dix mois à notifier au Congrès l'opération « armes contre otages » en Iran, ce dernier a imposé en 1988 un délai maximal de quarante-huit heures).

Source : Bobich J. A., « Who authorized this ?! An assessment of the process for approving U.S. covert action », William Mitchell Law Review, *octobre 2007.*

L'action clandestine des démocraties paraît connaître un renouveau en Iran, en Syrie, en Libye et ailleurs. Visant à concilier une technique exigeante et une ambition extraordinaire, elle est une composante à part entière des politiques de renseignement qui peut être vue comme un *crescendo*. Technique élémentaire du renseignement, pratiquée avec des intensités variables, elle est conçue comme une alternative à la recherche classique et, parfois, une alternative à l'action politique classique. Elle doit être mieux appréhendée pour éviter d'être l'objet d'un phénomène d'*hubris* qui voudrait la voir « continuer la politique par d'autres moyens ». C'est au mieux un adjuvant, parfois précieux, des actions stratégiques décidées par des autorités nationales. Dérogation aux pratiques habituelles du concert des nations, elle revêt une dimension comparable à la dissuasion nucléaire en ce qu'elle ne peut être mobilisée que pour des causes de première importance relevant des intérêts stratégiques nationaux. En cela, elle illustre bien la nature de cette « philosophie moralement répugnante », selon la commission Doolittle de 1954, mais inévitable qu'est le renseignement.

CHAPITRE 8

La lutte contre le terrorisme, pivot de l'action des services

Le terrorisme est aussi vieux que l'histoire comme en témoignent les actions contre l'Empire romain des zélotes juifs au Ier siècle de notre ère. Bien que l'ONU peine à en donner une définition universellement acceptée, il consiste en un acte qui vise à tuer ou blesser des civils ou des non-combattants et qui du fait de sa nature cherche à intimider une population ou à contraindre un gouvernement. Il frappe donc les démocraties de deux manières : par les attentats, en sidérant les opinions, et par les prises d'otages, en humiliant les États et en les forçant à négocier en position de faiblesse. Les attentats terroristes rythment la vie internationale depuis des décennies, même si le 11 septembre 2001 a accentué la polarisation de la vie internationale sur le phénomène, au point que certains, comme le philosophe Paul Virilio, ont estimé que « les États sont tentés de faire de la peur, de son orchestration, de sa gestion, une politique[1] ».

Attentats emblématiques depuis 1945

- Juillet 1946, Palestine : attentat contre le QG britannique à l'Hôtel King David à Jérusalem commis par l'Irgoun (91 morts).
- 1968, Italie : détournement à Rome d'un vol d'El-Al par une faction **de l'OLP, considéré comme le premier incident terroriste international moderne.**
- 5 septembre 1972, Allemagne, JO de Munich : prise en otage des athlètes israéliens (9 athlètes et 1 policier allemand tués).
- Octobre 1980, France : attentat à Paris contre la synagogue de la rue Copernic (4 morts, 11 blessés).
- 9 août 1982, France : attentat, non revendiqué, contre le restaurant Goldenberg, rue des Rosiers à Paris (6 morts et 22 blessés).
- 18 avril 1983, Liban : attentat contre l'ambassade américaine à Beyrouth (63 morts dont 17 Américains) commis par les pasdarans iraniens.
- Juillet 1983, France : attentat à Roissy-CDG de l'ASALA contre Turkish Airlines (8 morts et 53 blessés).
- 23 octobre 1983, Liban : attentat au camion piégé contre un baraquement d'US Marines (241 tués et 128 blessés, soit le **plus grave attentat mortel contre des Américains à l'étranger depuis la Seconde Guerre mondiale**) commis par les pasdarans iraniens.
- 23 octobre 1983, Liban : attentat à Beyrouth (Drakkar) contre les forces françaises (58 morts et 15 blessés).
- 3-5 février 1986, France : attentats au Claridge et chez Gibert Jeune à Paris, revendiqués par le CSPPA.
- 5 avril 1986, Allemagne : attentats contre la discothèque La Belle à Berlin (2 morts et 200 blessés militaires américains) inspirés par la Libye.
- 29 décembre 1992, Yémen : **premier attentat officiellement imputé à Al-Qaida**, explosion de bombes dans des hôtels d'Aden (1 mort et 3 blessés).
- 26 février 1993, États-Unis : attentat à la camionnette piégée contre le World Trade Center de New York (6 morts et un millier de blessés), inspiré par Al-Qaida (**premier attentat djihadiste contre l'Occident**).
- 26 décembre 1994, Algérie : détournement par le GIA d'un avion d'Air France.
- 1995, France : attentats à Paris du RER-Saint-Michel le 25 juillet (8 morts, 116 blessés), de la place de l'Étoile le 17 août, du RER-Ligne C le 17 octobre (13 et 29 blessés) et en décembre (4 morts et 128 blessés) commis par le GIA, ayant conduit à la condamnation en octobre 2002 d'Aït Ali Belkacem et de Boualem Bensaid à perpétuité et de Rachid Ramda, extradé du Royaume-Uni en décembre 2005, à perpétuité en octobre 2007.

- 25 juin 1996, Arabie saoudite : explosion-suicide par Al-Qaida d'un camion devant la base militaire de Dhahran (19 morts américains et 400 blessés).
- 3 décembre 1996, France : attentat à la bombe dans le RER de Port-Royal (4 morts et 170 blessés), dont on ne connaît toujours pas l'auteur.
- 7 août 1998 : Kenya et Tanzanie : attaques-suicides d'Al-Qaida à la voiture piégée contre l'ambassade américaine de Nairobi (213 morts et des centaines de blessés) et l'ambassade américaine de Dar es Salam (11 morts et plusieurs dizaines de blessés), inspirées par Ahmed K. Ghailani (Tanzanien, capturé au Pakistan par la CIA en juillet 2004, détenu à Guantanamo, légèrement condamné par un tribunal civil américain en novembre 2010).
- 12 octobre 2000, Yémen : attentat d'Al-Qaida contre le destroyer *USS Cole* dans le port d'Aden (17 militaires américains tués et 38 blessés).
- 11 septembre 2001, États-Unis : quadruple attentat-suicide d'Al-Qaida aux avions à New York et à Washington (2 955 morts et plusieurs milliers de blessés), conçu par Khaled Sheikh Mohammed et dont la planification a commencé au moins en novembre 1999 pour un coût de 500 000 dollars américains.
- 8 mai 2002, Pakistan : attentat-suicide d'Al-Qaida contre un bus devant le Sheraton à Karachi (14 morts, dont 11 Français de la DCN, possiblement lié à une réaction à l'interruption du versement de commissions sur le contrat de sous-marins Agosta).
- 16 mai 2003, Maroc : quintuple attentat-suicide d'Al-Qaida contre des établissements touristiques à Casablanca (45 morts, dont 12 kamikazes et 60 blessés).
- 19 août 2003, Irak : attaque-suicide contre le siège de l'ONU à Bagdad (Hôtel Canal) (22 morts, dont le représentant spécial du secrétaire général de l'ONU Sergio de Mello, et plusieurs dizaines de blessés) et l'ambassade de Jordanie.
- 25 août 2003, Inde : attaques aux voitures piégées à Bombay (52 morts et plus de 150 blessés), possiblement imputables aux djihadistes cachemiris du Lashkar-e-Tayyeba, coordonnées par David Coleman Headley.
- 11 mars 2004, Espagne : attentats à la gare d'Atocha de Madrid (191 morts et 1 500 blessés), inspirés par Al-Qaida, revendiqués par les brigades Abou Hafs al-Masri et commis par des Marocains suicidaires, pour un coût de 10 000 dollars américains.
- 7 octobre 2004, Égypte : attentats-suicides contre l'hôtel Hilton de Taba et deux camps de vacances (34 morts, 160 blessés) par des Bédouins du Sinaï, revendiqué par le Groupe des martyrs du Sinaï, inconnu.

– 7 juillet 2005, Royaume-Uni : attentats de Londres dans les transports urbains (56 morts et 775 blessés), dont l'auteur principal Mohammed Siddique Khan était suivi par le Security Service depuis un an ; revendiqués par les brigades Abou Hafs al-Masri et réalisés par Al-Qaida pour un coût de 1 000 dollars américains.
– 26 novembre 2008, Inde : attentat contre des hôtels à Bombay (153 morts) revendiqué par les Moujahidin du Deccan, possiblement commandités par le Lashkar-e-Tayyba.
– 11-20 mars 2012, France : assassinats de militaires français à Toulouse et Montauban et d'enfants juifs à Toulouse par un islamiste solitaire Mohammed Merah, radicalisé en prison, passé par le Pakistan et tué par le RAID.
– 22 juillet 2011, Norvège : double attentat à Oslo par le fanatique anti-islamiste Anders Breivik (93 tués et 100 blessés).
– 18 juillet 2012, Bulgarie : explosion d'une bombe à l'aéroport de Burgas (7 morts, dont 5 touristes israéliens, et 37 blessés) commise par le Hezbollah.
– 15 mars 2013, États-Unis : attentat à l'explosif (3 morts et 170 blessés) commis par des Tchétchènes lors du marathon de Boston.
– 20 septembre 2013, Kenya : attaque du centre commercial Westgate à Nairobi par un commando de *shebabs* somaliens (67 morts et 240 blessés).
– 7 et 9 janvier 2015, France : attentats contre le journal *Charlie-Hebdo*, attaque de policiers à Montrouge et prise d'otages dans un supermarché cash (17 morts et 8 blessés).

La montée de la menace terroriste a atteint dans les années 2000 un sommet, qui a provoqué une mobilisation des autorités des pays démocratiques. En France, le terrorisme d'inspiration islamiste, déjà considéré comme la « principale menace non militaire » dans le Livre blanc sur la défense de févier 1994, a été érigé en 2005 en « première priorité stratégique des gouvernements en général, et du gouvernement français en particulier» par le ministre de l'Intérieur Nicolas Sarkozy[2]. En 2008, le « terrorisme d'inspiration djihadiste » a été considéré comme « premier sur la liste des menaces pesant sur la sécurité nationale française » par le SGDN Mallet[3]. En Allemagne, le ministre de l'Intérieur Wolfgang Schäuble a estimé en mai 2007 que le terrorisme islamique était « la menace la plus grave contre la stabilité et la sécurité de l'Allemagne et de l'Europe ». Le président du BND, Uhrlau, estimait quant à lui que « la terreur islamiste demeurera la préoccupation centrale pour les responsables de la sécurité pour les dix à vingt prochaines années[4] ». Le Premier ministre Gordon Brown considérait que « la menace la plus significative contre la sécurité de la population du Royaume-Uni provient aujourd'hui du terrorisme international[5] ». Aux États-Unis, l'EO 13354 du 27 août 2004 a ordonné aux agences de « donner la priorité la plus élevée à la détection, la prévention, l'entrave, la préemption et la compensation des effets des activités terroristes transnationales contre le territoire, la population et les intérêts des États-Unis ». Le DNI Negroponte a vu en 2007 dans le terrorisme « la menace prééminente pour le territoire, pour nos intérêts de sécurité nationale et pour nos alliés[6] » et le général Hayden, directeur de la CIA, a indiqué que « notre pays ne connaît pas de menace plus mortelle que le terrorisme global[7] ». L'actuel DNI, le général Clapper, y voyait encore « le premier plan des menaces contre la sécurité nationale en 2011[8] ». Le directeur du FBI, Mueller, estimait qu'« Al-Qaida et ses affiliés et adhérents demeurent la menace la plus significative contre notre sécurité nationale[9] » et son récent successeur, Comey, que « le contre-terrorisme est notre priorité[10] ». Tout récemment encore, le président Obama indiquait, en mai 2014 à l'académie militaire de West Point, que « dans l'avenir prévisible, le terrorisme demeure la menace la plus directe contre les États-Unis sur leur territoire et à l'étranger ». Au Canada, le directeur du SCRS/CSIS, Coulombe, continuait de souligner dans son dernier rapport annuel pour 2011-2013 que « le terrorisme est toujours notre plus grande préoccupation », ce que confirme en octobre 2014 le ministre de la Sécurité publique Blaney.

Cette mobilisation a pu conduire à une certaine hyperbole. Heisbourg, promoteur de la vision d'un « hyperterrorisme », avançait ainsi en 2006 que « le danger terroriste sera plus élevé dans dix ans qu'aujourd'hui[11] ». L'accent mis sur cette menace demeurait déterminant au début des années 2010. Devant les ambassadeurs, le président Sarkozy exposait la menace de la manière suivante : « La lutte contre le terrorisme demeure une priorité majeure. Toutes les analyses confirment certes que, depuis 2001, sous les coups qui lui ont été portés, la capacité d'Al-Qaida de lancer des attaques dévastatrices contre des pays occidentaux a été fortement réduite. En revanche, Al-Qaida et ceux qui s'en réclament ont accru leur emprise et leur violence meurtrière dans certains États, du

Pakistan au Mali. Chaque pays fait face à une situation spécifique qui doit recevoir une réponse adaptée des gouvernements en charge, avec le soutien de la communauté internationale. Il n'y a pas aujourd'hui de coordination opérationnelle entre les groupes qui agissent d'un bout à l'autre de cet arc de crise. Mais si la situation devait se dégrader, le risque serait grand de voir apparaître une chaîne continue liant les bases terroristes de Quetta et du Sud afghan à celles du Yémen, de la Somalie et du Sahel[12]. »

Cette perception était partagée en 2010 par le responsable du renseignement intérieur français, Squarcini, qui avançait que « nous sommes au même niveau de menaces qu'en 1995 [...]. Tous les clignotants sont au rouge [...]. Aujourd'hui, compte tenu des signaux qui nous sont transmis par nos partenaires étrangers et de nos propres observations, il y a des raisons objectives d'être inquiets. La menace n'a jamais été aussi grande [...]. Selon nos analyses, la menace en France est triple : le Français converti qui se radicalise et monte son opération, AQMI, qui dépêche un commando pour commettre un ou des attentats en France ; et les djihadistes, ces Français qui partent en Afghanistan ou au Yémen, demain en Somalie et qui reviennent clandestinement, aguerris, pour poursuivre leur combat sur le sol français[13] ».

La mobilisation du renseignement s'est centrée principalement autour du mouvement d'Al-Qaida, découvert en septembre 1995 par les services américains à partir des révélations du transfuge soudanais Jamal al-Fadl faites au FBI. Elle a été ponctuée par les divers attentats menés entre décembre 1992 (Yémen) et l'été 2006 (complot transatlantique à l'explosif liquide contre sept avions Londres-États-Unis déjoué par les services britanniques et américains). Aujourd'hui, les experts estiment que « la nouvelle génération d'Al-Qaida – "Al-Qaida 3.0" – est plus concentrée sur l'ennemi proche près de chez eux que sur l'ennemi lointain en Amérique et en Europe[14] ». Pour le spécialiste du terrorisme, Hoffman[15], si l'avenir d'Al-Qaida est incertain, son organisation centrale a fait preuve de résilience et « existera très probablement encore en 2017 ». L'ancien directeur adjoint de la CIA McLaughlin voit désormais dans l'organisation un « réseau de réseaux[16] ». Selon lui, Al-Qaida en serait au stade Al-Qaida 6.0 : financement du terrorisme de 1993 à 1996, conversion opérationnelle de 1996 à 1998, stade classique de 1998 à 2001, complots dispersés de 2001 à 2006, développement des filiales de

2006 à 2009, « réseau de réseaux » depuis 2009. Malgré les éliminations et les arrestations de ses cadres, le mouvement est aujourd'hui plus fort sur le plan géographique qu'il n'a jamais été ; il se nourrit du conflit en Syrie, qui drainait en 2014 environ 20 000 combattants djihadistes, dont un tiers d'étrangers, et des désillusions des « printemps arabes » en diversifiant son empreinte territoriale. Il peut même survivre dans un « al-qaidaisme », qui se contenterait d'être une source d'inspiration. Comme l'indiquait en novembre 2013, Olsen, responsable du NCTC américain de 2011 à 2014, « le noyau central d'Al-Qaida est l'ombre de lui-même » [...]. Sur le plan opérationnel, [il] n'a pas conduit une opération réussie à l'ouest depuis les attentats de Londres de 2005[17] ». Cette fragmentation du mouvement djihadiste présente d'ores et déjà de nouveaux défis pour les services de renseignement occidentaux. Comme l'indique le directeur général du MI5, Andrew Parker, dans une intervention au RUSI, la menace terroriste n'est pas pire qu'avant mais elle est devenue « plus diffuse, plus compliquée, plus imprévisible[18] ».

Le monde occidental est confronté depuis des décennies à un cycle terroriste

La prééminence de la menace intérieure

Au-delà du spectaculaire, la réalité de la menace intérieure provenant du terrorisme doit être appréhendée aussi objectivement que possible, pour éviter le retour de ce qui fut qualifié de « stratégie de la tension » en Europe dans les années 1970. Le nombre toujours important des attaques terroristes dans le monde (12 000 en 2013) et de leurs victimes (près de 15 500 morts)[19] ne doit pas dissimuler la part des conflits internes à de nombreux pays et l'inégalité des États face au risque terroriste. Selon l'expert de la RAND, Jenkins, en dix ans, depuis le 11 septembre 2001, il y a eu 32 projets d'attaques terroristes aux États-Unis, dont 10 seulement avaient une consistance opérationnelle. Parmi ces derniers, six étaient en réalité des provocations du FBI. Sur les quatre restants, deux seulement, qui émanaient de tueurs solitaires, ont réussi ; un a échoué et le dernier a été intercepté par les autorités[20]. Depuis 2001, il y a eu dans ce pays moins de 200 personnes arrêtées pour tentative d'attentat ou soutien à des groupes djihadistes[21] et seulement 53 affaires judiciaires impliquant de présumés terroristes islamistes[22]. Selon la base de données START de l'Université du Massachusetts, l'ensemble des actes terroristes commis aux États-Unis a fait 15 victimes entre 2011 et 2013, dont seulement les trois tombées en mars 2013 lors du marathon de Boston peuvent être directement imputées à un geste inspiré par l'étranger.

En France, l'éclipse apparente d'Al-Qaida a conduit aujourd'hui à une hésitation sur l'importance du terrorisme intérieur. Après une interruption de près de seize ans, le territoire national a été frappé par les attentats commis par Merah en mars 2012 puis contre la rédaction du journal *Charlie-Hebdo* en janvier 2015. Ces événements ont conduit à tempérer certains *satisfecit*. Squarcini, à l'époque DCRI, estimait en mars 2012 que « grâce au travail des fonctionnaires sous ma responsabilité, il n'y a plus d'attentat sur le territoire français depuis plusieurs années ». Depuis Kaboul, le président Hollande estimait de son côté en mai 2012 que « la menace terroriste qui visait notre territoire, sans avoir totalement disparu, a été en partie jugulée ». Pour le ministre de l'Intérieur de l'époque, Manuel Valls, « le retour dramatique du terrorisme sur notre sol, pour la première fois depuis quinze ans, ne peut rester sans retour d'expérience, sans remise en cause, sans effort d'adaptation à la donne toujours changeante des menaces[23] ». En conséquence, une analyse du « syndrome Merah », avatar des phénomènes d'autoradicalisation connus aux États-Unis et au Royaume-Uni, a été effectuée récemment par deux travaux d'origine parlementaire, publiés en mai 2013 : la mission d'information sur le cadre juridique des services de renseignement coprésidée par le président de la commission des lois de l'Assemblée nationale, Jean-Jacques Urvoas, et la commission d'enquête « sur le fonctionnement des services de renseignement dans le suivi et la surveillance des mouvements radicaux armés » présidée par le député Vert Cavard. En avril 2014, le gouvernement français a annoncé un plan de lutte contre les filières djihadistes en Syrie, comprenant un « renforcement de l'action des services de renseignement en matière de détection et de surveillance ». Manuel Valls, devenu Premier ministre, pouvait ainsi indiquer en décembre 2014 que « jamais nous n'avons connu un si grand danger en matière de terrorisme ». Le coordonnateur européen contre le terrorisme, Gilles de Kerchove, estimait en septembre 2014 que le nombre d'Européens combattant en Syrie atteignait environ 3 000 personnes, dont plusieurs centaines de Français.

En décembre 2014, le gouvernement français estimait que 1 200 ressortissants ou résidents français étaient concernés par ces filières. Des travaux se poursuivent sur la « déradicalisation » auxquels les services peuvent contribuer, sans être au cœur du sujet. Au Royaume-Uni, l'assassinat du soldat Rigby en mai 2013 par deux islamistes suivis par le MI5 depuis plusieurs années montre la difficulté dans laquelle se trouvent désormais les services intérieurs pour garantir la sécurité des citoyens.

Pourtant, au sein de l'Union européenne, la situation de la menace terroriste doit être appréciée de manière nuancée. Certaines études évoquent la progression d'une activité djihadiste structurée en Europe[24]. Comme le souligne le directeur d'Europol, « il existe une menace croissante émanant de citoyens européens, qui, après avoir voyagé dans des zones de conflit pour prendre part à des activités terroristes, retournent dans l'Union européenne avec la volonté de commettre des actes terroristes[25] ». Le bilan dressé chaque année par cette organisation[26] a pu faire croire que le phénomène de la lutte contre le terrorisme islamiste s'éloignait d'Europe. Si l'attentat commis à Paris en janvier 2015 est le plus meurtrier depuis 1995, le nombre de tentatives d'attentat s'est en effet élevé en 2013 à 152, dont 63 en France, 35 au Royaume-Uni et 33 en Espagne, commises dans 5 États, ce qui correspondait à une baisse tendancielle par rapport aux années antérieures (219 en 2012, 249 en 2010, 515 en 2008). Deux de ces attaques seulement relevaient d'une inspiration islamiste (dont une en France), la majorité (164) renvoyant au séparatisme. Ces attaques ont fait 7 victimes (dont 2 en France) et 9 blessés. 535 individus ont été arrêtés (225 en France, 90 en Espagne et 77 au Royaume-Uni) dans 14 États, dont 216 pour terrorisme islamiste (143 en France), soit un niveau d'arrestations équivalent à 2012. 336 individus ont été jugés en 2013, dont 51 en France, et 258 d'entre eux ont été condamnés (95 en Espagne, 52 au Royaume-Uni et 49 en France), soit une baisse par rapport à 2012.

La lecture de la situation internationale à travers le prisme du terrorisme

À l'extérieur de l'Union, les actions terroristes à l'encontre des Occidentaux prennent en revanche une ampleur croissante. Elles s'illustrent par la technique consistant à prendre en otages des ressortissants locaux ou étrangers. Il s'agit certes d'une pratique qui est en réalité, comme le rappelle Chouet, une « constante incontournable des conflits internes ou internationaux au Moyen-Orient depuis le détournement de trois avions en Jordanie en septembre 1970 » et trouve même son fondement dans l'histoire (secte syrienne des assassins au XIIe siècle, nihilistes russes de la fin du XIXe siècle)[27]. Son développement justifie l'implication croissante des services de renseignement dans leur traitement. En Israël, la direction du Mossad avait déjà été mobilisée pendant plusieurs mois au printemps 1962 par la recherche à l'étranger d'un enfant israélien, Yosselé Schumacher, enlevé par un groupe de juifs orthodoxes. Selon son président, Gerhard Schindler, le BND allemand a été associé à la résolution de plus de 30 affaires d'otages entre 2009 et 2014[28]. La France est, quant à elle, particulièrement exposée aux prises d'otages à l'étranger. Elle a été marquée par des affaires comme celle des « otages du Liban » dans les années 1980. Près d'une soixantaine de ses ressortissants ont subi ce sort depuis 2001, ce qui a conduit progressivement la DGSE à affermir son mandat exclusif de négociation, appuyée par une capacité de libération de « vive force » des otages si nécessaire. Cette pratique, qui connaît actuellement une recrudescence[29], alimente le terrorisme. L'État islamique en Syrie a retenu au moins 23 otages américains et européens en Syrie depuis l'été 2012, dont certains ont été exécutés et d'autres libérés contre des rançons individuelles estimées entre 2 et 2,5 millions de dollars américains. Le ministère de l'Intérieur britannique estime à cet égard que les rançons versées en 2013 aux groupes terroristes en contrepartie de la libération de la cinquantaine d'otages étrangers ont contribué à financer leur activité de recrutement et leurs opérations pour un montant global d'au moins 45 millions de dollars américains[30].

Depuis mars 2003, la menace se concentre sur le Sahel, considéré dans le Livre blanc français sur la défense et la sécurité nationale de mai 2013 comme une des « zones d'intérêt prioritaire pour la France, en raison d'une histoire commune, de la présence de ressortissants français, des enjeux qu'elles portent et des menaces auxquelles elles sont confrontées ». Elle s'étend désormais aux États du Sud (Nigeria, Cameroun, Centrafrique). Près de 70 otages européens ont été capturés dans la zone depuis 2003, dont la plupart ont été libérés contre des rançons atteignant plusieurs dizaines de millions de dollars[31]. Dans cette région, le risque sécuritaire a crû avec les turbulences provoquées par l'échec des « printemps arabes » (Tunisie, Libye, Égypte, Syrie...). Il ne peut être dissocié de la zone Irak/Syrie où affluent les armes et les combattants.

Il ne faut pas oublier que les victimes du terrorisme se concentrent sur des territoires particuliers. Selon une étude de l'Université du Maryland de décembre 2013, 3 pays (le Pakistan, l'Irak et l'Afghanistan) subissent plus de la moitié des attaques terroristes et des victimes dans le monde au cours de ces dernières années. Le terrorisme pratiqué à l'extérieur présente cependant plusieurs risques de nature stratégique : déstabilisation d'États fragiles (Somalie, Yémen...), neutralisation de régions sur le plan économique (Sahel...), désincitation à la présence étrangère (Karachi, Bombay, Nairobi...), concentration de l'attention des responsables politiques et des services sur des sujets, qui, tels les enlèvements de journalistes, affectent nécessairement les opinions.

Le rôle déterminant mais différencié du renseignement dans la lutte contre le terrorisme

Le positionnement du renseignement dans les réponses au terrorisme

Plus encore que la guerre froide, la lutte contre le terrorisme est une lutte de renseignement[32]. Depuis trente ans, celle-ci est devenue à l'évidence une priorité pour l'ensemble des services – intérieurs comme extérieurs – des démocraties mais la nature de leur contribution dépend de la caractérisation du phénomène, considéré comme une « guerre » aux États-Unis sous le président Bush alors qu'il demeurait d'abord un « crime » au Royaume-Uni. La lutte antiterroriste est même parfois perçue comme l'une des premières politiques pilotées par le renseignement (*intelligence-led policies*). L'obsession des sociétés démocratiques contemporaines pour la sécurité a été soulignée par Jenkins, qui rappelait en décembre 2013 que « plus de douze ans après le 11 septembre 2001, les États-Unis demeurent une société obsédée par la sécurité, qui exige que toute attaque terroriste soit prévenue. C'est une attente irréaliste et ruineuse ». Elle a même pu faire craindre l'émergence d'un régime de « contre-terrorisme global » confié à un « réseau de professionnels de la gestion des insécurités liées à la terreur qui s'est plus ou moins autonomisé des logiques nationales gouvernementales », selon l'expression de Bigo et Walker.

Svendsen souligne qu'il existe donc des différences nationales dans la conception de ces politiques[33] : les agences américaines sont concentrées sur la prévention du risque sur le territoire national sous l'empire du *homeland securitisation*, les agences britanniques visent sa gestion élargie sous l'influence de l'*omandisation* et les agences canadiennes recherchent sa préemption sur le mode de l'*ararisation*, du nom de Maher Arar.

Une nouvelle posture des services, le contre-terrorisme, est apparue. Comme l'indique un bon connaisseur français du sujet, Chouet, « le contre-terrorisme est une notion plus vaste que celle de lutte antiterroriste : la seconde vise à remédier par des moyens policiers, judiciaires, voire militaires, à une action commise ou en voie de l'être tandis que la première vise à éloigner le contexte favorable à l'action terroriste par un ensemble d'actions politiques, diplomatiques, culturelles, [...] dans lesquelles les services de renseignement ont un rôle de premier plan[34] ». Le même expert ajoute que « le contre-terrorisme repose sur la capacité de décèlement précoce des services de renseignement intérieur et extérieur, ainsi que sur leur aptitude à proposer au politique des contre-mesures qui peuvent relever des domaines diplomatique, économique, social, culturel ou politique, tout autant que de l'action violente préemptive s'il y a péril en la demeure[35] ». Ce serait un champ très large qui s'ouvrirait aux services.

Le terrorisme les a en effet entraînés dans une lutte contre une série de menaces d'amplitude très variable, contre la sécurité quotidienne aussi bien que de nature stratégique. Les agences ont actuellement pour priorité d'opposer au phénomène terroriste trois barrières : l'emploi par les terroristes d'armes de destruction massive, dont la probabilité correspond à la fameuse « doctrine du 1 % » évoquée par le vice-président américain Dick Cheney à propos de l'hypothèse selon laquelle les scientifiques nucléaires pakistanais auraient soutenu Al-Qaida. De récents développements montrent que l'État islamique en Irak n'échappe pas à cette tentation ; le retour au sponsoring de terroristes par des États et la dissémination sociétale des pratiques terroristes, sous forme de « loups solitaires ». Sur les 73 attaques terroristes répertoriées entre 1990 et 2013, 40 (55 %) émanaient déjà de solitaires (*loners*). 63 % de ces attaques ont eu lieu aux États-Unis[36]. Le rôle des services est évidemment d'une ampleur différente selon chacune de ces barrières, la dernière les laissant particulièrement démunis.

La mise en place de régimes nationaux antiterroristes

En France, c'est l'attentat de l'organisation kurde Asala à Orly contre la compagnie Turkish Airlines en juillet 1983 qui a conduit à mettre en place progressivement ce qu'un universitaire français, Cantegreil, a appelé la « matrice antiterroriste[37] ». Celle-ci est caractérisée par l'importance donnée au renseignement humain, la centralisation des procédures, la spécialisation des magistrats, l'octroi de délégations judiciaires au service de renseignement intérieur et un régime pénal dérogatoire du droit commun[38]. Ce régime pénal a ainsi été modifié à plus de 15 reprises depuis 1986. Les deux dispositions les plus récentes ont créé des incriminations nouvelles d'incitation au terrorisme (loi du 12 décembre 2012 relative à la sécurité et à la lutte contre le terrorisme) et d'entreprise terroriste individuelle (loi du 13 novembre 2014). Si ce régime est souvent admiré à l'étranger[39], le rôle des services dans cette politique de prévention et de répression est parfois critiqué par certains observateurs en raison de l'« excessive proximité entre juges antiterroristes et services de renseignement[40] ». Pour l'un des acteurs français vedettes de la lutte antiterroriste, « l'un des dangers qui menacent le juge d'instruction antiterroriste réside précisément dans cette proximité avec le monde du renseignement et, parfois, avec le pouvoir politique[41] ». Il est cependant vraisemblable que ce que les acteurs appellent également la « neutralisation judiciaire préventive » ait permis d'éviter les attentats sur le sol français entre 1996 et 2012.

Le Livre blanc sur la sécurité intérieure face au terrorisme de février 2006 a tenté de formaliser les domaines d'intervention des services dans un cadre politique intégré : deux de ses axes portent sur le renforcement de la capacité des services (amélioration de la surveillance des communications électroniques, autorisation d'accès à des fichiers administratifs, coopération internationale...) et sur la « neutralisation des flux dangereux » de personnes et de capitaux. La « neutralisation des terroristes à l'étranger par les forces armées » a également été évoquée dans ce document officiel.

Après le 11 Septembre, la posture britannique a été fondée sur une stratégie contre-terroriste dénommée Contest, qui fait également une large place aux services. Cette stratégie s'appuie sur quatre « P » : prévenir (*prevent*), poursuivre (*pursue*), préparer (*prepare*) et protéger (*protect*). Elle a été conçue par Omand à partir de novembre 2002 et adoptée en 2003. La doctrine n'a été publiée qu'en juillet 2006 dans le document *Countering international terrorism : The UK strategy*. Sa mise en œuvre incombe depuis mars 2007 au Bureau pour la sécurité et le contre-terrorisme (OSCT) du Home Office, qui devait devenir le « centre stratégique du contre-terrorisme[42] ». Dirigé depuis l'origine par un ancien responsable du MI5, l'OSCT comptait environ 400 personnes au printemps 2011[43], dont une majorité d'analystes. La réalité de sa valeur ajoutée est aujourd'hui discutée. Une révision de la stratégie contre-terroriste (Contest 2) a été annoncée en mars 2009 pour tenir compte de certaines évolutions (fragmentation d'Al-Qaida, essor de groupes autonomes *self-starting*, accroissement de la probabilité d'actes terroristes recourant à des armes de destruction massive). Elle a été confirmée en juillet 2010 par le nouveau gouvernement Cameron et publiée en juillet 2011.

La première loi britannique sur le terrorisme (*Prevention of Terrorism Act*) a été adoptée dans l'urgence à la suite de l'attentat de l'IRA provisoire du 21 novembre 1974 à Birmingham (24 morts, près de 200 blessés). Cette législation antiterroriste a été renforcée par vagues, en 2000 (création de l'équivalent de l'association de malfaiteurs et punition du seul soutien des organisations terroristes), en décembre 2001 (*Anti-Terrorism, Crime and Security Act*, permettant le gel des actifs, la détention administrative de suspects étrangers), en 2004 (*Civil Contingencies Act*), en mars 2005 (*Prevention of Terrorism Act*, permettant la détention administrative [*control orders*]) et en 2006 (*Terrorism Act* faisant passer la durée de détention préventive de 14 à 28 jours). Le gouvernement de Cameron a remplacé en janvier 2012 les *control orders* par des *terrorism prevention and investigation measures* (TPIM), qui devraient mobiliser plus intensément les services.

Aux États-Unis, le terrorisme international n'avait guère retenu l'intérêt des services avant la prise d'otages de Septembre noir à Munich en septembre 1972, le président Nixon ayant établi un premier Comité sur le terrorisme au sein du NSC au lendemain de l'événement. La lutte contre cette menace a été introduite modestement dans les missions de la CIA par l'EO 11905 du 18 février 1976. Bien qu'un groupe de travail permanent sur le terrorisme ait été mis en place au sein du NSC en septembre 1977, ce n'est qu'à travers la NSPD 138 d'avril 1984 que le président Reagan a établi pour la première fois une stratégie contre le terrorisme, en l'érigeant en menace contre la sécurité nationale. Le président Clinton a adopté en juin 1995 la directive présidentielle PDD-39 visant à lutter contre le terrorisme recourant aux armes de destruction massive et en mai 1998 la directive PDD-62 créant la fonction de coordonnateur contre-terroriste. À la suite des attentats du 11 Septembre, le président Bush a adopté une *National strategy for combating terrorism*, publiée en février 2003 et révisée en septembre 2006 sous l'influence du NCTC. Son objectif, formulé comme les quatre « D », était de défaire les organisations terroristes globales (*defeat*) ; dénier un parrainage, un soutien, un sanctuaire aux terroristes (*deny*) ; diminuer les conditions sous-jacentes que les terroristes cherchent à exploiter (*diminish*) et défendre les États-Unis par une meilleure *homeland security* (*defend*). Cette posture a été remplacée depuis juin 2011 par une nouvelle stratégie nationale pour le contre-terrorisme approuvée par le président Obama. Elle vise prioritairement Al-Qaida, ses « affiliés » (collectifs) et ses « adhérents » (individuels) et se centre désormais sur le territoire national.

Le durcissement de ces régimes nationaux peut être jugé aujourd'hui avec un certain recul. Il semble y avoir eu surréaction. Pour certains experts[44], un régime optimal de lutte antiterroriste devrait rechercher un compromis entre une action efficace pour réduire le risque terroriste, le souci de préserver les libertés publiques et la nécessité de calmer la crainte publique.

L'adaptation des services à la lutte antiterroriste

C'est le terrorisme qui a fait de la sécurité personnelle des citoyens une affaire de sécurité nationale. Le renseignement joue à l'évidence un rôle essentiel dans la prévention et la compréhension de cette menace. En août 2013, par exemple, c'est l'interception par la NSA d'un échange entre Ayman al-Zawahiri et Nasser al-Wuhayshi, chef d'AQPA, qui a permis de découvrir le mandat confié par le premier au second[45]. L'importance de la menace a conduit les agences à adapter leurs méthodes à un renseignement qui présente des caractéristiques spécifiques[46].

Les services ont ainsi été appelés à s'engager de plus en plus dans l'action préventive. Comme l'a indiqué le vétéran de la CIA Cogan, la lutte antiterroriste a transformé les acteurs du renseignement en « chasseurs » (*hunters*) plutôt qu'en « récoltants » (*gatherers*)[47]. Le besoin de renseignement s'est concentré sur une demande relative aux personnes, à leur identité, à leur position, à leur comportement, à leurs contacts, à leurs finances et à leurs idées, susceptible de permettre la préemption des individus, en s'appuyant sur des moyens renouvelés par la technologie. Pour l'ancien directeur de la CIA, Hayden, « l'essentiel de ce qui est qualifié aujourd'hui d'analyse est du *targeting* : *targeting* d'individus pour action directe, *targeting* d'individus pour de la recherche accrue, *targeting* d'individu pour qu'il ne s'embarque pas dans un avion pour les États-Unis[48] ». Dans le cadre de ce qu'un spécialiste de la CIA et du FBI, Mudd, a appelé « la révolution de l'analyse du renseignement[49] », les services se sont donc concentrés sur les « objets » spécifiques du terrorisme : la prévention des attentats, la neutralisation des filières et des réseaux terroristes, l'appui aux opérations militaires sur les théâtres de guerre (Afghanistan-Pakistan, Irak, Sahel, Syrie…) et la recherche d'otages[50]. La DGSE est ainsi intervenue dans des prises d'otages en Irak, en Afghanistan, au Pakistan, au Yémen, à Gaza, au Soudan, en Somalie, au Niger et au Mali. La notion même de filière requiert un effort particulier d'analyse : les filières terroristes se distinguent des autres (filières d'immigration, filières de trafic de drogues, filières de guérilla…) et les filières de djihadistes afghane, irakienne ou syrienne n'ont pas nécessairement les mêmes caractéristiques. En France, les interceptions de sécurité réalisées par les services pour des motifs de lutte contre le terrorisme ont représenté entre 41 % (2002) et 28 % (2013) du total autorisé. L'entrave, capacité attribuée à la DGSE par son décret fondateur en 1982, et qui, selon son directeur général, « vise à empêcher la survenance d'un événement non désiré par tout moyen, même militaire », a été utilisée. Ce service aurait ainsi éliminé, directement ou en coopération avec les services locaux, près de 80 djihadistes au Sahel en trois ans[51]. Cette approche préemptive a été théorisée par l'universitaire américain Pollard.

Schéma d'entrave des actions terroristes

	Niveau tactique	Niveau opérationnel	Niveau stratégique
Prévention	Prévention des attaques terroristes	Identification de l'exploitation des infrastructures de la globalisation par les terroristes	Réduction à long terme des vulnérabilités aux capacités terroristes
Éradication	Capture et destruction des réseaux terroristes	Entrave des réseaux terroristes	Opposition aux idéologies prônant la violence extrémiste

Source : d'après Pollard N. « On counterterrorism and intelligence », in Treverton G. F. et Agrell W. (éd.), National intelligence systems, *Cambridge University Press, 2009.*

La contribution du renseignement est cependant inégale selon les niveaux. Elle impose une planification stratégique. Son succès, qui consiste en apparence dans l'absence d'attentats de masse d'origine extérieure, est difficile à mesurer. Comme l'indique une étude de la RAND, « le fait qu'aucun des complots terroristes en Europe au cours des cinq dernières années n'ait réussi est dû en partie à la chance et à l'incompétence de leurs auteurs mais c'est aussi sans nul doute un témoignage de l'aptitude des forces de police et des agences de renseignement à travers l'Europe, les États-Unis et d'autres pays qui ont coopéré souvent dans des enquêtes hautement complexes[52] ».

Sur le plan géographique, le champ d'intervention privilégié des services de renseignement et de sécurité s'est concentré sur le territoire national et sur ce que le Livre blanc français sur la défense et la sécurité nationale de mai 2008 a qualifié d'« arc de crise », « de l'Atlantique à l'océan Indien, de la Mauritanie au Pakistan ». Selon ce document, « dans cette partie du monde, au voisinage de l'Europe, au cœur d'intérêts stratégiques pour la sécurité mondiale, des évolutions essentielles modifient les données de la sécurité de la France et de l'Europe. La poussée de l'islam radical, les antagonismes entre sunnites et chiites, la question kurde et la fragilité des régimes politiques constituent un mélange explosif. L'implantation et la mise en réseau de groupes terroristes sont devenues une donnée permanente ».

Les pratiques opérationnelles des services ont été adaptées. Sur le plan domestique, la clé est le partage de l'information, dont témoignent aux États-Unis le développement des *fusion centers* et la mise en place par le DNI d'un *information sharing environment* au sein de la communauté nationale de renseignement depuis 2004. En France, le renseignement de terrain de type local (Renseignements généraux) a cependant été négligé comme l'ont constaté les deux commissions parlementaires ayant travaillé sur le sujet en 2013, ce qui a conduit à restaurer la fonction dans un Service central du renseignement territorial (SCRT) de 2 000 personnes placé, depuis mai 2014 au sein de la Direction centrale de la sécurité publique, sans disposer pour autant du statut de service de renseignement. De manière générale, le renseignement humain a été revalorisé. Une analyse, faite par un spécialiste américain, des 176 tentatives d'attentat dans le monde déjouées depuis 1987 a fait apparaître un pic entre 2001 et 2004 mais surtout une efficacité plus grande de l'HUMINT par rapport au SIGINT ou à l'interrogation de détenus. Selon son auteur, « le point le plus important pour prévenir de futures attaques est de se concentrer sur le renseignement local et domestique et d'imaginer comment collecter le renseignement nécessaire tout en maintenant le bon équilibre entre les libertés et la sécurité nationale[53] ».

Ainsi, comme l'a rappelé l'ancien chef du renseignement extérieur britannique, Dearlove, le terrorisme a représenté une somme impressionnante de défis sur presque tous les plans pour la recherche des agences de renseignement et de sécurité. Celles-ci ont dû simultanément s'adapter à la mobilité et à la dangerosité des cibles. Il a fallu accentuer la qualité de leur recherche humaine, redécouvrir l'importance du renseignement technique et intégrer immédiatement et au plus bas niveau leurs renseignements et l'information opérationnelle utile à la prévention des attentats. Les agences ont été contraintes d'adapter leur coopération à la nature des cibles, de gommer les frontières existant entre les renseignements intérieur et extérieur. Elles ont cherché à accéder à une compréhension du phénomène au niveau stratégique, à intensifier leur utilisation des sources ouvertes, former leurs personnels, à retenir une approche géographique globale, à démontrer leur capacité de réactivité et de suivi permanents, à participer à la conception d'une stratégie intégrée, et, *last but not least*, à préserver leur image morale.

Les moyens des services ont en conséquence progressé fortement dans les démocraties depuis 2001 au point que, selon Nolan, analyste de la CIA en poste au NCTC, « la communauté contre-terroriste est devenue trop vaste. Pour être efficace, elle devrait être divisée par dix ». Ils ont naturellement été prioritairement affectés à la lutte contre le terrorisme. En France, le service extérieur a vu se créer au sein de son service de contre-espionnage une sous-section chargée du terrorisme en 1982, devenue secteur de la direction du renseignement, puis service autonome de cette direction depuis 2009. 40 % des moyens de la DGSE étaient consacrés au terrorisme en 2011. Selon l'un de ses responsables, le personnel du contre-terrorisme est passé de deux officiers traitants en 1987 à 160 en 2011. Selon le directeur technique de la DGSE, 90 % du renseignement technique était consacré à l'antiterrorisme[54]. S'agissant du service intérieur, la mission centrale de la DST était en 1972 le contre-espionnage face à l'URSS et ses satellites. Treize personnes seulement travaillaient alors sur le monde arabe. La montée en puissance du contre-terrorisme est survenue au lendemain des attentats des jeux Olympiques de Munich en 1972 et de la découverte de la présence en France du Front populaire de libération de la Palestine (FPLP) en janvier 1973. Lors de la réorganisation de la DST en 1974, une division spécialisée dans le terrorisme a été créée, composée de 25 personnes mais d'un seul fonctionnaire arabisant. Après l'assassinat à Paris de fonctionnaires de la DST par Carlos en 1975, la compétence judiciaire antiterroriste a été transférée à la police judiciaire. Un arbitrage du ministère de l'Intérieur est intervenu en 1984 pour confier le terrorisme d'ordre interne aux Renseignements généraux et le terrorisme international à la DST mais il n'a guère été respecté. La division antiterroriste de la DST est devenue un département en 1986 en intégrant le suivi des États arabes sponsors puis une sous-direction en 1989 en intégrant les États du Maghreb[55]. En 2006, plus de 50 % de l'effectif se consacrait au contre-terrorisme, selon son directeur de 2002 à 2007, Bousquet de Florian. Les attentats de début 2015 ont conduit le gouvernement français à annoncer en janvier le recrutement de près de 1 400 fonctionnaires des services (principalement au bénéfice de la DGSI), soit 10 % des effectifs de la communauté nationale, qui seront affectés d'ici à 2017 à la lutte contre le terrorisme.

Aux États-Unis, la CIA, qui ne s'était pas réellement intéressée au terrorisme avant les attentats contre les jeux Olympiques de Munich de 1972 a appliqué la directive du président Nixon en en faisant l'une des priorités de sa direction des opérations dès septembre 1972. Elle a créé son centre contre-terroriste (CTC) en février 1986. Au FBI, la section contre-terrorisme ne comptait que moins de 50 personnes en 1991. Une Radical Fundamentalist Unit y a été créée en 1994. Le soutien matériel au terrorisme n'est devenu un crime fédéral qu'en 1994. Un centre contre-terroriste (CTC) a également été créé au sein du FBI en 1995 après l'attentat d'Oklahoma City. La section contre-terrorisme de ce service est devenue une division autonome en septembre 1999 et s'est vu doter d'un Bureau du renseignement en janvier 2002. En compagnie de la division de contre-espionnage et de la direction du renseignement, elle relève désormais de la National Security Branch créée en août 2005. Parallèlement, le FBI a créé en octobre 2001 des Joint Terrorism Task Forces (JTTF) dans tous ses bureaux régionaux sur le modèle de celle de New York, créée dès 1982. Il dispose en outre depuis 1983 d'un Hostage Rescue Team (HRT), déployé à l'étranger à partir de 1989 (Panama) et qui a participé directement à partir de 2003 à des opérations avec les forces spéciales du Joint Special Operations Command (JSOC) sur des théâtres tels que l'Irak, l'Afghanistan, le Yémen ou la Libye[56].

Au Royaume-Uni, dès janvier 2008, l'Intelligence and Security Committee (ISC), instance de contrôle du renseignement, a exprimé des inquiétudes sur la capacité des services britanniques à remplir leurs missions autres que contre-terroristes[57]. Le contre-terrorisme représentait en effet en 2007 56 % des missions du SIS contre 33 % en 2013[58]. Le service intérieur, MI5, qui s'était vu confier une responsabilité dans ce domaine en 1972 et n'avait créé une branche contre-terroriste qu'en 1976 (effectivement mise en place en 1984), s'est doté d'une branche spécialisée dans le terrorisme international en 2002. « L'essentiel des ressources du Security Service est dévolu au contre-terrorisme[59] », son activité relative au contre-terrorisme international ayant progressé régulièrement depuis quarante ans avant de se stabiliser récemment : 4 % en 1974, 20 % en 1990, 33 % en 1996, plus de 60 % en 2002, 75 % en 2009, 68 % en 2012 selon les rapports annuels de l'ISC. Au cours des dernières années, le GCHQ consacrait de son côté environ un tiers de ses ressources au contre-terrorisme.

Au Canada, le Service canadien de renseignement et de sécurité (SCRS, *alias* CSIS en anglais), créé par la loi du 13 juillet 1984, à partir du service de sécurité de la Police montée royale canadienne et dont la mission prioritaire était déjà une mission de renseignement de sécurité (article 12 de la loi de 1984) a vu sa compétence étendue par la loi antiterroriste de décembre 2001. De nouveaux textes, en discussion au Parlement fin 2014, devraient accroître encore ses moyens à cette fin.

Des structures de coordination particulières ont par ailleurs été mises en place. Au Royaume-Uni, outre l'OSCT déjà cité, un Joint Threat Assessment Centre (JTAC), organe de centralisation de l'analyse du terrorisme, situé au sein du MI5 et comprenant des personnels de l'ensemble des services concernés, a été créé en juin 2003 sur proposition du coordonnateur Omand. Il compterait environ 200 personnes. L'Allemagne (Gemeinsames Terrorismus Abwehr Zentrum), l'Espagne (Centro nacional de coordinacion antiterrorismo) et l'Italie (Comitato di analisi strategica antiterrorismo) ont également mis en place de telles structures en 2004. Au Canada, un Integrated Threat Assessment Centre (ITAC) a été créé en octobre 2004 et rebaptisé Integrated Terrorism Assessment Centre en juin 2011. En Belgique existe depuis décembre 2006 l'Organe de coordination pour l'analyse de la menace (OCAM). En Australie, un National Threat Assessment Centre (NTAC) a été inauguré en octobre 2010 au sein du service intérieur, l'ASIO. Aux États-Unis, un centre de fusion, le Terrorist Threat Integration Center (TTIC) a été créé en mai 2003 et placé sous l'autorité du DCI. Il a été remplacé par le National Counter-Terrorism Center (NCTC) créé par l'EO 13354 du 27 août 2004 et placé sous l'autorité du DNI comme prescrit par l'IRTPA de 2004. Aujourd'hui, ce centre compte plus de 600 agents et est parfois considéré comme une agence à part entière. Au sein même de l'OTAN a été créée la Terrorist Threat Intelligence Unit en 2002.

Ainsi, c'est au nom de la lutte antiterroriste que de nombreuses communautés nationales du renseignement ont été réformées dans la décennie 2000 : Espagne en mai 2002 avec la création du CNI, États-Unis en octobre 2004 avec l'IRTPA, Australie en juillet 2004 à la suite du rapport Flood, France en juin 2008 avec le Livre blanc.

L'emploi du renseignement dans la lutte antiterroriste, facteur de mise en cause de la légitimité de ses méthodes

La mobilisation des services dans la lutte antiterroriste ne pose pas seulement des problèmes de nature technique. Comme le reconnaît Omand, plusieurs questions d'ordre politique et éthique ont été soulevées dans les pays occidentaux à cette occasion, contredisant l'affirmation de l'ancien responsable du Shabak de 1980 à 1986, Avraham Shalom, pour lequel « dans la guerre contre le terrorisme, il n'y a pas de morale[60] ». Certains services occidentaux ont ainsi été confrontés au recours aux enlèvements de suspects (environ 100 *renditions*) entre 2001 et 2006, détenus dans des « prisons secrètes » jusqu'en 2009. Le renseignement a été utilisé pour l'élimination physique de responsables terroristes, qu'il s'agisse des « exécutions extrajudiciaires » ou « exécutions ciblées » israéliennes pratiquées depuis février 1992 ou des frappes par drone effectuées par les États-Unis depuis novembre 2001[61], sur des terroristes présumés, y compris lorsque ceux-ci disposaient de la nationalité du pays d'origine et au risque de dommages collatéraux. Selon le chercheur israélien Falk, Israël a éliminé 239 personnes de cette manière entre 2000 et 2010 en 213 attaques. Quant à la CIA, elle s'est transformée dans la décennie post-11 Septembre en se centrant sur le contre-terrorisme. Sur la base d'un *finding* signé par le président George W. Bush le 17 septembre 2001, elle a tué plus de 2 500 militants et civils au Pakistan, au Yémen et en Somalie entre 2006 et 2013 avec sa flotte de drones Predator et Reaper. Son CTC est passé de 300 personnes en 2001 à environ 2 000 aujourd'hui, soit 10 % de l'effectif de l'Agence. 20 % des analystes de la CIA sont devenus des *targeters*.

Certains services se sont engagés dans des coopérations avec des gouvernements non respectueux des droits de l'homme, au motif que la résolution 1373 du Conseil de sécurité de l'ONU du 28 septembre 2001 demandait aux États de lutter contre le terrorisme en « accélérant et intensifiant les échanges d'information opérationnelle ». Ils ont bénéficié de l'augmentation des appareils et des lois sécuritaires dans les démocraties, quand bien même, pour un observateur comme Éric Denécé, « il est essentiel de séparer le renseignement du judiciaire car il n'est ni normal ni sain pour une démocratie que les deux fonctions soient exercées par les mêmes hommes[62] ». Cette évolution présente le risque de multiplier les intrusions dans l'intimité des citoyens. Selon la presse, la base de données classifiée Terrorist Identities Datamart Environment (TIDE) gérée par le NCTC serait passée de 75 000 noms en 2003 à près de 1 million de noms en 2013. Les conséquences en ont été résumées par l'observateur britannique Garton Ash : « Il y a beaucoup de détails opérationnels que nous devrons toujours croire sur parole mais, dans une démocratie, il revient aux citoyens de juger où placer la balance entre sécurité et *privacy*, sûreté et liberté. Ce sont en réalité nos vies et nos libertés qui sont menacées, pas seulement par le terrorisme mais aussi par les déprédations massives sur notre *privacy* au nom du contre-terrorisme[63]. »

Renditions *aux États-Unis*

Le président George W. Bush a pris une directive le 15 septembre 2001 donnant des pouvoirs élargis à la CIA dans la lutte contre Al-Qaida, y compris ceux d'éliminer et de capturer ses membres. Il a autorisé la détention à l'étranger et le jugement de membres non américains de cette organisation par un ordre militaire du 13 novembre 2001.

Sur ce fondement, la CIA a capturé près de 120 suspects terroristes et les a maintenus dans des « *black sites* » (Thaïlande, Pologne, Roumanie, Lituanie, Maroc...) entre 2002 et l'automne 2006, les interrogeant avec des méthodes proches de la torture (*waterboarding*, humiliations, privations sensorielles...), comme l'ont révélé le rapport confidentiel du CICR de février 2007 (fondé sur des entretiens en octobre 2006 avec 14 détenus dont Abu Zubeidah, Walid Bin Attash et Khaled Sheikh Mohammed) puis la journaliste du *New Yorker* Jane Mayer (Mayer J., « The black sites », *The New Yorker*, 13 août 2007).

Selon l'Agence, moins d'un tiers auraient été interrogés de manière coercitive et trois seulement (Khaled Sheikh Mohammed, Abu Zubeidah et Abd al-Rahim al-Nashiri) soumis au *waterboarding* jusqu'en 2003 (général Hayden M., DCIA, février 2008). Abu Zubeidah et Khaled Sheikh Mohammed ont été respectivement soumis 82 et 123 fois au *waterboarding* par la CIA entre 2002 et 2003 (*New York Times,* 20 avril 2009).

Ces « méthodes avancées d'interrogation » (*enhanced interrogation techniques*) ont été approuvées, sur demande du DCI George Tenet, par la Maison Blanche en juin 2003 et en juillet 2004 (*Washington Post,* 15 octobre 2008) et mises en œuvre sur la base d'instructions du département de la justice à la CIA du 1er août 2002, du 10 mai 2005 et du 30 mai 2005 autorisant et encadrant la torture des détenus de la CIA. La Maison Blanche n'aurait cependant été informée par la CIA du détail des pratiques qu'en avril 2006. Les *memos* ont été publiés en avril 2009 sur décision du président Barack Obama, qui a proscrit par l'EO 13491 de janvier 2009 le recours à des méthodes de détention et d'interrogation renforcée par la CIA. Le président George W. Bush avait auparavant opposé son veto, en mars 2008, à l'interdiction faite par le Congrès à la CIA en février 2008 de recourir à des méthodes d'interrogation plus dures que celles du manuel de l'armée de terre.

Selon une enquête classifiée commencée par la Commission spécialisée du Sénat (SSCI) en mars 2009, finalisée seulement en avril 2014 et dont une version édulcorée a été publiée en décembre 2014, la CIA a cependant utilisé certaines de ces techniques d'interrogation sans l'accord du département de la Justice, aurait dissimulé ses pratiques à la Maison Blanche et menti sur ce point tant à son propre inspecteur général qu'aux commissions de contrôle du Congrès. En juillet 2014, le président Obama a dû reconnaître publiquement que « nous avons torturé des gens » et en décembre 2014 que certaines actions de la CIA avaient « été contraires à nos valeurs ».

Comme le Sénat, certains experts estiment aujourd'hui que ces pratiques n'ont produit que peu de résultats. L'usage du *waterboarding* a conduit à exagérer l'importance d'Abu Zubeidah, présenté par le président George W. Bush comme le « chef des opérations d'Al-Qaida » (*Washington Post,* 29 mars 2009). Selon Jenkins, « le traitement inhumain des suspects nourrit le faux narratif de nos ennemis terroristes, promeut leurs efforts de recrutement et est utilisé pour justifier leurs actes. Il érode le soutien public à domicile et parmi nos alliés dans ce que tout le monde s'accorde à considérer comme une longue lutte contre les terroristes et leurs apologistes » (Jenkins B., *Global Security,* 1er avril 2009). En juillet 2014, la Pologne a été condamnée par la Cour européenne des droits de l'homme (CEDH) pour participation aux *renditions*.

À partir de juin 2004 et sur la base d'un accord secret avec le Pakistan de septembre 2008, les États-Unis ont entrepris la destruction de l'état-major d'Al-Qaida en Afghanistan-Pakistan en substituant des frappes de drones (près de 380 entre 2004 et 2014) de la CIA aux *renditions*. Celles-ci ont fait près de 2 900 victimes dont 14 % de « non combattants » (Council on Foreign Relations, 15 juin 2014). Les procès des terroristes détenus se dérouleront désormais dans les formes mais demeureront dans un cadre spécial (Guantanamo).

L'impact de la place prépondérante de la lutte antiterroriste sur la vision contemporaine du renseignement

La lutte contre le terrorisme est à l'origine d'une vision particulière des services de renseignement. Selon Aldrich, « presque sans exception », le renseignement a été vu à travers le prisme interprétatif de la « guerre contre le terrorisme » (« *global war on terrorism* »), concept adopté en 2002 et remplacé à partir de 2005 par celui de « lutte contre l'extrémisme violent » (« *struggle against violent extremism* »). La progression de certains services intérieurs a été spectaculaire. Ainsi, l'ASIO australienne a vu ses effectifs tripler depuis le 11 Septembre, ceux-ci atteignant désormais près de 1 800 personnes. Cette vision a été centrée sur les autorités de sécurité intérieure et a favorisé le développement des services qui en dépendent. Communautaire, elle impose une coopération étroite de tous les services. En France, selon l'expression de l'expert Heisbourg, « la DGSE s'intéresse au terrorisme et la DCRI aux terroristes ». Pour mieux lutter contre le phénomène, la DGSE, la DST et la DCRG ont fondé en octobre 2004 une « section opérationnelle commune[64] ».

Cet angle d'approche a ouvert plusieurs questions relatives à l'organisation des agences et au fonctionnement des communautés de renseignement. Faudrait-il, comme en Espagne en 2002 ou en Suisse en 2010, fusionner les agences de prévention ? Doit-on instituer un dispositif de lutte centralisé, comme en France (Uclat créée en 1984), en

Israël (Bureau du contre-terrorisme créé en 1996 et rattaché au Conseil de sécurité nationale depuis 1999), au Royaume-Uni (Joint Terrorism Assessment Centre [JTAC] créé en 2003), en Allemagne (Gemeinsames Terrorismus Abwehr Zentrum [GTAZ] créé en 2004) ou en Espagne (Centro nacional de coordinacion antiterrorismo [CNCA] créé en 2004) ou aux États-Unis (NCTC créé en 2004...) ? Faut-il, comme en France avec le Comité interministériel de lutte antiterroriste (Cilat), créer un mécanisme spécial de collaboration interministérielle ? Devrait-on continuer à privilégier le développement de l'outil de renseignement technique ou rénover les pratiques de coopération européenne alors que les « clubs » traditionnels des services intérieurs ont été relancés en 2001 (Groupe antiterroriste), qu'un dispositif permanent d'évaluation a été mis en place à Bruxelles avec l'Intcen/Sitcen et que l'Union européenne s'est elle-même dotée de son propre coordonnateur spécialisé en 2004 ?

Un aspect fondamental de cette évolution a trait au coût d'opportunité de la mobilisation des services dans la lutte contre le terrorisme. Selon Aldrich, « pendant qu'ils se renforcent contre le “nouveau terrorisme”, les services disposent de peu de capacité disponible pour faire face aux autres sujets importants ». Comme le reconnaît Leiter, qui dirigea le NCTC de 2008 à 2011, « la question doit être posée, (l'effort américain de contre-terrorisme) a-t-il diminué d'une certaine manière quelques-unes des missions stratégiques et de long terme de recherche et d'analyse » de la communauté de renseignement[65] ? Pour le chroniqueur spécialisé du *Washington Post*, Ignatius, la CIA s'est tellement concentrée sur l'entrave d'Al-Qaida au Moyen-Orient qu'elle a été distraite des autres sujets[66]. Garton Ash avance même que « si les futurs historiens se demandent : “Qui a gagné la guerre entre l'Amérique et Al-Qaida ?”, ils répondront sans doute : “La Chine[67].” »

Les services français n'ont pas échappé à cette aimantation. Selon une étude récente, « si les missions de contre-espionnage, de contre-terrorisme ou de contre-prolifération (de la DGSE) semblent bien dotées en termes de personnels, les carences sur les questions géopolitiques sont patentes, se traduisant notamment par d'insuffisantes connaissances concernant les puissances émergentes d'Amérique du Sud ou d'Asie, par exemple. Or il serait regrettable que la DGSE ne se donne pas les moyens d'accompagner les évolutions planétaires en cours en raison d'un positionnement sans doute trop marqué sur les problématiques de contre-terrorisme et de contre-prolifération[68] ». Les résolutions de prises d'otages ont notamment pesé lourdement au cours des dernières années sur les responsables et les moyens du service extérieur français. Comme le reconnaît le diplomate Teixeira, qui fut directeur de la stratégie de la DGSE de 2005 à 2010, « la gestion de plusieurs prises d'otages obère la capacité d'un service de renseignement à répondre... à d'autres demandes ».

La montée du phénomène terroriste a été très favorable au renseignement, qui constitue un instrument de réponse particulièrement adapté à cette menace dans le contexte de fusion des théâtres intérieur et extérieur que connaissent les démocraties. De nombreux experts observent cependant, comme Treverton, que, « rétrospectivement, nous avons exagéré la menace terroriste après le 11 Septembre[69] » et, s'agissant de son cadre stratégique, que « se maintenir sur un pied de guerre sans fin conduit à l'échec[70] ». Cette mission antiterroriste a été structurante pour les services au cours des dernières années. Elle doit encore être adaptée, comme le montre la récurrence des attentats. L'existence d'autres menaces auxquelles les services sont confrontés et la nécessité de ne pas céder à l'émotion collective que recherchent précisément les auteurs d'actes terroristes invitent à s'interroger sur les modes d'organisation et de fonctionnement des agences et des communautés de renseignement. Par ailleurs, les débats suscités par les actions accomplies par celles-ci dans le contexte de la mobilisation antiterroriste traduisent un vertige nouveau, voire un malaise, tenant à l'écart apparent entre l'importance des moyens mis en œuvre, la réalité des menaces et l'efficacité avec laquelle elles sont parées. Afin de s'assurer de la conciliation entre la liberté d'être et d'agir de chacun (*freedom*) et celle qui est concédée aux citoyens par les États (*liberty*), il est indispensable d'entretenir le débat démocratique sur l'adaptation du renseignement.

CHAPITRE 9

L'adaptation du renseignement à la cyberdimension

L'apparition d'une nouvelle menace, réelle ou supposée, doit conduire les responsables publics à garder à l'esprit le célèbre avertissement de Schopenhauer selon lequel « l'univers entier n'est objet qu'à l'égard d'un sujet, perception que par rapport à un esprit percevant, en un mot, il est pure représentation[1] ». La conscience de l'existence d'un « monde en réseaux » n'est pas entièrement neuve. La naissance d'Internet (World Wide Web) en 1989 est contemporaine de la chute du mur de Berlin. Le mot « *cyberspace* » est même apparu dès 1984 dans le roman américain *Neuromancer* de Gibson et constitue le cœur des travaux de Castells sur la « société de l'information » en 1994. Ce cyberespace est défini aujourd'hui comme l'addition de trois couches : physique (infrastructure des réseaux), logicielle (applications et protocoles) et psycho-cognitive (contenus)[2]. Intrinsèquement conçu dans une perspective de renforcement et de protection de la souveraineté, le renseignement ne peut rester insensible à l'avènement d'un tel « monde sans frontières », marqué par l'instantanéité et l'ubiquité.

Les menaces véhiculées par Internet ne datent pas non plus de la dernière décennie. Après avoir découvert l'intérêt de la guerre de l'information en 1995, des « hackers patriotiques » chinois ont visé dès 1999 des sites américains à la suite de la destruction par bombardement de l'ambassade chinoise à Belgrade. Les systèmes informatiques américains sensibles (ministère de la Défense, NASA, entreprises de défense…) ont été dès la fin des années 1990 l'objet d'attaques, imputées alors à la

Russie (opération Moonlight Maze). Si l'importance croissante de cette dimension ne doit pas conduire à céder à une sorte d'*hubris* – il est excessif de croire encore comme l'avançait Schwartau que « les espions sont les guerriers de l'information originaux[3] » –, le renseignement ne peut donc rester inchangé par l'évolution de la société de l'information.

L'exposition du renseignement à la cyberdimension, illustration de la tentative des États de contrôler un monde en réseaux

Un défi aux facettes multiples pour les services

À l'instar de la découverte des dimensions aérienne et spatiale au XXe siècle, l'irruption de la « cinquième dimension » ne peut laisser insensible un renseignement appelé par construction à réinventer en permanence ses modes d'action. En termes techniques, on parle désormais de « menace persistante avancée » (« *advanced persistant threat* ») pour évoquer l'infiltration des systèmes d'information par des procédés techniques variés (*malware, phishing, botnet*…).

Le renseignement tire naturellement parti de la cyberdimension pour conduire des opérations de recherche sur le mode technique ou de manière combinée avec d'autres modes (*human-enabled cyber*). Depuis la doctrine sur les opérations d'information du département américain de la Défense de février 2006, on distingue habituellement la *computer network exploitation* (CNE) de la *computer network attack* (CNA). Les premières relèvent en principe des agences de renseignement tandis que les secondes incomberaient aux forces armées. Plus récemment, le Pentagone a opéré une distinction entre la *cybercollection* et les opérations défensives (*defensive cyber effects operations* ou DCEO) ou offensives ayant des cybereffets (*offensive cyber effects operations* ou OCEO)[4]. Ces distinctions qui émanent d'un ministère de la Défense n'éclairent pas en vérité sur le partage des tâches tant la distinction entre neutralisation et intrusion, d'une part, entre attaque et défense de l'autre, connaît des tempéraments en matière de cyberdimension. La presse se fait cependant régulièrement l'écho d'actions

Description d'une « menace persistante avancée »
(*advanced persistant threat*)

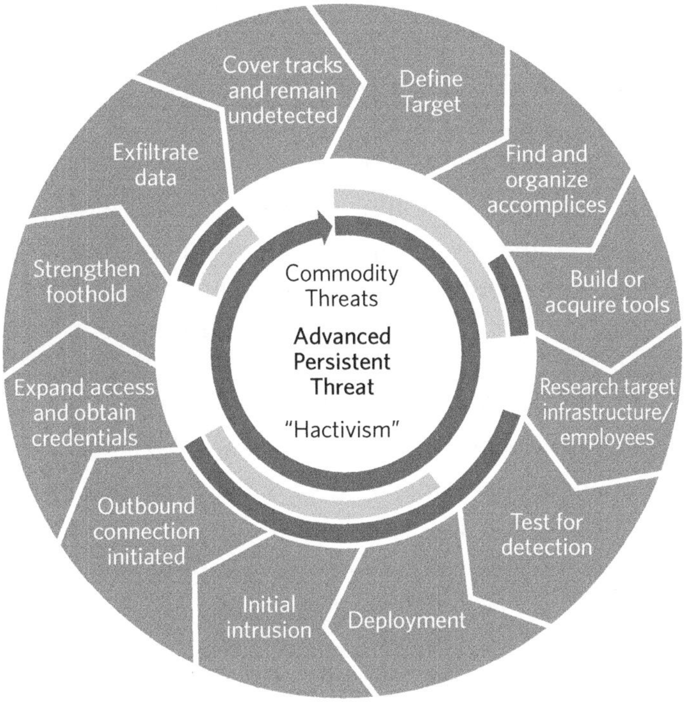

des services. Le BND aurait ainsi infiltré 2 500 ordinateurs[5]. Les services israéliens auraient fait précéder leur destruction du site nucléaire d'Al Khibar en septembre 2007 d'une neutralisation des systèmes informatiques de la défense aérienne syrienne (opération Orchard). Le GCHQ aurait attaqué en 2010 le site du magazine djihadiste *Inspire*[6]. Les révélations de Snowden laissent entendre que la NSA aurait infiltré 50 000 ordinateurs. Cette agence disposerait même depuis 1997, selon Aid, d'une capacité dite *tailored access operations* (TAO), qui pratiquerait la *computer network exploitation*, notamment à l'encontre des systèmes informatiques chinois. La structure, qui compterait 1 000 personnes, formerait le plus important composant du directorat SIGINT de l'Agence. Elle disposerait d'un Remote Operations Center de 600 personnes se livrant au *hacking* ainsi que d'une Access Technologies Operations Branch, qui, avec le concours de la CIA et du FBI, se livrerait au piégeage de systèmes informatiques[7].

La cyberdimension est également devenue un terrain important pour l'analyse. Celle-ci porte naturellement sur les capacités cyberspatiales des États, comme le veut le mandat de l'Office of Cyberthreat Analysis de la DIA. Elle concerne aussi l'ensemble des domaines d'intérêt du renseignement. L'analyse des réseaux djihadistes, et notamment des forums islamistes apparus à la fin des années 1990, est essentielle à la lutte contre le terrorisme. Le premier site Internet d'Al-Qaida Maalem al-Jihad a été enregistré en Chine en février 2000 selon Jean-Pierre Filiu. Selon l'expert français Philippe Migaux, « Internet est devenu une nouvelle officine de recrutement qui remplace le champ des mosquées et des associations ». L'utilisation de méthodes de *crowdsourcing* (collecte de l'opinion des foules sur les réseaux sociaux) est utile en matière d'analyse politique comme l'ont montré les premières expériences autour des crises syrienne et ukrainienne. Identifié en 2012 comme une des dimensions nouvelles par Omand[8], le SOCMINT (*social media intelligence*) promet beaucoup dans le champ du renseignement de sécurité. La cyberdimension est aussi devenue un vecteur d'opérations clandestines visant à produire des effets sur l'adversaire. La première action de cette nature pourrait être la modification, attribuée aux États-Unis, du logiciel de gestion du gazoduc transsibérien soviétique en 1982, qui a provoqué une explosion des conduites. D'autres actions de perturbation des systèmes d'information locaux sont intervenues contre l'Estonie en avril 2007 (probablement d'origine russe), contre la Géorgie en août 2008 (probablement de même origine), contre l'Iran depuis 2009 (opération américano-israélienne Olympic Games) et, en riposte de ce dernier, contre les intérêts pétroliers d'Aramco en Arabie saoudite et de Rasgas au Qatar en août 2012 (opération Shamoon). Les autorités nationales revendiquent elles-mêmes aujourd'hui la nécessité de disposer d'une telle capacité. Le Livre blanc français de 2013 estime, pour sa part, que « la capacité informatique offensive enrichit la palette des options possibles à la disposition de l'État. Elle comporte différents stades, plus ou moins réversibles et plus ou moins discrets, proportionnés à l'ampleur et à la gravité des attaques ». Dans la tradition de l'action clandestine, une partie des activités ne peut qu'être supposée. Des documents révélés par Snowden et publiés en février 2014 feraient ainsi apparaître l'existence en 2012 au sein du GCHQ d'un Joint Threat Research Intelligence Group, qui se serait livré à des opérations de *denial of service* (DDOS) contre des « hacktivistes » se réclamant des Anonymous et de LulzSec.

La cyberdimension ne peut enfin laisser inactifs les services chargés de la protection des intérêts nationaux. Elle est devenue porteuse de vulnérabilité pour les intérêts stratégiques des démocraties. La cybercriminalité se manifeste par le vol d'identité bancaire ou les trafics divers sur le *dark Web*. Le cyberespionnage remonte au moins au recrutement par le KGB en 1986 de *hackers* ouest-allemands pour percer les systèmes du Lawrence Berkeley National Laboratory qui relève du département américain à l'énergie. La société Lockheed-Martin a vu ses fichiers sur la technologie furtive pillés en 2009 par des sources chinoises. Un des cas les plus récents, dénoncé en mars 2012 par le directeur de la NSA, est le pillage par des *hackers* chinois de la société de sécurité informatique américaine RSA. Une étude du *Defense science board* de janvier 2013 a montré le vol par cyberespionnage chinois des plans des principaux systèmes de défense américains : Patriot PAC-3, THAAD, Aegis, F/A-18, V-22 Osprey, Black Hawk, Littoral Combat Ship, F-35 JSF (*Washington Post*, 27 mai 2013). Le cyberterrorisme se nourrit d'Internet, « endroit où les idées d'attaques sont conçues, où le savoir-faire terroriste est rendu publiquement accessible et où les plans d'opérations sont partagés », selon Ernst Uhrlau, président du BND, en mars 2008. Le cyberanarchisme (tel que celui des Anonymous) est actif depuis 2003. Le nombre de « cyberincidents » significatifs atteignait, en août 2014, plus de 150 événements depuis mai 2006[9], attribués le plus souvent à des auteurs situés en Chine comme, par exemple, les attaques menées contre des sites américains par les groupes dénommés APT1 et APT12 révélées au début de l'année 2013. Les cyberagressions relèvent donc aussi du contre-espionnage puisque l'expert Rid estime que « la forme la plus commune et probablement la plus coûteuse de cyberattaque a pour but d'espionner[10] ». Mais elle ne saurait s'y réduire.

Cette vulnérabilité des systèmes informatiques a été perçue dès les années 1960 lorsque les capacités des gros ordinateurs commencèrent à être partagées. Elle a provoqué une prise de conscience aux États-Unis avec la pénétration des systèmes du commandement américain dans le Pacifique Uspacom lors de l'exercice de simulation Eligible Receiver de juin 1997. Elle concerne l'ensemble des pays occidentaux, la France ayant été par exemple victime d'intrusions dans ses systèmes informatiques gouvernementaux en mars 2011 à la veille du sommet du G20 de Paris. Comme l'a indiqué, l'ancien DCI Tenet, « nous avons construit notre avenir sur une capacité que nous n'avons pas appris à protéger ». Spécialiste du contre-terrorisme, Clarke reconnaît cependant que face à la cyberdimension, la défense est beaucoup plus difficile que l'attaque[11]. Pour le spécialiste réputé du CSIS de Georgetown, Lewis, les États-Unis n'ont pas acquis une capacité de défense à la hauteur de celle de cyberoffensive[12].

Une interrogation sur la combinaison des modes de riposte

La nécessité de contrer la cybermenace est désormais bien identifiée dans les préoccupations stratégiques nationales, au point de surpasser parfois la priorité de la lutte contre le terrorisme. Aux États-Unis, le DNI Blair a ainsi estimé en 2010 que cette menace devait figurer au premier rang de celles pesant sur la sécurité nationale américaine, ce que continue à faire, depuis 2013, la Worldwide Threat Assessment of the US Intelligence Community présentée au début de chaque année par le DNI aux commissions de contrôle du Congrès. Au Royaume-Uni, le récent National Security Council a érigé la lutte contre les cybermenaces au même niveau de priorité que celle contre le terrorisme international dans la stratégie de sécurité nationale qu'il a adoptée en octobre 2010. En Allemagne, le Livre blanc sur la défense d'octobre 2006 indiquait que « les structures économiques et politiques de l'Allemagne sont devenues plus vulnérables aux activités criminelles, aux attentats terroristes, aux attaques militaires, en provenance du cyberespace ou dirigées contre celui-ci. Il est illusoire de penser pouvoir contrer seul, ou uniquement par des moyens militaires, ce genre de menaces. » En France, la cybermenace est désormais qualifiée de « champ de confrontation à part entière » et de « menace de première importance » dans le Livre blanc français sur la défense et la sécurité nationale rendu public en avril 2013. Selon ce même document, il s'agit d'une « menace majeure, à forte probabilité et à fort impact potentiel » alors que, déjà, en juin 2008, le Livre blanc précédent indiquait que « la guerre informatique est une préoccupation majeure du Livre blanc français, qui développe deux axes stratégiques : d'une part, une conception nouvelle de la défense informatique, organisée « en profondeur » et coordonnée par une agence de la sécurité des systèmes d'information placée sous la tutelle du SGDSN ; d'autre part, la constitution de capacités de lutte informatique offensive qui seront développées, pour les armées, sous l'égide de l'EMA, et en outre par des services spécialisés ».

Le renseignement est donc convoqué pour faire face aussi bien aux cyberactivistes qu'aux cybercriminels, aux cyberterroristes ou aux cyberguerriers. Ainsi la réponse à la cybermenace mobilise-t-elle les services de renseignement aux côtés des forces armées et des services de police, sans que leurs rôles respectifs soient encore stabilisés. Le Livre blanc français sur la défense et la sécurité nationale estimait en 2013 que « l'importance nouvelle de la cybermenace implique de développer l'activité de renseignement dans ce domaine et les capacités techniques correspondantes. Cet effort a pour objet de nous permettre d'identifier l'origine des attaques, d'évaluer les capacités offensives des adversaires potentiels et de pouvoir ainsi les contrer. Les capacités d'identification et d'action offensive sont essentielles pour une riposte éventuelle et proportionnée à l'attaque ». Des procédures de répartition des tâches ont été établies comme celle mise en place aux États-Unis par le mémorandum trilatéral du 9 mai 2007 relatif aux CNE et aux CNA conclu entre la communauté du renseignement, le département de la Défense et le département de la Justice. La nature de cette nouvelle menace interdit cependant de cantonner son traitement à un seul acteur. Comme l'indiquait en novembre 2010 le général Clapper, DNI, « je ne pense pas que la communauté du renseignement (soit) responsable de la cybersécurité du pays[13] ».

La cyberdimension, facteur de renouvellement de la conflictualité et de réinvention des pratiques de renseignement

L'affrontement des volontés dans le cyberespace prend des formes qui brouillent les concepts.

Une transformation de l'art de la guerre ?

La cyberdimension relève-t-elle de l'art de la guerre comme le prétendaient dans les années 1990 les stratèges de la guerre de l'information (concept d'*intelligence-based warfare* lancé par le chercheur Libicki de la National Defense University[14]) ? Ou bien doit-elle relever d'autres organismes d'État ? L'évolution même des opérations de guerre et de leurs conditions politiques ne permet pas de placer la cyberdimension dans des catégories bien établies. Le Livre blanc français sur la défense et la sécurité nationale d'avril 2013 tente pourtant une distinction selon que les cybermenaces ont, ou non, un impact sur la sécurité nationale. « Au plus bas niveau, elles sont une forme nouvelle de criminalité, qui ne relève pas spécifiquement de la sécurité nationale : vol d'informations personnelles à des fins de chantage ou de détournement de fonds, usurpation d'identité, trafic de produits prohibés, etc. Relèvent en revanche de la sécurité nationale les tentatives de pénétration de réseaux numériques à des fins d'espionnage, qu'elles visent les systèmes d'information de l'État ou ceux des entreprises. Une attaque visant la destruction ou la prise de contrôle à distance de systèmes informatisés commandant le fonctionnement d'infrastructures d'importance vitale, de systèmes de gestion automatisés d'outils industriels potentiellement dangereux, voire de systèmes d'armes ou de capacités militaires stratégiques pourrait ainsi avoir de graves conséquences ». Sur cette ligne, on pourrait ainsi départir les activités de police et de justice d'une part, de défense et de renseignement de l'autre.

Les choses ne sont pas si simples. Comme souvent en stratégie, les pratiques ont en réalité précédé les doctrines. Aujourd'hui inspirées par certaines craintes néomillénaristes (*cybergueddon*), les postures de défense ont intégré cette dimension depuis une vingtaine d'années. L'idée par exemple d'une cyberdissuasion est discutable puisque, comme l'a souligné en 2010 Ian Lobban, directeur du GCHQ de 2008 à 2014, l'arme cyber apparaît plutôt comme une arme d'emploi qui ne répond pas à la logique de l'arme nucléaire. Elle peut s'apparenter cependant à ce que le stratège américain Mearsheimer a appelé en 1983 la « dissuasion conventionnelle ». Les forces armées se sont préparées aux cyberopérations conventionnelles visant à la cyberdestruction de capacités aériennes et terrestres adverses, initiée par l'emploi par les États-Unis de virus informatique contre les défenses aériennes irakiennes lors de la première guerre du Golfe en janvier 1991. Déjà dans les années 1990, la RAND développa le concept d'*information warfare*, qui a débouché sur la création de centres de guerre de l'information dans les trois principales armées américaines à partir de 1993[15]. La notion, jugée trop agressive, a cependant été remplacée dès 1996 par celle d'opérations informationnelles (*information operations*) avec l'adoption du manuel FM-100-6 *information operations* d'août 1996.

La perspective de la cyberguerre intégrale, c'est-à-dire sans effet cinétique, a été évoquée sous la forme d'un « Pearl Harbor électronique » (Lowenthal) ou d'un « cyber-Pearl Harbor » selon l'expression du ministre américain de la Défense Panetta en octobre 2012. Le concept a été lancé par les chercheurs de la RAND Arquilla et Ronfeldt en 1992[16]. Le Pentagone a créé son centre de *cyberwarfare* en octobre 1999. Pour Rid, « la cyberguerre n'a jamais existé dans le passé, elle n'a pas lieu actuellement et il est très improbable qu'elle perturbe notre avenir [...]. Toutes les formes passées et présentes de cyberattaques politiques – à distinguer du crime informatique – sont des versions sophistiquées de trois activités aussi vieilles que le conflit humain lui-même : le sabotage, l'espionnage et la subversion ».

L'implication d'unités militaires spécialisées étrangères dans les cyberattaques, comme l'Unité 61398 du deuxième bureau du 3e département de l'Armée populaire chinoise, située à Shanghai, et mise publiquement en cause par les États-Unis depuis mai 2004, constitue un argument en faveur de la constitution d'unités identiques au sein des forces armées occidentales. Il n'en demeure pas moins qu'il peut exister un conflit d'attribution entre le monde du renseignement et celui de la défense : une cyberattaque contre des systèmes adverses soutenue par un État peut lui faire perdre le bénéfice d'une intrusion existante dans les systèmes de l'État visé.

Des défis renouvelés pour les politiques de renseignement

Les services de renseignement sont naturellement appelés à intervenir dans ce nouveau champ pour trois raisons principales : sa dimension stratégique, qui justifie l'emploi de ces instruments réservés ; son caractère de menace comparable à l'espionnage, à la prolifération ou au terrorisme et sa cinématique particulière fondée sur l'attaque et la défense justifiant un glaive et un bouclier. C'est ce que traduisent l'inclusion de la cybersécurité dans la National Intelligence Strategy publiée par le DNI Blair en septembre 2009, la création par le département de la Homeland Security d'un National Cybersecurity Center en mars 1999, l'octroi en octobre 2010 par le Premier ministre britannique Cameron d'une dotation supplémentaire de 300 millions de livres sterling aux trois agences britanniques pour renforcer la cybersécurité, ou la réservation d'un budget de 300 millions d'euros pour le BND entre 2014 et 2020 pour développer ses capacités sur Internet, bien que les services de renseignement en Europe demeurent peu (Royaume-Uni 2009, États-Unis 2009) ou pas (France février 2011) évoqués dans les stratégies nationales de riposte publiées par les gouvernements. La prise en compte par les services de cette priorité semble ainsi accélérer certaines de leurs mutations.

L'évaluation et la caractérisation de la cybermenace constituent le principal défi pour eux, qui doivent identifier le nombre d'attaques, leur origine et les motifs des agresseurs. Comme le montre l'épisode récent de l'attaque sur la société Sony Pictures Entertainment imputée à la Corée du Nord, l'un des problèmes clés des cyberattaques subies tient à l'identification de l'auteur (*attribution*), qui procède de l'analyse de ses séquences de manipulation informatique (*command and control sessions*). Il revient au renseignement d'identifier, y compris par sources humaines, les éléments qui ne peuvent être acquis par les seules analyses techniques. Le directeur du FBI, Mueller, indiquait en 2011 que le nombre de cyberintrusions relevant de la sécurité nationale (distinguées des intrusions criminelles) avait progressé de 60 % en 2010 aux États-Unis[17]. Le rôle des services est aussi cependant de relativiser cette menace afin que la société lui consacre le juste niveau de ressources et ne cède pas à l'excès. Selon un ancien responsable du renseignement technique, devenu directeur de la sécurité d'un groupe français de télécommunications, « la cybermenace seule, aujourd'hui, n'est pas de nature à mettre à genoux un État. Elle peut créer des problèmes dans son tissu économique, social, industriel, y compris des problèmes graves dans des secteurs comme le transport, l'énergie, les banques, les systèmes de télécommunications. Aujourd'hui cependant, les catastrophes naturelles de type tsunami ou cyclone sont largement plus destructrices pour les économies et testent de manière plus rude la capacité de résilience des États qu'une attaque informatique, fût-elle d'envergure[18] ».

Les nouveaux modes de recherche exigent des capacités techniques, qui doivent être maîtrisées par les services spécialisés. Ceux-ci sont en effet naturellement tentés de faire appel aux savoir-faire des acteurs privés du domaine, au premier rang desquels les hackers, dont les premiers s'efforçant de s'en prendre à des systèmes informatiques classifiés ont été identifiés aux États-Unis en septembre 1983. La notion de HACKINT (*hacker intelligence*), avancée dès 1999 par Davies, montre bien les risques de l'appel à cette forme particulière de « contractants ». Des orientations intermédiaires s'esquissent en Europe. En France, le ministère de la Défense a annoncé en septembre 2012 la création d'une « réserve citoyenne cyber » et en février 2014 la mobilisation des services autour de « renseignement d'intérêt cyber », notion qui gagnerait à être précisée. Au Royaume-Uni, l'annonce par le ministère de la Défense en septembre 2013 de la création d'une Joint Cyber Reserve Unit permettant de mobiliser des auxiliaires, même condamnés par la justice, pour se livrer à des attaques sur Internet confirme cette orientation.

La cyberdimension conduit aussi à repenser le modèle d'organisation des agences de renseignement et de sécurité, au premier rang desquelles les services de sécurité intérieure. Leur capacité à s'adapter à cette dimension inédite constitue un défi car elle requiert pour ces services des compétences nouvelles et des investissements significatifs, s'ils veulent pouvoir honorer leur mandat. La cyberdimension conduit aussi à l'évolution des agences de renseignement technique du fait de la création d'agences spécialisées (ANSSI française, Bundesamt für Sicherheit in der Informationstechnik ou BSI allemand...), qui n'appartiennent pas formellement à la communauté nationale de renseignement. Deux modèles existent actuellement : le modèle anglo-saxon d'agences, combinant capacités offensives et défensives (NSA, GCHQ, ASD australien, GCSB néo-zélandais, auquel on peut rattacher le CNI espagnol), et le modèle « continental », fondé sur des agences purement défensives (ANSSI annoncée en France par le Livre blanc de 2008, BSI créé en Allemagne à partir du BND, rattaché au ministère de l'Intérieur et qui compte un centre de cyberdéfense depuis juin 2011, Bureau cybernétique national créé en Israël auprès du Premier ministre en 2011). Ainsi l'ANSSI créée en France en juin 2009 est-elle rattachée au SGDSN sans être formellement membre de la communauté nationale de renseignement. Elle comptait 350 personnes en 2014 pour un budget d'environ 60 millions d'euros en 2012. Au Royaume-Uni, l'agence britannique GCHQ a annoncé la création d'un Cyber-Security Operations Center, ouvert en mars 2010. Le regroupement par ce service des fonctions SIGINT et de celles relevant de l'*information assurance*, effectif depuis 1968, est présenté comme un atout par son directeur, Ian Lobban, car l'*information assurance* permettrait de traiter 80 % des cybermenaces, le reste relevant de la lutte informatique[19]. Selon son prédécesseur, David Pepper, l'*information assurance* représentait entre 10 et 20 % de l'effort du GCHQ à la fin des années 2000. En Australie, le nouvel Australian Cyber Security Centre regroupe depuis fin 2014 des capacités de plusieurs services (ASD, DIO, ASIO) et de la police. Aux États-Unis, la NSA, qui avait créé un Centre de sécurité informatique dès 1981, a été investie en septembre 1984 par la directive présidentielle NSDD-145 de la responsabilité de protéger les systèmes informatiques gouvernementaux. Sa responsabilité dans ce domaine a été élargie par la directive NSD-42 de juillet 1990 et la NSPD-54 de janvier 2008. Les révélations, en juin 2013, par le *whistleblower* Snowden, des pratiques de la NSA vis-à-vis des sociétés américaines que cette agence est censée protéger montrent bien l'ambiguïté d'un double rôle qui n'est pas sans fondement technique. Le positionnement de ces agences de protection contre les cybermenaces au sein des communautés nationales de renseignement, les liens organiques ou fonctionnels qu'elles entretiennent avec les services de renseignement et de sécurité sont donc au cœur des réflexions actuelles sur l'adaptation du renseignement aux nouveaux défis.

Les cyberopérations posent le problème de l'autorité de l'exécutif sur celles-ci : quelle délégation peut-on faire aux agences dans ce domaine ? Quelle association du Parlement doit-on envisager ? Par exemple, quel a été le degré de contrôle de la Maison Blanche sur le programme de la NSA Perfect Citizen de surveillance des infrastructures informatiques prioritaires lancé en juillet 2010 ? Faut-il une loi ou une simple autorisation (*executive order*) du président américain pour autoriser la protection des industries privées américaines ? Un pilotage direct par l'exécutif a certes été instauré aux États-Unis avec la création d'un coordonnateur pour la cybersécurité au sein du NSC depuis décembre 2009 et la mise en place par la *Presidential Policy Directive* 20 d'octobre 2012 d'un processus d'autorisation d'opérations offensives imposant l'accord du président en cas de « conséquences significatives ». Mais, pour le juriste américain Williams[20], il est très difficile de distinguer les cyber-intrusions (CNE) des cyberattaques (CNA), ce qui justifierait de les traiter toutes comme des actions clandestines soumises au processus spécifique d'autorisation.

Dans ces conditions, la cyberdimension est aussi inévitablement devenue le jeu de rivalités organisationnelles : aux États-Unis, le Pentagone et la NSA ont opposé des vues différentes lors de la création en juin 2009 du Cybercommand, ce qui a abouti à un compromis, sa direction étant confiée au directeur de la NSA mais sa subordination étant faite au Strategic Command militaire. Cet équilibre est aujourd'hui fragilisé par les révélations de Snowden. En novembre 2013, la Maison Blanche envisageait une séparation des responsabilités entre NSA et Cybercommand, à laquelle elle a ultérieurement renoncé. Selon son chef, le Cybercommand devrait compter environ 6 000 hommes en 2016. En France, l'état-major des armées a mis en place publiquement une capacité de cyberguerre depuis septembre 2011. Le Livre blanc français de 2013 indique que « le développement de capacités de cyberdéfense militaire fera l'objet d'un effort marqué, en relation étroite avec le domaine du renseignement. La France développera sa posture sur la base d'une organisation de cyberdéfense étroitement intégrée aux forces, disposant de capacités défensives et offensives pour préparer ou accompagner les opérations militaires. L'organisation opérationnelle des armées intégrera ainsi une chaîne opérationnelle de cyberdéfense, cohérente avec l'organisation et la structure opérationnelles de nos armées, et adaptée aux caractéristiques propres à cet espace de confrontation : unifiée pour tenir compte de l'affaiblissement de la notion de frontière dans cet espace ; centralisée à partir du centre de planification et de conduite des opérations de l'état-major des armées, pour garantir une vision globale d'entrée et une mobilisation rapide des moyens nécessaires ; et spécialisée car demandant des compétences et des comportements adaptés ». La France n'ayant pas opté pour le cumul de responsabilités, le partage des responsabilités entre l'état-major des armées et le service de renseignement extérieur dans ce domaine ultrasensible est en cours de définition.

La maîtrise de la cyberdimension conduit enfin à l'association d'acteurs privés tels que les sociétés de protection informatique et les fournisseurs d'accès. L'essentiel des vulnérabilités aux cybermenaces concerne en effet le secteur privé, ce qui renvoie à une logique de protection des infrastructures critiques ou de la sécurité de la patrie (*homeland*). Par ailleurs, les libertés individuelles sont fragilisées par cette dimension (essor du *cloud computing*, action des agences sur le Net...). La société Apple, qui détient aujourd'hui les coordonnées bancaires de 800 millions de personnes, fait de la résistance aux interceptions de son nouvel iPhone, lancé à l'automne 2014, un argument de marketing.

Un impact sur la société internationale

La cyberdimension exerce aussi de manière croissante ses effets sur la société internationale, qui ne peuvent échapper à l'intérêt des services de renseignement. Elle modifie le statut des États, en laissant entrevoir de possibles changements de hiérarchie, comme le laisse penser l'investissement massif dans ce domaine d'un pays comme la Corée du Nord. Les États-Unis ont ainsi fondé leur stratégie globale sur l'*information dominance* mais celle-ci leur a échappé depuis quelques années : moins de la moitié du trafic Internet passe désormais par le territoire des États-Unis et les entreprises chinoises Huawei et ZTE assurent une part croissante des routeurs. Selon Lowenthal, les principales cybercapacités appartiennent à quelques États de premier rang (États-Unis, Royaume-Uni, Chine, Russie, Israël, France). Lewis affirme, lui, que 46 États disposeraient d'ores et déjà d'une capacité militaire dans ce domaine. Mais une capacité d'attaque ne coûtant que quelques centaines de dollars américains, elle peut aussi bien apparaître comme un accélérateur de puissance et favoriser l'apparition de puissances nouvelles. La cyberdimension peut ainsi se révéler une arme asymétrique comme le montrent les attaques de hackers contre les systèmes gouvernementaux israéliens, possiblement inspirées par le Hamas, survenues en janvier 2009 lors de l'offensive armée israélienne sur Gaza, ou les diverses opérations conduites par l'« armée électronique syrienne » en faveur du régime de Bachar el-Assad depuis 2011, notamment contre la chaîne Al-Jazeera et les sites officiels qatariens.

La cyberdimension exerce son impact sur la conflictualité, en laissant entrevoir un possible contournement de la violence. Comme l'indique une société spécialisée américaine, la Chine et l'Iran, adversaires potentiels des démocraties, y ont respectivement recours depuis 2006 et 2012[21]. Jusqu'ici les agressions ne doivent pas être surestimées. Cette dimension tendra-t-elle à une désinhibition des comportements agressifs ? À une dilution de la responsabilité des États ? À un accroissement de l'instabilité internationale ? Les stratèges observent plutôt dans les « duels » actuels une autorestriction des protagonistes.

La cyberdimension aura également un impact sur la coopération entre États, y compris au sein des organisations internationales comme l'OTAN, qui dispose d'un NATO Advisory SIGINT Intelligence Committee (NACIC) utilisé comme lieu d'échanges sur le sujet. La légitime défense prévue par l'article 51 de la Charte des Nations unies n'a pas encore été invoquée lors d'une cyberattaque. Même si des alliances commencent à voir le jour, telle celle entre la Chine et la Russie, annoncée en octobre 2014 et assez ostensiblement dirigée contre les États-Unis, la coopération entre États dans ce domaine est difficile en raison du caractère très sensible du sujet (dévoilement de capacités offensives) mais elle existe entre partenaires de confiance (échange de signatures). Il n'existe cependant pas de droit international de l'Internet actuellement malgré les réflexions en cours au sein de l'ONU, saisie en septembre 2011 d'un projet russo-chinois de code de conduite international, qui viserait à prohiber l'utilisation des réseaux pour des activités hostiles, et l'existence d'une convention internationale de Budapest de 2004 sur le cybercrime, qui a posé le principe d'une responsabilité de l'État d'origine.

La question de la cyberdimension est d'une grande actualité pour les services de renseignement et de sécurité, certains stratèges voulant leur conférer un rôle de premier plan[22]. C'est sans aucun doute un de leurs principaux *drivers* actuels. Ainsi, en septembre 2012, on annonçait à Londres la création d'un Cybersecurity Institute, financé par le GCHQ, pour développer la réflexion sur la menace. Au-delà de l'emballement médiatique et des mises en garde publiques, cette dimension imprègne déjà leurs orientations et leurs méthodes. Demain, elle modifiera peut-être leur périmètre et l'équilibre de leurs missions mais, dès aujourd'hui, les autorités politiques seraient bien inspirées de repenser le rôle relatif de l'ensemble des acteurs concernés.

CHAPITRE 10

La conjugaison du renseignement et de la diplomatie

On a pu longtemps parler de diplomatie sans évoquer le renseignement, pour des raisons de secret mais aussi de méconnaissance des réalités. Ainsi, dans plusieurs ouvrages à vocation pédagogique récents[1], aucun développement n'est consacré au renseignement. C'est également le cas aux États-Unis des ouvrages du Britannique Barston *Modern diplomacy* (2006), de l'Américain Der Derian *On diplomacy* (1996) ou de l'opus *Diplomacy* de Kissinger paru en 1994, qui ne mentionnent pas le renseignement.

La diplomatie et le renseignement, dont les ascensions sont contemporaines de l'État moderne, ont été en partie confondus jusqu'au XVIIIe siècle. Les diplomates de l'Inde antique ou de Byzance ne se distinguaient pas des espions déclarés, selon Davies et Gustafson. Pour l'historien Prieto, par exemple, « l'histoire des missions vénitiennes à l'étranger, ambassades et consulats, est une histoire continue d'espionnage, menée en tout lieu et en toute occasion avec tous les moyens, licites ou non[2] ». La distinction de principe entre les deux pratiques ne portait pas sur la nature de certaines fonctions communes, non pas certes représenter, mais informer et influencer, mais plutôt sur les méthodes employées. Le diplomate Wicquefort, nommé par l'électeur du Brandebourg auprès de Louis XIII, définissait un ambassadeur comme « un espion distingué qui est sous la protection du droit[3] ». Son homologue Callières voyait en lui « un honorable espion[4] ». Selon le philosophe des Lumières Condillac, c'était « un espion autorisé par le droit des gens[5] ». La frontière entre les deux pouvait être floue[6]. Comme on l'a vu, les diplomates entretenaient parfois des réseaux d'agents, rémunérés de manière secrète et n'hésitaient pas à peser contre les gouvernements auprès desquels ils étaient accrédités. Ainsi, selon l'historien spécialiste de Venise Bély, « l'histoire des missions vénitiennes à l'étranger, ambassades et consulats, est une histoire continue d'espionnage, menée en tout lieu et en toute occasion avec tous les moyens, licites ou non[7] ». L'espionnage était aussi la continuation de la diplomatie par d'autres moyens lorsque les liens étaient rompus, comme le montre la pratique britannique en France après la fermeture de l'ambassade en août 1792[8].

Une séparation progressive

Comme le rappelle le diplomate américain Stempel, la différenciation véritable entre diplomatie et renseignement remonte au congrès de Vienne de 1815, qui prohiba l'ingérence des diplomates dans les affaires intérieures et réprouva l'espionnage.

Comme on l'a vu, de leur côté, les appareils de renseignement ne se sont constitués que progressivement au cours du XIXe siècle. Il faut attendre la fin de ce siècle pour connaître des réseaux structurés permanents comme ceux des attachés militaires occidentaux dans les années 1870 à 1880. Désormais, la convention de Vienne du 18 avril 1961 sur les relations diplomatiques encadre dans son article 3 la fonction informative des diplomates : « Les fonctions d'une mission diplomatique consistent notamment à […] s'informer par tous les moyens licites des conditions et de l'évolution des événements dans l'État accréditaire et faire rapport à ce sujet au gouvernement de l'État accréditant. » Le vocabulaire spécialisé anglo-saxon distingue ainsi ce qui leur est permis (*elicitation*) de ce qui est réservé aux professionnels du renseignement (*collection*) bien que la distinction puisse être discutée. Cette séparation entre les deux métiers s'est accentuée sur le plan sociologique. Parallèlement à la professionnalisation des diplomates, le renseignement est passé aux mains des militaires et, accessoirement, des policiers.

Une confrontation distante

Cette évolution a eu pour effet de créer une relation difficile, qui n'a pas totalement disparu. Selon le général Yves Navarre, qui fut chargé d'établir un bilan de l'action des services avant la défaite de 1940, « le service de renseignement dut combattre deux adversaires principaux : le contre-espionnage allemand et le ministère français des Affaires étrangères. Des deux, ce fut le second qui entrava le plus efficacement notre action ». Faire une place au renseignement extérieur en temps de paix au lendemain de la Seconde Guerre mondiale n'a pas été une chose naturelle. Aux États-Unis, le diplomate américain et ancien de l'OSS Hilsman[9] a ainsi tenté de définir ce rôle des « opérateurs » et des analystes du renseignement, aux côtés du Département d'État. Ce ministère s'est efforcé, sans succès, d'éviter la création d'une agence de renseignement stratégique autonome.

Les activités prêtées aux services ne sont pas sans engendrer des tensions avec les représentants des ministères des Affaires étrangères. La relation entre l'ambassadeur américain, Cabot Lodge, et le chef de poste de la CIA à Saïgon fut tumultueuse après le coup d'État de Ngo Dinh Diem en novembre 1963, soutenu par une partie de l'administration mais pas par l'Agence. L'ambassadeur français au Maroc, de Leusse, démissionna en février 1965 après l'affaire Ben Barka. Le directeur pour l'Afrique du Département d'État américain, Davis, fit de même en décembre 1975 lorsqu'il découvrit l'ampleur des opérations clandestines de la CIA en Angola. L'ambassadeur américain au Pakistan Munter mit un terme à ses fonctions en juillet 2012 lorsqu'il ne fut pas soutenu par sa capitale dans sa rivalité avec le chef de poste de la CIA dans ce pays. Dans certains cas, les chefs de mission diplomatique peuvent être mis en difficulté par leur comportement lorsqu'il revient aux oreilles des services de contre-espionnage, comme ce fut le cas, à Moscou en mai 1964, pour l'ambassadeur français Dejean.

Cette attitude distante peut avoir des conséquences tragiques : ainsi la source exceptionnelle Farewell s'est-elle vu refuser un agrément pour devenir consul général à Marseille par le ministère français des Affaires étrangères, à l'insu de la DST qui la traitait ; elle a été ultérieurement arrêtée et exécutée en janvier 1985[10]. Ainsi, selon Herman, « la diplomatie et le renseignement sont à la fois des concurrents et des collaborateurs ». Selon Lowenthal, « au mieux, la relation est un peu biaisée ; au pire, elle est farouchement compétitive ». La compétition peut s'établir notamment sur le plan des ressources car, dans plusieurs pays, l'évolution divergente des budgets a conduit les efforts de renseignement à dépasser ceux en faveur de la diplomatie. Elle porte également sur les destinataires des productions respectives. Compte tenu de l'attention accrue dont font l'objet les questions de renseignement, les responsables publics ont un accès plus direct aux notes de renseignement qu'aux télégrammes des ambassadeurs, ce qui n'est pas sans susciter quelques jalousies[11].

Ainsi peuvent encore coexister des dérèglements de la relation, dont l'origine est partagée. De la part du monde du renseignement, des attitudes d'*hubris* pouvant laisser penser à un dépassement de la diplomatie par le renseignement. Selon Chouet, « de même que le XVIIIe siècle a pu voir dans la guerre la poursuite de la diplomatie par d'autres moyens, le XXe siècle a fait du renseignement la poursuite de la concurrence par d'autres moyens ». Selon Aldrich, « les agences clandestines peuvent cesser de devenir le soutien de la défense et de la diplomatie pour devenir à la place elles-mêmes le tranchant de la politique étrangère ». De la part du monde de la diplomatie, des attitudes d'ignorance, voire de mépris pour le renseignement persistent. La situation actuelle n'est plus celle qui prévalait il y a plus d'un siècle, quand un ministre français des Affaires étrangères déclarait : « Je puis exprimer l'opinion qui est celle de tous les ministres des Affaires étrangères et de l'intérieur et de tous les préfets de police, qui sont unanimes à dire que le service de renseignement du ministère de la Guerre est l'un des plus mal organisés de l'administration française [...]. L'absence de contrôle a conduit fréquemment les agents de ce service a des imprudences qui pouvaient gravement compromettre le pays. Les correspondances recueillies ou envoyées par eux sont souvent insignifiantes et ne paraissent pas toujours sincères[12]. » Plus récemment, un ancien secrétaire général du ministère français des Affaires étrangères s'indignait de « la funeste pratique des diplomaties parallèles. Elles sont aussi anciennes que la diplomatie. Les monarques, éclairés ou non, ont usé et abusé des émissaires personnels, des envoyés secrets, des espions, des sicaires et des "cabinets noirs", doublant souvent l'action de leurs gouvernements. L'espèce a depuis proliféré, rarement pour le bien de l'État[13] ». Au Royaume-Uni, l'ambassadeur britannique en Turquie pendant la Seconde Guerre mondiale, Knatchbull-Hugessen, considérait que « le SIS est un cancer qu'il est souhaitable de retirer du corps diplomatique », ce qui tempère certaines visions sur la culture britannique du renseignement. Un demi-siècle plus tard, son collègue Hibbert, ambassadeur en France, estimait encore, en 1989, que « les gouvernements qui se fondent excessivement sur les informations de source secrète sont destinés à recevoir une vision déformée du monde ».

Certains ont même pu penser recréer l'esprit qui soufflait sur le congrès de Vienne en proposant, tel l'ambassadeur américain White[14], en 1996, de limiter les activités de renseignement par un traité international. Il est vrai que c'était entre la chute du mur de Berlin et le 11 septembre 2001.

Un constat de dépendance mutuelle

Une reconnaissance mutuelle liée au nouveau contexte international

Le renseignement a pourtant une place reconnue sur le plan théorique dans trois des cinq grandes écoles de pensée sur la sécurité internationale identifiées par David. Selon l'école réaliste-néoréaliste, il permet de garantir la sécurité nationale d'États concurrents et égoïstes et leur donne un avantage dans le conflit et la guerre. L'école idéaliste y voit une contribution à la sécurité collective et à la paix par l'État de droit. Aux yeux des penseurs libéraux et néolibéraux, il participe au maintien de la sécurité globale en soutenant la coopération entre les États et les institutions. Il n'a en revanche sa place, ni dans l'approche constructiviste, qui voit la construction des identités et de la paix par la socialisation des agents, ni dans l'approche critique, qui insiste sur le rôle du communautarisme et de la contestation des discours dominants. Pourtant, même chez Hans Morgenthau, père de l'école réaliste, le renseignement ne compte pas parmi les neuf éléments de puissance (géographie, ressources naturelles, capacité industrielle, degré de préparation militaire, population, caractère national, moral national, qualité de la diplomatie, qualité des dirigeants) recensés dans son ouvrage *Politics among nations* de 1948[15].

La nature de la contribution du renseignement à la prise de décision en politique étrangère varie également selon les approches retenues en matière de relations interétatiques. Elle est essentielle dans les approches utilitariste et perceptuelle :

Le renseignement dans les relations interétatiques

Niveau microanalytique	**Influences**	**Nature des décisions**
Approche utilitariste	Menaces, sanctions, récompenses	Maximisation des intérêts
Approche perceptuelle	Images	Signaux
Approche bureaucratique	Fragmentation du pouvoir	Marchandage organisationnel
Niveau macroanalytique		
Approche sociétale	Capacités, attributs nationaux, développement économique, régime politique	Pressions internes (politiques, économiques, sociales..)
Approche systémique	Environnement politique, stratégique et économique	Pressions internationales

Source : David C.-P., Au sein de la Maison Blanche. La formulation de la politique étrangère des États-Unis, de Truman à Clinton, *Presses universitaires de Nancy, 1994.*

Le contexte du monde d'après guerre froide et surtout de l'après-11 Septembre a changé la donne. Alors que le jeu de guerre froide pouvait paraître stérile en raison de l'absence de capacité centrale de prévision des crises et des évolutions géopolitiques, du confinement du renseignement à un jeu d'espionnage et de contre-espionnage et des dérapages de l'action clandestine auxquels il donnait lieu, les nouvelles conditions du jeu international ont conduit à la reconnaissance d'une complémentarité entre les instruments, le renseignement étant désormais assumé comme une fonction visible. À cet égard, le Livre blanc français sur l'action de la France en Europe et dans le monde de 2008 estime que « ces échanges [entre diplomatie et renseignement] doivent être systématisés, au sein des postes et au niveau des administrations centrales. Ils pourraient s'appuyer sur des échanges de personnel plus diversifiés, afin de consolider la culture du renseignement au sein du ministère, ou encore sur des sujets déterminés (par exemple la lutte contre le terrorisme ou la contre-prolifération) et sur des échanges systématiques à vocation opérationnelle, pour permettre leur traitement en temps réel ». Comme l'a indiqué, dans une intervention orale, Brochand, ancien ambassadeur et directeur général de la sécurité extérieure entre 2002 et 2008, « la diplomatie et le renseignement sont deux outils régaliens. Ils ont en commun le traitement de la "matière extérieure". La diplomatie utilise un grand-angle et le renseignement un téléobjectif[16] ». Dans le nouveau contexte international, le renseignement est convoqué pour aider à élucider aussi bien ce que le Livre blanc sur la défense et la sécurité nationale de juin 2013 appelle les « risques de la faiblesse » que les « menaces de la force ». Un exemple très concret de cette attente porte sur les orientations reçues par le GCHQ sur les négociations relatives au changement climatique depuis la conférence de Bali en 2007[17].

Des points de rencontre obligés

Les ambassades, points de rencontre physique du renseignement et de la diplomatie, illustrent cette nouvelle relation. L'ouverture d'une ambassade américaine à Pékin en 1973 a été aussi l'occasion de l'ouverture d'un poste de la CIA, dirigée par Lilley, qui devint lui-même ambassadeur en Chine de 1989 à 1991. L'affaire récente, en septembre 2012, de l'assaut du consulat américain à Benghazi et de l'assassinat de l'ambassadeur Stevens a fait apparaître une majorité de personnels de la CIA parmi les diplomates du consulat. Les personnes de renseignement présentes en ambassade émanent non seulement des services extérieurs et militaires mais aussi, le cas échéant, des services intérieurs qui souhaitent resserrer leurs relations de coopération. Le FBI a vu doubler le nombre de ses *legal attachés* dans les ambassades américaines entre 1998 (32) et 2013 (63). Le renseignement intérieur français dispose, de même, de près d'une dizaine d'officiers de liaison en poste extérieur, implantés depuis le milieu des années 1990. Ainsi se forment dans certaines ambassades des « microcommunautés de renseignement ».

Pour le renseignement, un poste diplomatique présente en effet quatre caractéristiques. Protégé par l'extraterritorialité, il lui permet de déployer certaines de ses activités de recherche. Point nodal des relations entre États, il constitue un objectif privilégié des services locaux contre lesquels il doit être protégé. Lieu de présence de plusieurs administrations concernées par l'influence et la sécurité nationales, il offre une boucle locale de partage de leurs analyses respectives. Enfin, vecteur de la présence officielle, il favorise l'établissement et le développement de la coopération entre les services. Le contrôle de l'action des services représentés sur place par l'ambassadeur est, de ce point de vue, une question cruciale. Il reçoit une réponse différente selon les cultures nationales. Pour lord Jeremy Greenstock, qui fut notamment représentant permanent britannique à l'ONU et envoyé spécial en Irak, « les missions à l'étranger, normalement les chefs de mission eux-mêmes, devraient être informés des opérations de renseignement sur leur territoire car il y a souvent des facteurs politiques qui doivent être pris en compte[18] ». Aux États-Unis, le chef de mission diplomatique est, par exemple, averti des actions de recherche les plus sensibles, ce qui n'exclut pas des situations de tension comme en ont connu les ambassades américaines en Inde dans les années 1960, au Sud-Vietnam pendant la guerre du Vietnam ou plus récemment, en 2011, au Pakistan. En France, la relation entre chefs de mission diplomatique et chefs de poste, courtoise mais distante, a été resserrée depuis quelques années.

Une reconnaissance timide par le droit international

À la différence de l'espionnage en temps de guerre dont une définition précise est donnée par l'article 29 du règlement de La Haye de 1907, l'espionnage en temps de paix n'est pas toujours reconnu par les conventions internationales[19]. Lorsqu'un diplomate se livre à des pratiques interdites par ces conventions ou par les lois locales et qu'il est pris sur le fait par les autorités locales, il peut devenir *persona non grata*. Plusieurs États ont ainsi recouru à des mesures publiques d'expulsion d'agents de services étrangers accusés de se livrer à des activités d'espionnage sous couverture diplomatique. Le Royaume-Uni s'en est fait une spécialité avec l'expulsion de 105 diplomates soviétiques en septembre 1971, de 31 d'entre eux en septembre 1985 et de 4 diplomates russes en mai 1996. La France y a eu recours en avril 1983 avec l'expulsion de 47 diplomates soviétiques à la suite de l'affaire Farewell et en février 1995 avec l'expulsion du chef de poste de la CIA. Les États-Unis, la Russie, la Pologne, l'Allemagne et l'Inde ont également utilisé ce type de mesure depuis la fin de la guerre froide. Pourtant, comme l'indique la doctrine, « puisque, à ce jour, aucune règle conventionnelle ou coutumière n'interdit expressément l'espionnage entre États – parce que, tout bonnement, ces derniers ne souhaitent pas être juridiquement contraints en la matière –, la doctrine admet en majorité que l'espionnage est tacitement réputé licite – ou, à tout le moins, toléré dans les rapports interétatiques[20] ». « Le droit international régissant les relations diplomatiques reconnaît implicitement la tradition de la recherche de renseignement par des individus opérant sous couverture diplomatique[21] ».

Une nouvelle convergence

Des buts harmonisés

Le renseignement concourt pleinement à l'exercice de la diplomatie, qui est souvent le premier client en volume des services de renseignement extérieur. Il existe ainsi une certaine corrélation entre le « rang » diplomatique et le profil des services. La valeur spécifique des renseignements collectés, par rapport aux sources diplomatiques, tient à l'exclusivité de leurs sources. Selon le mot de Bajolet, à l'époque coordonnateur national du renseignement, « le renseignement commence là où s'arrête la diplomatie ». Leur utilité pour les chancelleries tient aussi à la capacité de mémoire du renseignement, qui assume de fait une fonction historiographique et biographique, et à ses analyses précises et non biaisées parce qu'en principe déconnectées des orientations politiques comme le rappelle le rôle joué par les analyses de la CIA lors de la guerre du Vietnam.

Il doit cependant s'efforcer de réduire les « irritants » pour les responsables de la diplomatie nationale. Les risques de compromission sont en effet nombreux : expulsions périodiques d'officiers traitants ; incident de l'avion-espion U2 américain conduisant à l'annulation d'un sommet bilatéral en 1960 ; bavure du *Rainbow Warrior* en 1985 ; fragilisation de la relation israélo-jordanienne par la tentative ratée d'élimination du responsable du Hamas à Amman en 1997 ; exercice raté du service Action de la DGSE en Bulgarie en octobre 2012 ; révélations des pratiques de la NSA par Snowden ayant notamment conduit à l'annulation de la visite d'État aux États-Unis de la présidente brésilienne Roussef en septembre 2013 ; tensions germano-américaines et germano-turques en 2014 liées à la mise au jour de pratiques d'espionnage « entre amis ». Ils ne peuvent être minimisés que par une rigueur opérationnelle et par un souci d'éviter de céder aux tentations de la « diplomatie parallèle », que l'on peut définir comme une diplomatie pratiquée en dehors des canaux diplomatiques institutionnels.

Des moyens complémentaires

Les services de renseignement n'ont naturellement pas le monopole de l'action secrète, comme en témoignent les préparatifs dirigés par Kissinger du rapprochement entre les États-Unis et la Chine communiste ou les médiations discrètes au Proche- et au Moyen-Orient et au Maghreb au cours des dernières années d'émissaires français comme le préfet Marchiani ou le secrétaire général de l'Élysée Guéant, censés porter la confiance personnelle des dirigeants français et pouvoir traiter d'affaires sensibles mélangeant les dimensions intérieure et extérieure. Le secret n'est d'ailleurs pas l'apanage du renseignement. Il est partagé par le politique et la diplomatie. Comme l'indique le diplomate et conseiller d'État Plantey, « les politiques s'entourent de précautions ; il leur faut préserver leur libre arbitre, surprendre leurs adversaires, dissimuler leur ignorance ou leurs déboires, éviter les confrontations risquées. Pour eux, détenir un secret, c'est conserver un élément de supériorité [...]. Le secret fait la rareté, c'est-à-dire le prix de l'information. Il garantit l'exercice du pouvoir[22] ».

Pour cela, le renseignement a besoin du support diplomatique qui peut lui prodiguer certaines couvertures et des plates-formes comme les ambassades. Une *National HUMINT Collection Directive* signée par la Secrétaire d'État américaine Hillary Clinton le 31 juillet 2009 à l'intention des ambassades, révélée par WikiLeaks en novembre 2010, demandait aux diplomates américains de recueillir des paramètres techniques (coordonnées, données bancaires...) sur de nombreux objectifs des services américains. Le renseignement assume par ailleurs une fonction de validation. Il permet souvent de vérifier la réalité des intentions des États en matière d'engagements diplomatiques ou d'affaires de désarmement et de prolifération. L'usage de « moyens techniques nationaux », appellation pudique des satellites d'observation, a ainsi été prévu par les accords et conventions de maîtrise des armements de la guerre froide. Actuellement, les engagements du gouvernement syrien de renonciation à l'arme chimique et de démantèlement des stocks et capacités correspondants font l'objet d'une attention particulière des services occidentaux.

Des enjeux de pouvoir

La diplomatie n'est pas le seul horizon du renseignement extérieur, qui doit servir d'autres autorités telles que les chefs de l'État et les autres responsables ministériels. La confrontation des vues diplomatiques et des analyses de renseignement s'effectue habituellement dans des instances particulières telles que le NSC américain ou le JIC britannique.

Le renseignement extérieur est en partie piloté par la diplomatie. Il est parfois dirigé par des diplomates, comme actuellement pour le SIS et la DGSE, mais plus rarement par les ministères des Affaires étrangères. L'initiative du ministère français des Affaires étrangères de créer un « service de renseignement politique extérieur » en mai 1939 est restée sans lendemain. De même, les velléités du Département d'État américain au lendemain de la Seconde Guerre mondiale de prendre le contrôle du renseignement stratégique américain n'ont pas été suivies par le président Truman. À ce titre, le modèle britannique, qui confie au ministère des Affaires étrangères (F&CO) le pilotage du SIS et du GCHQ, est pratiqué seulement par l'Australie (ASIS) mais pas par d'autres Anglo-Saxons comme le Canada, qui laisse au Privy Council la tutelle des services. Le ministère britannique des Affaires étrangères conserve depuis 1909 le contrôle du service de renseignement mais a perdu la présidence du Joint Intelligence Council en 2001 au profit de personnalités qualifiées. Le ministre joue cependant un rôle clé en matière d'autorisation des opérations des services placés sous son autorité[23]. Cette exception est illustrée par un récent discours du ministre des Affaires étrangères de 2010 à 2014, Hague, selon lequel « je ne considère pas ma responsabilité sur le SIS et le GCHQ comme quelque chose de distinct de mon rôle de ministre des Affaires étrangères ; c'est une partie intégrale de celui-ci [...] [nos agences de renseignement] ont la capacité de découvrir des choses qui sont hors de portée de notre diplomatie quotidienne, remplissant quelques-uns des blancs de notre compréhension des autres pays et gouvernements [...] mais le renseignement ne remplace pas la diplomatie et ne peut pas être un substitut de celle-ci[24] ».

Il est par ailleurs intéressant de remarquer que certains États ont intégré une fonction de renseignement dans leur ministère des Affaires étrangères. La création d'un Political Intelligence Department en 1916 n'a pas prospéré au sein du Foreign Office britannique, même si le F&CO dispose, indépendamment de l'autorité directe de son responsable sur deux des services britanniques, d'une Direction générale défense et renseignement. L'existence d'un service autonome au sein du ministère des Affaires étrangères israélien entre 1948 et 1951 n'a pas survécu à la naissance du Mossad. Mais les États-Unis ont créé un Bureau of Intelligence and Research (BIR ou INR) au sein du Département d'État dès 1957, qui est une des 16 agences de la communauté nationale du renseignement. Le Japon dispose depuis 1984 d'une structure propre, l'Intelligence and Analysis Bureau (IAB ou Kokusai Joho-kyoku), créé, sous la dénomination d'IARPB en 1984 par le Premier ministre Nakasone et réorganisé sous ce nom depuis juillet 1993. Selon Faligot, ce bureau exerce également la tutelle de Radiopress Inc., organisme d'écoutes ouvertes. En France, le Quai d'Orsay n'abrite plus d'entités de renseignement depuis plusieurs décennies alors qu'il hébergeait un « cabinet noir » sous la IIIe République, qui déchiffrait certaines correspondances diplomatiques étrangères[25]. Le Livre blanc sur la politique étrangère de la France a cependant ouvert en 2008 une piste en ce sens en évoquant la possible transformation du Centre d'analyse et de prévision (CAP) du ministère des Affaires étrangères en une direction de la prospective, qui aurait pu inclure le traitement des liens entre renseignement et prospective, avant que le ministre des Affaires étrangères ne décide de revenir en 2013 à une formule classique.

La cohabitation en poste diplomatique des acteurs doit être mieux organisée, même si son champ est nécessairement variable selon les pays. À cet égard, la directive américaine NSCID n° 5 relative aux opérations d'espionnage et de contre-espionnage révisée le 28 août 1951, qui prévoyait, hors théâtre de guerre, que le représentant du DCI tienne « informé le représentant américain de manière appropriée sur les opérations d'espionnage et de contre-espionnage dans ou depuis la zone », paraît un sage principe.

L'établissement d'une typologie des relations entre les deux fonctions permet de mieux cerner la complémentarité entre la diplomatie et le renseignement extérieur. L'interaction entre les deux instruments porte sur plusieurs fonctions comme le rappelle Teixeira. Les services contribuent en premier lieu à informer les autorités : ils recensent leurs domaines d'attente, au moyen de plans d'orientation des services de type PNR ou PNOR en France ; ils s'assurent de l'adéquation de leur offre à la demande par un dialogue de type clients/fournisseurs, correspondant à l'activité de la direction de la stratégie de la DGSE en France ou de l'INR aux États-Unis[26] ; ils participent aux échanges d'analyses ; ils disposent d'une mémoire longue mobilisable par les diplomates ; ils assurent l'anticipation et surtout l'alerte. Les services améliorent par leur action l'efficacité de l'action extérieure : ils peuvent exploiter, si nécessaire, des canaux alternatifs ; ils confortent les régimes de sanctions ; ils peuvent entraver les programmes et les réseaux proliférants, comme celui d'Abdul Kader Khan ; ils peuvent anticiper les intentions et deviner les marges de manœuvre d'une partie lors d'une négociation, comme celles qui ont eu lieu sur la Bosnie en 1995, le Kosovo en 1998 ou l'Afghanistan en 2002. Les services doivent aussi, si nécessaire, protéger la communauté expatriée, formée des diplomates et des ressortissants nationaux, en évaluer la menace, en auditant les risques, en sensibilisant certaines catégories de personnes, en alertant sur les dangers, et en participant, au besoin, à la récupération d'otages en territoire étranger, de manière unilatérale mais aussi au terme de négociations avec les autorités, illustrée par la visite exceptionnelle en Corée du Nord du général Clapper, DNI, en novembre 2014, pour libérer deux ressortissants américains détenus par Pyongyang. Les services assurent parallèlement une protection contre les menaces d'espionnage des représentations diplomatiques (missions Aspiro de la DGSE). Enfin, les services peuvent appuyer des actions d'influence, en détectant les opérations de désinformation, en pratiquant leur propre « diplomatie du renseignement », en assistant des services étrangers sous pression, comme au Sahel actuellement et en participant à des actions d'influence dans les enceintes multilatérales.

Quelle place pour la « diplomatie de renseignement » ?

Des canaux utiles

La « diplomatie secrète » a été vue par certains comme une des fonctions des services secrets, aux côtés du renseignement, du contre-espionnage, du contre-terrorisme, de l'action et de l'influence. C'était par exemple le point de vue du premier directeur général de la sécurité extérieure, Pierre Marion, entre 2002 et 2003[27].

La diplomatie a souvent utilisé le renseignement comme un instrument de médiation. En Indochine, la CIA a noué des contacts avec le Viet-minh d'Ho Chi Minh de 1947 à au moins 1954. En Algérie, le SDECE a été sollicité par le Premier ministre à partir de l'automne 1960 pour établir des contacts avec les nationalistes. Au Proche-Orient, plusieurs liaisons secrètes ont permis des médiations : entre Israël et l'Égypte *via* le SIS (Alpha) en 1954 et 1955 et *via* la CIA (*Gamma*) en 1956 ; entre Israël, l'Égypte et la Jordanie *via* le Mossad à partir de 1958 ; entre la Turquie et Israël *via* le MIT et le Mossad, sur décision prise lors de la rencontre secrète d'août 1958 à Ankara entre le Premier ministre Ben Gourion et le Premier ministre Menderes, élargie ultérieurement à la Savak iranienne (accord Trident/Ultra-Watt). La CIA y a noué des relations tant avec l'OLP, à la demande du président Nixon et *via* Ali Hassan Salameh, de 1969 à 1979, qu'avec le Hamas depuis mai 2011. L'agence américaine a joué un rôle quasi public de médiation dans les négociations israélo-palestiniennes sous le président Clinton (garantie de sécurité dans l'accord de Wye Plantation de 1998, au prix notamment de plus de 10 voyages dans la région du

DCI Tenet). Même le BND allemand s'y est engagé avec le Hezbollah depuis 1991 pour faciliter les échanges de prisonniers avec Israël. Le SIS britannique s'y est investi tant en Afrique australe pour la préparation des accords de Lancaster House de 1979 sur la Rhodésie qu'en Irlande du Nord entre 1973 et 1993 à travers des contacts secrets avec l'IRA à Belfast. La DGSE a, de son côté, entretenu des relations directes avec le pouvoir syrien à partir de 1982 afin de prévenir de nouveaux attentats contre la France. Elle a été sollicitée pour une médiation entre le Sénégal et la Mauritanie en 1991 afin de prévenir un conflit armé entre ces deux pays et entretient depuis des décennies des relations directes avec les organisations de Touaregs dans le Sahel. En Afghanistan, le SIS a établi des contacts avec les talibans de la province de Helmand à l'été 2007 et les services français ont été directement associés dans les sessions de dialogue intra-afghan organisées à Chantilly en novembre 2011, en juin et en décembre 2012. En Inde, la CIA a facilité les échanges entre l'Inde et le Pakistan après les attentats de Bombay de novembre 2008.

Le renseignement doit cependant aujourd'hui partager cette fonction de *track* 2 avec d'autres entités comme les ONG soutenues par les États scandinaves ou le mouvement San Egidio, qui disposent de leurs propres atouts. L'existence d'une action diplomatique autonome peut être un utile contrepoint à l'action diplomatique classique. Mais elle peut conduire à une certaine confusion, comme le montre l'exemple de la Bosnie. Comme le rappelle Aldrich, dans ce conflit, la CIA et le BND ont assisté les Croates et les musulmans bosniaques alors que le SIS britannique soutenait les Serbes bosniaques. Le Mossad, l'Ukraine et la Grèce soutenaient de leur côté les Serbes, tandis que la CIA, en coopération avec la Turquie et l'Iran, soutenait les djihadistes importés du Moyen-Orient[28].

Une contribution modeste à la politique étrangère

Il est excessif de considérer, comme Jervis, que « l'histoire des relations internationales peut être largement écrite à partir des échecs du renseignement, à commencer par le récit dans la Bible que les espions envoyés par Moïse en Israël ont surestimé la force des ennemis qui s'y trouvaient[29] ».

De l'avis du chercheur britannique Alexander, le renseignement apporte finalement un concours modeste à la politique étrangère en situation de paix car « en pratique, un bon renseignement ne peut améliorer des décisions de politique étrangère qu'en fonction des qualités, intentions et liberté de manœuvre de ceux qui prennent ces décisions ». C'est peut-être oublier que la fonction permanente du renseignement est d'abaisser le niveau de violence, intérieure ou extérieure. Au cours de la guerre froide, il s'est révélé myope des deux côtés (les establishments projetant leur propre image. En cas de crise ou de guerre, il peut se révéler utile. Dans une négociation internationale, un renseignement trop précis peut inhiber le négociateur, comme lors de la négociation d'Helsinki sur la CSCE en 1975)[30]. Ce point de vue est partagé par Pillar[31], qui estime que « dans les décisions majeures de politique étrangère, que ce soit l'entrée en guerre ou plus largement la réappréciation de la politique vis-à-vis du monde arabe, le renseignement n'est pas le facteur décisif ».

Le renseignement ne peut plus être considéré de même qu'il y a vingt ans comme l'« antidiplomatie[32] ». Les incertitudes, les risques, les menaces et les opportunités du monde contemporain invitent les États démocratiques à associer aussi étroitement que possible leurs instruments diplomatiques et de renseignement. Au cours des dernières décennies, les seconds ont été plus fortement transformés que les premiers. L'avenir immédiat pourrait voir une consolidation des outils de renseignement et une mutation plus profonde des appareils diplomatiques. Les relations au sein de ce couple inévitable devront ainsi sans doute être repensées.

CHAPITRE 11

La mutation du renseignement au profit de la défense

Le renseignement est largement né de la guerre. Détecter les intentions et les capacités de l'ennemi a longtemps été une condition de survie des armées. Pourtant, selon l'historien victorien Creasy, le renseignement n'aurait permis de remporter qu'une seule des 15 batailles décisives de l'histoire, celle livrée par Rome contre Carthage sur la rivière Métaure en 207 après Jésus-Christ[1]. Nombreux sont les stratèges, qui, tel Clausewitz, estiment que le renseignement militaire n'a que peu d'importance. Il ajouterait au fameux brouillard de la guerre car « beaucoup de rapports de renseignement dans la guerre sont contradictoires, plus encore sont faux, et presque tous sont incertains[2] ». L'historien militaire britannique Keegan estime ainsi que « la victoire est un prix difficile, atteint avec du sang plutôt que des cerveaux. Le renseignement est la servante, pas la maîtresse, du guerrier [...]. Les raisons de la surestimation actuelle du renseignement dans la guerre sont doubles : la confusion entre espionnage et contre-espionnage d'une part, et renseignement opérationnel d'autre part ; la contagion du renseignement opérationnel avec la subversion (tentative de remporter un avantage militaire par des moyens clandestins)[3] ».

L'explication tiendrait à la nature même de la guerre clausewitzienne. Étudiant le rôle du renseignement technique au XXe siècle, Ferris estime que « le renseignement affecte les tactiques militaires et les négociations diplomatiques plus que la stratégie ».

Un apport dans la guerre longtemps considéré comme mineur

Partageant cette vision, les chefs militaires français se sont défiés du renseignement. Le roi de Prusse Frédéric II estimait que « le maréchal de Soubise se fait suivre par cent cuisiniers ; je me fais précéder par cent espions[4] ». L'empereur Napoléon Ier considérait en 1808 qu'« à la guerre, les renseignements comptent pour rien, ce serait aventurer la vie des hommes à de bien faibles calculs que de s'y fier[5] ». Plus récemment, l'amiral Castex, père de la pensée stratégique française au XXe siècle, ne consacrait aucun développement au renseignement dans ses *Théories stratégiques*. Le renseignement n'a au demeurant commencé à être enseigné à l'École supérieure de guerre qu'à compter de 1950 par le colonel Achard-James.

Comment expliquer cette carence ? Plusieurs raisons peuvent être avancées. La pensée militaire française classique s'est réclamée longtemps de l'« école des possibilités », moins favorable au renseignement, selon laquelle « il ne faut jamais chercher à imaginer ce que fera l'adversaire », comme disait Napoléon. La Prusse privilégiait de son côté l'« école des intentions », selon laquelle « il faut apprécier sainement ce que l'on voit, et deviner ce que l'on ne voit pas », comme le disait le général von Moltke, chef d'état-major de l'armée prussienne avant la guerre de 1914. La « logique de l'honneur » chère aux officiers français s'est en outre opposée à l'emploi du renseignement, matériau acquis dans des conditions impures, ce qui explique assez largement la place qui lui a été accordée dans la culture française. Le colonel Lewal estimait ainsi dans ses *Études de guerre* (1881-1882) que « le caractère chevaleresque de notre nation se prête malaisément à l'emploi de ce moyen qui présente quelque chose de traître et de déloyal ». L'accent mis sur la dissuasion nucléaire pendant plusieurs décennies a enfin pu faire croire que le besoin de renseignement s'effaçait au profit du maniement de la théorie des jeux par les stratèges. En réalité, il a mobilisé le renseignement au service de besoins de ciblage des capacités adverses, d'autant plus exigeants que celles-ci devenaient mobiles à partir des années 1980[6].

Les limites du renseignement militaire

Le renseignement militaire s'est par ailleurs souvent vu reprocher ses insuffisances, non seulement à donner l'alerte stratégique mais à établir des « ordres de bataille » de l'adversaire. Les approximations du deuxième bureau français en 1914 sur le nombre de divisions allemandes ont été critiquées, comme le rappelle Laurent. La surévaluation du potentiel de chars allemands en 1940, estimée à 7 000 à 8 000 unités alors qu'il y en avait moins de 3 000, aussi, selon Coutau-Bégarie. Cette incompétence apparente est même devenue un sujet d'ironie, souligné par l'historien Marc Bloch, participant à la campagne de 1940 : « Quant à la diffusion des informations, c'est une vieille plaisanterie, dans les états-majors, de raconter comment un deuxième bureau, aussitôt qu'il sait quelque chose, s'empresse d'en faire un papier, d'écrire sur celui-ci, à l'encre rouge “très secret”, puis de l'enfermer, loin des yeux de tous ceux qu'il pourrait intéresser, dans une armoire à triple serrure[7]. »

Le domaine militaire n'échappe donc pas à la critique des erreurs de prévision et d'analyse du renseignement mais, dans ce registre, les conséquences peuvent être fatales. Ainsi, pendant la bataille du Pacifique, malgré la création du Joint Intelligence Center Pacific Ocean Area (JICPOA) en 1943 sous le commandement de l'amiral Nimitz, le renseignement militaire américain a été défaillant lors des assauts de 1944 sur les îles de Peleliu, où les défenses japonaises enterrées ont été sous-estimées, et d'Iwo Jima, où le nombre de militaires japonais a été mal apprécié. Au Vietnam, « les relations SIGINT entre la NSA et les forces armées américaines ont été un désastre », selon Aldrich. Pendant la guerre froide, le stock d'armes chimiques soviétiques a été fortement surévalué par le Defence Intelligence Service britannique (300 000 au lieu de 32 000 en 1982), alors que celui des missiles mobiles SS-23 était sous-estimé par le renseignement américain (40 au lieu de 82 en 1987). Lors de l'intervention de l'OTAN en 1999 au Kosovo, les forces alliées ont manqué de cibles sur la Serbie au bout de quarante-huit heures car l'effort d'acquisition des données sur celles-ci avait été insuffisant. Pendant l'invasion de l'Irak en 2003, les commandants américains de divisions, de brigades et de bataillons n'ont guère reçu de renseignement SIGINT de la NSA, selon Aid.

Le renseignement de défense prend en réalité des formes multiples

Le champ variable de l'activité du renseignement militaire

Le champ du renseignement militaire est plus vaste qu'il n'y paraît de prime abord, ce qui a pu conduire par exemple à des frictions entre les services français en Afrique[8]. En France, la doctrine, définie depuis la création de la direction du renseignement militaire (DRM) en 1992, distingue trois cercles : le renseignement militaire *stricto sensu*, qui porte sur les forces armées susceptibles d'être opposées aux forces françaises ; le renseignement d'intérêt militaire (RIM), lequel comprend également le « renseignement d'environnement » utile au déploiement des forces, et le renseignement de défense, qui recouvre le renseignement stratégique, utile pour l'alerte nucléaire, et le renseignement de sécurité, nécessaire à la protection des forces.

La vision militaire française du renseignement

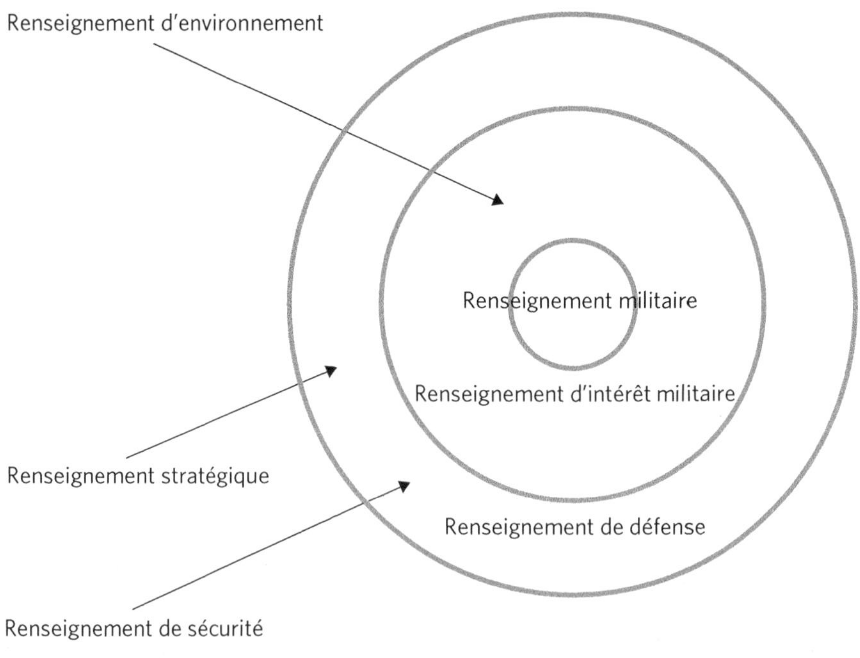

Cette définition assez large conduit en réalité à considérer que le renseignement de défense est celui qui est utile aux chefs militaires. Il peut ainsi couvrir non seulement les domaines purement militaires mais aussi les domaines politique, économique et scientifique. La DRM se concentre, elle, sur le renseignement d'intérêt militaire, qui selon la doctrine de l'EMA de 2008, « a pour but de concourir à l'appréciation de situation et à la prise de décision à tous les niveaux de commandement. Il recouvre le renseignement militaire *stricto sensu* et le renseignement plus global, permettant aux responsables politiques et militaires d'apprécier l'environnement et le contexte global des crises, et, le cas échéant, de préparer l'engagement des forces ». La nature des opérations militaires conduit le renseignement militaire à assumer de manière croissante une fonction de désignation d'objectif, ce qui a incité l'actuel directeur de la DRM, le général Gomart, à prôner le rapprochement de son organisme avec le Centre national de ciblage (CNC) créé par l'état-major des armées en 2000[9]. De manière plus générale, la participation des services de renseignement à la constitution de « dossiers d'objectifs » est devenue courante, comme lors de l'intervention au Mali en 2013 par exemple.

Le renseignement militaire *stricto sensu* comprend, selon le général Faivre[10], le renseignement de documentation, qui vise à constituer un dictionnaire des données utiles aux armées, le renseignement de situation, qui assure le suivi des activités des armées étrangères, le renseignement de sécurité, qui contribue à la protection des forces, et le renseignement opérationnel, indispensable à leur manœuvre. Cette vocation documentaire ne lui est pas propre mais elle est essentielle. Selon Betts, « la fonction de bibliothécaire de la sécurité nationale » du renseignement, c'est-à-dire sa capacité « à conserver toutes les sources, secrètes ou non, et à les mobiliser dans une forme cohérente quand les responsables publics les sollicitent », est cruciale. Il ne faut pas pour autant confondre le renseignement de documentation et la compilation d'informations de source ouverte. La récupération par le Mossad en août 1966 d'un MIG21 irakien par défection de son pilote, qui donna un avantage significatif aux forces armées israéliennes lors de la guerre des Six-Jours, constitue un exemple de renseignement militaire opéré par manipulation active.

D'autres distinctions peuvent être faites. Pour le colonel Dupont, par exemple, le renseignement militaire présente trois formes : renseignement d'anticipation, renseignement de planification et renseignement de contact[11]. Le renseignement militaire ne peut donc être défini par un critère matériel mais seulement par un critère de finalité – il porte sur ce qui sert au chef militaire –, ce qui appelle une coopération étroite des services pour répondre à cette attente.

Un besoin de renseignement aux divers niveaux des opérations militaires

Pendant la guerre froide, le renseignement militaire a avant tout consisté dans l'observation des capacités et dans le sondage des intentions de l'adversaire que représentaient les évolutions des niveaux d'alerte et les déploiements[12]. Une partie importante de l'attention des services britanniques s'est ainsi concentrée pendant des décennies sur les listes « rouge » et « ambre » des indices de préparation au conflit des forces du pacte de Varsovie. L'évolution des opérations militaires vers le temps réel et les « opérations d'information[13] » pose le problème de la séparation entre action opérationnelle et action de renseignement sur le théâtre d'intervention. À cet égard, Herman propose une distinction fondée sur le niveau de contrôle et les destinataires de l'information.

La distinction entre renseignement et information de combat selon Michael Herman

	Renseignement stratégique	Renseignement tactique	Information de combat
Contrôle	Central stratégique	Local infrastratégique	Opérationnel
Destinataires	Tous destinataires	Échelons opérationnels et tactiques	Combattant
Observations	Distribution verticale	Ajustement en boucle	Non dépendant de personnel du renseignement Résultat retransmis aux organes de renseignement pour incorporation dans leur analyse

Source: Herman M., Intelligence power in peace and war, *op. cit.*

Cette opération est cependant de plus en difficile à maintenir tant le rythme et la nature des opérations militaires conduisent désormais à intégrer le renseignement au plus près de la boucle « observation, orientation, décision, action » (OODA)[14].

L'incertitude actuelle sur le statut des drones, à la fois moyens d'observation et d'action, aux mains des forces armées et des services depuis 2002, peut faire douter. Un expert de la RAND allait jusqu'à estimer en 1994 que « l'avenir verra peut-être la disparition progressive de la fonction distincte et séparée du renseignement militaire[15] ».

Cette évolution de nature technico-opérationnelle fait en réalité apparaître un continuum du renseignement, qui conduit à un besoin de production et de dissémination à tous les niveaux dans des délais parfois instantanés, que ce soit sur le théâtre national, comme le veut, par exemple, la « posture permanente de sécurité » identifiée depuis le Livre blanc français de mai 1994, ou pour des forces déployées à l'extérieur du territoire. Cette singularité du renseignement militaire impose une attention particulière aux réseaux d'acheminement et à la division du travail au sein des armées.

La transformation du renseignement de défense par les récentes opérations militaires

Dans un contexte d'engagement des forces armées, le renseignement demeure subordonné aux opérations. C'est ce que confirma aussi bien la démission, en juillet 1995, du général Saguy, chef de l'Aman, pour cause de mésentente avec le général Barak, à l'époque chef d'état-major des armées, que celle du chef d'état-major de Tsahal, le général Elazar, en mars 1974 pour n'avoir pas su utiliser le renseignement pour prévenir la guerre du Kippour. Le besoin de renseignement militaire est donc persistant. L'incertitude stratégique confirme le besoin d'une fonction d'éclairage des capacités et des situations. Les besoins classiques de connaissance des « ordres de bataille » perdurent. Ils portent désormais aussi sur de nouveaux acteurs étatiques, tels que la marine chinoise, son porte-avions et ses armes antisatellites, comme sur des acteurs non étatiques, tels que les factions ivoiriennes, irakiennes ou syriennes. Ils s'attachent aux nouveaux équipements comme les armes de destruction massive ou les explosifs improvisés (*improvised explosive devices* ou IED). À partir des années 1990, le développement d'opérations extérieures sur des théâtres aussi peu familiers que les Balkans, Haïti, la Somalie ou l'Afrique centrale a conduit la communauté américaine à déployer auprès des commandants militaires des *national intelligence support teams* (NIST), composés d'éléments des diverses agences. De même, la projection de corps expéditionnaires dans le cadre de missions d'ordre aussi divers que la lutte contre le terrorisme, l'interposition, ou le maintien de la paix, a poussé des pays comme l'Allemagne ou le Danemark à revaloriser leur appareil de renseignement militaire au cours de la décennie passée. Dans cette circonstance, le renseignement peut être déterminant dans le déclenchement de la décision politico-militaire. Le renseignement technique (ROIM, ROEM), qui doit aussi être déployé sur le théâtre au moyen de vecteurs terrestres (stations mobiles) et aériens (satellites, moyens aériens, drones), est central. L'exigence de temps réel qui commande l'emploi de nombreux systèmes d'armes impose un renseignement dynamique et distribué, qui ne peut être mis en œuvre que par un nombre réduit d'États. Les échanges internationaux sont cependant essentiels et justifient, au sein de l'OTAN notamment, l'existence de réseaux permanents d'échanges. La connaissance du champ de bataille (*dominant battlefield awareness*) est un avantage déterminant dans la conception d'une guerre que les opinions souhaitent rapide et peu coûteuse en victimes.

Le besoin de protection des forces est également accru. Des actions terroristes sont susceptibles de les frapper comme celles perpétrées contre les contingents français et américain à Beyrouth en 1983. De nouvelles menaces sont apparues telles que les IED ou les missiles légers sol-air (Manpads). Pour y répondre, le renseignement militaire adapte ses modalités : mise en place d'un « Rohum conversationnel » dans les Balkans, apparition de cellules de fusion (*fusion cells*) « toutes sources » sur les théâtres d'opérations, y compris au sein des *national intelligence cells* (NIC) déployées en coalition, considération de l'*human terrain* en Afghanistan.

Le besoin d'éclairage du commandement militaire prend des dimensions nouvelles. Le rôle des chefs militaires dans la chaîne de sécurité nationale, comme lors des récentes interventions militaires françaises en Côte d'Ivoire et en Centrafrique, est devenu central. Les théâtres de projection des forces sont moins prévisibles, comme en témoignent les déploiements en Afghanistan ou au Darfour. Les objectifs qui leur sont confiés sont devenus plus complexes : stabilisation, reconstruction, « désarmement, démobilisation et réintégration » (DDR) des combattants comme au Kosovo, en Afghanistan, en RDC, en Centrafrique ou au Mali. Le lien entre « renseignement à fin d'action » (RFA) pour le COS et « renseignement en vue d'action » (RVA), confiés pour le premier au COS et pour le second à la DRM, s'estompe au point que l'actuel directeur français du renseignement militaire et ancien commandant du COS, manifestement inspiré par l'exemple de l'opération militaire Serval en 2013 au Mali, estime souhaitable un rapprochement entre la DRM, le COS et les régiments de renseignement humain des forces classiques[16]. La nature particulière de cette opération, qui aurait été déclenchée par le président Hollande en janvier 2013 sur la

Un diagnostic accablant pour le renseignement militaire américain en Afghanistan

« Parce que les États-Unis ont concentré la majorité écrasante de leurs efforts de recherche et d'analyse sur les groupes insurgés, notre appareil de renseignement se trouve toujours incapable de répondre à des questions fondamentales sur l'environnement dans lequel nous opérons et sur les gens que nous essayons de protéger et de persuader. Manquant d'analystes en nombre suffisant et de directives de leurs commandants, les deuxièmes bureaux des bataillons rassemblent, traitent et émettent rarement des évaluations de qualité sur de nombreux sujets. Les produits d'analyse des commandements de brigade et régionaux, dans leur forme présente, apprennent aux unités de terrain peu de choses qu'elles ne savent déjà. Beaucoup de décideurs se fient plus aux journaux qu'au renseignement militaire pour obtenir des faits concrets. Le mode d'opération standard de la communauté de renseignement est, de manière surprenante, passif lorsqu'il s'agit d'agréger de l'information qui n'est pas directement liée à l'ennemi. Microsoft Word plutôt que PowerPoint devrait être l'outil privilégié des professionnels du renseignement dans une contre-insurrection. »

Général Flynn M. T., « Fixing intel : A blueprint for making intelligence relevant in Afghanistan », CNAS, janvier 2010.

base de renseignements de la DGSE faisant état d'une concentration de plusieurs centaines de djihadistes à Konna (près de Mopti) prêts à marcher sur la capitale, doit être soulignée. Elle a été effectuée contre un adversaire non conventionnel constitué de « groupes armés », sur un terrain appelant l'emploi de moyens de renseignement techniques (IMINT et SIGINT), avec une dimension antiterroriste marquée par la présence d'otages français et de *high value targets* et a conduit de ce fait à une synergie particulièrement forte entre les moyens de renseignement de la DGSE et de la DRM et les forces du COS. Le lien entre ces moyens et les forces aéroterrestres déployées s'est révélé, par ailleurs, particulièrement étroit.

L'ensemble de ces éléments militent pour la reconnaissance d'une « manœuvre de renseignement[17] », qui contribue au succès des opérations militaires. Pourtant la performance du renseignement militaire a pu être récemment critiquée en Afghanistan dans le contexte d'un débat sur la manière pertinente d'y « faire la guerre ».

Selon le général Flynn, responsable du renseignement militaire allié en Afghanistan de 2009 à 2010, devenu directeur de la DIA de 2012 à 2014, la communauté de renseignement est « seulement marginalement pertinente dans la stratégie générale ». Pour certains experts, cependant, ce jugement est trop sévère car il postule la subordination du renseignement à la stratégie et à l'appareil militaires et le confinement du renseignement à la seule fonction d'analyse[18]. Le renseignement militaire en Afghanistan serait en fait revenu de l'approche de contre-insurrection préconisée par Flynn en 2010 – création de Stability Operations Information Centers, rôle des *atmospherics* (renseignements d'ambiance), approche anthropologique du *human terrain system* – à une approche plus classique centrée sur l'élimination des combattants talibans et d'Al-Qaida[19].

L'adaptation des organes de renseignement militaire

Une fonction longtemps confondue dans les armées

La dimension militaire du renseignement est en fin de compte la plus ancienne. Sous l'empereur Jules César, on distinguait, lors de la guerre des Gaules, les *procursatores* (soldats de reconnaissance rapprochée), les *exploratores* (soldats de reconnaissance lointaine) et les *speculatores* (espions implantés en territoire ennemi). On utilisait aussi les *indices* (informateurs de type prisonniers, déserteurs et civils enlevés).

Comme le souligne Coutau-Bégarie, la pensée militaire française classique a entretenu une certaine confusion entre le renseignement et la reconnaissance, cette dernière visant avant tout à informer les combattants sur ce qui se trouvait « derrière la colline ». Progressivement la spécialisation des hommes et des équipements a conduit à identifier des capacités distinctes de celles des combattants. Des « dispositifs de renseignement » sont apparus, qui doivent être déployés par des manœuvres spécifiques comme, par exemple, celle des avions français C-160 de guerre électronique lors de l'opération Harmattan en Libye en 2011.

Des organes spécialisés apparus au début du XIXe siècle

Les appareils centraux spécialisés sont nés à la charnière du XIXe siècle. Bonaparte avait déjà créé en 1796 un « bureau des affaires secrètes » au sein de l'armée d'Italie, financé par des fonds secrets, et faisant du renseignement militaire et diplomatique. L'organisation des états-majors en bureaux a retenu cette dimension. En France, le général Thiébault organisa dès 1801 l'état-major impérial en quatre bureaux, dont l'un consacré au renseignement. La « section de statistique », créée au sein du Dépôt de la guerre, a eu pour rôle de centraliser l'information militaire sur les armées étrangères, sans disposer cependant d'un personnel propre. Elle fut supprimée en 1849. À côté du Dépôt de la guerre, le Dépôt des fortifications centralisait sous la monarchie de Juillet l'information sur les places étrangères en réalisant à partir de 1839 des missions de renseignement à l'étranger. Laurent y voit « incontestablement le premier organe militaire à effectuer en temps de paix des missions régulières d'espionnage dans l'ensemble de l'Europe ». Sous le Second Empire, le lieutenant-colonel Lewal envoya plusieurs dizaines d'officiers en mission de recherche clandestine en Allemagne entre 1868 et 1869, mais dut les interrompre en raison de l'arrestation de ceux-ci. La place des officiers de renseignement n'a cependant jamais été aisée. Au Royaume-Uni, « l'armée britannique n'a jamais aimé ou désiré des officiers de renseignement professionnels[20] ».

La place centrale des militaires dans les appareils de renseignement

Cette anticipation par les armées de la fonction renseignement a procuré aux militaires une place privilégiée au XIXe siècle. Forcade peut ainsi affirmer que « l'outil de renseignement était bien un monopole de fait de l'armée sous la IIIe République[21] ».

En France, le deuxième bureau de l'état-major, au sens moderne, n'a été recréé qu'en mars 1874 par le colonel Vanson pour centraliser les informations en provenance des ministères de la Guerre et des Affaires étrangères. Il comptait alors entre 20 et 30 officiers. Parallèlement, le contre-espionnage, institué en France en 1872, a été confié à l'état-major. Il n'a été transféré à la police par la circulaire du 1er mai 1899 « relative à la surveillance des frontières terrestres et des établissements militaires » qu'à cause de l'affaire Dreyfus, dans laquelle une partie de l'armée s'était déconsidérée. Dans de nombreuses démocraties, des appareils de contre-espionnage militaire, distincts des appareils civils, sont cependant demeurés : Direction de la sécurité militaire (DSM) créée en novembre 1944, devenue Direction de la protection et de la sécurité de défense (DPSD) depuis octobre 1981 en France ; Bureau de sécurité de défense (Malmab) en Israël depuis 1958 ; Bureau de sécurité de la Bundeswehr (Amt für Sicherheit der Bundeswehr) créé en 1956 et devenu Service de protection militaire (Militärischer Abschirmdienst ou MAD) depuis septembre 1984, en Allemagne ; Service de sécurité militaire (Heeres AbwehrAmt ou AbwA) depuis avril 1985 en Autriche.

L'unification progressive de la fonction de renseignement

À mesure que se spécialisaient les branches militaires, des outils de renseignement spécifiques sont apparus.

Le besoin de disposer d'un organe de centralisation s'est fait jour. En France, un centre d'exploitation du renseignement militaire (CERM) a été créé en 1976 au sein de l'état-major des armées, en remplacement de son deuxième bureau et du Centre d'exploitation du renseignement (CER) et de son annexe, le Centre d'exploitation du renseignement scientifique et technique (CERST), tous deux créés dans les années 1950. Le CERM, qui comptait 50 personnes en 1976, verra leur nombre multiplié par trois à la fin de son existence en 1990. Prolongeant cette évolution, le ministre de la Défense Joxe décida de la création d'une véritable structure de renseignement militaire, après l'expérience de la première guerre du Golfe. La Direction du renseignement militaire (DRM), qui a regroupé le CERM et les deuxièmes bureaux des états-majors d'armée, a été créée par le décret 92-523 du 16 juin 1992. La DRM comptait 1 600 personnes en 2013, dont 400 traitants-exploitants et 80 % de militaires.

Ces appareils de renseignement militaire sont naturellement sous l'autorité des chefs militaires. En France, la DRM est cependant placée sous une double tutelle, le directeur du renseignement militaire étant conseiller du ministre de la Défense en matière de renseignement. Néanmoins, « le chef d'état-major des armées assure la direction générale de la recherche et de l'exploitation du renseignement militaire. Il participe à l'élaboration et à l'exploitation du renseignement de défense », comme le prescrit l'article 10 du décret du 21 mai 2005 fixant les attributions des chefs d'état-major.

Une évolution ultime conduit à confier au ministère de la Défense une responsabilité plus large que celle du renseignement de défense. C'est le sens, aux États-Unis, de la création par le secrétaire à la Défense américain Donald Rumsfeld de l'Under-Secretary for Defense

Intelligence (USDI), dont la mission n'était pas seulement de superviser les services dépendant de ce ministère mais de conduire des actions clandestines propres sous couverture des forces spéciales, en Iran notamment. Les frictions engendrées par cette initiative entre le Pentagone et la CIA entre 2001 et 2006 ont conduit le Congrès à réduire le mandat de l'USDI en 2008 puis à nouveau en 2013.

Les différences persistantes d'appareils de renseignement militaire intégrés à l'OTAN

Aux États-Unis, la Defense Intelligence Agency (DIA) n'a été créée qu'en 1961. Elle coexiste au sein de la communauté américaine du renseignement avec les agences de renseignement propres aux quatre armées. La DIA comprend 16 500 personnes et dispose de capacités de recherche humaine propres rassemblées au sein d'un Defense HUMINT Service créé en octobre 1995. Au Royaume-Uni, le Defence Intelligence Service (DIS) a été créé en 1964 en remplacement du Joint Intelligence Bureau. Rebaptisé Defence Intelligence (DI) en 2010, il regroupe 4 500 personnes et dispose de la principale capacité d'analyse toutes sources de la communauté britannique du renseignement. En Allemagne, le renseignement militaire (Zentrum für Nachrichtenwesen des Bundeswehr ou ZNBw), créé en juillet 2002 en remplacement de l'ANBw qui datait de 1980, a été intégré en juin 2007 dans le BND, service extérieur qui a toujours eu une dimension militaire. Ses 650 personnels ont été ventilés entre le BND et le Kommando strategische Aufklärung (KSA), organe militaire chargé du ROEM et du ROIM. Ne subsiste ainsi que le Militärisches Abschirmsdienst (MAD), créé en 1984, chargé du contre-espionnage militaire. Ce service compte 1 300 personnes. Au Canada, la fonction de *chief of defence intelligence* (CDI) ne date que la *Defence intelligence review* de 2004. En Australie, la Defence Intelligence Organisation (DIO) a vu le jour en 1989, en succession de la Joint Intelligence Branch (JIB). Créée sur le modèle britannique après la Seconde Guerre mondiale, elle a été renommée Joint Intelligence Organisation (JIO) et séparée depuis 1977 de l'Office of Net Assessment. En Israël, le service de renseignement militaire (Aman), créé dès 1948, dispose depuis 1953 d'une branche de renseignement importante, dont le statut a été renforcé en 1970 et qui constitue, avec ses 5 000 employés, la principale capacité d'analyse de la communauté nationale ainsi que son principal outil de recherche technique.

La vision d'un réseau de renseignement interne aux forces armées et ouvert sur l'extérieur

Les agences de renseignement militaire ne présentent pas la même étanchéité que les agences civiles car elles sont en contact permanent et organique avec les forces armées. Pour le général Puga, alors directeur du renseignement militaire, « le renseignement est l'affaire de tout militaire, la DRM assumant un rôle clé de tête de chaîne dans l'animation, la cohérence d'ensemble et la continuité de cette manœuvre[22] ».

Son prédécesseur de 2001 à 2005, le général Ranson, estime au demeurant qu'il vaut mieux évoquer un « système de renseignement des armées » que le renseignement militaire[23]. Ce système compterait entre 6 000 et 7 000 personnes au sein des armées en associant les spécialistes et les unités spécialisées. En effet, les forces armées disposent elles-mêmes d'unités spécialisées dans le renseignement. C'est le cas, par exemple, en France avec la brigade de renseignement de l'armée de terre, créée en septembre 1993 et qui rassemblait 3 600 personnes en 2013 autour de quatre régiments spécialisés dans la recherche humaine, électromagnétique et imagerie. Il en va de même en Israël, où existe depuis avril 2000 au sein de Tsahal, un corps de renseignement de combat, chargé du renseignement tactique pour les forces terrestres.

Malgré cette proximité, certains services de renseignement militaire comme la DRM en France souffrent d'un manque d'autonomie, leurs « moyens organiques » dépendant de la bonne volonté de chacune des armées. Cette situation conduit certains experts à préconiser un assouplissement des règles d'affectation de ses personnels et un recrutement accru de civils[24].

Le renseignement au profit de la défense doit concilier sa contribution au besoin de renseignement stratégique des États et le soutien des opérations militaires de leurs armées. Plus que d'autres, il lui faut composer avec un spectre étendu d'activités, des temps différents, une vaste clientèle et de nombreux contributeurs. En ce sens, il est révélateur d'une catégorie particulière où, comme le rappelle Hulnick, la recherche d'une distance convenable entre l'information apportée et la prise de décision ne se pose pas dans les mêmes termes que pour le renseignement stratégique ou de sécurité intérieure[25].

CHAPITRE 12

La tentation de l'économie pour le renseignement

La recherche d'avantages économiques ou commerciaux par l'utilisation des méthodes de renseignement est aussi ancienne que son emploi pour assurer la sécurité des dirigeants et des institutions. Les réseaux de renseignement privés existaient dès l'Europe de la Renaissance, tel celui de la famille Fugger. L'historien américain Zelikow indique en 1997 que, dès 1776, le Comité de la correspondance secrète du Congrès des États-Unis envoyait en Europe un agent déguisé en marchand pour recueillir du renseignement sur la production de tabac. Cette orientation s'est affirmée parallèlement à la constitution d'appareils administratifs de renseignement. Au Royaume-Uni, une Commercial Intelligence Branch est créée en 1899 au sein du Board of Trade pour traiter les informations envoyées par les attachés commerciaux et les missions commerciales à l'étranger[1]. Le SIS dispose dès 1926 d'une section VI chargée du renseignement économique et alimente à partir de 1929 le Centre de renseignement industriel créé au sein du Comité pour la défense impériale pour surveiller les forces et faiblesses industrielles des ennemis et leur capacité de mobilisation. Ce centre a été dirigé par Morton, qui devint conseiller de Winston Churchill pendant la Seconde Guerre mondiale. Entre 1944 et 1952, le F&CO dispose d'un département du renseignement économique, qui se concentre sur le bloc soviétique. Le ministère de la Défense abrite lui-même à partir de 1964 un *director of economic intelligence*. Ces efforts sont coordonnés par un Comité de pilotage du renseignement économique (EISC) créé en 1962 au sein du Cabinet Office, puis à partir de 1968 par le JIC(B), contrepoids au JIC(A) politico-militaire, présidé par le ministère des Finances. Rebaptisé Comité du renseignement économique à l'étranger (OEIC), ce comité a été dissous en 1980 pour être remplacé par un sous-comité du JIC présidé par ce même ministère[2]. En France, le deuxième bureau de l'armée reçoit également cette mission pendant la Première Guerre mondiale. Aux États-Unis, l'OSS, placé sous l'autorité du *joint chief of staff*, suit l'effort de guerre allemand. La dimension économique est intégrée dès la constitution de l'appareil de sécurité nationale au lendemain de la Seconde Guerre mondiale. La directive NSCID n° 10 du 18 janvier 1949 porte ainsi sur la « recherche des données scientifiques et technologiques étrangères » et implique le DCI, le département de la Défense et le Département d'État. La directive NSCID n° 15 du 13 juin 1951 traite, quant à elle, de la « coordination et production du renseignement économique étranger ». La crise pétrolière de 1974 conduit le président Nixon à inclure, par une décision NSDM 53 du 25 avril 1974, la présence d'un sous-secrétaire au Trésor dans la formation Renseignement du NSC.

C'est cependant la disparition de l'« ennemi principal » soviétique au début des années 1990 qui a conduit les services des pays occidentaux à s'investir dans un domaine économique indépendant des stratégies des États. Les directeurs successifs de la CIA et de la communauté du renseignement Gates, de 1991 à 1993, et Woolsey, de 1993 à 1995, en ont été les avocats aux États-Unis.

L'économie, un objectif qui n'est pas étranger au renseignement

Une ambition difficile à assumer

Si les préoccupations d'ordre économique sont anciennes pour les services, elles ne sont pas toujours bien assumées par les États. Parmi les grands services des démocraties, seules les agences britanniques SIS et GCHQ se voient confier selon les termes de l'*Intelligence Services Act* de mai 1994 la défense du « bien-être économique [*economic well-being*] du Royaume-Uni ». Cette position résulte de la revue des besoins et ressources du renseignement après la guerre froide effectuée par Quinlan fin 1993 à la demande du Premier ministre Major. Elle conclut qu'à côté d'un besoin persistant de renseignement en raison de l'existence d'États importants pour l'Occident sur lesquels une information n'était pas disponible et d'acteurs non étatiques transnationaux faisant preuve d'opacité, le soutien de négociations internationales, y compris commerciales, justifiait l'entretien d'une capacité secrète, comme le rappelle Hennessy. Le *New Zealand Security and Intelligence Service Act* de 1969 a cependant été amendé par une loi de 1996 qui inclut dans la mission du NZSIS « l'impact sur le bien-être international et le bien-être économique de la Nouvelle-Zélande ». En Espagne, le CNI compte une division Renseignement économique et le ministre de l'Économie et de la Compétitivité siège dans la commission nationale d'orientation du renseignement. Au Canada, la stratégie de sécurité nationale adoptée en avril 2004 demande aux services d'œuvrer « non seulement pour la sécurité du Canada mais aussi pour consolider sa politique internationale, militaire et économique ». La France a cependant amorcé un mouvement en ce sens en indiquant dans son Livre blanc sur la défense et la sécurité nationale de juin 2008 que « le renseignement économique relève des services de renseignement à compétence générale et des services plus spécialisés sur ce secteur (DNRED et Tracfin) ». En novembre 2013, Moscovici, alors ministre français de l'Économie, a installé, à la suite d'un rapport confié sur le sujet à l'Inspection générale des finances, un « comité de pilotage ministériel du renseignement économique et financier », chargé de « fixer les priorités ministérielles en matière de renseignement économique et financier et d'optimiser le partage d'information entre les administrations de Bercy ».

Dans le contexte économique général difficile auquel sont confrontées les démocraties contemporaines, certaines voix appellent à un rôle plus affirmé des services en matière économique. C'est le cas en France de l'ancien Premier ministre Rocard, toujours attentif à un emploi de ces moyens régaliens[3] ou de son ancien conseiller, le préfet Pautrat, qui estime qu'« une politique de renseignement doit comprendre désormais un fort volet de recherche de l'information économique. Dans la mesure où les intérêts vitaux de notre nation sont engagés dans la gigantesque course à la puissance commerciale et industrielle qui anime la scène internationale, l'appareil de renseignement doit contribuer à forger les armes de la prospérité[4] ». C'est aussi le cas aux États-Unis où un ancien responsable de la CIA estime qu'il est nécessaire d'« investir dans la recherche et l'analyse de renseignement pour évaluer les menaces économiques mondiales et les développements financiers[5] » de manière à compenser un défaut d'attention passé des services américains.

Des services spécialisés

Les agences de renseignement et de sécurité à compétence générale sont à même de mobiliser en fonction des plans et des directives d'orientation nationaux leurs moyens de recherche et d'analyse dans le registre économique. Seuls les États-Unis et la France intègrent cependant dans leur communauté des services relevant des administrations économiques et financières.

Aux États-Unis, le département du Trésor dispose depuis longtemps (1865) d'un Secret Service, chargé de la sécurité physique du président américain mais aussi de la lutte contre la fausse monnaie, mais celui-ci n'appartient pas formellement à la communauté du renseignement. Depuis 2003, il dispose également d'un Bureau du terrorisme et du renseignement financier (Office of Terrorism and Financial Intelligence) qui comprend notamment un Bureau du renseignement et de l'analyse (Office of Intelligence and Analysis), lequel appartient à la communauté nationale. Sa mission officielle porte aussi bien sur la lutte contre le financement du terrorisme que sur la détection des manœuvres illicites sur les marchés bancaires et financiers.

La France dispose pour sa part de deux « services spécialisés » dans le champ économique sur les six qui composent sa communauté. La direction nationale du renseignement et des enquêtes douanières (DNRED) constitue une des directions de la direction générale des douanes. Créée en 1988 à partir de la direction nationale des enquêtes douanières (DNED) existant depuis 1969, la DNRED compte environ 750 fonctionnaires. Composée de trois directions (direction du renseignement douanier, direction des opérations douanières et directions des enquêtes douanières), elle recourt à de véritables méthodes de renseignement, mobilisant des fonds spéciaux et utilisant des agents dénommés « aviseurs », dont le nombre atteindrait plusieurs milliers. Selon l'arrêté ministériel du 18 avril 1957, modifié par l'arrêté ministériel du 18 avril 2007, est « aviseur » « toute personne étrangère aux administrations publiques qui a fourni au service des douanes des renseignements ou un avis sur les fraudes ».

À la suite du sommet du G7 de l'Arche de 1989, instituant un Groupe d'action financière (GAFI), la France a également créé par décret du 9 mai 1990 une entité dénommée Tracfin. Cet organisme, à la taille modeste (100 personnes) a vu ses effectifs doubler en dix ans. Il est devenu depuis décembre 2006 un « service à compétence nationale » séparé de la direction générale des douanes à laquelle il était originellement rattaché. Son organisation a été encore renforcée par un décret du 7 janvier 2011. Tracfin a pour mission de « recueillir, de traiter et de diffuser le renseignement sur les circuits financiers clandestins et le blanchiment de l'argent ; d'animer et de coordonner en tant que de besoin, aux niveaux national et international, les moyens d'investigation des administrations ou services du ministère chargé de l'Économie et des Finances ainsi que des organismes qui y sont rattachés pour la recherche des auteurs et complices des infractions douanières ou fiscales liées aux circuits financiers clandestins et au blanchiment de l'argent ; de collaborer avec les ministères, organismes nationaux et internationaux concernés à l'étude des mesures à mettre en œuvre pour faire échec aux circuits financiers clandestins et au blanchiment de l'argent ; et d'assurer, en tant que de besoin, la représentation commune, au niveau national ou international, des services ou organismes » concernés. Tracfin est l'homologue d'unités comme le Financial Crimes Enforcement Network (Fincen) de l'Office of Terrorism and Financial Intelligence du Trésor américain ou le Fintrac (Financial Transactions Reports Analysis Centre) canadien. Ces entités représentent les *financial intelligence units* (FIU), rendues obligatoires dans chaque pays de l'Union européenne par la directive 2005/60/CE du Parlement européen et du Conseil du 26 octobre 2005 relative à la prévention de l'utilisation du système financier aux fins du blanchiment de capitaux et du financement du terrorisme. Cependant, un choix original a été fait de positionner Tracfin comme une entité de la communauté nationale de renseignement française. Cette option a permis de privilégier ses liens avec les autres services de renseignement et de sécurité, renforcés par l'ordonnance du 30 janvier 2009 qui lui permet de leur transmettre des informations intéressant les intérêts fondamentaux de la nation.

Une clarification nécessaire

Il n'est donc pas douteux que les services de renseignement travaillent sur des sujets économiques comme le BND sur les investissements russes à Chypre[6]. En réalité, la notion de renseignement économique est trop vaste pour permettre une décision éclairée des dirigeants sur son bien-fondé. Elle doit être appréciée du point de vue de ses objectifs, de ses méthodes et de ses bénéficiaires.

Comme le montre l'histoire, ce renseignement peut avoir plusieurs objets. En premier lieu, il vise à protéger les intérêts économiques nationaux jugés vitaux que sont le patrimoine scientifique, technologique et économique, les ressources en énergie ou le système financier de la nation, contre toutes les formes d'agression (attentats terroristes, prises d'otages, manipulations étrangères, espionnage étatique ou privé). Les services peuvent également se voir chargés de la connaissance des composantes économiques, industrielles ou financières, d'ennemis potentiels. Cette préoccupation a particulièrement marqué l'activité des services européens dans l'entre-deux-guerres, s'agissant de l'Allemagne hitlérienne, et celle de la CIA pendant la guerre froide, concernant l'Union soviétique. Les agences peuvent enfin être impliquées dans la recherche d'avantages compétitifs au profit des entreprises nationales en utilisant les services de renseignement pour glaner des informations sur les fournisseurs, les concurrents et les perspectives de contrats.

Si les aspects défensifs du renseignement économique sont habituellement admis comme faisant partie du champ général d'action des services, c'est naturellement le renseignement offensif au service des entreprises qui suscite le plus de critiques. Au même titre que celles des administrations, la mobilisation des ressources intellectuelles que constituent les analystes de certains services de renseignement sur des sujets comme les flux énergétiques ou les crises financières, où les sources ouvertes abondent, ne pose pas de problème en soi. En revanche, l'utilisation des méthodes spécifiques de recherche du renseignement ne saurait recueillir un tel consensus. Réprimée dans les législations nationales comme l'une des formes d'espionnage, elle est souvent justifiée par ses praticiens par le caractère stratégique des entreprises ou des contrats concernés mais n'en appelle pas moins des protestations plus ou moins sincères des États victimes, qui y voient une pratique déloyale des entreprises bénéficiaires, un détournement des moyens régaliens et un manquement aux principes de la coopération internationale. En France, « les intérêts fondamentaux de la nation » protégés par l'article 410-1 du Code pénal recouvrent « les éléments essentiels de son potentiel scientifique et économique ». Aux États-Unis, l'*Economic Espionage Act* d'octobre 1996 vise à prévenir le vol de secrets commerciaux.

La prévention de ces agressions relève du contre-espionnage. Ainsi, en France, la DCRI a compétence, selon son décret fondateur du 28 juin 2008 pour « participe[r] à la prévention et à la répression des actes visant à porter atteinte à l'autorité de l'État, au secret de la défense nationale ou au patrimoine économique du pays ». Elle a, par exemple, été publiquement mobilisée en janvier 2011 par l'exécutif lors de l'hypothèse d'actes d'espionnage interne au profit de tiers étrangers chez le constructeur automobile Renault. Comme la DST, qui l'avait mise en place au milieu des années 1970, l'une des sous-directions de la DGSI est chargée de la protection du patrimoine. Selon son directeur de l'époque, le préfet Bousquet de Florian, 25 % de l'activité de la DST en 2006 était consacrée à cette mission. Selon le général Creux, qui la dirigea de 2010 à 2012, la DPSD assurait en 2011 la supervision d'environ 2 000 entreprises françaises travaillant sur les programmes d'armement. Cette activité était partagée avec la DCRG jusqu'à sa suppression en 2009, et avec la DGSE qui, selon son directeur général de 2008 à 2013, le préfet Corbin de Mangoux, « s'investit particulièrement dans la sécurité industrielle ».

Les démocraties occidentales sont habituées à subir les assauts des puissances adverses, désireuses de gains dans leur recherche de parité. L'affaire Farewell, démontée par la DST française entre mai 1981 et février 1982 et rendue publique à partir de janvier 1983, a permis de mettre en évidence l'ampleur du recueil de la branche scientifique et technique (ligne X) du premier directorat principal du KGB. C'est aujourd'hui l'effort chinois, amplifié par le recours aux méthodes de *digital intelligence*, qui concentre l'attention des démocraties. Selon le National Counter-Intelligence Executive (NCIX) américain[7],

« les acteurs chinois sont les perpétrateurs d'espionnage économique les plus actifs et persistants au monde. Les sociétés privées américaines et les spécialistes de la cybersécurité ont rapporté des assauts d'intrusion sur les réseaux informatiques dont l'origine est en Chine mais que les services de renseignement ne peuvent imputer précisément ».

Les démocraties n'échappent pas à ces pratiques et donc à leur critique. La France se voit régulièrement accusée de faire preuve d'une agressivité particulière en matière économique. Pour Lowenthal, « la DGSE est active en espionnage économique, incluant des activités contre les entreprises américaines ». Cette réputation persistante paraît tenir à la découverte de « taupes » françaises chez certaines entreprises américaines (IBM, Corning, Texas Instruments) à la fin des années 1980. D'autres épisodes seraient survenus au milieu des années 1990, tels que la recherche de renseignements sur Siemens dans le cadre de la compétition pour le contrat de TGV en Corée du Sud[8] ou des « tentatives de corruption de responsables publics en Arabie saoudite (contrat Airbus) et au Brésil », selon Olson. Depuis les révélations de Snowden, on comprend cependant que ces pratiques sont également partagées par les États-Unis et le Royaume-Uni, dont les agences techniques se sont intéressées aux organismes allemands et à des structures de l'Union européenne comme la Commission et ses représentations à l'étranger. Selon les révélations du *Guardian* en juin 2013, un rapport de 2009 de l'inspecteur général de la NSA faisait état de relations secrètes entre cette agence et une centaine d'entreprises privées américaines, établies depuis sa création. Les services américains avaient déjà été soupçonnés d'utiliser ces moyens lors de l'attribution de contrats opposant leurs entreprises à des compagnies européennes, par exemple, lors de l'acquisition par le Brésil de son système de surveillance de l'Amazonie dans les années 1990. Selon les révélations de Snowden publiées par le magazine allemand *Der Spiegel*, la politique commerciale de l'Union européenne faisait encore tout récemment l'objet d'une priorité du NIPF américain. Dans un monde imprégné par la doctrine du « réalisme offensif », il importe avant tout de ne pas être pris en flagrant délit dans une pratique contraire aux engagements publics.

L'encadrement nécessaire de l'emploi du renseignement au service des entreprises

Le recueil de renseignement au profit des entreprises nationales est l'une des questions les plus sensibles car elle laisse entendre que des acteurs privés peuvent être les bénéficiaires exclusifs d'avantages procurés par les services. La pratique du renseignement offensif à des fins économiques dans les démocraties ne peut donc qu'être soumise à une forme de double langage. D'un côté, on peut faire valoir, comme Hitz, que « la pratique de l'espionnage industriel est une perversion non nécessaire du processus de renseignement dans un pays libre[9] » ou comme son directeur de 1993 à 1995, Woolsey, que la CIA ne pratique le renseignement économique que dans trois domaines : les contrôles d'embargo, les technologies duales et le recours à des pratiques de corruption par les concurrents des entreprises américaines[10]. De l'autre, on constatera, comme le *New York Times*, que cette même agence utilise le *Patriot Act* au nom de l'antiterrorisme pour collecter des renseignements sur les transactions financières internationales[11]. Le directeur central du renseignement intérieur, Calvar, a récemment estimé que « la lutte antiterroriste semble de plus en plus fréquemment servir de prétexte à un espionnage économique de la part de pays alliés[12] ». L'ancien analyste de la CIA et doyen de la School of Foreign Service de l'Université de Georgetown, Goodman, estime ainsi que « tous les gouvernements recueillent des données sur l'économie et les principales entreprises de leurs voisins et de leurs adversaires[13] ».

Une distinction importante dans cette activité tient à l'utilisation faite du renseignement économique. Pour des sociétés sensibles à la préservation d'une concurrence équitable des entreprises sur le plan international mais aussi interne, la transmission de renseignements concurrentiels aux entreprises ne va pas de soi. Se posent notamment les questions de la nationalité des entreprises soutenues – vaut-il mieux soutenir un champion national dont les activités sont massivement délocalisées à l'étranger ou une filiale étrangère employant de nombreux salariés en France ? –, de l'équité du traitement des entreprises du secteur et des contreparties éventuelles demandées ou obtenues des entreprises aidées.

La tentation est forte de mobiliser les services plus directement au service des entreprises. Les services de sécurité sont en contact régulier avec les entreprises nationales pour les sensibiliser aux risques de l'espionnage physique et électronique. Certains responsables souhaitent même que les services aillent au-delà de cette mission de protection. Ainsi, Michel Rocard estimait nécessaire de développer un partenariat entre les services et le secteur privé, à l'image des dispositifs américains de type *business executives for national security*. L'ancien directeur du renseignement de la DGSE Juillet voit dans le modèle de l'Advocacy Center réputé avoir été mis en place aux États-Unis sous la présidence Clinton pour soutenir les offres nationales en matière de grands contrats un modèle de « passerelle entre les entreprises et les services de renseignement », qui serait transposable en France[14]. Outre les difficultés déjà mentionnées, il serait nécessaire de mesurer avec précision les conséquences de ce « réarmement national » sur la coopération internationale de renseignement et dans les autres domaines sensibles. Ainsi, comme le fait justement remarquer l'experte française Lepri, « la principale justification d'une implication des services de renseignement dans la guerre économique repose sur l'idée que la compétition économique internationale est une menace à la sécurité nationale d'un pays. Une telle supposition trahit une incompréhension de l'économie, mais surtout risque de distraire les services de renseignement de leur mission : recueillir de l'information sur les véritables menaces à la sécurité nationale (telles que la prolifération nucléaire ou le terrorisme). La participation des services de renseignement à des activités purement économiques peut conduire à une relation potentiellement corrompue des agences de renseignement avec les entreprises nationales, mais surtout à des comportements déloyaux par rapport aux autres pays, pouvant nuire à la compétitivité des entreprises[15] ».

La privatisation du renseignement, source de difficultés dans les relations entre les services et les entreprises

Le soutien des intérêts privés par les actions des services n'est pourtant pas nouveau. On a ainsi souvent évoqué comme l'une des justifications des actions clandestines de la CIA au Guatemala en 1954 et au Chili en 1973 la prévention de la nationalisation de filiales respectivement d'United Fruit et d'IBM, sociétés liées à plusieurs responsables de l'exécutif américain. Mais le lien susceptible de s'établir entre les services étatiques de renseignement et les entreprises se complique par le développement du recours à la sous-traitance dans ce domaine, notamment dans le monde anglo-saxon. Si la construction de l'État moderne s'est fondée sur « la capacité de son administration à maintenir avec succès son monopole sur l'usage légitime de la violence », selon la formule de Max Weber[16], le monopole acquis par celui-ci en matière de renseignement apparaît aujourd'hui menacé comme le relève par exemple l'expert néerlandais De Graaff.

Un recours massif à la sous-traitance par les agences américaines

L'apparition de sociétés de renseignement privées (SRP) est ancienne. On cite souvent l'agence des frères Pinkerton, active pendant la guerre de Sécession américaine, comme l'une des premières SRP mais, en Europe, existaient déjà le Bureau de renseignements universels dans l'intérêt du commerce, fondé par le policier Vidocq en 1832, la Sûreté commerciale de Paris créée en 1857, la société Wys-Müller and Cie d'Amsterdam fondée en 1862 ou la société Auskunftei W. Schimmelpfeng qui vit le jour à Berlin en 1872. La pratique s'est développée dans les années 1970 sur des théâtres exotiques comme l'Asie du Sud, le Golfe et l'Afrique anglophone ou lusophone, mais elle doit son essor actuel à la montée brutale de l'activité antiterroriste des services de renseignement et de sécurité américains. Cette sous-traitance vise aussi bien à répondre à la saturation de certaines capacités qu'à offrir à un coût favorable des services spécialisés. La société

Blackwater, fondée en 1996 et fortement mobilisée dans les années 2000 en Afghanistan et en Irak, est emblématique à cet égard d'un rôle qui a pu être considéré comme excessif par des observateurs comme l'ancien analyste de la CIA Melvin Goodman, qui estime que « tout attire vers les sociétés privées, en termes d'individus, d'expertise et de fonctions qui étaient normalement assurées par la communauté du renseignement. Ma préoccupation principale est le manque de redevabilité, le manque de responsabilité. L'industrie entière est hors contrôle. C'est scandaleux[17] ». Elle assurait aussi bien la protection du poste de la CIA à Bagdad en 2002 que la recherche des cibles terroristes principales (*high-value targets*) en Asie du Sud-Ouest en 2004 ou l'approvisionnement en images satellites de la NSA, première cliente de la société américaine Digital Globe. En septembre 2008, elle recevait du Pentagone un contrat pour combattre les terroristes en lien avec le trafic de drogue et au printemps 2010, obtenait un contrat de la CIA de 100 millions de dollars américains pour la protection des capacités de l'Agence. L'ODNI estimait ainsi en 2007 que la communauté américaine de renseignement avait dépensé 47 milliards de dollars américains *via* des contractants privés. Selon Grenier, responsable du Centre contre-terroriste (CTC) de la CIA entre 2004 et 2006, plus de la moitié des personnels de ce centre étaient des contractants (*greenbadgers*) travaillant aux côtés des personnels titulaires (*bluebadgers*). Selon les journalistes du *Washington Post* Priest et Arkin, les quelque 2 000 sociétés privées qui collaboraient avec la communauté du renseignement employaient 265 000 salariés en 2010[18]. Un journaliste du *New York Times*, Mazzetti[19], attribuait cette expansion à la rivalité entre les acteurs institutionnels américains. Devant les réticences de la CIA à répondre à ses attentes, le Pentagone a eu recours à des contractants pour la recherche de renseignement en Afghanistan et au Pakistan, comme en témoigne le contrat octroyé en janvier 2009 par le général Petraeus, alors commandant du Centcom, à un ancien responsable civil du Pentagone, Furlong.

Rapportée au renseignement économique, cette nouvelle relation, considérée en Europe continentale avec un mélange de méfiance et de fascination, ne manque pas de poser des problèmes. Elle favorise notamment l'apparition de géants privés, difficiles à contrôler et mus par une logique principalement commerciale, tels que l'entreprise américaine Booz Allen Hamilton, jumeau privé de la NSA.

Le rôle de Booz Allen Hamilton

Booz Allen Hamilton est une entreprise américaine de conseil créée en 1914, qui travaille au profit du renseignement électronique depuis 1947. Elle employait plus de 20 000 salariés en 2009 contre 11 000 salariés en 2001, pour un CA de 4 milliards de dollars américains. Elle compte une communauté interne de 1 500 analystes du renseignement.

Sa branche « Défense et renseignement » a été rachetée en 2008 par le groupe Carlyle. Elle gère notamment des programmes au profit de presque toutes les agences de renseignement de la communauté américaine. À ce titre, elle est intervenue dans les systèmes de communication interne (projet Groundbreaker) de la NSA, la politique d'achat (Entreprise Program Management II) de la NSA, le *think tank* Proteus pour le compte de l'ODNI, la formation des cadres du NRO (projet Future Focus), la formation des analystes du FBI en 2005 (projet Aces Program) et la mise en place de systèmes de partage du renseignement pour la DIA (projet Disecon III).

La société a recruté de nombreux cadres de la communauté du renseignement au premier rang desquels le général Clapper, qui dirigea la DIA de 1991 à 1995 avant de superviser les programmes de renseignement de l'entreprise de 1995 à 1998, puis de diriger la NGA de 2001 à 2006, de prendre la responsabilité du renseignement au Pentagone de 2007 à 2010, et de devenir DNI depuis août 2010. Elle compte également l'amiral John McConnell, ancien directeur de la NSA de 1992 à 1996, qui fut l'un de ses vice-présidents de 1996 à 2007, avant de devenir DNI de 2007 à 2009 et de revenir chez Booz Allen Hamilton comme vice-président depuis janvier 2009 ; James Woolsey, ancien directeur de la CIA de 1993 à 1995, devenu vice-président de Booz Allen Hamilton en juillet 2002 ; Melissa Hathaway, qui fut consultante de l'entreprise avant de devenir coordonnatrice pour la cybersécurité au DNI en 2009 ; Ronald Sanders, ancien directeur adjoint à l'ODNI de 2006 à 2010, qui a rejoint l'entreprise en mars 2010 ; Keith Hall, ancien responsable du renseignement au Pentagone de 1991 à 1995, directeur des affaires de communauté à la CIA de 1995 à 1996 et directeur du NRO de 1996 à 2001, devenu vice-président depuis 2002 ; l'amiral William Studeman, ancien directeur de l'ONI de 1985 à 1988 et de la NSA de 1988 à 1992, ancien DCI adjoint de 1992 à 1995, devenu vice-président depuis 2002 et Joan Dempsey, ancienne responsable du renseignement au Pentagone d'au moins 1995 à 1997, ancienne adjointe du DCI pour la communauté du renseignement de 1998 à 2001, devenue vice-présidente depuis au moins 2008.

Ces acteurs sont des producteurs de renseignement au profit de l'État et bénéficient à ce titre d'habilitations et de licences particulières. Ils peuvent être tentés de tirer parti de ces privilèges pour émettre des demandes de renseignement auprès des services d'État et offrir leurs services particuliers à des acteurs privés nationaux ou étrangers.

Quelques principes pour la relation avec les acteurs privés

Les États démocratiques sont donc aujourd'hui soumis à un dilemme dont il leur est difficile de sortir. Ils ont du mal à répondre, pour des raisons de principe mais aussi de capacités, aux demandes directes ou indirectes de concours du renseignement étatique qui émanent des entreprises nationales. Mais, par ailleurs, ils hésitent à autoriser le recours par le secteur privé à des moyens spéciaux de renseignement que sont les interceptions techniques, les recherches sur les personnes ou les outils de clandestinité et de couverture.

Le cumul de positions de consommateur et de coproducteur de renseignement dans le secteur des technologies de l'information apparaît à cet égard particulièrement porteur de risques, comme l'a montré Snowden. La récente mise en évidence par un consortium de sociétés américaines de sécurité informatique d'une opération chinoise dite Axiom d'infiltrations d'ordinateurs que ce groupement d'entreprises aurait décidé de rendre publique et commencé à éradiquer[20] illustre les ambiguïtés de ces nouveaux partenariats public/privé. Il est donc nécessaire que chaque État détermine, en fonction de sa propre culture politique, des principes relatifs au recours au secteur privé en matière de renseignement. Ces principes devraient s'attacher à veiller à la conservation des compétences clés au sein des agences étatiques, justifier explicitement leur recours aux services privés, proscrire systématiquement le recours au secteur privé pour contourner les règles applicables aux services, encadrer strictement le passage des anciens des services dans les entreprises, et *a fortiori*, dans les sociétés de renseignement privé, soumettre à autorisation formelle la création de celles-ci, et, enfin, rendre compte au Parlement de manière explicite du recours des services étatiques à l'externalisation pour leurs capacités de renseignement.

Ces principes n'excluent pas un certain pragmatisme mais celui-ci ne doit pas conduire, au nom de nécessités contingentes, à l'établissement d'un marché gris où s'établirait une forme de troc entre les entreprises et les services, qui compromettrait gravement la sécurité nationale et fragiliserait non moins sûrement la légitimité des agences publiques.

L'accent mis sur l'intelligence économique, facteur de brouillage de la perception des priorités et des moyens

Une percée conceptuelle française

Par rapport aux autres démocraties, la France bénéficie d'un particularisme, qui l'a conduite à adopter depuis une vingtaine d'années un concept à l'ambiguïté délibérée, celui d'intelligence économique. Cette notion est inspirée des visions américaines selon lesquelles l'information est un facteur de compétitivité en soi. L'entreprise IBM a développé la notion de *business intelligence* en 1951. La notion de *competitive intelligence* est directement inspirée des théories de l'économiste de Harvard Michael Porter[21]. Selon sa première définition officielle[22], celle-ci est « un ensemble d'actions coordonnées de recherche, de traitement, de diffusion et de protection de l'information, associant l'État et le monde des entreprises [...]. [elle] est au service des acteurs économiques nationaux ». Ses promoteurs lui confèrent trois fonctions principales : « La maîtrise du patrimoine scientifique et technique, la détection des menaces et des opportunités et l'élaboration des stratégies d'influence au service de l'intérêt national et/ou de l'entreprise[23]. »

La notion a émergé dans le contexte d'indétermination stratégique des années 1990. Sur la base d'un rapport du Commissariat général du plan de l'ancien responsable militaire et industriel Henri Martre, les autorités gouvernementales ont créé, par un décret du 1er avril 1995, un Comité pour la compétitivité et la sécurité économiques. L'approche retenue par la France tranche avec la distinction anglo-saxonne entre le renseignement économique (*economic intelligence*), en principe pratiqué par l'État pour son bénéfice exclusif, et le renseignement d'affaires (*business intelligence*), réservé aux entreprises et utilisant des moyens non spécialisés. Elle a récemment fait école en Espagne, où a été annoncée la création en mai 2013 d'un « système national d'intelligence économique » visant à améliorer la compétitivité du pays.

Une ambiguïté malencontreuse

À la différence du renseignement économique, l'intelligence économique est censée se faire ouvertement et en ne recourant qu'aux seuls moyens légaux[24]. Elle incombe en principe avant tout aux entreprises, invitées à faire leur révolution culturelle, et à leurs organisations professionnelles. Le concept n'est pourtant pas sans ambiguïtés pour plusieurs raisons. Il s'inspire d'une doctrine française de la « guerre économique » selon laquelle ce nouveau terrain d'affrontement entre les entreprises et leurs États serait désormais prioritaire[25]. Bien que la notion soit apparue en France, dans un autre contexte, dès la Première Guerre mondiale, elle a fait florès depuis les années 1990. Pour le secrétaire d'État au Commerce extérieur Pierre Lellouche, « le commerce extérieur est devenu la première ligne de front de la guerre économique[26] ». Pour l'un de ses promoteurs, Alain Juillet, « dans la guerre économique, on substitue aux morts du champ de bataille les licenciements de salariés et à la destruction des forces ennemies, les fermetures ou les prises de contrôle d'entreprises. La conquête du terrain est remplacée par celle des parts de marché et le coût des opérations par une variation des marges. Aujourd'hui on peut ruiner un pays et ses habitants plus sûrement que par une guerre classique en l'attaquant uniquement sur sa monnaie et les taux d'intérêt et déclencher un chômage fauteur de troubles en déstabilisant une filière par des fusions-acquisitions bien ciblées ». Il joue, au nom d'une théorie de l'information conçue comme une « matière première stratégique », sur les similitudes entre information et renseignement et s'appuie sur une définition identique du cycle d'acquisition et de traitement de l'information. Les apports des méthodes du renseignement pour les entreprises dans la compétition économique avaient au demeurant déjà été mis en évidence par le général Cléry, spécialiste du renseignement militaire, dès 1980[27]. Il se place enfin dans le contexte institutionnel du renseignement en installant ses structures dans l'orbite de la défense nationale et en les confiant à un responsable ostensiblement issu du monde du renseignement étatique. Le Code de la défense modifié par la loi de programmation militaire 2009-2014 de juillet 2009 indique que « le Premier ministre [...] coordonne l'action gouvernementale en matière d'intelligence économique », mais le haut responsable à l'intelligence économique (HRIE) institué en décembre 2002 était placé sous l'autorité formelle du secrétaire général à la défense nationale (SGDN) et le premier titulaire de la fonction entre 2004 et 2009, Alain Juillet, avait été directeur du renseignement de la DGSE de 2002 à 2003. Le décret du 17 septembre 2009 a transformé le HRIE en délégué interministériel à l'intelligence économique (D2IE), nommé sur proposition du ministre de l'Économie et placé initialement auprès du président de la République, puis à nouveau auprès du Premier ministre depuis le décret d'août 2013.

Ainsi, si le concept n'est pas sans mérites, il est bien compréhensible qu'il demeure controversé. Selon l'expert en stratégie Coutau-Bégarie, « l'intelligence économique est le concept le plus bête qui soit ». Le capitaine de vaisseau Beau, devenu un spécialiste de la discipline, y voit « une affaire privée pratiquée par les entreprises » et non « une activité publique pratiquée par les services de l'État[28] ». En revanche, explique Denécé, « à force d'expliquer à des interlocuteurs sceptiques que l'intelligence économique n'a rien à voir avec le renseignement, ils vident la discipline de son contenu. En effet, ne pas vouloir considérer le renseignement lorsque l'on parle d'intelligence économique, c'est comme nier l'algèbre lorsque l'on fait de la comptabilité, ou la géométrie lorsque l'on fait de la topographie ».

Au-delà des discours sur la prévention du terrorisme, le renseignement conserve sa pertinence dans bien d'autres registres, au nombre desquels l'économie. Si son emploi dans ce domaine peut être tentant pour des démocraties confrontées à l'émergence de nouveaux compétiteurs, il doit être fait avec le plus grand discernement. Afficher des ambitions volontaristes dans ce domaine, relativiser la frontière entre les acteurs publics et privés, cultiver les ambiguïtés peut conduire à des impasses de nature à fragiliser les services sur les scènes nationale et internationale.

CHAPITRE 13

Le pilotage politique du renseignement

Le renseignement et la politique relèvent apparemment de deux mondes très différents séparés par la transparence et le secret. Activité secrète, le renseignement est régulièrement soupçonné, tantôt d'être dévoyé de son objet par ses maîtres, tantôt d'être négligé par eux, tantôt de poursuivre des desseins propres. Le politique entretient lui-même cette distance et cette méfiance vis-à-vis du renseignement. Que signifie cette immersion des appareils de renseignement dans les réalités politiques ? Faut-il prévenir ou assumer ce colloque singulier ? Quelles « bonnes pratiques » recommander en matière de direction et de contrôle des services par les autorités ?

À l'exception de Churchill, peu de dirigeants des démocraties du XXe siècle ont entretenu des relations intimes avec le renseignement. Pourtant, malgré la prédominance actuelle d'une interprétation sécuritaire du renseignement, celui-ci n'existe que pour préserver leur liberté politique. Il faut voir une simple boutade dans le mot de l'économiste Keynes, selon lequel « il n'y a rien qu'un gouvernement déteste plus que d'être bien informé car cela rend le processus de prise de décision plus compliqué et plus difficile ». Comme le rappelle Lowenthal, « le renseignement existe parce que les gouvernements cherchent à cacher certaines informations à d'autres gouvernements, qui, à leur tour, cherchent à découvrir des informations cachées ». Il n'est, selon Gill et Phythian, pas seulement un mode d'information et de connaissance mais aussi un processus de puissance impliquant politique et action. Collecter des informations sans intention politique d'en tirer parti relève de ce que le philosophe Jean-François Revel appelait en 1988 la « connaissance inutile ». Jouer du renseignement, c'est accepter la confrontation des intentions. Dans ce schéma, comme le montre le musicologue Szendy, « les espions sont avant tout des écoutants attentifs à ce qui se trame, des capteurs auditifs à ce qui se trame, vers ce qui vient en se cachant. Et l'espionnage semble être ainsi l'une des plus vieilles pratiques repérées de l'écoute ou de l'auscultation du monde[1] ».

Le renseignement, un objet politique qui redécouvre progressivement son identité

Un objet fondamentalement politique, car lié aux intentions et décisions

Le renseignement est une politique publique au sens, en France, de la loi organique sur les finances publiques (LOLF) de 2001, qui la définit comme un ensemble d'objectifs établis en fonction de finalités d'intérêt général auxquels sont affectés des crédits et associés des résultats soumis à évaluation. Cette dimension est aujourd'hui consacrée par les autorités françaises. Selon le Livre blanc sur la défense et la sécurité nationale de juin 2008, le renseignement vise à offrir aux responsables de l'État « une autonomie d'appréciation, de décision et d'action ». En prolongeant la notion inventée en 1959 par Chaban-Delmas à partir de l'article 5 de la Constitution de 1958 qui fait du président de la République le « garant de l'indépendance nationale », on peut avancer que le renseignement relève de son « domaine très réservé », comme le souligne Laurent dans une récente étude[2]. Ainsi que le rappelait Omand lors d'une intervention à Sciences-Po[3], le rôle du renseignement est déterminant pour la conduite, voire la survie des autorités politiques. En Espagne, le gouvernement précipita ainsi sa fin lorsqu'il fit une analyse erronée des attentats de Madrid survenus en mars 2004. À cet égard, les diverses révélations faites par Snowden montrent que le renseignement antiterroriste, qui peut apparaître comme une démarche « dépolitisée », a permis aux États-Unis de poursuivre, voire de développer, des pratiques visant aussi à défendre leurs intérêts de puissance dans les domaines politique et économique.

Le renseignement est ainsi lié au processus de décision, dans la mesure où son but est « de fournir de l'information aux responsables politiques qui puisse éclairer leurs options de décision », selon Johnson. Il n'est même, selon le colonel Achard-James, « utile que dans la mesure où il peut influer sur une décision. S'il n'intéresse aucune décision, ce n'est pas à proprement parler un renseignement mais tout au plus une information ». Il serait cependant quelque peu naïf de croire que la décision résultera mécaniquement du renseignement fourni. Le décideur est de ce point de vue un public comme les autres. « L'information en elle-même ne change pas les attitudes, à moins que la dissonance cognitive n'atteigne un niveau extraordinaire » pour reprendre l'expression de Castells[4].

Sur le plan intérieur, il est patent que la détention d'un renseignement est de nature à conforter le responsable public. C'est ce qu'a été l'expérience de nombreux ministres de l'Intérieur en France, qui ont pu conforter leur ascension politique par la maîtrise de l'appareil du renseignement intérieur, sinon par la détention d'une fraction du « misérable petit tas de secrets » cher à Malraux. C'est aussi l'expérience britannique, vécue à l'occasion du « dossier douteux » (*dodgy dossier*) de septembre 2002 sur l'Irak, mais correspondant à une pratique croissante depuis Thatcher, où le renseignement permet au Premier ministre de s'imposer à ses ministres[5]. Pour toutes ces raisons, le renseignement ne peut donc que s'inscrire dans le processus politique même si, comme le soulignait déjà Joxe, « la prise en compte du renseignement dans les processus de décision reste insuffisante ». Il est en fin de compte moins menacé par l'évolution de l'état des risques et des menaces que par le risque que les entités politiques renoncent à intervenir dans le monde en s'abandonnant à une « apathie décisionnelle ».

Un effort de planification est donc nécessaire où chacun doit assumer ses responsabilités. La planification politique de renseignement relève des autorités de l'État et vise à mettre un sujet à l'agenda des services. Elle ne doit pas être confondue avec la planification opérationnelle, qui relève de l'autorité des services, même si des contrôles peuvent être imposés. Elle doit être compatible avec les capacités réelles des services sans traduire par un empilement de priorités. De manière concrète, l'autorité politique peut souhaiter engager les agences de renseignement sur un pays jugé important pour la sécurité nationale et dont la connaissance ne peut seulement résulter des moyens ouverts ou diplomatiques à sa disposition. Les responsables des services définiront alors des cibles de leur action telles que l'entourage familial et privé des principaux dirigeants, les organes du pays visé chargés de centraliser l'information intérieure, les entreprises nationales les plus sensibles, l'appareil politique et sécuritaire, les régions clés du pays, les entités entretenant des relations commerciales avec des pays clés ou certaines catégories de ressortissants établis à l'étranger.

La démarche logique, de la planification politique à la planification opérationnelle

Étape	Question
Intérêt	Pourquoi recourir au renseignement vis-à-vis du sujet ?
Subsidiarité	Qu'apportera le renseignement par rapport aux autres moyens de connaissance disponibles ?
Modélisation et ciblage	Quels seraient les points d'application de la recherche de renseignement ?
Avantages comparés des moyens	Quelles ressources et quels moyens seraient employés ?
Coopération internationale	Quelle coopération internationale pourrait être mobilisée ?
Divulgation des résultats	Quel système d'analyse et de diffusion devrait être établi ?
Équipe et système d'autorisation	Quel système d'opération devrait être construit ?
Calendrier	Quelle gestion du temps prévoir pour les opérations ?
Caveat	Quels contrôles devraient être mis en place ?

Une distance introduite par l'évolution des États et des sociétés

Historiquement, le renseignement est une composante du politique comme le rappelle la pratique du « secret du roi » par Louis XV.

Comme vis-à-vis de la diplomatie, ce n'est que progressivement qu'ont été dissociées les fonctions de conseiller du prince et d'expert. Cette confusion se retrouve encore dans les États non démocratiques : Russie de Poutine, dont les anciens collègues du KGB et des services successeurs constituent l'entourage privilégié ; Égypte du *raïs* Moubarak, s'appuyant sur le général Souleiman, son chef des services et candidat à sa succession ; Tunisie du président Ben Ali, lui-même ancien responsable du renseignement. Les volets d'action confiés à certains services modernes comme le BCRA du général de Gaulle à partir de 1942 ou la CIA du président Eisenhower dans les années 1950, montrent la persistance de cette imbrication.

La bureaucratisation et la technicisation du renseignement au XIXe siècle ont pourtant favorisé une distanciation entre l'autorité politique et le monde du renseignement. Celle-ci a plusieurs raisons. Elle se nourrit du malaise à assumer une relation imprégnée du cynisme machiavélien et d'une « raison d'État », définie historiquement comme « la connaissance des moyens propres à fonder, conserver et accroître » l'État[6]. Elle est tributaire de la complexité croissante du métier, qui peut dépasser les autorités politiques, comme le montre l'essor du renseignement technique à l'âge d'Internet. Elle subit, enfin, sa confiscation par des corporations comme les militaires et les policiers en France au XIXe siècle. Des dialogues directs entre le chef de l'exécutif et les responsables des services de renseignement ont pu s'établir, comme celui noué entre le Premier ministre israélien Ben Gourion et le chef du Mossad Harel entre 1953 et 1963, mais ils sont demeurés exceptionnels depuis la Seconde Guerre mondiale. À l'inverse, lorsque des chefs d'agence ne disposent plus de la confiance du chef de l'exécutif, ils ne peuvent se maintenir longtemps en fonctions, comme le montrèrent les démissions des directeurs de la CIA McCone, en avril 1965, et Woolsey, en janvier 1995.

Cela peut expliquer, comme le fait remarquer Denécé, que « depuis l'affaire Dreyfus, nos services de renseignement sont victimes de la défiance des hommes politiques ». Mais les services modernes ne peuvent plus s'inscrire dans cette perspective.

La mise en place de dispositifs de régulation des relations des autorités avec le renseignement

Au lendemain de l'affaire Ben Barka, de Gaulle pouvait encore estimer que « les services spéciaux ne sont pas assez tenus en main[7] ». Cette opinion demeure partagée dans plusieurs démocraties comme par exemple au Japon[8]. Comme l'admettait Wolfowitz en 1996, l'idée est revenue que « la production de renseignement doit être pilotée par le processus politique[9] ». Cette direction des services par les autorités politiques recouvre aujourd'hui plusieurs fonctions, qui incombent en tout ou partie au pouvoir exécutif. La première d'entre elles tient au pouvoir de nomination ou le limogeage des dirigeants. En Israël, les huit premiers chefs de l'Aman ont été des proches du parti travailliste. Aux États-Unis, le DCI George H. W. Bush a été en janvier 1977 le premier directeur de la CIA limogé pour des raisons d'alternance politique. Le directeur du FBI bénéficie en principe pour sa part d'une garantie de mandat de dix ans. En France, au moins une dizaine des vingt-cinq responsables des services extérieurs et intérieurs avaient un profil politique identifié entre 1970 et 2000, même si l'on ne peut pas suivre Denécé quand il prétend que « le trait commun des directeurs des services de renseignement et de sécurité français lors de leur nomination est d'être des hommes non compétents en la matière mais aux ordres du pouvoir exécutif ». En Allemagne, l'équilibre politique entre les deux grands partis est généralement dans le profil des deux principaux responsables du BND. Les autres fonctions sont l'allocation des ressources nécessaires aux services, l'orientation de leurs recherches dans des plans à moyen terme et l'autorisation des opérations. Cette impulsion s'inscrit le plus souvent dans un cadre normatif, légal ou réglementaire, qui régit l'activité des services. C'est notamment le cas aux États-Unis où le président Gerald Ford a pris pour la première fois, en février 1976, un *executive order* présidentiel relatif au pilotage du renseignement. Cette décision est devenue depuis décembre 1981 l'EO 12333, qui fixe toujours le cadre d'action des agences de renseignement et a été modifié depuis à trois reprises, en juillet 2003, en août 2004 et, pour la dernière fois, en juillet 2008.

La redécouverte du renseignement par les autorités politiques s'est traduite par la mise en place de structures de direction spécifiques dans le cadre des dispositifs de direction de la sécurité nationale. Aux États-Unis en 1947, le NSC, placé sous l'autorité d'un *national security adviser* et officiellement chargé depuis février 1976 d'« orienter et de diriger les activités nationales de renseignement », dispose traditionnellement d'un *senior director for intelligence*, fonction qui a notamment été exercée par George Tenet. L'un des *national security advisers*, l'amiral John Poindexter, a au demeurant dû démissionner en novembre 1986 pour avoir laissé ses collaborateurs s'engager dans l'Irangate. Dans d'autres démocraties, des fonctions de conseillers de sécurité nationale auprès du chef de l'exécutif ont été également instaurées, notamment en Corée du Sud, en Inde et en Israël depuis 1999, au Canada depuis 2003, au Royaume-Uni depuis 2009, en Australie depuis 2012 et au Japon depuis 2013. À Ottawa, le coordonnateur sécurité et renseignement placé auprès du Bureau du conseil privé (Privy Council Office) a été transformé en décembre 2003 en Secrétariat de la sécurité et du renseignement et en Secrétariat de l'évaluation du renseignement. À Madrid, une commission gouvernementale de coordination des actions de renseignement (CDGAI) a été créée par la loi du 6 mai 2002 sur le CNI, ce service ayant été rattaché depuis 2011 à la présidence du gouvernement. À Londres, une fonction de superviseur politique des services est instituée en 2005 avec la création d'un *permanent secretary* au Cabinet Office. À Paris, un coordonnateur national pour le renseignement en France voit le jour en 2008. À Berlin, alors que les questions de renseignement étaient déjà suivies depuis 1964 par le ministre coordonnateur de la chancellerie et qu'une des directions de celle-ci s'y consacre depuis 1977, un secrétariat d'État spécialisé a été créé auprès de la chancellerie en Allemagne au lendemain des élections fédérales de l'automne 2013, à la suite des révélations de Snowden sur l'espionnage de la NSA en Allemagne. Les propositions visant à instituer un véritable ministère du Renseignement, comme il en existe dans certains États non démocratiques, demeurent cependant rares. La création d'un ministère chargé, à titre principal ou exclusif, du Renseignement demeure une exception dans les démocraties. Malgré quelques propositions en ce sens aux États-Unis[10], seuls quelques États ont franchi le pas : Israël en instituant en mai 2009 un ministère chargé des Relations internationales, des Affaires stratégiques et du Renseignement, et la Nouvelle-Zélande en créant un ministère de la Sécurité nationale et du Renseignement en octobre 2014. Le rattachement direct des agences de renseignement s'est en revanche confirmé, auprès des Premiers ministres (BND allemand, Mossad et Shabak israéliens, CNI espagnol, NZSIS néo-zélandais, CIRO japonais, CNI espagnol, SCRS/CSIS canadien) ou, le plus souvent des ministres de l'Intérieur (DGSI française, MI5 britannique depuis 1952, BfV allemand…) et de la Défense (DGSE française, NSA américaine, CSE canadien, ASD australien…), plus rarement des ministres des Affaires étrangères (SIS et GCHQ britanniques, ASIS australienne, IAS japonais, INR américain) ou de la Justice (FBI, agence de sécurité intérieure japonaise PSIA, ASIO australienne, agence de sécurité intérieure danoise PET, agence de sécurité intérieure lettonne SAB, agence de sécurité intérieure norvégienne PST, agence sécurité suédoise SÄPO).

La direction de l'appareil de renseignement peut prendre des formes variées : organisation par l'autorité exécutive présidentielle ou ministérielle de réunions consacrées à l'orientation générale des services au sein de structures comme le conseil national du renseignement institué en France depuis 2008 ou le comité pour les agences de renseignement et de sécurité (TKIV) aux Pays-Bas, association des services aux diverses réunions de crise ; suivi régulier de l'actualité, comme au JIC britannique ou à la chancellerie allemande ; émission de directives particulières. Le plus souvent classifiées, ces décisions ne sont pas connues. Aux États-Unis, elles ont pris la forme de *National Security Action Memorandum* (NSAM) sous les présidents Kennedy et Johnson, de *National Security Decision Memorandum* (NSDM) sous les présidents Nixon et Ford, de *National Security Directive* (NSD) sous le président Reagan, de *National Security Directive* (NSD) sous le président Bush Sr, de *Presidential Decision Directives* (PDD) sous le président Clinton, de *National Security Presidential Directives* (NSPD) sous le président Bush Jr et de *Presidential Policy Directives* (PDD) sous le président Obama.

La politisation, pathologie des politiques de renseignement

L'ambassadeur Cradock, qui présida le JIC britannique de 1985 à 1992, estime que « le meilleur compromis est que le renseignement et le politique soient dans des pièces séparées mais adjacentes, avec des portes de communication et de minces murs de séparation, comme dans un hôtel bon marché[11] ». La conception dominante en matière de relations entre le politique et le renseignement demeure celle d'un équilibre à bonne distance. Trop éloigné, le renseignement perd son sens et sa raison d'être ; trop proche, il peut se brûler en perdant sa légitimité. C'est le phénomène de politisation, qui dépasse la seule question du lien entre l'analyse de renseignement et son utilisateur, et qui fragilise le renseignement en tant que « fonction d'État ».

La politisation, conséquence de l'intimité retrouvée entre le politique et le renseignement

L'exercice de pressions politiques sur le renseignement se serait déjà manifesté dans la Bible, lorsque 10 des 12 espions envoyés par Moïse à Canaan auraient modifié leur description de la Terre promise. La pratique recouvre en réalité deux notions différentes, l'utilisation publique faite par les autorités du renseignement et l'influence de pressions ou de préférences politiques sur les services et les professionnels du renseignement[12]. La première dimension explique la méfiance qui s'établit quand, de manière inhabituelle, les autorités choisissent de rendre publiques certaines évaluations issues des agences comme elles le firent aux États-Unis, avec les *key judgments* de la NIE sur les capacités et les intentions nucléaires de l'Iran de novembre 2007, ou en France, avec la récente « synthèse nationale de renseignement déclassifié » présentée en septembre 2013 pour démontrer le recours à l'arme chimique par les forces du régime syrien de Bachar el-Assad.

La seconde dimension de la politisation est plus difficile à cerner. Selon le cofondateur de la CIA, Kent, « le renseignement doit être suffisamment proche de la politique, des plans et des opérations pour bénéficier du maximum d'orientation et doit être suffisamment distant pour ne pas perdre son objectivité et son intégrité de jugement ». Pour le chercheur Rovner, la relation entre le politique et le producteur de renseignement est, en un certain sens, fondée sur la friction. La politisation est un phénomène pathologique que l'on peut définir comme « la manipulation du renseignement pour refléter des préférences politiques[13] ». Elle prendrait, selon cet expert, huit formes différentes :

manipulation directe à l'initiative du politique ; manipulation indirecte à l'initiative des analystes ; *a priori* ; infirmation de la politique par l'analyse ; myopie (*parochialism*, défini comme une vision subjective et centrée sur ses propres intérêts) du renseignement ; prédominance des intérêts bureaucratiques, visions partisanes ; utilisation du renseignement comme bouc émissaire par les autorités. Un universitaire américain a ainsi pu catégoriser les cadres de la CIA en bureaucrates « autocentrés », « altruistes », « hommes d'État », « zélotes » et « avocats[14] ».

Une des difficultés pratiques tient cependant à la séparation (*cut-off*) à établir entre politique et renseignement. Comme l'indique tout récemment le gouvernement britannique, « les évaluations (*assessments*) de renseignement doivent être pertinentes pour le politique (*policy*) et les analystes doivent travailler étroitement avec les responsables politiques (*policy makers*) mais les ministres doivent voir clairement où les jugements analytiques s'arrêtent et où les implications politiques commencent[15] ». Cette ligne de partage n'est pas aussi aisée à établir qu'il y paraît en raison de la nature des enjeux.

Pour Sims, « l'essence du renseignement n'est pas le secret, la vérité ou l'objectivité mais plutôt l'avantage décisionnel (*decision-advantage*) », position qui a été reprise dans la « vision 2015 » proposée en 2008 par l'amiral McConnell, DNI. Cet aspect, qui contribue à la pertinence du renseignement, est plus facilement acceptable, pour une démocratie, dans l'ordre international que dans l'ordre interne. En effet, comment définir ce qui distingue le juste niveau d'information d'un dirigeant de ce qui peut ressembler à une surveillance inquiète de la population ? On peut admettre néanmoins, comme le relève Betts, que « la politisation est mauvaise quand elle supprime ou distord la vérité pour promouvoir un agenda politique ; elle peut être bonne quand elle ne déforme pas mais conditionne de l'information d'une manière qui l'empêche d'être mise de côté comme non pertinente ».

Le secret, vecteur de manipulations possibles

Le secret est justifié par la nature même du renseignement, qui impose la protection des sources, méthodes et opérations et relève traditionnellement du « secret du prince », devenu secret d'État ou « secret défense ». C'est en soi un défi car une organisation est par essence un lieu où circule l'information, quelle que soit l'insistance mise sur la pratique du cloisonnement délibéré et sur le « besoin d'en connaître » (« *need to know* »). Le secret préserve le renseignement du regard des citoyens, du Parlement et des juges. Il peut viser des documents, des personnes, voire des lieux du renseignement, ce qui fait périodiquement craindre que le renseignement soit l'instrument d'un « gouvernement invisible ». En France, la volonté du gouvernement, exprimée dans la loi de programmation militaire du 29 juillet 2009, de classifier certains lieux a été censurée par la décision du 10 novembre 2011 du Conseil constitutionnel. Comme le relève Dewerpe, « le renseignement apparaît dès lors comme la forme à la fois extrême et rationalisée que l'État contemporain donne au secret politique ».

Ce même secret peut être instrumentalisé et compliquer la gestion « normale » des services. Il explique que dans toutes les démocraties, de la Nouvelle-Zélande à la Corée du Sud, du Danemark à la République tchèque, des services soient encore périodiquement engagés, au cours de la présente décennie, de leur propre initiative ou à celle de leurs tuteurs dans des manipulations politiques. De manière plus subtile, l'autorité prêtée aux services de renseignement peut conduire à influencer les jugements, non seulement du public étranger – ce qui peut être un objectif explicite – mais aussi des citoyens, sans que les preuves habituellement nécessaires à la conviction soient fournies. Le rôle du Centre d'information sur le renseignement et le terrorisme, officieusement créé par l'Aman en 2001, après l'intifada Al-Aqsa, afin d'informer sur les actions palestiniennes, islamistes, iraniennes et antisémites, illustre cet argument d'autorité, qui peut être pernicieux. Il relève ce que le chercheur israélien Pascovich a appelé l'« activisme du renseignement[16] ». « Plus qu'une zone d'ombre, le renseignement est le lieu où l'incertitude de la politique est directement éprouvée. Parce qu'il y a du jeu dans la politique, la tentation d'y intervenir peut surgir plus facilement de cette marge d'indétermination[17] ».

Les jeux dangereux de la politisation

La contamination par le renseignement emprunte souvent la voie d'une « politisation par le haut[18] ». Celle-ci commence par la nomination de proches à la tête des services. Aux États-Unis, le DCIA Goss, nommé à la tête de l'Agence par le président Bush entre 2004 et 2006, a été qualifié de directeur « le plus politique et le plus inefficace de l'histoire de l'Agence » par le commentateur du *Washington Post* Ignatius[19]. En France, le premier directeur général de la sécurité extérieure, Pierre Marion de 1982 à 1983 ou le directeur central des renseignements généraux, Fournet de 1988 à 1990 étaient tous deux des proches du président Mitterrand. En Israël, les chefs du renseignement ont été désignés sur critères politiques au cours des premières décennies d'existence de l'État. Les huit premiers directeurs de l'Aman, par exemple, étaient proches du Parti travailliste au pouvoir[20]. Cette attitude peut avoir des conséquences graves si elle atteint l'intégrité des services. Selon Van Evera en 2006, « la CIA a été abîmée par une campagne contre ses employés supposés opposés à l'administration Bush. Cette campagne a causé un exode d'officiers compétents hors de l'Agence américaine ».

La politisation peut se traduire aussi par une volonté de contournement des services. Les dirigeants sont régulièrement tentés de s'entourer d'« éminences grises » actives dans ce domaine : Morton pour le Premier ministre Churchill pendant la Seconde Guerre mondiale, Foccart de 1959 à 1974 pour de Gaulle et Pompidou, Melnik pour le Premier ministre Michel Debré de 1959 à 1962, François de Grossouvre pour le président Mitterrand de 1981 à 1985, le général Rondot auprès du ministre de la Défense Michèle Alliot-Marie de 2002 à 2005. Un exemple de ces déviations est la cellule dite des « gendarmes de l'Élysée », qui fut dirigée par le commandant Christian Prouteau entre 1983 et 1988, se livrant à l'écoute illégale de 120 personnes, montant une fausse arrestation de terroristes irlandais à Vincennes en 1983, et formant un « groupe d'action mixte » (recherche et action), confié au capitaine Barril afin de protéger la vie privée du président Mitterrand. Des entreprises de même nature ont existé aux États-Unis lors l'Irangate du lieutenant-colonel North au NSC ou, très récemment, au Pentagone sous le secrétaire à la Défense Rumsfeld, méfiant vis-à-vis des services de renseignement établis.

Une dernière forme de politisation porte sur la tentation d'implication des services dans la vie politique intérieure. Le risque est naturellement plus élevé pour les services chargés de la sécurité intérieure, comme le rappelle aux États-Unis l'engagement du FBI dès les années 1930 par le président Roosevelt dans la surveillance d'opposants politiques, en Israël, la surveillance des membres du parti de gauche Mapam par le Shabak au début des années 1950 à la demande de Ben Gourion, au Canada, la récupération des fichiers des partis québécois par la Police royale montée en 1970, ou, en France, l'affaire des « plombiers » du *Canard enchaîné* en 1973, inspirés par le ministère de l'Intérieur. Le dévoiement concerne aussi les services extérieurs avec, par exemple, l'implication du SDECE dans le soutien à la SFIO et la lutte contre les gaullistes et le PCF au début de la IVe République ; la surveillance illégale par le Cesid espagnol en 1998 d'Herri Batasuna, branche politique, celle de magistrats italiens par le Sismi entre 2001 et 2003 ou l'écoute de journalistes allemands (Spitzelung) par le BND de 1993 à 2005. Les tentatives infructueuses sont encore plus nombreuses, des « plombiers » du Watergate sous la présidence de Nixon à la manipulation Clearstream en mai-juin 2004 visant à utiliser le service extérieur français pour mettre en cause des responsables politiques français, dont le président de la République.

L'une des conséquences de cette politisation est la responsabilité que peuvent avoir à assumer les autorités politiques pour l'emploi indu ou inefficace des services. En Israël, le ministre de la Défense Lavon a dû démissionner après la participation de l'Aman à une provocation contre les intérêts anglo-américains en Égypte en 1954. En Allemagne, le chancelier Willy Brandt ne sut pas protéger son entourage de la présence de l'espion est-allemand Guillaume et démissionna en mai 1974. Dans ce même pays, En France, Charles Hernu, ministre de la Défense, a fait de même après l'échec de l'attentat de la DGSE contre le *Rainbow Warrior* de Greenpeace en 1984. En Espagne, Garcia-Vargas, lui aussi ministre de la Défense, a quitté le pouvoir en 1995 à la suite de son utilisation du service espagnol à des fins politiciennes. Plus récemment, dans le paisible Luxembourg, le Premier ministre Jean-Claude Juncker a dû quitter prématurément ses fonctions en juillet 2013 à cause de son défaut de contrôle du service national SREL. L'engagement des autorités ou des chefs de services intérieurs dans des opérations de surveillance d'opposants politiques n'a en réalité épargné que peu de démocraties. Elle a été exposée aux États-Unis en 1973 (démission du directeur par intérim du FBI), en Allemagne en 1978 (démission du ministre de l'Intérieur), au Canada en 1987 (démission du directeur du SCRS), en Espagne en 1995 (démission du directeur du Cesid), en Roumanie en 2007 (démission du chef de la DGPI), en Bulgarie en 2011 (démission du directeur général du service SANS), au Danemark en 2013 (démission du directeur général du service PET). Elle a coûté leur fonction au ministre de la Défense slovène, Turnsek, en mars 1998, ou au Premier ministre tchèque, Necas, en juin 2013.

Les agences, objets ou complices possibles de détournement de pouvoir

Elle peut les inciter à recevoir des instructions visant à leur faire faire des choses hors mandat. Ce phénomène a concerné l'ensemble des démocraties. En Allemagne, Le premier chef du BND, le général Gehlen, s'est ainsi vu demander de collecter plusieurs centaines de dossiers sur des journalistes et des opposants politiques au profit du chancelier allemand Adenauer par son conseiller Globke. En Israël, le Shabak a été sollicité pour lancer un hebdomadaire favorable au parti gouvernemental Mapai en 1956. En Belgique, dans les années 1980, le service intérieur, la Sûreté de l'État, a constitué près de 200 « dossiers réservés » sur des hommes politiques, selon le rapport du Comité R pour 2008. Selon l'historien Andrew, au Royaume-Uni, le MI5 a travaillé dans les années 1970, au-delà de sa Charte et à la demande du gouvernement Callaghan, pour suivre les activités de la branche Militant du Parti travailliste britannique, tandis que son homologue australien, l'ASIO, se livrait à la même période à des pratiques analogues à l'encontre des membres du Parti communiste australien. Au Danemark même, le service intérieur danois PET s'est récemment livré à la surveillance de l'opposition politique. La France n'est pas restée à l'écart de ces tentations avec l'espionnage de mouvements politiques en France dans les années 1980 par les Renseignements généraux (ONG Greenpeace) ou par la DST, où existait, jusqu'en 1985, une « brigade du chef » spécialisée dans ces tâches.

À l'inverse, la politisation peut conduire à demander aux agences de s'abstenir dans certains cas. On peut ainsi les inciter à faire preuve d'aveuglement ou d'indulgence pour certaines pratiques comme les collectes de financement politique auprès de certains pays étrangers.

LE RISQUE DE L'ANALYSE COMPLAISANTE

Comme le rappelle Johnson, La politisation peut conduire à « la compromission de l'objectivité du renseignement ou de son utilisation pour servir des buts politiques ou politiciens ». C'est le *cherry picking* relevé par Jervis, qui revient à céder à la pression des politiques sur la communauté pour fournir des analyses qui soutiennent leurs décisions. L'exemple des armes de destruction massive en Irak en 2003 constitue désormais le cas le plus emblématique de cette mauvaise pratique. Comme l'indique l'un des membres du SIS entendu anonymement par la Commission Chilcot, « le Service a réagi aux événements en Irak, en marquant probablement un plus grand désir de plaire qu'il n'aurait été entièrement approprié[21] ». Un des enseignements qu'en a tirés la commission américaine Robb-Silberman sur les armes de destruction massive en Irak dans son rapport de mars 2005 est que « la communauté de renseignement doit être pressée. Elle ne donnera pas son meilleur si elle n'est pas pressée par les responsables politiques, parfois jusqu'à l'inconfort. Les analystes doivent être pressés pour expliquer combien ils ne savent pas ».

Ainsi se développe le risque d'un renseignement complaisant (*intelligence-to-please*). Revenant sur l'affaire, le principal analyste américain concerné, Pillar, estime que « l'administration a utilisé le renseignement, non pour informer sa prise de décision mais pour justifier une décision déjà prise[22] ». La politisation ne prend cependant pas la même dimension selon les cultures nationales. Elle est centrée sur la conscience des fragilités du pouvoir en France et sur la corruption de la vision du monde aux États-Unis, le Royaume-Uni occupant une position intermédiaire.

L'avènement d'une relation stabilisée entre les services et les autorités nationales

La relation entre l'exécutif et le renseignement ne présente pas la même sensibilité selon les services concernés. Les services les plus sensibles à cet égard sont ceux qui disposent des capacités les plus exclusives et interviennent dans le champ central de la politique. Ainsi, au Royaume-Uni, le contrôle politique des services est différencié : le Home Office estime qu'une délégation importante doit être consentie au Security Service de la part de l'exécutif pour éviter la politisation de son activité alors que le F&CO indique assurer un contrôle opérationnel étroit du SIS et du GCHQ en raison des implications politiques et diplomatiques de leurs interventions à l'étranger, selon le rapport de l'ISC pour 2011-2012. Aux États-Unis, la mise en place d'un contrôle des opérations sensibles du FBI par l'*attorney general* n'a été possible qu'à partir de 1976 et ne s'est achevée qu'en 1983, soit après le départ de son indéracinable directeur J. Edgar Hoover, en fonctions de 1924 à 1972. Il n'est pas indifférent de constater qu'en France ou aux Pays-Bas, l'autorisation formelle des interceptions domestiques des services, actions qui présentent un niveau de sensibilité élevé, relève, respectivement depuis 1991 et 2002 des ministres compétents.

Elle dépend également étroitement des traditions historiques nationales, de l'organisation juridique du pouvoir et de l'intérêt personnel des responsables pour le sujet, comme le rappelait l'ancien ministre de l'Intérieur et de la Défense Pierre Joxe[23]. La relation entre les acteurs politiques et techniques du renseignement doit respecter le pacte social et éviter de céder aux manipulations réciproques ou à l'indifférence mutuelle. Elle se mesure notamment à travers le respect du cadre légal, l'intégrité de la prise en compte des informations reçues et l'emploi conforme à leur mission des services. Pour ce faire, trois principes peuvent contribuer à améliorer l'insertion politique du renseignement.

L'établissement d'une confiance réciproque entre l'exécutif et le renseignement

Il est nécessaire de rechercher un juste milieu entre intérêt et fascination pour le renseignement. Dans son étude sur la relation entre l'exécutif et les services sous la Ve République en France, Vadillo estime que la relation entre le chef de l'État et les services de renseignement a été illustrée par des attitudes variables selon les présidents : intérêt de la part du président Sarkozy, désintérêt de la part des présidents Giscard d'Estaing et Chirac, défiance de la part des présidents Pompidou, Mitterrand et Chirac, et « gestion contrainte par les circonstances » pour l'actuel président. Le désintérêt a donc été jusqu'ici l'attitude la plus fréquente.

Le jeu politique du renseignement sous le président de la Ve République

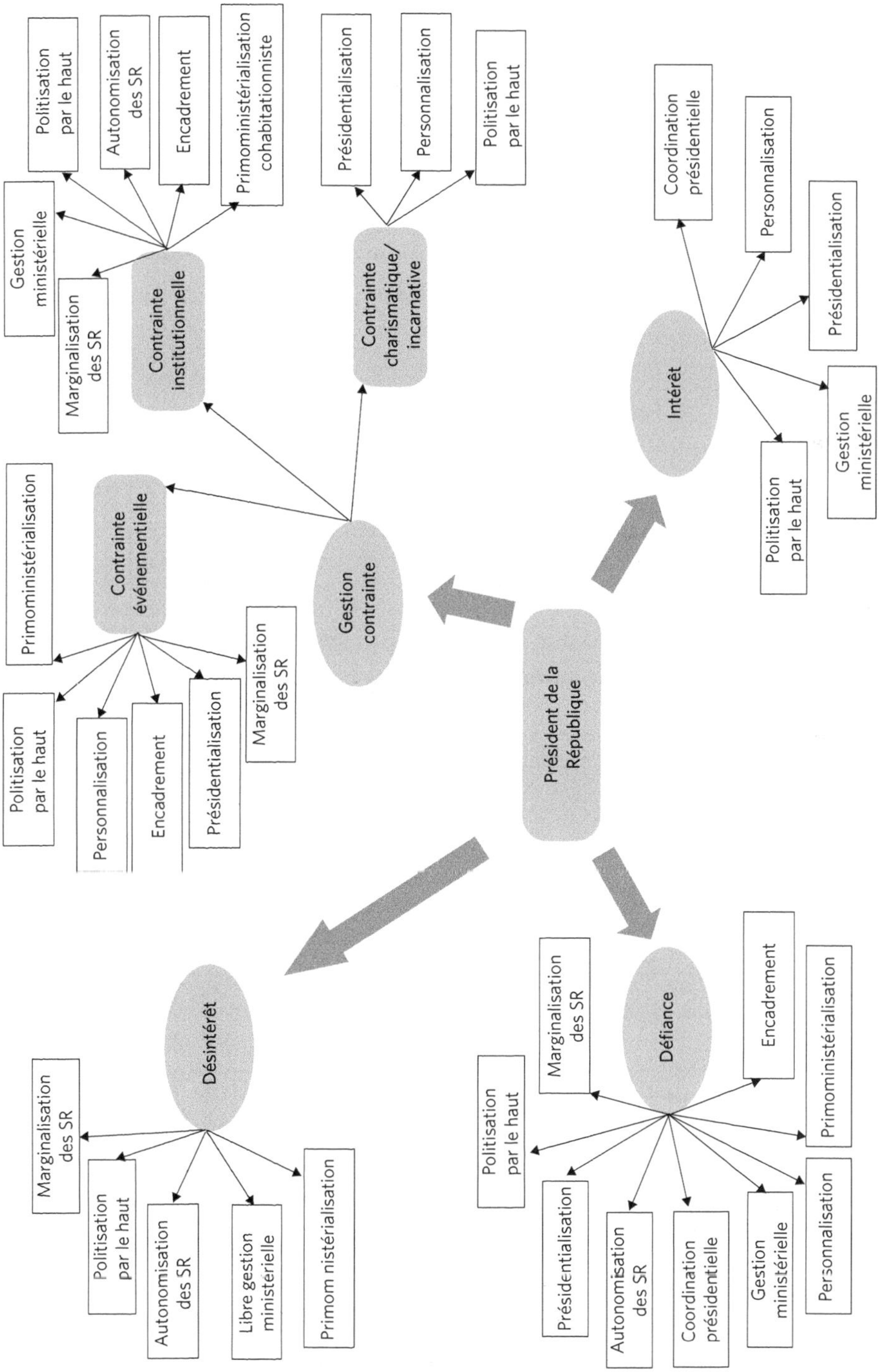

Source : Vacillo F., intervention au sein du séminaire de Philippe Hayez, « Les politiques du renseignement », Master Affaires internationales à Sciences-Po Paris, 18 mars 2011.

La recherche d'un double équilibre entre les deux acteurs

Le renseignement est comme un funambule sur la corde raide du politique. Il doit trouver un premier équilibre entre l'objectivité attendue de l'information qu'il apporte et son soutien aux politiques auxquelles il contribue. Cette tension est source d'incompréhension depuis le Vietnam. Le politologue israélien Leslau s'est attaché à définir le lien entre la collecte des faits bruts par le renseignement et l'acceptation des analyses des services.

Facteurs d'influence du renseignement sur le processus de décision

<table>
<tr><th colspan="4">Information brute</th></tr>
<tr><td rowspan="5">Évaluation</td><td></td><td>Rejet</td><td>Acceptation</td></tr>
<tr><td rowspan="2">Acceptation</td><td rowspan="2">Non applicable</td><td>Grande influence
(responsable politique réceptif, professionnalisme des analystes, statut élevé des agences)</td></tr>
<tr><td rowspan="2">Politisation
(décideur politique non réceptif, analyste non objectif)</td></tr>
<tr><td rowspan="2">Rejet</td><td rowspan="2">Séparation complète
(responsable politique distant, professionnalisme des analystes)</td></tr>
<tr><td>Acceptation partielle
(décideur politique réceptif, professionnalisme des analystes, statut modeste des agences)</td></tr>
</table>

Source : Leslau O., « The effect of intelligence on decisionmaking process », International Journal of Intelligence and Counterintelligence, *juin 2010.*

La bonne distance nécessite également l'atteinte d'un second équilibre, entre l'allocation par les autorités des moyens adaptés aux agences de renseignement et la protection des libertés publiques. Cette question est, elle aussi, posée depuis plusieurs décennies. L'EO 12333 de 1981 relatif aux activités de renseignement aux États-Unis, toujours en vigueur, évoque ainsi « l'équilibre adéquat entre l'acquisition d'information essentielle et la protection des intérêts individuels ». Cet objectif fonde les restrictions apportées, par exemple, aux interceptions en France et aux États-Unis ou à la surveillance des journalistes en France et en Allemagne.

La discipline à exiger des agences de renseignement

Les agences doivent faire preuve d'une loyauté exemplaire et se garder de chercher à devenir les arbitres des politiques publiques. Comme l'indiquait l'ancien Secrétaire d'État Kissinger en 2008, « je suis extrêmement inquiet de la tendance de la communauté du renseignement à s'instituer en contrôle plutôt qu'en partie de l'exécutif. Quand les responsables du renseignement s'attendent à ce que leur travail devienne l'objet d'un débat public, ils sont tentés de s'arroger le rôle d'hommes politiques et d'avocats ». Elles ne peuvent non plus se concevoir comme une alternative aux politiques publiques. C'est en particulier le cas lorsqu'elles s'engagent dans la « diplomatie de renseignement », qui ne peut pas être une autre diplomatie mais se cantonne à l'exploitation intelligente et concertée de la multiplicité des canaux de contact et de dialogue dont peuvent disposer les services dans une situation donnée. En démocratie et au même titre que les forces armées ou de police, une agence ne peut naturellement être le refuge des partisans d'une autre politique, ce qui constituerait un phénomène de la « politisation par le bas » décrit par Vadillo.

À l'exception des rares périodes de fusion entre le politique symbolisée par le BCRA ou Bletchley Park, les services doivent être des lieux où est scrupuleusement respectée la neutralité du service public, ce qui peut devenir délicat dans le contexte de la transparence interne accrue, qui s'attache aux administrations publiques et qui peut conforter les « lanceurs d'alerte » dans les missions qu'ils s'assignent eux-mêmes.

Comment fabriquer ce que Denécé appelle des « taupes modèles » ? Le renseignement ne doit pas être opposé au politique mais fonctionner comme sa dérivée. Il faut protéger le second du premier en imaginant une relation assumée, qui ressemble à la « membrane semi-perméable » imaginée par Lowenthal, et en s'appuyant sur une interface permanente, le « dispositif » étudié par Laurent. Il convient parallèlement de protéger le renseignement du politique par la recherche d'un équilibre subtil entre les contrôles exécutif et législatif, la formalisation des chaînes opérationnelles, la garantie des standards d'analyse et, enfin, la protection renforcée des acteurs du renseignement[24], dont l'ancienne opérationnelle de la CIA, Plame, fut privée lorsque son statut fut révélé par l'entourage du vice-président Dick Cheney.

CHAPITRE 14

La trame de contrôle du renseignement

Il est désormais admis dans les démocraties, comme le pose l'article 15 de la Déclaration française des droits de l'homme et du citoyen de 1789 que, « la société a le droit de demander compte à tout agent public de son administration » mais certains paraissent encore tacitement accepter que le renseignement échappe à cette obligation. Dans une société traditionnelle, celui-ci pouvait demeurer dans l'obscurité et donc dans le déni. On pouvait ainsi croire Fénelon, qui, dans ses *Aventures de Télémaque* (1699), disait que « les dieux [...] qui nous ont préservés de traîtres, nous défendent de nous en servir[1] ». L'attitude a changé aujourd'hui et l'on admet généralement, comme le relevait la commission présidée par le sénateur américain Church en avril 1976, qu'« il y a une tendance des activités de renseignement à sortir de leur champ » en raison de leur nature même. Ce risque permanent est susceptible, comme le montre l'affaire Snowden[2], de menacer le pacte social, ce qui impose de vérifier la compatibilité des opérations de renseignement avec les principes éthiques, juridiques et politiques sur lesquels reposent les sociétés démocratiques. Comme l'a rappelé le Premier ministre français François Fillon, « entre démocratie et renseignement, l'histoire nous apprend que les relations n'ont pas toujours été sereines[3] ». Dans un tel régime, le pouvoir ne peut se passer de norme et de système de contrôle. Prométhée doit être enchaîné afin de le protéger lui-même « contre l'empire du soupçon[4] ». Une telle démarche s'inscrit dans ce que Pierre Rosanvallon appelle la

« contre-démocratie », conçue pour un ensemble de compensations nécessaires pour réduire la défiance croissante des citoyens envers les responsables politiques[5].

Le besoin d'un contrôle spécifique du renseignement

Le renseignement est en effet, en raison de sa nature même, une activité lourde de conséquences, qui peut faire grief. Pour l'autorité qui l'assume, il présente des risques intrinsèques de nature politique, juridique, diplomatique et opérationnelle. Aux yeux des responsables des services, il peut mettre en péril leur capacité de discernement. Pour ne citer qu'un exemple, on se souviendra de l'affaire dite du « Bus 300 » en Israël qui a conduit les responsables du service intérieur Shabak à maquiller l'exécution en avril 1984 de deux preneurs d'otages palestiniens pour la dissimuler aux autorités et à la commission d'enquête. Le colonel Isser Beeri, le premier chef de ce service, avait déjà été condamné par la justice et limogé en 1949 pour avoir fait exécuter plusieurs agents doubles. Pour les hommes et les femmes qui sont chargés de le mettre en œuvre au quotidien, il emporte des risques de corruption psychologique, matérielle et morale, que l'on retrouve à volonté dans la vision désenchantée d'un John Le Carré, lorsque celui-ci fait dire au personnage principal de son roman le plus connu : « Que croyez-vous que les espions soient : des prêtres, des saints, des martyrs ? Ils sont une profession sordide de vains fous, de traîtres aussi, oui ; des gens poussifs, sadiques et ivrognes, qui jouent aux cow-boys et aux Indiens pour éclairer leurs vies pourries[6]. » Pour les citoyens qui peuvent en subir les effets, il comporte un risque de réduction de leur liberté, dont George Orwell a esquissé la vision cauchemardesque dans son célèbre roman *1984*, publié en 1950 comme une mise en garde contre les sociétés utilisant les technologies de l'information et la torture pour écraser les individus.

Quelles que soient les protestations de principe, il faut donc tenir le renseignement pour une activité corrosive pour la démocratie. Pour évoquer les seuls États-Unis, les services américains ont, au cours des trente années séparant la Seconde Guerre mondiale de 1974, été impliqués dans des opérations, loin d'être toutes imputables à leur propre initiative mais qui paraissent aussi inacceptables qu'au moment de leur révélation.

Les errements de la CIA entre 1950 et 1975

- Mkultra : tests de drogue LSD par la CIA sur des citoyens inconscients entre 1953 et 1963, révélés par la commission présidée par Nelson Rockefeller en juin 1975.
- Shamrock/Minaret : interceptions illégales par la NSA entre 1952 et 1975 de citoyens américains, lancées dès 1945 avec la complicité de la société RCA Communications, révélées en août 1975.
- Cointelpro : fichage par le FBI entre 1966 et 1971 de 1 million de citoyens américains et surveillance d'opposants politiques au nom de la lutte contre la subversion communiste.
- Htlingual : ouverture illégale entre 1952 et 1973 par la CIA, avec le concours du FBI à partir de 1958, des courriers américains échangés avec l'URSS (13 000 lettres ouvertes en 1959 et encore 8 700 en 1972).
- Mchaos : surveillance par la CIA de 7 200 activistes opposés à la guerre du Vietnam, correspondant au fichage de 1,5 million de noms, révélée en décembre 1974 par le journaliste du *New York Times* Seymour Hersh.

Aucun régime n'est à l'abri de tels dérapages. Des traces de ceux-ci peuvent être relevées dans l'ensemble des démocraties depuis la Seconde Guerre mondiale, la pacifique Nouvelle-Zélande n'échappant pas elle-même à la tentation de surveillance des opposants politiques au régime. L'exigence est clairement posée : les services doivent s'efforcer de se conformer aux normes des sociétés qu'ils ont pour mission de protéger. Pour eux et pour ceux qui les supervisent, enfreindre gravement celles-ci revient à faillir à leur mission.

Les points d'appui multiples du contrôle du renseignement

De même qu'il est une garantie de leur efficacité minimale au même titre que n'importe quel « contrôle qualité » ou audit, le contrôle est en effet une des conditions de la légitimité des services de renseignement. Pour reprendre les catégories avancées jadis par Weber, la politique du renseignement ne peut échapper à la « légitimité légale-rationnelle », qui « dérive de la mise en œuvre de procédures stables, juridiquement fixées et faisant l'objet d'un consensus des élites et de la population[7] ». Celle-ci suppose le respect de plusieurs des principes fondamentaux d'une démocratie : séparation des pouvoirs, respect de la norme de droit, protection des libertés fondamentales. Or l'activité des services met par essence en péril les deux derniers de ces principes car ceux-ci peuvent contourner les règles de droit et menacer les libertés individuelles. Ce « malaise dans la civilisation » vient d'être relancé par les révélations des pratiques de la NSA en matière d'interceptions des communications. Gomart, chercheur à l'IFRI, affirme que « l'affaire Snowden signale l'apparition d'un différend fondamental entre sociétés civiles et États sur l'équilibre entre libertés individuelles et sécurité nationale ».

Sur un plan théorique, on peut distinguer, selon Bar-Joseph, une matrice de contrôle dans les démocraties en fonction, d'une part, de la participation unilatérale (limitée à l'exécutif) ou multilatérale (partagée avec le législatif, le judiciaire et l'informel) des autorités politiques, et, d'autre part, de la nature personnelle (fondée sur les dirigeants) ou constitutionnelle (fondée sur la loi), des moyens de contrôle. Quatre systèmes en résultent : unilatéral/personnel comme dans les systèmes traditionnels ; unilatéral/constitutionnel comme aux États-Unis entre 1947 et 1976, au Royaume-Uni du XIXe siècle à 1994 ou en Israël entre 1948 et le début des années 1990 ; multilatéral/constitutionnel comme actuellement aux États-Unis, au Canada, en Australie et en Europe de l'Ouest.

Panorama des pratiques révélées par Edward Snowden 2013-2014

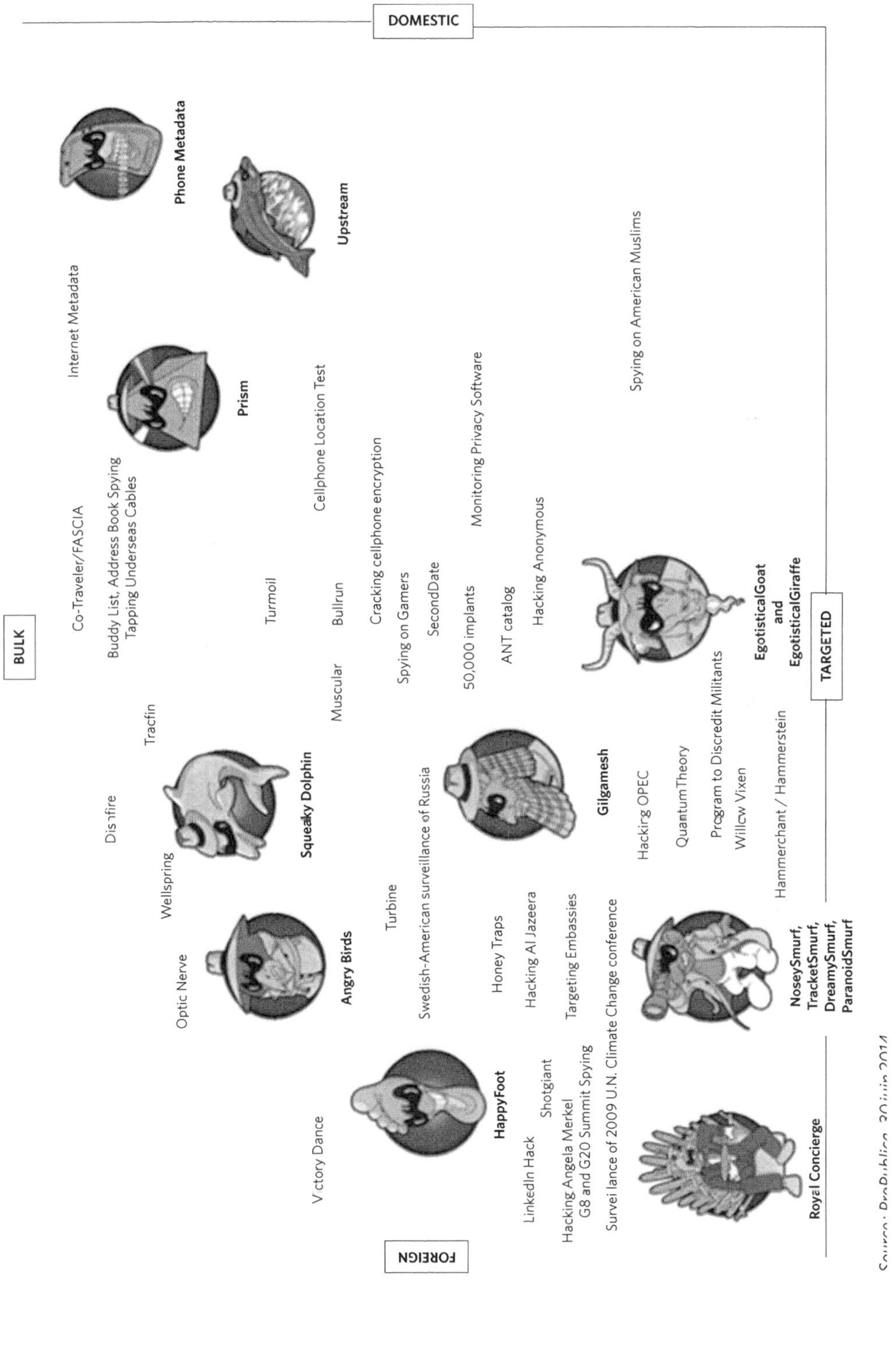

Source : ProPublica, 20 juin 2014

Matrice du contrôle des services en démocratie

Participation		
	Unilatérale	**Multilatérale**
Personnelle	Règle de droit : improbable Politiques partisanes : probable	Règle de droit : improbable Politiques partisanes : moins probable
Moyens		
Constitutionnels	Règle de droit : probable Politiques partisanes : probable	Règle de droit : probable Politiques partisanes : moins probable

Source : Bar-Joseph U., « State-Intelligence relations in Israel : 1948-1997 », Journal of Conflict Studies, *1997.*

Avec la détention de pouvoirs ou de techniques spéciaux (licences), c'est bien la dimension secrète de cette activité de renseignement qui est à l'origine de ces menaces. Ce secret est naturellement une condition indispensable du renseignement et recouvre les intentions, les opérations, les méthodes et les personnels. Il est même, comme l'a établi le sociologue allemand Simmel, une des conditions de relations sociales fluides, au même titre que l'erreur, le mensonge ou la confiance[8]. Il doit cependant être cantonné car « les services de renseignement dans les démocraties ont un intérêt évident. Ils permettent d'énoncer sans avoir à expliquer, ni à justifier. Ils donnent le privilège du savoir, donc du mensonge incontestable[9] ». Si l'on en croit l'expert israélien Ben-Israël, « si le savoir corrompt, il découle de cette première déduction qu'un savoir tenu secret corrompt en secret. Cela signifie que quiconque possède une information confidentielle risque d'en faire un usage secret qui diffère de celui au nom duquel elle lui a été transmise[10] ». Dans la mesure où il n'existe pas de politique du renseignement sans une politique préalable du secret, une démocratie doit donc organiser soigneusement et simultanément la protection des secrets d'État, les dérogations qu'elle accorde à ses services en matière de transparence, l'accès des citoyens aux informations protégées par le secret et la déclassification des informations secrètes. Aux États-Unis, par exemple, le secret des informations de sécurité nationale est régi par l'EO 13526 du 29 décembre 2009, qui s'est substitué aux EO 12356 du 2 avril 1982 et EO 12959 du 17 avril 1995. Il distingue les divers niveaux de classification, prévoit que celle-ci s'applique notamment aux « activités de renseignement (incluant l'action clandestine), sources et méthodes de renseignement ou cryptologie ». La durée standard de classification de dix ans, prolongeable à vingt-cinq, peut être étendue si l'information provient d'une « source humaine de renseignement ». Le DNI est compétent pour la déclassification mais un responsable d'agence peut s'y opposer si celle-ci est de nature à « révéler l'identité d'une source humaine confidentielle, d'une source humaine de renseignement, d'une relation avec le service de renseignement ou de sécurité d'un gouvernement étranger ou d'une organisation internationale, d'une source non humaine de renseignement ou gêner l'efficacité d'une méthode de renseignement en usage, disponible ou en développement ». Dans ce cas, la durée de déclassification peut être supérieure à cinquante ans. Le DNI peut par ailleurs créer des *special access programs* à classification renforcée. Pour demeurer crédibles, les contrôles du renseignement doivent être compatibles avec la protection des sources, des méthodes et des personnels.

Les politiques de renseignement s'insérant par ailleurs dans des contextes nationaux différents, la perspective d'un modèle unique est improbable. Le régime institutionnel varie selon les démocraties sur des points aussi essentiels que la relation entre les pouvoirs exécutif et législatif, les pouvoirs du Parlement ou la place accordée au juge. Le contrôle du renseignement doit s'insérer dans une sorte de « trame » dont les caractéristiques dépendent donc des institutions politiques, administratives, judiciaires et sociales d'un pays donné et qui ne peut reposer sur un seul vecteur de contrôle. Fondés sur une conception classique de la séparation des pouvoirs, les dispositifs de contrôle reposent ainsi d'abord sur les parlements (contrôle parlementaire) et sur les appareils judiciaires (contrôle juridictionnel). Les services de renseignement n'échappent pas à la compétence des organismes chargés du contrôle des comptes publics : National Audit Office britannique, Government Accountability Office américain, Bundesrechnungshof allemande, Tribunal de Cuentas espagnol, Vérificateur général canadien, Cour des comptes française, chargée par l'article 47-2 de la Constitution, d'« assiste[r] le Parlement dans le contrôle de l'action du gouvernement », de participer à

« l'évaluation des politiques publiques » et de « contribue[r] à l'information des citoyens ». Ils peuvent également être soumis à des organes semi-indépendants comme, en France, les autorités administratives indépendantes : Commission nationale informatique et libertés (CNIL) depuis 1978, Commission nationale de contrôle des interceptions de sécurité (CNCIS) depuis 1991, Commission de vérification des fonds spéciaux (CVFS) depuis 2001, Commission consultative sur le secret de la défense nationale (CCSDN) depuis 1998. En Allemagne, l'autorité chargée depuis 2006 de la protection des données et de la liberté d'information (Bundesbeauftragte für den Datenschutz und die Informationsfreiheit) a estimé, par exemple, que le BND a violé la loi en mettant en place deux bases de données contenant des données sur les citoyens sans les notifier correctement : la base INBE (Inhaltliche Behaltung) créée en 2010 en remplacement de la base Mira4, et la base VERAS d'analyse des métadonnées créée en 2001-2002. Aux Pays-Bas, une commission d'experts spécialisée (CTIVD) a vu le jour en 2002. Dans le monde anglo-saxon, des *commissioners* indépendants interviennent, qui sont souvent d'anciens juges : *CSE commissioner* au Canada depuis 1984, *interception of communications commissioner* britannique depuis 1988, *intelligence services commissioner* britannique depuis 1994. Certains pays disposent d'organes de contrôle rendant compte au Parlement (CSARS au Canada depuis 1984, Comité R en Belgique depuis 1991).

La trame de contrôle du renseignement en France

Qui ?/ouoi ?	Efficacité	Légalité	Conformité politique	Respect des libertés publiques	Rigueur financière et probité
Parlement	DPR	DPR	DPR Commissions d'enquête	Commissions d'enquête	Commissions des finances des assemblées
Juge	-	Juge administratif	-	Juge judiciaire	Cour des comptes
Organismes autonomes	CCSDN	CNCIS	CNCIS	CNIL CNCIS	CVFS
Presse/ opinion	oui		oui	oui	oui

La cohérence de cette trame représente un enjeu de premier ordre. Il s'agit d'éviter, non seulement les carences, mais aussi les phénomènes de concurrence qui peuvent survenir entre les dispositifs de contrôle. Ainsi, au Royaume-Uni, le Premier ministre David Cameron, après avoir confié au juge indépendant Gibson en juillet 2010 l'ouverture d'une enquête sur les agissements des services britanniques en matière de traitement des détenus dans le contexte de la lutte antiterroriste, a décidé en décembre 2013 de transférer son exploitation finale au comité de contrôle ISC, ce qui a suscité de nombreuses critiques parmi les défenseurs de la transparence. L'intégrité de ces acteurs est essentielle, comme le rappelle le départ précipité des deux derniers responsables de l'instance de contrôle canadienne, le CSARS, en novembre 2011 et en janvier 2014, ceux-ci ayant confondu leur fonction avec leurs affaires commerciales.

Les limitations (interdictions, *caveats*, contraintes procédurales) imposées au renseignement ne peuvent pas toujours être définies *a priori*. Elles reflètent un équilibre fragile entre la protection des intérêts supérieurs de la communauté nationale – définis par l'article 410-1 du Code pénal français comme les « intérêts fondamentaux de la nation » correspondant à « son indépendance, l'intégrité de son territoire, sa sécurité, la forme républicaine de ses institutions, les moyens de sa défense et de diplomatie, la sauvegarde de sa population en France et à l'étranger, l'équilibre de son milieu naturel et de son environnement et les éléments essentiels de son potentiel scientifique et économique et de son patrimoine culturel » – et les méthodes employées pour y parvenir. Le recours au renseignement doit plutôt suivre un principe de proportionnalité. C'est le sens du concept de *minimization* introduit aux États-Unis par la commission Church d'avril 1976. Devant la nécessité technique de procéder, en matière de collecte technique de télécommunications, au « chalutage » indiscriminé des communications, des directives sont données par le président dans ses *executive orders* pour éliminer les informations non pertinentes et non autorisées. C'est le modèle *collection first, minimization later*, qui a été appliqué depuis octobre 2001[11]. C'est aussi la portée de la récente directive présidentielle PPD-28 sur les activités SIGINT du 17 janvier 2014, prise par le président Obama à la suite des révélations de Snowden, qui vise à limiter le recours aux interceptions aux seuls buts de renseignement ou de contre-espionnage, excluant la surveillance de l'opposition ou de la critique politique, des discriminations de race, de sexe, d'orientation sexuelle ou de religion ainsi que la recherche d'avantages compétitifs pour les entreprises américaines, en dehors du contrôle des sanctions commerciales et de l'influence de gouvernements étrangers. Cette directive introduit également un principe de subsidiarité du SIGINT par rapport aux sources diplomatiques ou ouvertes. C'est encore l'attitude de la chancelière allemande, Angela Merkel, confrontée aux interceptions de la NSA, que d'estimer dans un discours devant le Bundestag en janvier 2014, qu'« il y a une question de proportionnalité. Il y a une question de relation entre le danger et les moyens que nous avons choisis pour contrer le danger ».

Les objets du contrôle du renseignement correspondent aux points névralgiques de ces politiques. Ils doivent porter sur le cantonnement et le périmètre d'action des services, leur organisation et leurs compétences, la nomination de leurs responsables, leur mécanisme de financement, la mise en œuvre par ceux-ci des capacités les plus dérogatoires aux libertés publiques (interceptions domestiques, effractions, géolocalisation…) et les opérations elles-mêmes des services, qui connaissent une échelle d'intensité susceptible d'aller de la simple surveillance à l'élimination physique[12].

Le temps du contrôle importe aussi. En raison du secret de l'activité et du respect de la séparation des pouvoirs, le contrôle du renseignement ne peut s'effectuer le plus souvent qu'*a posteriori*. Certaines activités particulièrement sensibles, telles que celles portant atteinte aux libertés individuelles des citoyens, peuvent cependant justifier des contrôles *a priori*. C'est le cas généralement des interceptions domestiques et des intrusions dans la propriété privée (*warrants*…). Le positionnement du contrôle doit enfin couvrir l'ensemble du cycle du renseignement. Comme la nature des menaces contemporaines exige une possibilité diversifiée de collecte d'informations par des moyens inévitablement intrusifs et que les citoyens en acceptent la nécessité, la capacité des gouvernements à réguler l'utilisation faite de ces renseignements devient une question clé[13].

Le contrôle des politiques de renseignement est donc une politique partagée. Il incombe aux autorités politiques mais peut aussi reposer sur la vigilance des citoyens eux-mêmes. Aux États-Unis, l'intervention active d'organisations civiques (comme la Federation of American Scientists et l'American Civil Liberties Union)[14] participe indiscutablement de la trame de contrôle. Cette évolution traverse également les frontières et, comme le souligne Aldrich, « de manière croissante, l'*accountability* semble provenir maintenant d'un flux émanant d'un réseau globalisé d'activistes et de journalistes et non de commissions de contrôle parlementaires ». Elle impose une dialectique entre les initiatives institutionnelles et civiques, ces dernières étant aussi bien nationales que transnationales. L'évolution des technologies impose aux gouvernants de veiller à ce que la trame de contrôle du renseignement soit régulièrement adaptée. C'est ce qu'illustre la position en septembre 2014 de la CTIVD, organe de contrôle néerlandais, qui critique le fait que l'agence AIVD ait surveillé les réseaux sociaux sans autorisation, alors que les dispositions législatives de 2002 étaient antérieures à l'existence de ces réseaux.

La démarche éthique, exigence renforcée pour le renseignement

Les préoccupations relatives aux contrôles politique ou juridique ne sauraient évacuer les impératifs d'ordre éthique. Comme le rappelle Omand, « la conformité nécessaire avec la loi domestique ne supprime pas le devoir de penser éthiquement pour ceux impliqués dans l'autorisation et l'utilisation du renseignement secret[15] ». Ainsi, depuis plusieurs années, des auteurs soulignent la nécessité de soumettre les praticiens et les superviseurs du renseignement aux exigences de l'éthique[16].

Omand souligne en effet que « l'exposition au risque moral est inséparable du processus d'acquisition du renseignement secret ». La pratique du renseignement repose inévitablement sur des actions moralement douteuses, imposant le recours au mensonge, à la tromperie (*denial and deception*), au chantage ou à la corruption. C'est une activité fondée sur la transgression, selon une échelle d'intensité variable. Comme le montre l'expert américain Olson, les opérations de renseignement peuvent confronter leurs responsables à des dilemmes[17].

Les *caveats* éthiques : des cas concrets

Cas n° 1

Un responsable opérationnel d'Al-Qaida, connu pour avoir supervisé une attaque terroriste majeure aux États-Unis (ayant causé la mort de 700 citoyens), se cache au Soudan. Nous apprenons de sources de renseignement sa localisation exacte et avons la capacité d'insérer dans le pays une équipe pour l'assassiner. D'autres options, comme l'enlèvement ou l'extradition, sont exclues pour des motifs politiques et opérationnels. Serait-il moralement acceptable pour le service d'assassiner ce terroriste au Soudan ?

Cas n° 2

Des forces de la coalition ont capturé un dirigeant terroriste de premier rang dans la région de Tora-Bora, dans l'est de l'Afghanistan. Il ne fait aucun doute qu'il dispose d'informations de première main sur les identités et les localisations d'autres terroristes, leurs communications, leurs finances et leurs projets de nouvelles attaques. Il ne parle pas. Serait-il moralement acceptable pour le service d'utiliser la torture, y compris les coups et les chocs électriques, afin d'extraire l'information nécessaire ?

Cas n° 3

Un membre albanais du groupe terroriste Jihad islamique égyptien dirige une importante cellule de son organisation à Sofia (Bulgarie). Serait-il moralement acceptable pour le service, en collaboration officielle avec les services de sécurité bulgares, de kidnapper ce terroriste dans les rues de Sofia, de l'envoyer secrètement au Caire et de le remettre aux autorités égyptiennes pour un interrogatoire qui inclurait probablement des coups et des méthodes de torture ?

Cas n° 4

Un officier de renseignement sous couverture commerciale à Téhéran lie amitié avec un jeune fonctionnaire iranien travaillant pour le ministère de la Défense. Le jeune Iranien révèle qu'il est secrètement opposé au régime. L'évaluation du service est qu'il ne voudra jamais consciemment travailler pour nous mais qu'il pourrait être incité à travailler au profit d'une organisation internationale réputée. Serait-il moralement acceptable pour notre officier de dire faussement à l'Iranien qu'il travaille pour Amnesty International afin de le recruter comme agent d'information à l'intérieur de l'Iran ?

Cas n° 5

Le service a recruté un agent de pénétration dans une cellule importante d'Al-Qaida à Hambourg (Allemagne). Celui-ci fournit des renseignements de valeur sur les activités et les personnels terroristes, non seulement en Allemagne mais à travers l'Europe. Lors d'une rencontre secrète dans un endroit clandestin à Hambourg, le terroriste demande à ses traitants de lui fournir une prostituée. Il dit qu'il serait dangereux pour lui de fréquenter les quartiers réservés de Hambourg parce qu'il sait que la présence policière allemande y est importante et qu'il craint les maladies transmissibles. Il ajoute que si le service ne lui donne pas satisfaction, il rompra le contact et que nous le perdrons comme source. Serait-il moralement acceptable que le service procure une prostituée médicalement saine à ce terroriste ?

On peut ajouter à cette série le cas de la délocalisation du traitement des affaires terroristes révélé par le correspondant spécialisé du *New York Times*[18]. Devant la crainte des conséquences morales et juridiques des pratiques liées aux *renditions* (*waterboarding*) mises en évidence par le rapport de l'inspecteur général de la CIA Helgerson en 2004, la CIA s'est tournée vers l'Intelligence Services Institution pakistanaise pour obtenir un accord en vue de l'élimination par drone de militants islamistes, la première frappe ayant eu lieu au Sud-Waziristan en juin 2004. La politique d'élimination ciblée a alors pris la suite de celle des *renditions*.

Dans un système prédémocratique, la valeur morale du renseignement pouvait être tout simplement niée. Selon Montesquieu, « l'espionnage serait peut-être tolérable s'il pouvait être exercé par d'honnêtes gens ; mais l'infamie nécessaire de la personne peut faire juger de l'infamie de la chose ». Cette position, selon laquelle « l'éthique du renseignement est un oxymore. Ce n'est pas un sujet. Cela ne l'a jamais été et ne le sera jamais, pas si vous voulez un vrai service de renseignement[19] », n'est plus tenable. Le renseignement ne peut donc plus être une activité ignorant les règles éthiques. L'approche utilitariste, illustrée par la formule « toute forme de service utile au bien public devient honorable en étant nécessaire » (« *any kind of service necessary to the public good becomes honourable by being necessary* ») attribuée en 1776 au patriote américain Nathan Hale, ne suffit pas. Comme le rappelle un autre vétéran de la CIA, Devine, « nous vivons pour recruter, ce qui est une version plaisante de dire que nous vivons pour convaincre des gens de trahir pour notre compte en nous vendant les secrets de leur patrie[20] ». Le recours au renseignement ne peut donc se concevoir que dans l'« éthique de la responsabilité » d'un État tentant d'organiser son monopole de la violence légitime, selon la formule de Max Weber.

La première garantie du respect de règles minimales dans ce domaine repose sur les hommes et les femmes du renseignement. Comme le rappelle Jones, « en l'absence de contrôle et d'inspections et en raison surtout des occasions qu'offre le renseignement de commettre des irrégularités, la seule garantie réside dans la solidité du sens moral des agents ». Les tentations qu'offre le renseignement pour ceux qui le pratiquent sont nombreuses, la moindre d'entre elles n'étant pas celle qu'autorise la détention d'informations confidentielles. Elle n'est pas reservée au renseignement russe ou chinois et peut atteindre le sommet des agences des démocraties : en Italie, le préfet Riccardo Malpica, chef de l'agence intérieure AISI, et en Espagne, José Saiz Cortès, responsable du CNI, durent ainsi démissionner, respectivement en août 1991 et en juillet 2009, pour malversations financières. Aux États-Unis, le directeur des opérations par intérim, Max Hugel, en juillet 1981, et, tout récemment, en octobre 2014, la directrice du SIGINT à la NSA, Teresa O'Shea, quittèrent prématurément leurs fonctions pour avoir confondu leurs fonctions et leurs affaires privées. À cet égard, un contrôle attentif de la qualité du recrutement, de la formation et de l'organisation des services est nécessaire pour permettre d'atteindre cet objectif. Les conditions de départ de responsables d'agence dans le secteur privé lucratif doivent également être suivies avec attention. La discipline est de rigueur et la tolérance vis-à-vis des dérives personnelles éventuelles doit être aussi réduite que possible.

Comme l'indique Quinlan, il existe indéniablement une tension morale relative aux activités de renseignement. Certes, le juriste américain Radsan prétend que « le relativisme moral inhérent à l'espionnage international crée une sorte d'équivalence morale au sein des services de renseignement. Leurs activités ne sont ni entièrement bonnes ni entièrement mauvaises. La perspective d'avantage moral dépend de la supériorité de leur système politique[21] ». Pourtant, comme le fait remarquer Omand, « le royaume des opérations de renseignement est bien sûr une zone où les règles éthiques que nous espérons voir gouverner les comportements privés des individus dans la société ne peuvent s'appliquer entièrement. La recherche des secrets d'autrui conduit à enfreindre les règles morales quotidiennes ». Il est ainsi nécessaire de mettre en place des principes (*guidelines*) pour encadrer le renseignement et le rendre plus acceptable dans nos sociétés, tels que l'existence d'une cause durable suffisante, l'intégrité des motifs, la proportionnalité des méthodes employées, l'autorité réelle des gouvernements sur les services, la perspective raisonnable de succès des opérations engagées et l'emploi du renseignement en dernier recours. Cette préoccupation vient d'être illustrée par la recommandation n° 19 faite en décembre 2013 par la commission d'experts sur le renseignement et les technologies de l'information convoquée par le président Obama à la suite des révélations de Snowden. Selon cette commission, la surveillance des dirigeants étrangers devrait être soumise à cinq questions : une telle action est-elle nécessaire pour prévenir des menaces significatives contre la sécurité nationale ? La nation visée est-elle un pays dont on partage les valeurs et les intérêts, avec lequel une relation de coopération est établie et dont les dirigeants méritent un respect élevé ? Existe-t-il des raisons de penser que le dirigeant fait preuve de duplicité ou cache des informations importantes pour la sécurité nationale ? D'autres modes de recherche ou d'autres cibles permettent-ils d'atteindre les mêmes objectifs ? Quels seraient les effets négatifs si l'opération venait à être révélée ?

La transparence accrue des agences contribue aussi à l'atteinte des objectifs éthiques. Aux États-Unis, la CIA a créé une fonction de directeur des affaires publiques dès 1951. En Allemagne, le BND a ouvert son bureau de relations avec la presse en 1972. Chaque agence dispose désormais de son porte-parole, tel le BND depuis 1996 ou la DGSE depuis 2010, ainsi que de son propre site Internet (SIS depuis 2005, DGSE depuis 2007). Mais c'est presque un euphémisme que de constater comme l'expert israélien Shpiro que « l'interaction entre les médias ouverts et le renseignement secret a souvent été basée sur le conflit et la coopération[22] ». Le problème peut aussi justifier l'adoption par les agences de codes ou de chartes de déontologie. En France, le Code de déontologie de la police nationale s'applique aux membres de la DCRI. La DGSE a récemment adopté un code de déontologie, non publié à ce jour. Il peut être d'autant mieux résolu qu'il existe des systèmes de contrôle interne des agences, assurant la protection des *whistleblowers* ou prévoyant l'existence d'inspections générales. La CIA dispose ainsi d'un inspecteur général depuis 1952, dont les pouvoirs ont été renforcés en 1989, sa nomination étant depuis cette date soumise au Congrès. L'Australie dispose également d'un tel inspecteur général (IGIS), compétent pour l'ensemble des services, depuis 1986, ainsi que la Nouvelle-Zélande. Le Canada a curieusement pris la décision en janvier 2012 de supprimer la fonction d'inspecteur général du SCRS/CSIS pour des raisons d'économie. En France, la loi de programmation militaire du 18 décembre 2013 a prévu de créer une inspection des services de renseignement en 2014, établie par le décret du 24 juillet 2014 et placée sous l'autorité du Premier ministre, et la nouvelle DGSI dispose désormais, comme la DGSE, de sa propre inspection.

La légalité, socle paradoxal du renseignement

La légalité intérieure

Comme le rappelle encore Omand, « la vieille vision du renseignement secret comme une fonction extralégale de l'État, modeste, non reconnue, bien cachée, et hautement spécialisée, n'est plus tenable ». On peut difficilement suivre la vision cynique d'un Chouet, selon lequel « c'est ne rien comprendre que d'accuser les services secrets de faire "dans l'illégalité". Ils ne font même que cela. C'est leur vocation et leur raison d'être. En effet, le renseignement se recueille en violant ou en faisant violer la loi par les autres », est aujourd'hui difficilement acceptable. Cette position rejoint celles, traditionnelles, de responsables comme Isser Beeri, premier chef du service israélien Aman, pour qui, « à partir du moment où un service de renseignement commence à agir conformément à la loi, il cesse d'être un service de renseignement » (1948) ou Allen Dulles, qui estimait en 1963 que « l'espionnage n'est entaché par aucune "légalité" » (1963).

On ne peut en effet fondamentalement opposer État de droit et renseignement. La vision classique développée après la Première Guerre mondiale par le juriste Carré de Malberg veut que cet État soit fondé sur des « règles qui ont pour effet commun de limiter la puissance de l'État en la subordonnant à l'ordre public qu'elles consacrent[23] ». Pour tenir compte du nouveau contexte de menaces contre la sécurité, le « contrat social », évoque l'universitaire britannique Chesterman, devrait être fondé sur trois principes : la publicité des services de renseignement et de sécurité, le fondement de ces services et de leur activité sur la loi et la redevabilité adaptée aux circonstances (*consequence-sensitive accountability*)[24]. On retrouve ici quatre concepts importants dans le monde anglo-saxon pour fonder un régime de contrôle : *transparency*, *accountability*[25], *oversight* et *responsability*. Or ces notions ne reposent pas seulement sur le jeu des institutions mais sur la participation active des citoyens au processus.

Depuis plusieurs décennies, les agences de renseignement ont entrepris une longue marche vers ce que le juriste Warusfel appelle « la légalisation du renseignement d'État[26] ». La conformité des agences et de leurs pratiques aux normes juridiques se pose d'abord du point de vue de leur existence même. Celle-ci doit être admise publiquement. Les gouvernements démocratiques ont renoncé au *cut-off* initial, qui plaçait délibérément les agences en dehors de la connaissance publique. Cette pratique de déni a duré jusqu'en 1957 pour le Shabak israélien, en 1977 pour l'ASIS et le DSD australiens, en 1982 pour le GCHQ, en 1983 pour le CSE canadien, en 1989 pour le MI5 et en 1992 pour le SIS, au risque de l'absurdité et de l'incompréhension. L'identité des chefs de service n'est connue pour le Mossad que depuis 1965 et pour les services britanniques que depuis 1967. Il est désormais généralement admis que l'existence des agences doive être fondée sur une loi comme le *National Security Act* de 1947 aux États-Unis, la loi du 20 décembre 1990 sur le BND en Allemagne, l'*Intelligence and Security Act* du 26 mai 1994 au Royaume-Uni, *l'Intelligence Services Act* du 25 octobre 2001 en Australie, la loi du 6 mai 2002 sur le CNI en Espagne ou la loi fédérale sur le renseignement civil du 3 octobre 2008 en Suisse. On observera que cette publicité demeure modeste et tardive en France, puisque la première mention normative publique d'une agence est le décret du 20 novembre 1981 créant la DPSD et qu'aucune loi n'y règle encore à ce jour le statut des agences. Certaines dispositions de nature législative ont pu cependant déjà intervenir dans le champ des services, comme par exemple, l'article 2 de la loi du 3 février 1953, qui exclut les personnels du SDECE du régime du statut général de la fonction publique. Cette disposition est toujours valable pour les personnels de la DGSE.

Les vagues législatives

1980	Grèce : loi 28 août 1986 pour EYP
1990	Allemagne : loi 22 décembre 1990 pour BND Slovaquie : loi 21 janvier 1993 pour SIS Royaume-Uni : loi 26 mai 1994 pour SIS et GCHQ Hongrie : loi 1995 pour MKIH et MKBNH Italie : loi 24 octobre 1997 pour Sismi et SISDE Roumanie : loi 6 janvier 1998 pour SIE et SRI Belgique : loi 30 novembre 1998 pour SGRS et SE Slovénie : loi avril 1999 pour SOVA
2000	Estonie : loi 20 décembre 2000 Danemark : loi 27 février 2001 pour DDIS Autriche : loi MBG 23 juillet 2001 pour HnaA Pays-Bas : loi du 7 février 2002 pour AIVB Espagne : loi 6 mai 2002 pour CNI Albanie : loi 12 mai 2005 pour SHISH Pologne : loi 24 mai 2002 pour AW et ABW Grèce : loi 3 mars 2008 Lituanie : loi 28 mai 2002 Suisse : loi 3 octobre 2008 Suède : loi 12 décembre 2002 pour SAPO Luxembourg : loi du 15 juin 2004 pour SREL Rép. tchèque : loi 30 juillet 2004 Portugal : loi 6 novembre 2004 pour SIED
	→ Chypre, Finlande, Irlande, Malte, France

Cela a conduit le Livre blanc sur la défense et la sécurité nationale de 2008 à indiquer qu'« un nouveau cadre juridique définira l'exercice des missions des services de renseignement et les modalités de la protection du secret de la défense nationale ». Les cercles de réflexion proches de l'actuel gouvernement partagent cette ambition : « en matière de renseignement, la France apparaît comme l'une des dernières grandes nations à ne point disposer d'un cadre normatif adapté [...], un cadre législatif s'impose pour abriter, encadrer et favoriser l'action des services de renseignement tant la mosaïque des textes régissant leur activité n'est manifestement plus suffisante pour préserver la France d'une condamnation par la CEDH. Il est donc souhaitable qu'une loi officialise l'existence des services de renseignement et souligne leur absolue utilité[27] ». Même si une telle loi peut être considérée, selon l'expression de Vadillo, comme l'« utopie d'une démocratie adulte[28] », la Commission constituée à l'été 2012 par le député et président de la commission des lois Jean-Jacques Urvoas sur le cadre juridique des services de renseignement a cherché à remédier aux insuffisances actuelles du régime français. Elle a ainsi proposé en mai 2013 d'adopter une loi fixant le cadre juridique des activités de renseignement, réclamée aussi bien par les responsables des services que par la délégation parlementaire au renseignement elle-même. Pour Squarcini, DCRI de 2008 à 2012, il faut en effet au renseignement français « une vraie loi-cadre sur l'activité de renseignement [qui] permettrait de définir nos activités en interne comme à l'international et, surtout, de protéger l'action des agents[29] ». Selon la délégation parlementaire au renseignement, « notre pays ne dispose pas à ce jour d'un véritable régime juridique complet définissant avec précision les missions et les activités des services de renseignement ainsi que les moyens d'action dont ils disposent et prévoyant les modalités de leur encadrement et de leur contrôle » (rapport 2013) et « la France demeure la seule démocratie occidentale à ne pas bénéficier d'un cadre juridique, laissant de ce fait nos services dans la plus parfaite indigence juridique, exposant les fonctionnaires qui œuvrent en ce domaine et créant les conditions de possibles atteintes aux libertés fondamentales pour les citoyens » (rapport 2014). Le gouvernement, pressé par les attentats du début de l'année 2015, envisage désormais l'adoption d'une telle loi pour 2015.

Au-delà de la reconnaissance organique et de l'encadrement de l'existence des services, la mise en légalité du renseignement porte sur la maîtrise de leurs moyens d'action. Des procédures normatives encadrent publiquement les opérations comme, aux États-Unis et au Royaume-Uni. Dans le premier pays, le recours à l'action clandestine (amendement Hughes-Ryan 1974 modifié 1981, NSDD 286 de 1987) ou l'interrogation de captifs (*torture memos* américains de 2003) sont régis par des procédures formelles. Des prohibitions comme l'assassinat politique (EO 11905 du 18 février 1976 du président Ford modifié par l'EO 12036 du 24 janvier 1978 du président Carter et maintenu par l'EO 12333 de 1981) ou la manipulation de certaines catégories comme les journalistes (règle posée par l'amiral Turner, DCI, confirmée par l'*Intelligence Authorization Act* FY 1997), le clergé, le Peace Corps ou les criminels ont également été posées. Au Royaume-Uni, des règles interdisent également d'accorder un soutien à des fins partisanes comme le précise l'*Intelligence and Security Act* de 1994. De tels dispositifs supposent cependant que soit juridiquement définie la notion d'opération des services, ce qui n'est pas le cas en France, comme le déplore depuis peu la délégation parlementaire au renseignement.

Ces dispositions peuvent aussi conforter directement le renseignement en assurant par exemple la protection du personnel des services comme c'est le cas aux États-Unis, avec l'*Intelligence Identities Protection Act* du 23 juin 1982 ou en France, avec l'arrêté du ministre de la Défense du 15 septembre 2006 et la loi de programmation militaire de 2009. Elles peuvent même leur garantir l'immunité juridictionnelle à l'image de l'*Intelligence and Security Act* de 1994 au Royaume-Uni. Les normes légales visent, en outre, à encadrer les méthodes de surveillance technique des résidents comme le *Foreign Intelligence Surveillance Act* (FISA) du 25 octobre 1978 aux États-Unis, la loi du 10 juillet 1991 créant la Commission nationale de contrôle des interceptions de sécurité (CNCIS) en France, le *Regulation of Investigative Powers Act* (RIPA) du 26 juillet 2000 au Royaume-Uni ou la loi G-10 du 26 juin 2001 en Allemagne. Elles précisent aussi les procédures de supervision des violations de domicile, confiées soit aux ministres eux-mêmes, comme au Royaume-Uni (*warrants*), soit à des juges comme aux États-Unis, en Espagne, au Canada ou en Australie.

Les informations recueillies par les agences n'échappent pas à l'encadrement normatif même si des dérogations peuvent être consenties. C'est le cas pour la gestion des fichiers de données avec, en France, la loi du 23 janvier 1978 créant la CNIL et lui donnant une compétence limitée sur les « fichiers de souveraineté » régis par l'article 26 et qui sont dispensés de publication – tout comme les fiches « S » (comme Sûreté), au nombre de plusieurs milliers, permettant d'attirer l'attention des services de police sur des individus soupçonnés par les services de sécurité intérieure –, ou, au Royaume-Uni, le *Data Protection Act* de 1998, qui prévoit des exemptions à la protection en cas d'invocation de la sécurité nationale par un ministre. Tel est également le cas de la classification des informations collectées par les agences comme, au Royaume-Uni, l'*Official Secrecy Act* de 1911 modifié en 1972 et en 1989, aux États-Unis, le *Classified Information Protection Act* du 15 octobre 1980 et les *executive orders* subséquents, ou en France, la loi du 8 juillet 1998 créant la CCSDN. Aux États-Unis, les services de renseignement peuvent exiger en outre de certains acteurs privés (institutions financières, fournisseurs d'accès numérique, agences de voyages) des données détenues par eux en leur adressant des *national security letters* (NSL), sans contrôle du juge. Mis en place en 1986, ce régime a été considérablement étendu par le *Patriot Act* de 2001 – plus de 14 000 NSL ont été émises en 2013 – et a pu donner lieu à des abus de la part du FBI comme l'ont constaté plusieurs rapports de l'Inspecteur général du ministère de la Justice.

Dans une vision classique, le contrôle du respect de la légalité incombe normalement au juge, qu'il soit judiciaire ou administratif. Dans une démocratie, le juge judiciaire est en effet en principe le garant des libertés du citoyen. Il est à ce titre appelé à intervenir dans l'action des services. En Israël, la Haute Cour, dans une décision de septembre 1999, a interdit au Shabak d'utiliser des méthodes d'interrogation différentes de celles de la police. Aux États-Unis, en décembre 2013, un juge fédéral a renversé une jurisprudence de la Cour suprême *Smith vs Maryland* de 1979, selon laquelle la récupération sans mandat des numéros de téléphone d'un suspect par la police n'était pas contraire au 4e amendement, en estimant que la surveillance des métadonnées opérée par la NSA depuis octobre 2001 était contraire à cet amendement. En Italie, il revient au parquet près la cour d'appel de Rome d'autoriser les interceptions domestiques demandées par les services en vertu de la loi n° 438/2001 modifiée en 2005. En Espagne, un juge de la Cour suprême a compétence pour autoriser *a priori* les opérations du CNI restreignant les libertés civiles ou le secret des communications. Au Canada, il revient à la Cour fédérale d'autoriser par mandat les interventions les plus intrusives des services. En France, le juge administratif, appelé à connaître des plaintes contre l'État, est intervenu dans plusieurs affaires impliquant les agences de renseignement. Le Conseil d'État s'est par exemple prononcé sur la question dans ses arrêts *Sieur Leroy* de juin 1972 (révocation d'un cadre du SDECE, Leroy-Finville, après l'affaire Ben Barka), *Moine* de janvier 1988 (légalité de la révocation pour faute grave d'un policier détaché au SDECE qui n'avait pas transmis des informations à sa hiérarchie), *Wolny* de juin 2002 (opposabilité du décret statutaire de 1967 sur le personnel du SDECE seulement après sa notification aux intéressés). Le juge constitutionnel a également eu l'occasion de contenir le champ couvert par le secret susceptible d'être invoqué par les services. Dans une décision du 10 novembre 2011 relative à une question préjudicielle constitutionnelle sur les restrictions opposables aux perquisitions judiciaires dans les lieux classifiés, le Conseil constitutionnel a jugé que « les règles relatives aux lieux classifiés au titre du secret de la défense nationale sont contraires à la Constitution », telles qu'elles avaient été introduites par la loi n° 2009-928 du 29 juillet 2009 relative à la programmation militaire pour 2009-2014. Cette intervention du juge a été initialement très prudente. La Cour suprême saisie en 1928 de la légalité des écoutes téléphoniques a, dans sa célèbre décision *Olmstead vs US*, considéré qu'elles étaient compatibles avec le 4e amendement car elles n'étaient pas une « fouille » au sens de la Constitution. Ce rôle du juge n'est pas sans poser de problèmes : d'une part, il peut manquer d'objectivité, ce que dénonce par exemple l'ONG Human Rights Watch dans un rapport sur « la justice court-circuitée » de juin 2008 ; d'autre part, il s'inscrit dans un processus de judiciarisation des activités publiques, qui empiète sur les prérogatives de l'autorité politique. Cette tendance est illustrée par l'ouverture de procédures judiciaires aux États-Unis contre la CIA (procureur spécial) en juillet 2009 et, au Royaume-Uni, contre le MI5 (affaire Binyam Mohamed) et le SIS en septembre 2009, mais aussi par l'enquête judiciaire lancée en mai 2010 sur les responsabilités du MI5 dans les attentats de Londres de juillet 2005. C'est ainsi qu'aux États-Unis un transfert progressif a été opéré par le président Bush de son pouvoir d'autorisation des interceptions par la NSA des métadonnées au profit de la Foreign Intelligence Surveillance Court (FISC), tribunal spécialisé de 11 juges créé par le FISA de 1978 dont le mandat a été progressivement étendu, en juillet 2004, aux métadonnées Internet (section 402 FISA) et en mai 2006 aux métadonnées téléphoniques (section 501 FISA). Les demandes d'accès aux métadonnées autorisées par la FISC au titre de la section 215 se sont élevées à 178 en 2013. Un difficile équilibre doit donc être trouvé entre l'intervention du juge, principalement destinée à protéger les libertés (habilitation au secret, perquisitions…), et d'autres formes de contrôle. Le contrôle des libertés peut, au demeurant, être partagé avec d'autres entités tel le Privacy and Civil Liberties Oversight Board (PCLOB) créé aux États-Unis en mars 2006 sur recommandation de la commission sur les attentats du 11 septembre 2001. Les membres de cette agence bipartisane sont nommés par le président et approuvés par le Congrès et leur mission est de veiller à l'équilibre entre les mesures intrusives et le respect des libertés dans le cadre de la lutte contre le terrorisme.

La légalité extérieure

La conformité légale ne se place pas seulement dans un cadre strictement national. Le champ du droit positif national ne peut, certes, être confondu avec celui du droit international, en l'absence d'une légalité internationale établie. Ainsi peut-on avancer qu'un service de renseignement doit scrupuleusement respecter les lois nationales mais peut s'affranchir du respect des lois des autres États.

Il est tentant, à cet égard, de distinguer un droit du renseignement dérivé du droit de la guerre élaboré depuis le XVIIe siècle. Il y aurait ainsi, pour reprendre la distinction proposée par Quinlan[30], un *jus ad intelligentiam* et un *jus in intelligentia*. Le premier serait par exemple justifié par la persistance de risques et menaces contre les intérêts fondamentaux d'une nation, leur nature asymétrique qui interdit d'accorder un traitement homogène aux « ennemis de la société ouverte », dénoncés jadis par Popper et plus récemment par Cooper[31], ou par les risques de fragmentation intérieure des sociétés. Le second limiterait les pratiques autorisées en matière de renseignement à celles strictement nécessaires et acceptables. Cette approche présente d'évidentes limites. Le contexte du recours au renseignement se révèle plus complexe que celui de la guerre. Il suppose une certaine flexibilité : si des règles sont posées, dont certaines intangibles, des dérogations doivent également être prévues pour permettre et faciliter l'action des services, sous réserve qu'elles soient strictement nécessaires. De telles normes s'imposent progressivement en Europe à travers les jurisprudences de la Cour européenne des droits de l'homme (CEDH) et de la Cour de justice des communautés européennes (CJCE).

Au demeurant, la légalité internationale du renseignement n'a guère progressé depuis le juriste Grotius pour qui « l'envoi d'espions est sans nul doute permis par les lois des nations[32] ». Ce consensus demeure valable, comme le rappelle un juriste américain, « parce que l'espionnage est enraciné dans les relations internationales, il est honnête de dire que la pratique des États reconnaît l'espionnage comme une fonction légitime de l'État et que, par conséquent, celui-ci est légal en tant que droit international coutumier[33] ».

On peut admettre ainsi généralement, comme Phythian, que « la relation entre les agences de renseignement nationales et les droits de l'homme n'a pas été arrêtée[34] ». Dans l'espace européen, il en va quelque peu différemment en raison de l'applicabilité d'une protection commune des droits fondamentaux. Dès 1994, l'Organisation pour la sécurité et la coopération en Europe (OSCE) a affirmé, dans sa déclaration de Budapest, que « le contrôle politique démocratique des forces militaires, paramilitaires et de sécurité intérieure, ainsi que des services de renseignement et de police est un élément indispensable de la sécurité intérieure », mais l'élément clé tient à la jurisprudence d'application de la Convention européenne de sauvegarde des droits de l'homme de 1950.

Le rôle du juge européen des libertés

La Convention européenne de sauvegarde des droits de l'homme et des libertés fondamentales du 4 novembre 1950 (CEDH) prévoit le droit à la vie (article 2), l'interdiction de la torture (article 3), le droit à la liberté et à la sûreté (article 5), le droit à un procès équitable (article 6) et le droit au respect de la vie privée et familiale (article 8).

Sa jurisprudence de la Cour européenne des droits de l'homme, chargée de faire application de la CEDH, mentionne notamment :

– La reconnaissance de la légitimité relative des services de sécurité au motif que « les sociétés démocratiques se trouvent menacées de nos jours par des formes très complexes d'espionnage et par le terrorisme, de sorte que l'État doit être capable, pour combattre efficacement ces menaces, de surveiller en secret les éléments subversifs opérant sur son territoire » mais que « les États ne sauraient prendre, au nom de la lutte contre l'espionnage et le terrorisme, n'importe quelle mesure jugée appropriée » (*Klass et autres* du 18 novembre 1977).
– Sa compétence pour vérifier la compatibilité avec la Convention des mesures de surveillance particulières employées par les services (*Malone contre Royaume-Uni* du 2 août 1984).
– L'admission de l'existence d'agences secrètes pour protéger les intérêts économiques et la sécurité nationale (*Leander contre Suède* du 26 mars 1987).
– La nécessité d'un cadre légal pour permettre la violation de la vie privée que constituent les écoutes téléphoniques (*Huvig contre France et Kruslin contre France* du 24 avril 1990).

- L'application de l'article 5 de la Convention aux pratiques des agences telles que le MI5 (*Hewitt, Harman contre Royaume-Uni* du 1er septembre 1993).
- L'exigence d'une proportionnalité d'emploi des moyens à la menace et d'un contrôle indépendant des agences et de l'exercice de leurs pouvoirs (*Lüdi contre Suisse* du 15 juin 1992 et *Esbester contre Royaume-Uni* du 2 avril 1993).
- La nécessité d'une loi publique pour fonder les restrictions à la protection des personnes requises par la sécurité nationale (*Rotaru contre Roumanie* du 4 mai 2000, *Copland contre Royaume-Uni* du 3 juillet 2007, *Liberty et autres contre Royaume-Uni* du 1er octobre 2008).
- L'encadrement juridique précis par la loi et le juge des dispositions relatives à l'interception des communications privées au nom du « droit au respect de la vie privée et familiale » (*Popescu contre Roumanie* du 26 juillet 2007).

Le contrôle politique des services, impératif catégorique

Le renseignement ne peut être traité comme une activité apolitique. Son contrôle politique, qui ne peut se dissoudre dans des contrôles éthiques et juridiques, est une obligation. Ainsi que le rappelait Berkowitz, « le renseignement n'est pas incompatible avec la démocratie mais ses secrets doivent faire l'objet d'un contrôle attentif[35] ». Pour la CEDH elle-même (décision *Popescu* de 2007), la légalité ne suffit pas si elle n'est pas accompagnée d'un dispositif de contrôle effectif.

Une des questions appelées par une approche réaliste du contrôle est celle de l'intérêt des responsables politiques, aussi bien au niveau de l'exécutif que du législatif, à s'impliquer dans le contrôle. Quel est l'avantage pour un chef d'État ou un ministre à s'engager dans la supervision du montage des opérations ? Quel est, pour un parlementaire, celui de siéger dans l'une des commissions spécialisées ? À ce titre, la communication des ambitions des autorités en matière de renseignement constitue un progrès puisqu'elle permet d'afficher des intentions. Conformément à l'annonce faite dans le Livre blanc sur la défense et la sécurité nationale d'avril 2013 et comme il en existe aux États-Unis depuis 2005, les autorités françaises ont publié en novembre 2014 une très courte « stratégie nationale de renseignement », qui distingue les quatre menaces majeures du terrorisme, de l'espionnage et de l'ingérence économique, de la prolifération des armes de destruction massive, des cyberattaques et de la criminalité organisée.

L'exposition d'une stratégie nationale en matière de renseignement aux États-Unis

Le DNI John Negroponte a publié pour la première fois une *National intelligence strategy* en octobre 2005, fixant dix objectifs dont l'un visait à contribuer au développement de la démocratie dans le monde, ce qui a été contesté par certains.

Son successeur, l'amiral Dennis Blair, a publié en septembre 2009 une *National intelligence strategy* pour quatre ans, qui distinguait :

- quatre objectifs stratégiques : permettre des politiques de sécurité nationale avisées, soutenir une action de sécurité nationale efficace, fournir des capacités équilibrées et améliorées et œuvrer comme une équipe intégrée unique ;
- six objectifs de mission correspondant aux deux premiers objectifs stratégiques : combattre l'extrémisme violent, contrer la prolifération des armes de destruction massive, fournir une alerte et un renseignement stratégique, intégrer le contre-espionnage, améliorer la cybersécurité et soutenir les opérations en cours ;
- sept objectifs d'entreprise correspondant aux deux derniers objectifs stratégiques : améliorer la gestion des missions par la communauté, renforcer les partenariats, ajuster les processus d'affaires, améliorer l'intégration et le partage d'information, faire progresser la science et la recherche et développement, développer la capacité de travail, améliorer les acquisitions.

Une troisième *National intelligence strategy* vient d'être publiée en septembre 2014 sous l'autorité du général Clapper, DNI. Elle reprend et adapte les objectifs affichés en 2009 et inclut pour la première fois des principes d'éthique.

Comme on l'a vu, une agence n'est pas une administration comme les autres. Selon Gill, l'autonomie des agences doit être encadrée pour prévenir l'émergence de modèles incompatibles avec la démocratie[36]. C'est un sujet d'actualité aux États-Unis où certains, tel Pillar, recherchent cette autonomie par souci de protection contre les ingérences du pouvoir en imaginant un statut proche de celui de la Securities and Exchange Commission pour les agences. En France, la transformation récente de la DCRI en DGSI en 2014 peut avoir les mêmes effets en renforçant son autonomie par rapport à l'administration du ministère de l'Intérieur. En Suède, l'agence de sécurité intérieure SÄPO s'est vu doter d'une autonomie accrue en janvier 2015.

Une agence demeure un objet étroitement lié au pouvoir exécutif. Dans une démocratie représentative, la soumission des politiques du renseignement au pouvoir législatif apporte des garanties. Cette voie du contrôle parlementaire, esquissée au XIXe siècle, a cependant été empruntée à partir de la Seconde Guerre mondiale. Les Pays-Bas ont été les premiers à introduire concrètement un mécanisme de contrôle en 1952. Aux États-Unis, le sénateur démocrate Mike Mansfield a proposé en janvier 1954 la création d'une commission permanente de contrôle du Congrès, qui n'a été mise en œuvre que plus de vingt ans plus tard. C'est donc un long chemin. L'idée est conforme à la progression d'une conception internationale des droits de l'homme qui installe dans la communauté internationale le principe d'une régulation de l'activité des services. Comme l'a déclaré le Conseil des droits de l'homme de l'Assemblée générale des Nations unies sur proposition de son rapporteur spécial, Martin Scheinin, dans une résolution du 17 mai 2010, « un système efficace de supervision du renseignement inclut au moins une institution civile indépendante des services et de l'exécutif ».

La longue marche vers le contrôle parlementaire en France

- 1849 : apparition en France du contrôle parlementaire des fonds secrets du ministère de l'Intérieur.
- 1946 : rejet par le général de Gaulle du contrôle parlementaire du SDECE.
- 1950 : échec d'une tentative de contrôle parlementaire des services (SDECE et DST) lors de l'affaire des Généraux.
- 1971 : demande d'un rapport sur le SDECE par le groupe centriste du Sénat lors de la discussion du PLF 1972 dans le contexte des affaires Delouette et Barberot, repoussée par le ministre de la Défense Michel Debré.

- 1985 : demande de mise en place d'une délégation parlementaire au renseignement émise par le groupe communiste de l'Assemblée nationale à la suite du sabotage du *Rainbow Warrior*, réitérée en juin 1988 en vue de la « création d'une délégation parlementaire permanente chargée du contrôle des activités des services secrets ».
- 1997 : dépôt par le sénateur (RI) Nicolas About d'une proposition de loi visant à la création d'une délégation parlementaire du renseignement de 10 députés et 10 sénateurs, chargée de superviser les services et de présenter un rapport annuel au président de la République et au Premier ministre.
- Entre 1970 et 1999, le Parlement a proposé à 18 reprises la création de commissions d'enquête : sur les écoutes en 1973 (Sénat, Pierre Marcilhacy), la sécurité publique en 1982 (RG, Sénat), le SAC en 1982 (RG et RGPP, Assemblée nationale), la coordination contre le terrorisme en 1984 (RG, DST, DGSE, Sénat, Paul Masson), les « avions renifleurs » en 1984 (DGSE, Assemblée nationale), la gestion des services du ministère de l'Intérieur en 1991 (DST et RG, Sénat) ou l'affaire Georges Habache en 1992 (Sénat).
- 2007 : vote de la loi du 9 octobre 2007 créant la délégation parlementaire au renseignement (DPR).
- 2013 : renforcement des pouvoirs de la DPR par la loi de programmation militaire du 18 décembre 2013.

Source : d'après Laurent S., « Les parlementaires face à l'État secret : de l'ignorance à la politisation », Cahiers de la sécurité, *juillet 2010.*

L'idée du contrôle parlementaire des services s'est répandue en Europe et en Amérique depuis trente ans. Aux Pays-Bas, pays pionnier, une commission spécifique a été créée par la loi de 1987 pour l'AIVB et le MID. Aux États-Unis, le Senate Select Committee on Intelligence (SSCI) a été créé en 1976 et le House Permanent Select Committee on Intelligence (HPSCI) en 1977 pour la communauté du renseignement. En Italie, la Comitato parlamentare di controllo sui servizi segreti (COPACO) a été créée par la loi du 24 octobre 1977 pour le Sismi et le SISDE. En Allemagne, qui est un des rares pays où le principe même du contrôle parlementaire a été posé dans le texte suprême (article 45d. de la loi fondamentale), le Parlamentarisches Kontrollgremium (PKG) du Bundestag a été créé par la loi du 11 avril 1978 pour le BND, le BKA et le MAD. Au Canada, la Commission de supervision des activités de renseignement et de sécurité (CSARS) a été créée par la loi 13 juillet

1984 pour le SCRS/CSIS. Disposant d'une vingtaine d'agents, elle rapporte au Parlement, délivre des certificats de conformité aux services audités et peut recevoir directement des plaintes des citoyens en matière d'activité des services au titre de l'article 41 de la loi sur les services. En Australie, un Joint Parliamentary Committee a été établi en 1986 et a vu son statut renforcé par la loi du 25 octobre 2001. En Belgique, le Comité R a été créé par la loi du 18 novembre 1991 pour le Service général de renseignement de sécurité (SGRS) et la Sûreté de l'État (SE). En Autriche, une Commission a été créée par la Constitution modifiée en 1991 pour le HnaA. Au Royaume-Uni, l'Intelligence and Security Committee (ISC) a été créé par la loi du 26 mai 1994 pour le SIS, le SS et le GCHQ. En Espagne, enfin, une Commission a été créée par la loi du 11 mai 1995 pour superviser le service national. Si le Japon ne dispose pas de mécanisme de contrôle parlementaire de ses services, la Corée du Sud a vu la création d'une commission spécialisée au sein de son Assemblée nationale en juin 1994. En Suisse, le SRC n'est pas soumis à un organe parlementaire spécifique mais aux commissions du Parlement compétentes en matière de gestion et de finances. Parmi les grandes démocraties, il n'est guère que le Japon qui échappe encore au contrôle parlementaire des services, dans l'attente de sa mise en place prévue en 2015.

Les compétences de ces organes parlementaires de contrôle sont cependant très variables. Elles recouvrent des droits à l'information (rapports réguliers, demandes d'information, auditions, expertises, contrôle sur pièces et sur place), la capacité de contrôle budgétaire des services (vote du budget ordinaire des services et des fonds spéciaux mis à leur disposition, contrôle des dépenses), la possibilité de communiquer (rapports confidentiels, rapports publics réguliers ou *ad hoc*) et diverses autres responsabilités (levée du secret défense, contrôle des interceptions domestiques, réception de plaintes contre les services, certification annuelle des rapports des services…).

Bien que l'article 24 de la Constitution de la Ve République ait prévu que le Parlement « contrôle l'action du gouvernement », la France s'est pour sa part dotée assez tardivement d'un tel dispositif grâce à la loi du 9 octobre 2007, qui représente un progrès symbolique à l'ambition assez modeste. La délégation parlementaire au renseignement (DPR) est une institution composée de quatre sénateurs et de quatre députés, représentants de la majorité et de l'opposition, habilités au secret défense. Elle publie un rapport annuel, dont seule la version classifiée contient de véritables informations. Conscient des attentes insatisfaites, le président Hollande a proposé un renforcement des compétences de la DPR, introduit par la loi de programmation militaire 2014-2019 du 18 décembre 2013. La loi substitue la notion de « contrôle de l'action du gouvernement en matière de renseignement » à celle de « suivi de l'activité générale et des moyens ». Elle prévoit la transmission obligatoire à la DPR de documents (stratégie nationale de renseignement, PNOR, rapport annuel d'activité de la communauté de renseignement, rapport annuel de synthèse des crédits du renseignement), l'absorption par celle-ci de la Commission de vérification des fonds spéciaux (CVFS), le droit d'accès de la DPR aux « informations utiles à l'accomplissement de sa mission » (sauf objection du Premier ministre), mais pas aux documents de services ou aux opérations en cours (en vertu de la décision n° 2001-456 du Conseil constitutionnel du 27 décembre 2001). La délégation ne peut en revanche accéder aux informations portant sur « les échanges avec des services étrangers ou avec des organismes internationaux » ou entendre des membres des services sans l'accord et la présence de leur hiérarchie. Cette étape constitue un progrès mais, même dans ses compétences actuelles, la délégation ne dispose pas de pouvoirs comparables à ceux des commissions parlementaires permanentes prévues par l'article 43 de la Constitution ou à ceux de la plupart de ses équivalents étrangers.

Comme la réforme des services elle-même, l'évolution du contrôle parlementaire progresse en réalité souvent par « choc ». Ainsi, Johnson[37] a identifié les cinq chocs majeurs depuis 1974 qui ont frappé le renseignement américain : scandale de l'espionnage domestique en 1974, scandale Iran-Contra en 1986, échec du contre-espionnage de l'affaire Ames en 1994, attentats du 11 Septembre en 2001 et absence d'armes de destruction massive en 2003. Comme en France, le dispositif de contrôle parlementaire américain, mis en place dans les années 1970, est considéré comme insuffisant, accusé tour à tour d'être partisan, subordonné aux agences ou complaisant. La commission bipartisane sur le 11 septembre 2001 l'a jugé « dysfonctionnel » et l'expert Treverton l'a qualifié de « joke » à Washington[38]. L'affaire Snowden vient ajouter un nouveau choc. Au Royaume-Uni, les déboires rencontrés par les services dans la crise irakienne ont justifié un renforcement des compétences, qui vient d'être accordé à l'*Intelligence and Security Committee* mais qui est considéré par certains observateurs comme encore insuffisant[39]. Pour l'universitaire Ian Leigh, la réforme ne prend pas assez en compte le point de vue des droits de l'homme et néglige la dimension de coopération internationale du renseignement.

Le contrôle externe des services de renseignement et de sécurité devient une exigence démocratique, posée tant par la CJCE que par le Conseil de l'Europe[40]. Comme l'indique l'expert Born[41], la supervision parlementaire des services rencontre cependant en pratique trois types de difficultés : la tension entre la transparence et le secret (accès aux données, statut des parlementaires commissaires, présentation des rapports des commissions) ; la prévention de l'abus de renseignement par l'exécutif (utilisation des services à des fins personnelles ou politiques, manipulation politique du renseignement, déni plausible) et la prise en compte de la coopération internationale de renseignement (secret de la coopération, incompétence extraterritoriale des commissions).

Le contrôle parlementaire n'est cependant que l'une des formes de contrôle externe des agences. Ces contrôles peuvent prendre des formes *ad hoc* lorsqu'une affaire mettant en cause le renseignement justifie la création d'une commission particulière, généralement présidée par une figure non politique. Ce fut le cas notamment, aux États-Unis, des commissions sur les attentats du 11 septembre 2001, sur les armes de destruction massive ou sur les pratiques de la CIA en matière de *renditions*. Au Royaume-Uni, ce fut l'objet des commissions Butler ou Chilcot relatives à l'attitude du gouvernement dans la crise irakienne de 2003. Il n'est pas indifférent de noter que les conclusions de la commission présidée par sir John Chilcot, qui a commencé ses travaux en 2009, entendant plus de 150 témoins, pour un coût estimé de 10 millions de livres sterling, et la publication de ses travaux ne sont pas attendues avant le printemps 2015. En Allemagne, le Bundestag a constitué en 2014 une commission d'enquête de même nature sur la coopération entre la NSA et BND.

Le contrôle du renseignement pose un problème identifié depuis l'Antiquité. C'est le fameux « *Quis custodiet ipsos custodes ?* » des *Satires* de Juvénal. À l'âge de ce que Snowden appelle la « surveillance sans soupçons préalables » (« *suspicionless surveillance*[42] »), la bonne foi supposée des agences doit être admise car, comme l'indiquait le DCI Richard Helms en 1967, « nous sommes accusés d'être hors contrôle et irresponsables dans nos actions. Nous ne sommes ni l'un ni l'autre. Car le renseignement est le serviteur du gouvernement américain, pas son maître ». Mais cette attitude doit aussi être mesurée régulièrement. Les modes de contrôle externe sont en réalité très diversifiés : pouvoir exécutif, pouvoir législatif, administration, juge constitutionnel[43], juge judiciaire, juge financier, opinion elle-même[44]. On peut à cet égard observer, sur la base des sondages réguliers de l'Institut Pew Research, que la confiance des citoyens américains dans leurs services a décru à la suite des révélations de Snowden pour atteindre un point bas comparable à celui existant après l'affaire de l'Irak. À terme, c'est la maxime de l'amiral Turner[45] qui prévaut : le test ultime des activités de renseignement est leur capacité à être justifiées lorsque, *a posteriori*, elles seront devenues publiques. C'est dans cet horizon que l'efficacité et la légitimité convergent tels des rails de chemin de fer.

Conclusion

Les activités de renseignement correspondent à des pratiques historiques au sein des États. Elles sont aujourd'hui plus que jamais exposées devant les opinions publiques. Comme en témoigne le déclin des budgets qui leur sont consacrés aux États-Unis depuis 2010, leur justification majeure au cours des dernières décennies s'estompe. À cet égard, certains experts sont particulièrement critiques : « Les cultures organisationnelles et les intérêts bureaucratiques ignorent ou sont lents à réagir aux preuves que la menace a suffisamment régressé pour que la recherche d'information ne soit plus requise [...]. Comme Morton Halperin l'a observé il y a environ quarante ans, les organisations avec mission "cherchent à maintenir ou améliorer 1) leur autonomie, 2) leur moral organisationnel, 3) leur essence organisationnelle et 4) leurs rôles et missions. Les organisations avec des capacités au coût élevé cherchent aussi à maintenir ou accroître 5) leurs budgets"[1]. » Que peut-on imaginer de l'évolution de ces activités dans nos démocraties ? Est-il imaginable, sans naïveté excessive, de les fonder sur des principes ? Poursuivront-elles leur trajectoire d'insertion au sein des États ou bien seront-elles confrontées à une nouvelle marginalisation ?

Comme on l'a vu, l'évolution future du renseignement est consubstantiellement liée à celle de l'État. L'ascension du premier a permis au second de poursuivre son adaptation dans la direction de la réduction de la violence et, accessoirement, de la violence qu'il exerce lui-même. Au cours des soixante dernières années, le renseignement a permis aux démocraties occidentales de compenser une certaine forme de perte de puissance et de contrer les menaces principales, comme le résume ce constat effectué en 1968 par sir Burke Trend, Cabinet Secretary britannique de 1963 à 1973 : « Après la Seconde Guerre mondiale, il est devenu évident que nous devions à l'avenir tracer notre route dans le monde par l'influence plutôt que par la puissance et que le renseignement politique devrait être au moins aussi important que le renseignement militaire, sinon plus[2]. » À cet égard, l'instrument demeure particulièrement bien adapté à l'âge de l'information et la société en réseaux qui maintiennent les États en alerte permanente.

Le fait de savoir si le renseignement du XXIe siècle doit être placé sous le signe de la puissance publique ou du service public peut être longuement débattu, même si c'est une question très française[3]. Au début du XXe siècle, les théoriciens du droit public français s'étaient affrontés pour savoir si l'action de l'État devait être principalement fondée sur le service public (thèse de Léon Duguit) ou sur la puissance publique (thèse de Maurice Hauriou). Le renseignement pourrait en réalité relever de ce que Picq qualifie de « service public de sécurité ».

Au terme de cette analyse, plusieurs constats peuvent être faits. La notion de renseignement demeure un concept solide dont la mise en œuvre est délicate. L'agence de renseignement est un organisme *sui generis*, à l'origine relativement récente. La communauté du renseignement constitue une référence complexe et fragile pour rendre compte des appareils et des institutions. Les systèmes de renseignement sont imprégnés par des réalités culturelles et nationales que l'on ne peut sous-estimer. La recherche humaine demeure l'intelligence du renseignement mais la recherche technique constitue désormais un investissement discriminant, dont le champ est en profonde transformation. L'action clandestine représente une capacité rare et exigeante, dont l'emploi sera toujours délicat. Les sources ouvertes sont un concurrent du renseignement mais aussi une opportunité pour lui. La coopération internationale constitue une voie complexe et indispensable pour les agences. Le renseignement et la diplomatie présentent une complémentarité croissante alors que le renseignement et la défense sont dans une perspective d'intégration. La privatisation du renseignement est une illusion dangereuse. La lutte contre le terrorisme a été la « vache à lait » du renseignement au cours des dernières décennies mais sa place est devenue relative. L'irruption de la cyberdimension conduit à un nouveau positionnement du renseignement au sein des institutions de défense et de sécurité. Les relations entre le renseignement et la politique ont acquis une maturité récente mais encore fragile. Le renseignement doit mieux intégrer la protection des libertés publiques pour rassurer le citoyen et revendiquer une éthique, au risque d'assumer une certaine schizophrénie. Le contrôle des agences de renseignement apporte une indispensable régulation, encore en cours de construction dans beaucoup de démocraties.

Ces quelques certitudes sont cependant fragiles. Le DNI Clapper a ainsi pu évoquer, de manière quelque peu alarmiste, en septembre 2014, la perspective d'une « tempête parfaite » (« *perfect storm* »), dans laquelle l'outil national de renseignement serait progressivement affaibli par l'effet en cascade de fuites d'informations classifiées entraînant la baisse des capacités de recherche, des relations dégradées avec les partenaires étrangers et privés, une décision consciente d'arrêter la recherche sur certaines cibles et des contraintes budgétaires croissantes. Le renseignement peut paraître ancré dans l'histoire mais il subit plus peut-être que d'autres politiques les effets des incertitudes contemporaines. L'évolution du contexte géopolitique, technologique et sociopolitique dans lequel interviennent les politiques du renseignement a convaincu certains commentateurs de l'existence d'une « révolution dans les affaires de renseignement[4] » qui serait survenue à la charnière des XXe et XXIe siècles.

Selon l'expert suédois Agrell, « la moins probable de toutes les prédictions improbables sur l'avenir du renseignement est qu'il demeurera ce qu'il est aujourd'hui, que le renseignement se développera selon des lignes familières et que nous avons seulement à prolonger les tendances des années et décennies passées ou du siècle passé ». Il est donc nécessaire de poser, en guise de conclusion, quelques questions ultimes.

La notion de renseignement ne sera-t-elle pas dépassée ?

Y aura-t-il une fin du renseignement comme on a naguère cru qu'il y aurait une fin de l'histoire ? La question n'est pas nouvelle. Elle a déjà été posée au début des années 1990 par des experts comme Berkowitz. Certaines évolutions peuvent le laisser penser. Comme l'indique le chercheur Liaropoulos, « la vieille démarcation entre renseignement et information, opérations et renseignement, consommateurs et fournisseurs, renseignement national et privé est devenue brouillée ». Mais, ancré dans les réalités anthropologiques, le renseignement paraît difficilement pouvoir disparaître. Il doit surmonter les défis d'un monde globalisé que sont, selon Aldrich, l'asymétrie entre l'aptitude des États et celle de leurs opposants illicites à se mouvoir dans un monde sans frontières, la réorientation des services vers un rôle d'action ainsi que le développement d'une société civile globale et d'activistes des droits de l'homme.

Que deviendront alors dans ce monde les notions de vrai et de faux ? D'accessible et de secret ? De connu et d'inconnu ? Les poètes nous disent la permanence de ces réalités : « produis ce que la connaissance veut garder secret, la connaissance aux cent passages[5] » ; « il parle vrai, qui parle l'ombre[6] », « la vérité est rarement pure et jamais simple[7] » ; « qu'est-ce que la connaissance dicible sinon l'ombre de la connaissance indicible[8] ? » ; « dans le monde réellement renversé, le vrai est un moment du faux[9] ».

Exprimera-t-on toujours un besoin de renseignement ?

Le besoin de renseignement est-il appelé à régresser comme si une anomie s'installait ? Cette question n'est pas seulement rhétorique. Elle doit prendre en compte la réduction de l'autonomie et de l'ambition des États contemporains, la dilution des menaces dans les risques, l'explosion des modes d'acquisition et de gestion de l'information, la bureaucratisation des appareils de renseignement et le poids croissant des normes éthiques et juridiques dans la psyché collective. L'ennemi, considéré par plusieurs penseurs comme la condition du politique et de l'État, n'est peut-être plus ce qu'il était[10]. Le renseignement devra prendre garde à continuer à détecter les « menées » contre un ordre social et international sans participer à la fabrication de cet ennemi.

Les fondations des politiques de renseignement seront-elles garanties ?

Plusieurs évolutions sont ici à l'œuvre, de manière parfois contradictoire. On assiste à la croissance cumulative du besoin de renforcement de la sécurité des citoyens, de protection des intérêts stratégiques des États et d'identification préventive des menaces contre les démocraties. Comme le reconnaît la stratégie nationale de renseignement publiée par les autorités françaises en novembre 2014, « le renseignement constitue un instrument de promotion et de défense des intérêts de la France dans le monde ». Mais, en même temps, l'outil s'adapte à la diversification des acteurs de la société internationale (organisations internationales, ONG…). La persistance du tiers dissimulant justifie le maintien du recours au renseignement, notamment lorsque les démocraties sont confrontées à des sociétés fermées ou à des « perturbateurs masqués », sous condition d'adaptation de ses organisations aux nouvelles conditions d'action, en termes de communautés, de procédures et d'outils, et de consolidation d'un consensus des sociétés qui autorise son emploi.

Il faudra cependant maîtriser l'inévitable tension entre des attentes contradictoires. Il est impératif de préciser tout d'abord la nature de la contribution à attendre du renseignement dans l'action publique. Il sera ensuite nécessaire de déterminer le degré d'autonomie admissible pour le renseignement vis-à-vis de l'État, la place à accorder à la politique des moyens, la publicité acceptable pour le renseignement. Ces questions ne pourront être réglées si l'on ne s'interroge pas aussi sur le caractère national qu'il est réaliste de tenter de conserver face à la mondialisation.

Les politiques de renseignement seront-elles bien orientées ?

Comme déjà indiqué, il sera utile de maintenir le renseignement dans un emploi raisonné. Les expériences faites dans le cadre de l'antiterrorisme devront être méditées tant le développement de la surveillance peut se révéler être une distraction par rapport aux priorités réelles de la nation. La place du renseignement ne sera pas aussi large que ne le croyait l'ambassadeur Schreier. Comme l'a récemment rappelé la chancelière Angela Merkel dans le contexte des révélations de Snowden, « la possibilité de surveillance numérique totale touche à l'essence de notre vie. C'est ainsi une tâche éthique qui va très au-delà des politiques de sécurité ».

Les agences de renseignement demeureront-elles adaptées ?

Comme beaucoup d'organisations publiques ou privées, les agences de renseignement et de sécurité devront s'adapter à l'impact de la révolution de l'information. Pour Rathmell, « la notion classique d'une "usine de renseignement" est aussi datée que son équivalent industriel. L'économie de la connaissance, gouvernée par la technologie et le changement social, est en train de changer le métier du renseignement comme elle change le commerce, le gouvernement et les forces armées ». Ce défi n'est pas aisé à relever. Il suppose[11] un changement des mentalités. Si les agences disposent de moyens importants et de ressources humaines généralement de qualité, elles ne subissent pas d'autre pression que celle de l'échec pour se transformer. L'absence de verdict du marché ou de publicité les protège en quelque sorte du devoir d'agilité. Il faudra donc des autorités volontaires pour les conduire à s'adapter alors même que la croissance de leurs moyens ne pourra être garantie à moyen terme.

Des interrogations persistantes depuis un quart de siècle

- Les communautés nationales de renseignement disposeront-elles des ressources adéquates ?
- Les ressources de la communauté pour la recherche et l'analyse seront-elles adaptées aux nouvelles préoccupations et aux nouveaux objectifs ?
- Les communautés de renseignement seront-elles capables sur le plan organisationnel de satisfaire les besoins des utilisateurs du renseignement ?
- Les communautés seront-elles capables intellectuellement de comprendre les acteurs et les sujets émergents qui composeront le futur ordre mondial ?

Source : Berkowitz B. D. et Goodman A., « Why spy ? And how in the 1990's ? », Orbis, *juin 1992.*

Les futures agences devront s'habituer à la perte de leur monopole sur l'information secrète dans un « processus de démonopolisation à l'heure de la globalisation[12] », selon l'expression de Laurent. Elles devront continuer à augmenter leur capital humain tout en acceptant une réduction de leurs moyens budgétaires dans le contexte général de ressources publiques contraintes pour les démocraties. La diversification des priorités de recherche leur imposera le développement de méthodes de recherche non conventionnelles. Tout en inscrivant les activités dans un cadre moins simpliste que le cycle traditionnel du renseignement, elles devront faire face simultanément à la croissance des exigences de transparence et de contrôle et au renforcement des exigences du secret et de la clandestinité sur leurs opérations.

Quelques hypothèses pour les agences de renseignement des démocraties occidentales

- Perte du monopole des agences.
- Augmentation du capital humain.
- Réduction des moyens budgétaires.
- Diversification des priorités de recherche.
- Développement de méthodes de recherche non conventionnelles.
- Explosion du cycle du renseignement.
- Croissance des exigences de transparence et de contrôle.
- Renforcement du secret et de la clandestinité.

Peut-être peut-on suivre Sims, lorsqu'elle fait valoir que les quatre critères principaux d'un renseignement national performant seront à l'avenir l'étendue, la diversité et la bonne intégration de sa capacité de recherche ; la qualité de la liaison établie entre l'autorité politique, responsable de la stratégie, et l'appareil de renseignement, garant de ses sources et méthodes ; sa capacité d'anticipation, y compris dans des domaines qui ne sont pas considérés comme exposés à la compétition ou au conflit entre les États, et sa capacité à user du secret pour déjouer ses adversaires.

L'enjeu sera donc au cours des prochaines années de passer de politiques du renseignement à des politiques de renseignement, comme il existe des politiques de défense ou de sécurité. Cette transformation se fera sans doute au prix d'un certain désenchantement. Comme d'autres figures errantes, le renseignement devra trouver sa place dans Elseneur : « Le prince Hamlet ? Non pas, je n'ai jamais dû l'être ; mais un seigneur de la suite, quelqu'un qui peut servir à enfler un cortège, à déclencher une ou deux scènes, à conseiller le prince ; assurément un instrument commode, déférent, enchanté de se montrer utile, politique, méticuleux et circonspect ; hautement sentencieux, mais quelque peu obtus ; parfois, en vérité, presque grotesque – parfois, presque, le fou[13]. » Il serait aussi vain de vouloir concevoir une politique du renseignement parfaite que d'imaginer la démocratie parfaite évoquée par Platon. Peut-être faut-il se résigner à ce que « les hommes de l'empire menant de tous côtés des guerres sans front, ne [soient] ni les soldats du roi, ni les citoyens en armes de la République ; ils deviendront des policiers attentifs, toujours prêts à traquer la différence, l'inconnu, l'inexplicable[14] ». Mais, peut-on imaginer un Olympe privé d'Hermès et de Prométhée ?

Notes

Introduction

1. Andrew C., *The missing dimension. Governments and intelligence in the* XX*th Century*, McMillan, 1984.
2. Berlière J.-M., « Police et renseignement », *in* Lacoste amiral P. (éd.), *Le Renseignement à la française*, Economica, 1998.
3. *Cf.* Ransom H. R., *Central intelligence and national security*, Harvard University Press, 1958.
4. Chopin O., Irondelle B., Malissard A., « Étudier le renseignement en France », *Hérodote*, mars 2011.
5. Pennetier J.-M., « The springtime of French intelligence », *Intelligence and National Security*, octobre 1996.
6. Herman M., *Intelligence power in peace and war*, Cambridge University Press, 1996 ; Davies P., *Intelligence and politics : An introduction*, Routledge, 2009 ; Andrew C., Aldrich R. J. et Wark W. K., *Secret intelligence : A reader*, Routledge, 2009 ; Johnson L. K. (éd.), *The Oxford handbook of national security intelligence*, Oxford University Press, 2010 ; Lowenthal M. L., *Intelligence : From secrets to policy*, CQ Press, 2011 ; Johnson L. K., *National security intelligence : Secret operations in defense of the democracies*, Polity, 2012 ; Dover R., Goodman M. et Hillebrand C. (éd.), *Routledge companion to intelligence studies*, Routledge, 2014 ; ainsi que les références fournies en fin d'ouvrage.
7. Dewerpe A., *Espion. Une anthropologie du secret*, Gallimard, 1994.
8. O'Connell K. M., « Thinking about intelligence comparatively », *Brown Journal of World Affairs*, septembre 2004.
9. Davies P. et Gustafson K., *Intelligence elsewhere : Spies and espionage outside the Anglosphere*, Georgetown University Press, 2013.
10. Omand D., « The limits of avowal : Secret intelligence in an age of public scrutiny », *in* Treverton G. F. et Agrell W. (éd.), *National intelligence systems : Current research and future prospects*, Cambridge University Press, 2009.

CHAPITRE 1

Définir le renseignement

1. Johnson L. K., *National security intelligence*, Polity, 2012.
2. David C.-P., *La Guerre et la Paix. Approches et enjeux de la sécurité et de la stratégie*, Presses de Sciences-Po, 2013.
3. Laqueur W., *A world of secret : The uses and limits of intelligence*, Basic Books, 1985.
4. Warner M., « Wanted : A definition of "intelligence" », *Studies in Intelligence*, 2002.
5. Agrell W., « When everything is intelligence, nothing is intelligence », *CIA's Sherman Kent Center for Intelligence Analysis Occasional Papers*, octobre 2002.
6. Brodeur J.-P., « Le renseignement : distinctions préliminaires », *Revue canadienne de criminologie et de justice pénale*, janvier 2005.
7. Detienne M. et Vernant J.-P., *Les Ruses de l'intelligence. La mètis des Grecs*, Flammarion, 1974.
8. Kemp P., « Le roman d'espionnage orphelin de sa guerre de Troie », *L'ENA hors les murs*, juin 2014.
9. Berkowitz B. D., « Information age intelligence », *Foreign Policy*, juillet 1996.
10. Gill P. et Phythian M., *Intelligence in an insecure world*, Polity, 2012.
11. Sims J. E., « What is intelligence ? Information for decision-makers », *in* Godson R., May E. R. et Schmitt G. (éd.), *US intelligence at the crossroads*, Brassey's, 1995.
12. Turner M., *Why secret intelligence fails*, Potomac Books, 2006.
13. Kent S., *Strategic intelligence for American world policy*, Princeton University Press, 1949.
14. OTAN, *Glossary of terms and definitions*, 2010.
15. Castells M., *La Société en réseaux*, Fayard, 1998.
16. Lahneman W., « The need for a new intelligence paradigm », *International Journal of Intelligence and Counterintelligence*, février 2010.
17. Random R. A. (pseudonyme), « Intelligence as a science », *Studies in Intelligence*, mars 1958.
18. Clausewitz C. von (1832), *De la guerre*, Perrin, 2014.
19. Char R., *À la santé du serpent*, Voix d'encre, 1947.
20. Sawers J. (directeur général du SIS), discours à la Society of Editors, octobre 2010, cité par De Graaff B., « A systemic way of looking at the future of intelligence », *in* Duyvesteyn I. *et al.*, *The future of intelligence : Challenges in the XXI*[st] *century*, Routledge, 2014.
21. Bonello Y.-H., *Le Secret*, PUF, 1998.
22. *Cf.* par exemple, Bean H., *No more secrets : Open source information and the reshaping of American intelligence*, Praeger, 2011.
23. Oettinger A. G., « Information overload, managing intelligence technologies », *Harvard International Review*, septembre 2002.
24. Eco U., « Hackers vengeurs et espions en diligence », *Libération*, 2 décembre 2010.
25. Butler of Brockwell F., *Review of intelligence on weapons of mass destruction*, The Stationery Office, juillet 2004.
26. Herman M., *Intelligence services in the information age*, Frank Cass, 2001.
27. Mearsheimer J., *The tragedy of great powers politics*, W. W. Norton, 2011.
28. Cité par Hennessy P., *The secret state : Preparing for the worst 1945-2010*, Penguin, 2010.
29. Achard-James colonel A., « Le renseignement dans la défense nationale », *Revue de défense nationale*, février 1949.
30. Omand D., « Gregynog Lecture », communication, Aberystwyth University, printemps 2007.

31. Johnson L. K., « National security intelligence », *in* Johnson L. K. (éd.), *The Oxford handbook of national security intelligence, op. cit.*
32. Sims J. E., « A theory of intelligence and international politics », *in* Treverton G. F. et Agrell W. (éd.), *National intelligence systems, op. cit.*
33. Hollnagel E. et Woods D., *Joint cognitive systems : Foundations of cognitive systems engineering*, CRC Press, 2005, cité par Lowenthal M. L., « A disputation on intelligence reform and analysis : My theses », *in* Lowenthal M. L., *International of Intelligence and Counterintelligence*, novembre 2012.
34. Wheaton K. et Beerbower M., « Towards a new definition of Intelligence », *Stanford Law and Policy Review*, 2006 ; Lowenthal M. L., « A disputation on intelligence reform and analysis : My theses », art. cit. ; Davies P. et Gustafson K., *Intelligence elsewhere, op. cit.*
35. Horn E., *Der geheime Krieg*, S. Fischer Verlag, 2007.
36. Comisso G., *Les Agents secrets de Venise*, Le Promeneur, 1990.
37. Chouet A., *La Sagesse de l'espion*, Éditions Jean-Claude Béhar, 2010.
38. Delpech T., *La Dissuasion nucléaire au XXIe siècle*, Odile Jacob, 2012.
39. *Cf. National strategy for homeland security*, octobre 2007.
40. Schreier F., *Fighting the pre-eminent threats with intelligence-led operations*, DCAF, 2009.
41. Comey J. B. (directeur du FBI), auditions devant le Sénat, 14 novembre 2013 et 27 mars 2014.
42. Knightley P., *The second oldest profession*, W. W. Norton, 1986.
43. Rolington A., *Strategic intelligence for the 21st Century*, Oxford University Press, 2013.
44. Warner M., « The past and present of the intelligence cycle », *in* Phythian M. (éd.), *Understanding the intelligence cycle*, Routledge, 2013.
45. Hulnick A. S., « What's wrong with the intelligence cycle ? », *Intelligence and National Security*, décembre 2006.
46. Herman M., « Ethics and intelligence », *Intelligence and National Security*, 2004.
47. Munton D. et Fredj K., « Sharing secrets : A game theoretic analysis of international intelligence cooperation », *International Journal of Intelligence and Counterintelligence*, septembre 2013.
48. Nolte W., « Thinking about rethinking : Examples of reform in other professions », *Studies in Intelligence*, juin 2008.
49. Omand D., « Is it time to move beyond the intelligence cycle ? A UK practitioner perspective », *in* Phythian M. (éd.), *Understanding the intelligence cycle, op. cit.*
50. Omand D., « The national security strategy : Implications for the UK intelligence community », *IPPR Discussion Paper*, février 2009.
51. Quinlan M., « Ethics and intelligence », communication, Aberystwyth, novembre 2005.
52. Helms R. McG., discours, Council on Foreign Relations, 1967, cité par le DCIA Michael V.Hayden, 28 avril 2008.

CHAPITRE 2

Les agences et les communautés, acteurs institutionnels du renseignement

1. Halperin M. H., « Why bureaucrats play games », *Foreign Policy*, mars 1971.
2. Durand D., *La Systémique*, PUF, 1999.
3. Hippner C., *A study into the size of the world's intelligence industry*, Mercyhurst College, octobre 2009.

4. Rousselot P., « Quel budget pour les services de renseignement ? », *L'ENA hors les murs*, juin 2014.
5. Warner M. « Building a theory of intelligence system », *in* Treverton G. F. et Agrell W. (éd.), *National intelligence systems, op. cit.*, 2009.
6. Rathmell A., « Towards postmodern intelligence », *Intelligence and National Security*, septembre 2002.
7. Haas P. M., « Epistemic communities and international policy coordination », *International Organizations*, hiver 1992.
8. Turner M., « A distinctive US intelligence identity », *International Journal of Intelligence and Counterintelligence*, janvier 2004.
9. ODNI, *National Intelligence : A consumer's guide*, 2009.
10. Omand D., « Reflections on secret intelligence », *in* Hennessy P. (éd.), *The new protective state, government, intelligence and terrorism*, Continuum, 2007.
11. Gill P., « Not just joining the dots but crossing the borders and bridging the voids : Constructing security networks after 11 September 2001 », *Policing and Society*, mars 2006.
12. Shpiro S., « No place to hide : Intelligence and civil liberties in Israel », *Cambridge Review of International Affairs*, décembre 2006.
13. Urvoas J.-J. et Verchère P., *Rapport d'information sur l'évaluation du cadre juridique applicable aux services de renseignement*, Assemblée nationale, mai 2013.
14. Beam H., « Organizational culture and US intelligence affairs », *Intelligence and National Security*, août 2009.
15. Berkowitz B. et Goodman M. « Why spy ? And how in the 1990's ? », *Orbis*, juin 1992.
16. Zegart A. B., *Spying blind : The CIA, the FBI and the origins of 9/11*, Princeton University Press, 2007.
17. *Cf.* Duyesteyn I., « Intelligence and strategic culture : Some observations », *Intelligence and National Security*, août 2011.
18. Laurent S., *Politiques de l'ombre. État, renseignement et surveillance en France*, Fayard, 2009.
19. Bastide J., *Dictionnaire politique. Encyclopédie du langage et de la science politique*, 1860.
20. Fix colonel T., *Le Service dans les états-majors*, Berger-Levrault, 1891.
21. Pichot-Duclos général J., « Pour une culture du renseignement », *Revue de défense nationale*, mai 1992.
22. Lacoste amiral P., intervention au séminaire du CESD, 16 ocrobre 1996.
23. Porch D., *Histoire des services secrets français*, Albin Michel, 1997.
24. Hastedt G., « CIA's organizational culture and the problem of reform », *International Journal of Intelligence and Counterintelligence*, septembre 1996.
25. Krieger W., « German intelligence history : A field in search of scholars », *Intelligence and National Security*, juin 2004.
26. Benatti A., « Canada », *in* Dover R. *et al.*, *Routledge companion to intelligence studies, op. cit.*
27. Faligot R., *Naisho. Enquête au cœur des services secrets japonais*, La Découverte, 1997.
28. Matei C. et Bruneau T. « Policymakers and intelligence reform in the new democracies », *International Journal of Intelligence and Counterintelligence*, septembre 2011.
29. Denécé E. et Elkaïm D., *Les Services secrets israéliens. Aman, Mossad et Shin Beth*, Tallandier, 2014.
30. Rivet général L., « Étions-nous renseignés en 1940 ? », *Revue de défense nationale*, juillet 1950.

31. Lacoste amiral P., « Du renseignement et des hommes », *Revue de défense nationale*, octobre 1994.
32. Becker A., « The spy who couldn't possibly be French : Espionage (and) culture in France », *Journal of Intelligence History*, juillet 2001.
33. Iribarne P. d', *La Logique de l'honneur*, Seuil, 1989.
34. Coutau-Bégarie H., « Le renseignement dans les doctrines stratégiques françaises », *in* Lacoste amiral P. (éd.), *Le Renseignement à la française*, *op. cit.*
35. Ambrose S., *Ike's spies*, University Press of Mississippi, 1981.
36. Laurent S., présentation *in* Rivet général L., *Carnets du chef des services secrets*, Nouveau Monde, 2010.
37. Squarcini B. et Pellot E., *Renseignement français. Les nouveaux enjeux*, Ellipses, 2013.
38. Beer S., « Intelligence institutions and state relations in the twentieth Century : A Central European perspective », *in* Amelang J. S. et Beer S. (éd.), *Public power in Europe : Studies in historical transformations*, Plus, 2006.
39. Hayez P., « Tribes in need of flags, the new French intelligence community », communication, Oxford Intelligence Group (Nuffield College), 21 mai 2009.
40. Shirley E., « Can't anybody play that game ? », *The Atlantic*, février 1998.
41. Bar-Joseph U. et McDermott R., « The intelligence analysis crisis », *in* Johnson L. K. (éd.), *The Oxford handbook of national security intelligence*, *op. cit.*
42. Posner R., « The reorganized intelligence system after one year », *AEI Online*, 11 avril 2006.
43. Nolan B., *Information sharing and collaboration in the US intelligence community : An ethnographic study of the NCTC*, University of Pennsylvania, 2013.
44. *Cf.* par exemple Jones G., « It's a cultural thing, thoughts on a troubled CIA », *Orbis*, 2005 ; et Johnston R., *Analytical culture in the US intelligence community, an ethnographic study*, Center for the Study of Intelligence, 2005.
45. Colby W., *Honorable men : My life in the CIA*, Simon and Schuster, 1978.
46. *Cf.* Hayez P., « Des hommes et des femmes comme les autres : l'évolution des ressources humaines des services de 1970 à 2000 », communication à la journée d'études « Adaptation et transformation du renseignement français depuis les années 1970 », IRSEM, 4 mai 2011.
47. Davies P., « Ideas of intelligence, divergent national concepts and institutions », *Harvard International Review*, automne 2002.
48. *Cf.* Hayez P., « La politique de sécurité nationale des États-Unis », *Revue de défense nationale*, mars 1989.
49. Agrell W., « Reflections on the future of intelligence », *Intelligence and National Security*, février 2012.
50. Cité par Jeffery K., *MI6 : the history of the SIS 1989-1949*, Bloomsbury, 2010.

CHAPITRE 3

La généalogie du renseignement contemporain

1. *Cf.* leurs portraits dans Hauc J.-C., *Aventuriers et libertins dans l'Europe des Lumières*, Éditions de Paris, 2009.
2. Pernot J.-F., « Aux origines du renseignement français, l'époque moderne XVe-XVIIIe siècles », *in* Lacoste amiral P. (éd.), *Le Renseignement à la française*, *op. cit.*
3. Jenni A., *L'Art français de la guerre*, Gallimard, 2011.

4. Forcade O., « Considérations sur le renseignement, la défense nationale et l'État secret en France au XIXe siècle », *Revue historique des armées*, 2007.
5. Hugon A., *Au service du roi catholique. « Honorables ambassadeurs » et « divins espions », représentation diplomatique et service secret dans les relations hispano-françaises de 1598 à 1635*, Casa de Velazquez, 2004.
6. Perrault G., *Le Secret du roi*, Fayard, 1992 ; et Vieillard J.-L., « Le Secret du roi : tentative de bureaucratisation des services secrets », *Perspectives internationales*, janvier-mars 2012.
7. Agrell W., « The next 100 years ? Reflections on the future of intelligence », *in* Duyvesteyn I. *et al.*, *The future of intelligence*, *op. cit.*
8. Kahn D., « An historical theory of intelligence », *Intelligence and National Security*, automne 2001.
9. Bigo D., « Renseignement, police et contrôle démocratique : la collaboration européenne et transatlantique », *Challenge, Liberty and Security*, mars 2007.
10. *Cf.* notamment Ceyhan A., « Technologization of security : Management of uncertainty and risk in the age of biometrics », *Surveillance and Society*, 5/2008.
11. Walton C., *Empire of secrets : British intelligence, the Cold War and the twilight of Empire*, Harper Press, 2013.
12. Thomas M., *Empires of intelligence : Security services and colonial disorder after 1914*, University of California Press, 2007.
13. Cline R., *Secrets, spies and scholars*, Acropolis Books, 1976.
14. Warner M., « The rise of the US intelligence system », *in* Johnson L. K. (éd.), *The Oxford handbook of national security intelligence*, *op. cit.*
15. Jeffrey-Jones R., communication au CIISS, mai 2009.
16. Gomart T., « De quoi Snowden est-il le nom ? », *Revue des Deux Mondes*, novembre 2013.
17. Forcade O., *La République secrète. Histoire des services spéciaux français de 1918 à 1939*, Nouveau Monde, 2011.
18. Zegart A. B., « Implementing challenges : Organizational challenges », *in* Fischhoff B. et Chauvin C., *Intelligence analysis : Behavorial and social scientific foundations*, National Academies Press, 2011.
19. Rivet général L., *Carnets du chef des services secrets, 1936-1944*, *op. cit.*
20. Omand D., *Securing the state*, Hurst, 2010.

CHAPITRE 4

La collecte, caractéristique propre de l'activité de renseignement

1. Lenain P., *Le Clandestin politique*, Economica, 1987.
2. Joxe P., discours à l'IHEDN, 6 mai 1991.
3. Colonieu V., *L'Espionnage au point de vue du droit international et du droit pénal*, thèse, Lyon, 1888.
4. Olson J., *Fair play : The moral dilemmas of spying*, Potomac Books, 2006.
5. Crumpton H. A., *The art of intelligence, lessons from a life in the CIA's clandestine service*, Penguin, 2012.
6. Hassner P., « La revanche des passions », *Commentaire*, juillet 2005.
7. Hitz F. P., *Why spy ? Espionage in an age of uncertainty*, Thomas Dunne, 2008.

8. Burkett R., « An alternative framework for agent recruitment : From MICE to RASCLS », *Studies in Intelligence*, mars 2013.
9. Cialdini R., *Influence : The psychology of persuasion*, William Morrow, 1984.
10. Johnson L. K., « Evaluating HUMINT : The role of foreign agents in US security », *Comparative Strategy*, octobre 2010.
11. *Cf.* Perrault G., *L'Orchestre rouge*, Le Livre de poche, 1978.
12. *Washington Post* ,16 novembre 2010.
13. Arboit G., *Au cœur des services secrets*, Le Cavalier bleu, 2013.
14. Gates R. M., *From the shadows*, Simon and Schuster, 1997.
15. Wippl J. W., « The future of American espionage », *International Journal of Intelligence and Counterintelligence*, mars 2014.
16. Aid M. M. et Richelson J. T., « US intelligence and China : Collection, analysis and covert action », *National Security Archive*, juillet 2011.
17. « Cooperative intelligence : Renewed momentum ? », *Strategic Comments*, IISS, mai 2006.
18. Dulles A., *The craft of intelligence*, Lyons Press, 1965.
19. *Report of the National Commission on Terrorist Attacks upon the United States* publié en juillet 2004.
20. *Report of the Commission on the Intelligence Capabilities of the United States Regarding Weapons of Mass Destruction* publié en mars 2005.
21. Dearlove R., « Contemporary terrorism and intelligence », *IDSS Commentaries*, août 2006.
22. Drogin B., *Curveball : Spies, lies and the con man who caused a war*, Random House, 2007 ; Drumheller T. S., *On the brink : An insider's account of how the White House compromised American intelligence*, Carroll Graff, 2006.
23. Warrick J., *The triple agent*, Vintage, 2012.
24. Lichtblau E., « In Cold War, US spy agencies used 1 000 Nazis », *New York Times*, 26 octobre 2014.
25. Redign A., Van Gorp A. *et al.*, *Handling ethical problems in counterterrorism*, RAND, 2014.
26. Camus A., *Le Premier Homme*, Gallimard, 1960.
27. Kleffel J., communication, Oxford Intelligence Group (Nuffield College), 14 mars 2011.
28. Andrew C., « Intelligence, international relations and under-theorization », *Intelligence and National Security*, juin 2004.
29. Dupont A., « Intelligence for the XXIst Century », *Intelligence and National Security*, janvier 2003.
30. *NSA SIGINT strategy 2012-2016*, 23 février 2012.
31. Kemp P., « Quand l'espion ne vient plus du froid », *Esprit*, décembre 1991.
32. Jeffrey-Jones R., *In spies we trust : The story of Western intelligence*, Oxford University Press, 2013.
33. Kahn D., communication CIISS, avril 2009.
34. Andrew C., *The defence of the realm*, Penguin, 2009.
35. Ferris J., « SIGINT in war and power politics 1914-2010 », *in* Johnson L. K. (éd.), *The Oxford handbook of national security intelligence*, *op. cit.*
36. Faligot R., « France, SIGINT and the Cold War », *Intelligence and National Security*, janvier 2001.
37. Richelson J. T., *Spying on the bomb*, W. W. Norton, 2006.
38. Kahn D., *The codebreakers*, Scribner, 1996.
39. Pepper D., « The business of SIGINT, the role of modern management in the transformation of GCHQ », *Public Policy and Administration*, janvier 2010.

40. *Cf.* par exemple Diffie W. et Landau S. « Brave new world of wiretapping », *Scientific American*, 2008.
41. *Cf.* par exemple Omand D., « An I and NS special forum : Implications of the Snowden leaks », *Intelligence and National Security*, août 2014.
42. Clapper général J. R., conférence, GEOINT Symposium Tampa, avril 2014.
43. Alexander général K. B., auditions SSCI, 26 septembre 2013.
44. Aid M. M., *The secret sentry : The untold history of the NSA*, Bloomsbury, 2010.
45. Johnson L. K., « Bricks and mortars for a theory of intelligence », *Comparative Strategy*, juin 2010.
46. Treverton G. F., *Reshaping intelligence for an age of information*, Cambridge University Press, 2003
47. Davies P., « Information warfare and the future of the spy », *Information, Communication and Society*, 1999.
48. Petraeus général D. H., auditions SSCI, 27 juin 2011.
49. Clark R. M., *Intelligence collection*, CQ Press, 2014.
50. McLaughlin J. E., communication, *Bipartisan Policy Center*, 6 avril 2010.

CHAPITRE 5
L'analyse du renseignement, une activité partagée

1. Marrin S., « Is intelligence analysis an art or a science ? », *International Journal of Intelligence and Counterintelligence*, juin 2012.
2. Flynn général M. T., intervention devant l'INSA, 6 septembre 2013.
3. Citton Y., *Pour une écologie de l'attention*, Seuil, 2014.
4. Peter Freeman cité par Hennessy P., *The secret state*, *op. cit.*
5. Scarlett J., audition par la commission Chilcot, 8 décembre2009.
6. Neustadt R. E. et May E. R., *Thinking in time*, Free Press, 1988.
7. Weise R., CASIS, septembre 2003.
8. Eliot T. S., « East coker », *in Four quartets*, Faber and Faber, 1940.
9. Jones R. V., *Reflections on intelligence*, William Heinemann, 1989.
10. Lowenthal M. M., « La première crise du renseignement du président Obama », *Le Figaro*, 10 janvier 2010.
11. Treverton G. F., « Risks and riddles », *Smithsonian Magazine*, 1er juin 2011.
12. Fingar C. T., *US News and World Report*, 3 novembre 2006.
13. Cité par Risen J., *State of war, the secret history of the CIA and Bush administration*, Free Press, 2006.
14. George R. Z., « Reflections on CIA analysis : Is it finished ? », *Intelligence and National Security*, février 2011.
15. Hughes T., *The fate of facts in the world of men : Foreign policy and intelligence making*, Foreign Policy Association, 1976, cité par Bar-Joseph U., *Intelligence intervention in the politics of democratic states*, Penn State University Press, 1995.
16. Goodman M. et Omand D., « What analysts need to understand », *Studies in Intelligence*, décembre 2008.
17. Laurent S., « Ce que le renseignement ne peut pas dire. La surveillance de l'"adversaire intérieur" dans la France des années 1960 », *in* Cochet F. et Dard O., *Subversion, anti-subversion, contre-subversion*, Riveneuve, 2009.
18. Perle R., « How the CIA failed America », *Washington Post*, 11 mai 2007.

19. Pillar P. R., « Predictive intelligence : Policy support or spectator sport ? », *SAIS Review*, décembre 2008.
20. Carus S. A., « Iran's weapons of mass destruction : Implications and responses », *Middle East Review of International Affairs*, février 1997.
21. Shoham D. et Ofek R., « The 2007 US NIE on Iran's nuclear program : A colossal failure », *International Journal of Intelligence and Counterintelligence*, mars 2012.
22. Humphrey P. B., « Seeking foreign policy's oracle at Delphi », *International Journal of Intelligence and Counterintelligence*, février 2010.
23. Johnson L. K., « National security intelligence in the US : A performance checklist », *Intelligence and National Security*, décembre 2011.
24. Hayden général M. V., presse, 11 janvier 2007.
25. Hayden général M. V., entretien CNN, 18 avril 2013.
26. *Le Figaro*, 10 avril 2012 ; et Brochand P., *ENA-Mensuel*, octobre 2006.
27. Corbin de Mangoux E., audition devant l'Assemblée nationale, 20 février 2013.
28. Meador L. et Cerf V. G., « Rethinking the President's daily intelligence brief », *Studies in Intelligence*, décembre 2013.
29. Jervis R. A., *Why intelligence fails : Lessons from the Iranian revolution and the Iraq War*, Cornell University Press, 2010.
30. Aid M. M., « Sins of omission and commission : Strategic cultural factors and US Intelligence failures during the Cold War », *Intelligence and National Security*, août 2011.
31. Betts R. K., « Why are intelligence failures inevitable », *World Politics*, octobre 1978.
32. Kent S. « Words of estimative probability », *Studies in Intelligence*, automne 1964.
33. Mandel R., « On estimating post-Cold War enemy intentions », *Intelligence and National Security*, avril 2009.
34. Mearsheimer J., *The tragedy of great power politics*, W. W. Norton, 2001.
35. Mearsheimer J., « The gathering storm : China's challenge to US power in Asia », *Chinese Journal of International Politics*, 2010.
36. Bergman R., *The secret war with Iran*, Free Press, 2007.
37. Bar-Joseph U., « Forecasting a hurricane : Israeli and American estimations of the Khomeini Revolution », *Journal of Strategic Studies*, février 2013.
38. Jervis R. A., *Intelligence and US foreign policy*, Columbia University Press, 2011.
39. Janis I. L, *Groupthink. Psychological studies of policy decisions ans fiascoes*, Houghton Mifflin, 1982.
40. *Cf.* en ce sens Silberzahn P. et Jones M., « Incertitude et surprise stratégique : les leçons des échecs de la CIA, *Revue de défense nationale*, janvier 2014.
41. Morrison J., « British intelligence failures in Iraq », *Intelligence and National Security*, août 2011.
42. Betts R. K., *Enemies of intelligence*, Columbia University Press, 2007.
43. *Cf.* par exemple Szanton P. et Allison G. T., « Intelligence, seizing the opportunity », *Foreign Policy*, mars 1976.
44. Odom général W. E., *Fixing intelligence*, Yale University Press, 2003.
45. George R. Z. et Bruce J. B., *Analyzing intelligence : Origins, obstacles and innovations*, Georgetown University Press, 2008.
46. Fingar C. T., intervention devant le Council on Foreign Relations, mars 2008 ; et étude pour la National Academy of Science, mars 2011.
47. Gates R. M., « The CIA and foreign policy », *Foreign Affairs*, décembre 1987 , et « An opportunity unfulfilled : The use and perception of intelligence at the White House », *Washington Quarterly*, décembre 1989.
48. Meyer H. E., memorandum « Why is the world so dangerous ? », 30 novembre 1983.

49. Rumsfeld D., conférence de presse, 12 février 2002.
50. Jervis R. A., « One of the biggest American challenges for American intelligence ? The way the brain works », *Boston Globe*, 17 janvier 2010.
51. Hayden général M. V., discours, 28 avril 2008.
52. Rocard M., *Si ça vous amuse...*, Flammarion, 2010.
53. Davies P., « Twilight of Britain's JIC », *International Journal of Intelligence and Counterintelligence*, juin 2011.
54. Lieberthal K. G., « Intelligence community and foreign policy : Getting analysis right », *Brookings*, septembre 2009, cité par Wilder D., « An educated consumer is our best consumer », *Studies in Intelligence*, juin 2011.
55. Treverton G. F., *Intelligence for an age of terrorism*, RAND, 2009.
56. Omand D., « The future of intelligence, what are the threats, the challenges and the opportunities ? », *in* Duyvesteyn I. *et al.*, *The future of intelligence*, *op. cit.*
57. Par exemple, Lahneman W., « The future of intelligence analysis », *CISS*, mars 2006.
58. *Cf.* à cet égard, la critique de la gestion de la crise syrienne par le président Obama (Rohde D. et Strobel W., « How Syria policy stalled under the "analyst in chief" », Reuters, 9 octobre 2014).
59. Treverton G. F., « What should we expect from our spies ? », *Prospect Magazine*, 25 mai 2011.
60. Lanxade amiral J. et Tenzer N., *Organiser la politique européenne et internationale de la France*, Commissariat général du Plan, décembre 2002 ; Cousseran J.-C. et Heisbourg F., « Le président, les "services" et la démocratie », *Le Monde*, 17 février 2007 ; Lacoste amiral P., « Puissance et intelligence », *Bulletin d'études de la marine*, 2007.

CHAPITRE 6
La coopération internationale entre les services, une dimension en expansion

1. Sims J. E., « Foreign intelligence liaison : Devils, deals and details », *International Journal of Intelligence and Counterintelligence*, mars 2006.
2. Brunatti A., « Canada », *in* Dover R. *et al.*, *Routledge companion to intelligence studies*, *op. cit.*
3. Kahana K., « Mossad-CIA cooperation », *International Journal of Intelligence and Counterintelligence*, juillet 2001.
4. Shpiro S., « German-Israeli intelligence and military cooperation », *German Politics*, 2002.
5. Jeffrey-Jones R., « The end of an exclusive special intelligence relationship : British-American intelligence cooperation before, during and after the 1960s », *Intelligence and National Security*, octobre 2012.
6. Leary W. M., *The CIA*, University of Alabama, 1984.
7. *Cf.* Leprévost F. et Warusfel B., « ECHELON : origines et perspectives d'un débat transnational », *Annuaire français des relations internationales*, 2002.
8. Aldrich R. J., « Beyond the vigilant state : Globalisation and intelligence », *Intelligence and National Security*, 2009.
9. Wippl J. W., « Intelligence exchange through Interintel », *International Journal of Intelligence and Counterintelligence*, décembre 2011.
10. Le Maire B., « Pour une défense européenne », *Le Monde*, 21 juin 2008.

11. Priest D., « Help from France key in covert operations », *Washington Post*, 3 juillet 2005.
12. SCRS/CSIS, rapport 2011-2013, janvier 2014.
13. Svendsen A. D. M., « The globalization of intelligence since 9/11 : Frameworks and operational parameters », *Cambridge Review of International Affairs*, mars 2008.
14. Born H. et Wills A., « Conclusion », *in* Born H., Leigh I. et Wills A. (éd.), *International intelligence cooperation and accountability*, Routledge, 2011.
15. Bigo D. et Walker R. B. J., « Le régime de contre-terrorisme global », *in* Bigo D., Bonelli L., Deltombe T. (éd.), *Au nom du 11 Septembre… Les démocraties à l'épreuve de l'antiterrorisme*, La Découverte, 2008.
16. Lefebvre S., « The difficulties and dilemmas of international intelligence cooperation », *International Journal of Intelligence and Counterintelligence*, octobre 2003.
17. Rosenau W., « Liaisons dangereuses ? Transatlantic intelligence cooperation and the GWOT », communication à la conférence de Stockholm SNDC, 2007.
18. Byman D. L., « Remaking alliances for the war on terrorism », *Journal of Strategic Studies*, octobre 2006.
19. Sims J. E., « I spy … Why Allies watch each other », *Foreign Affairs*, 6 novembre 2013.
20. Clapper général J. R., audition SSCI, 26 septembre 2013.
21. Aldrich R. J., « Dangerous liaisons, post-September 11 intelligence alliances », *Harvard International Review*, automne 2002.
22. Omand D., « Ethical guidelines in using secret intelligence for public security », *Cambridge Review of International Affairs*, 2006.
23. Svendsen A. D. M., « Connecting intelligence and theory : Intelligence liaison and international relations », *Intelligence and National Security*, octobre 2009.
24. SCRS/CSIS, rapport 2011-2013, janvier 2014.
25. Hayez P., « National oversight of international intelligence cooperation », *in* Born H., Leigh I. et Wills A. (éd.), *International intelligence cooperation and accountability*, *op. cit.*
26. Born H., « International intelligence cooperation : The need for networking accountability », communication à l'Assemblée parlementaire de l'OTAN, Reykjavik, octobre 2007.
27. Heisbourg F., *Espionnage et renseignement. La nouvelle donne*, Odile Jacob, 2012.
28. Fägersten B., « European intelligence cooperation : Drivers, interests and institutions », *SIIA Papers*, 2008, n° 6.

CHAPITRE 7
L'action clandestine, un adjuvant délicat de l'action politique

1. Polk W., *Neighbors and strangers : The fundamentals of foreign affairs*, University of Chicago Press, 1997.
2. Sheldon R. M., « The ancient imperative : Clandestine operations and covert action », *International Journal of Intelligence and Counterintelligence*, janvier 2008.
3. Holeindre J.-V., « La ruse et les formes contemporaines de la guerre », *in* Ramel F. et Holeindre J.-V. (éd.), *La Fin des guerres majeures*, Economica, 2010
4. Plotke A. J., *Imperial spies invade Russia*, Praeger, 1993.
5. Foot M. R. D., *SOE 1940-1946*, Pimlico, 1999.
6. Kibbe J. D., « Covert action, Pentagon style », *in* Johnson L. K. (éd.), *The Oxford handbook of national security intelligence*, *op. cit.*

7. *Cf.* par exemple Champtiaux général D., « Opérations spéciales et actions clandestines », *L'ENA hors les murs*, juin 2014.
8. Gaigneron de Marolles général A., « La tradition française de l'action invisible », *in* Lacoste amiral P. (éd.), *Le Renseignement à la française, op. cit.*
9. Godson R., *Intelligence requirements for the 1990's*, Lexington, 1989.
10. Treverton G. F., *Covert action : The limits of intervention in the postwar world, Basic Books*, 1987 ; Stempel J., « Covert action and diplomacy », *International Journal of Intelligence and Counterintelligence*, mars 2007.
11. *Cf.* Notin J.-C., *La Guerre de l'ombre des Français en Afghanistan 1979-2011*, Fayard, 2011.
12. *New York Times*, 22 octobre 2013.
13. Kibbe J. D., « The rise of shadow warriors », *Foreign Affairs*, mars 2004.
14. *Cf.* par exemple Reiner D., Gautier J. et Larcher G., *Le Renforcement des forces spéciales françaises, avenir de la guerre ou conséquence de la crise ?*, rapport d'information, Sénat, mai 2014.
15. *Cf.* par exemple, Le Gallo A., « Covert action : A vital option in US national security policy », *International Journal of Intelligence and Counterintelligence*, février 2007.
16. Shirley E., « Can't anybody play that game ? », *The Atlantic*, février 1998.
17. Gerecht R. M., « The counterterrorist myth », *The Atlantic*, juillet 2001.
18. Herman M., « Ethics and intelligence », *Intelligence and National Security*, 2004.
19. *Cf.* par exemple, Halperin M. H., « Decision-making for covert operations », *Society*, mars 1975 ; ou Szanton P. et Allison G. T., « Intelligence, seizing the opportunity », *Foreign Policy*, mars 1976.
20. Blair amiral D. C., audition au Congrès, mai 2011.
21. Hulnick A. S., « Wrongly painting a grim picture », *International Journal of Intelligence and Counterintelligence*, juin 2008.
22. Communiqué CIA, 6 août 2007.
23. Johnson L. K., critique de l'ouvrage de Weiner T., *Intelligence and National Security*, décembre 2008.
24. Documents officiels révélés par Snowden et cités par le *Washington Post*, 30 août 2013.
25. Denécé E. et Elkaïm D., *Les Services secrets israéliens, op. cit.*
26. Faligot R., Kauffer R. et Guisnel J., *Histoire politique des services secrets français*, La Découverte, 2012.
27. Huntington S., *in* Godson R., *Intelligence requirements for the 1990's, op. cit.*
28. Takeh R., « What really happened in Iran : The CIA, the ouster of Mossaddeq and the restoration of the Shah », *Foreign Affairs*, juillet-août 2014.
29. Weisman S. R., « What really happened in Congo : The CIA, the murder of Lumumba and the rise of Mobutu », *Foreign Affairs*, juillet-août 2014.
30. Downes A. B. et Lilley M. L., « Overt peace, covert war ? Covert intervention and the democratic peace », *Security Studies*, mai 2010.
31. Gergorin J.-L., « La stratégie furtive de Barack Obama », *Commentaire*, septembre 2012.
32. Quinet A., « Quelle doctrine pour les forces spéciales ? », *Commentaire*, septembre 2013.
33. Daugherty W., « Covert action : Strengths and weaknesses », *in* Johnson L. K. (éd.), *The Oxford handbook of national security intelligence, op. cit.*
34. Falk R. A., « CIA covert action and international law », *Society*, mars 1975.

CHAPITRE 8

La lutte contre le terrorisme, pivot de l'action des services

1. Virilio P., *L'Administration de la peur*, Textuel, 2010.
2. Sarkozy N., « La défense de la liberté », discours, *Revue de défense nationale*, novembre 2005.
3. Mallet J.-C., presse, juin 2008.
4. Uhrlau E., *Tageszeitung*, 8 septembre 2008.
5. Brown G., *Stratégie britannique de lutte contre le terrorisme international*, février 2009.
6. Negroponte J., audition HPSCI, 18 janvier 2007.
7. Hayden général M. V., audition au Congrès, 5 novembre 2008.
8. Clapper général J. R., audition HPSCI, 10 février 2011.
9. Mueller R. S., audition au Congrès, 14 décembre 2011.
10. Comey J. B., auditions au Sénat, 14 ovembre 2013 et 27 mars 2014.
11. Heisbourg F., *Le Monde*, 10 septembre 2006.
12. Sarkozy N., discours devant la XVIIIe conférence aux ambassadeurs, 25 août 2010.
13. Squarcini B., entretien, *Journal du dimanche*, 11 septembre 2010.
14. Riedel B., « The coming of Al Qaida 3.0 », *Daily Beast*, 7 août 2013.
15. Hoffman B., « Al Qaeda's uncertain future », *Studies in Conflict and Terrorism*, juillet 2013.
16. McLaughlin J. E., « Are we losing the new war on terror ? », *American Interest*, 3 mars 2014.
17. Olsen M. G., audition au Sénat, 14 novembre 2013.
18. Parker A., discours RUSI, 8 octobre 2013.
19. Données compilées par le consortium START de l'Université du Maryland, décembre 2013.
20. Jenkins B. M., audition HASC, Chambre des représentants, 22 juin 2011.
21. Jenkins B. M., RAND Blog, 10 décembre 2013.
22. Mueller J. *Terrorism since 9/11 : The American cases*, Ohio State University, 2013.
23. Valls M., discours à l'École militaire, 19 septembre 2012.
24. Par exemple, Nesser P., « Toward an increasingly heterogeneous threat : A chronology of Jihadist terrorism in Europe 2008-2013 », *Studies in Conflict and Terrorism*, avril 2014.
25. Wainwright R., *Terrorism Situation and Trend Report (TE-SAT) 2014*, Europol, mai 2014.
26. Bilan *TE-SAT*, Europol, mai 2014.
27. Chouet A., « Privatisation des conflits et prises d'otages », site alain.chouet.free.fr/, janvier 2005 ; Laurens H. et Delmas-Marty M., *Terrorismes, histoire et droit*, CNRS, 2013.
28. Schindler G., entretien, *Süddeutsche Zeitung*, 4 novembre 2014.
29. Callimachi R., « The horror before beheadings », *International New York Times*, 27 octobre 2014.
30. Rapport *Contest, the UK's strategy for countering terrorism*, ministre de l'Intérieur britannique, avril 2014.
31. *Cf.* Daniel S., *Les Mafias du Mali. Trafics et terrorisme au Sahel*, Descartes&Cie, 2014.
32. Treverton G. F., « The future of intelligence, changing threats, evolving methods », *in* Duyvesteyn I. *et al.*, *The future of intelligence*, *op. cit.*

33. Svendsen A. D. M., « Refashioning risk : Comparing UK, US and Canadian security and intelligence efforts against terrorism », *Defence Studies*, septembre 2010.
34. Chouet A., conférence à la French-American Foundation, 26 mars 2007.
35. Chouet A., *Au cœur des services spéciaux, la menace islamiste. Fausses pistes et vrais dangers*, La Découverte, 2013.
36. Teich S., « Trends and developments in lone wolf terrorism in the western world », *IICT*, octobre 2013.
37. Cantegreil J., « Terrorisme et libertés », *En temps réel*, janvier 2005.
38. Articles 421.1-1, 2 et 2-2 du Code pénal définissant les actes terroristes introduits par la loi du 9 septembre 1986 relative à la lutte contre le terrorisme et aux atteintes à la sûreté de l'État.
39. *Cf.* par exemple Rault C., « The French approach to counter-terrorism », *CTC Sentinel*, janvier 2010 ; ou Foley F., « The expansion of intelligence agency mandates : British counter-terrorism in comparative perspective », *Review of International Studies*, 2009.
40. Rapport *La Justice court-circuitée*, Human Rights Watch, juin 2008.
41. Trévidic M., *Au cœur de l'antiterrorisme*, J.-C. Lattès, 2011.
42. Reid J., secrétaire au Home Office, 24 avril 2007.
43. Rapport 2010-2011 de l'Intelligence and Security Committee, juillet 2011.
44. Heymann P., cité par Cantegreil J., « Terrorisme et libertés », art. cit.
45. *The Economist*, 28 septembre 2013.
46. Byman D. L., « The intelligence war on terrorism », *Intelligence and National Security*, décembre 2013.
47. Cogan C., « Hunters not gatherers : Intelligence in the XXIst Century », *Intelligence and National Security*, juin 2004.
48. Hayden général M. V., entretien à CNN, 18 avril 2013.
49. Mudd F. P., « Understanding terrorism analysis », *in* AFIO, *Guide to the study of intelligence*, 2012.
50. Teixeira P., « Diplomatie et renseignement », *Mondes*, 2010, n° 2.
51. Notin J.-C., *La Guerre de la France au Mali*, Tallandier, 2014.
52. Vidino L., *Radicalization linkage and diversity, current trends in European terrorism*, RAND, 2011.
53. Dahl E. J., « The plots that failed : Intelligence lessons learned from unsuccessful terrorist attacks against the US », *Studies in Conflict and Terrorism*, juillet 2011.
54. Barbier B., presse, 30 septembre 2010.
55. Clair J.-F., intervention au séminaire Mètis (Sciences-Po Paris), 4 mai 2011.
56. Goldman A. et Tate J., « The secret relationship between the FBI and Army SOF », *Washington Post*, 11 avril 2014.
57. *Rapport ISC 2007*, janvier 2008.
58. *Rapport ISC 2012-2013*, juillet 2013.
59. *National intelligence machinery*, plaquette, ISC, novembre 2010.
60. Moreh D., *The gatekeepers*, film documentaire, 2012.
61. Miller G. et Tate J., « CIA shifts focus to killing targets », *Washington Post*, 2 septembre 2011.
62. Denécé E., *Les services français sont-ils nuls ?*, Ellipses, 2012. La même recommandation est faite par le *think tank* International Crisis Group à propos du service NIS sud-coréen (International Crisis Group, *Risks of intelligence pathologies in South Korea*, août 2014) ou, pour les États-Unis, par Sims, qui estime que « cumuler les pouvoirs d'espionner avec ceux d'arrêter menace l'équilibre entre les gouvernés et

les gouvernants dans les démocraties » (Sims J. E., « Counter-intelligence in the XXIst Century », *in* Duyvesteyn I. *et al.*, *The future of intelligence*, *op. cit.*).
63. Garton Ash T., « If Big Brother came back, he'd be a public-private partnership », *The Guardian*, 27 juin 2013.
64. Bonditti P. *et al.*, « Le rôle des militaires dans la lutte contre le terrorisme », CESD, juin 2008.
65. Leiter M. E., Aspen Institute, cité *in New York Times*, 28 juillet 2011.
66. Ignatius D., « In the Middle East, a catch-22 for the CIA », *Washington Post*, 10 février 2011.
67. Garton Ash T., « Even in New-York, the war in terror is over, and few feel it has left them safer », *The Guardian*, 15 juillet 2009.
68. Urvoas J.-J. et Vadillo F., *Réformer les services de renseignement français*, Fondation Jean-Jaurès, 2011.
69. Treverton G. F., *The intelligence of counterterrorism*, RAND, 2011.
70. Cronin A. K., « The "war on terrorism" : What does it mean to win ? », *Journal of Strategic Studies*, novembre 2013.

CHAPITRE 9

L'adaptation du renseignement à la cyberdimension

1. Schopenhauer A. (1859), *Le Monde comme volonté et comme représentation*, PUF, 2014.
2. Ventre D., *Cyberespace et acteurs du cyberconflit*, Lavoisier, 2011.
3. Schwartau W., *Information warfare*, Thunder's Mouth Press, 1996.
4. Joint chief of staff, *Cyberspace operations*, 5 février 2013.
5. *Der Spiegel*, 7 mars 2009.
6. *The Guardian*, 2 juin 2011.
7. Aid M. M., *Foreign Policy*, 10 juin 2013.
8. Omand D., « Introducing social media intelligence (SOCMINT) », *Intelligence and National Security*, septembre 2012.
9. Lewis J. A., *Significant cyber incidents since 2006*, CSIS, août 2014.
10. Rid T., *Cyberwar will not take place*, Oxford University Press, 2013.
11. Clarke R. A. et Knacke R. K., *Cyberwar : The next threat to national security and what to do about it*, HarperCollins, 2010.
12. Lewis J. A., « Low level cyberattacks are common but truly damaging ones are rare », *Washington Post*, 10 octobre 2013.
13. Clapper général J. R., discours, 2 novembre 2010.
14. Libicki M., *What's information warfare ?*, National Defense University, 1995.
15. Warner M., « Cybersecurity : A prehistory », *Intelligence and National Security*, octobre 2012.
16. Arquilla J. « Twenty years of cyberwar », *Journal of Military Ethics*, avril 2013.
17. Mueller R. S., audition au Congrès, 14 décembre 2011.
18. Moliner J.-L., « Menaces, confiances et technologies », communication à la chaire « Innovation et régulation», 21 novembre 2012.
19. Lobban I. R., discours, IISS, 12 octobre 2010.
20. Williams R. D., « (Spy) game change : Cyber networks, intelligence collection and covert action », *George Washington Law Review*, juin 2011.
21. Mandiant, *2014 threat report : Beyond the breach*, 2014.

22. Selon Libicki, « dans aucune activité militaire, le renseignement n'est autant partie intégrante du combat » (Libicki M. C., « Cyberspace is not a warfighting domain », *I/S. A Journal of Law and Policy*, 2012).

CHAPITRE 10

La conjugaison du renseignement et de la diplomatie

1. Par exemple, David C.-P., *La Guerre et la Paix*, *op. cit.*, 2013 ; Lefebvre M., *Le Jeu du droit et de la puissance. Précis de relations internationales*, PUF, 2007 ; Vaïsse M., *La Puissance ou l'Influence. La France dans le monde depuis 1958*, Fayard, 2009.
2. Prieto P., « L'ambassadeur vénitien : diplomate et "honorable espion" », *in* Bély L. (éd.), *L'Invention de la diplomatie*, PUF, 1998.
3. De Wicquefort A. (1690), *L'Ambassadeur et ses fonctions*, chapitre.com.
4. De Callières F. (1716), *De la manière de négocier avec les souverains*, Droz, 2002.
5. De Condillac E. (1786), *Dictionnaire des synonymes*, Vrin, 2013.
6. Selon les casuistes qui se référaient à Thomas d'Aquin, « les ambassadeurs peuvent en toute sûreté de conscience rechercher les secrets qu'ils craignent d'être préjudiciables à leur prince » (Chahine O., « L'ambassade selon les casuistes », *in* Bély L. (éd.), *L'Invention de la diplomatie*, *op. cit.*
7. Bély L. (éd), *L'Invention de la diplomatie*, *op. cit.*
8. Marquis H., « L'espionnage britannique et la fin de l'Ancien Régime », *Histoire, économie et sociétés*, 1998.
9. Hilsman R., « Intelligence and policymaking in foreign affairs », *World Politics*, octobre 1952.
10. AASSDN, colloque Farewell, 9 novembre 2012.
11. Smith R. F., « Is it a pearl or a kidney stone ? Intelligence reform and embassy reporting, from Moscow to Baghdad », *Intelligence and National Security*, décembre 2009.
12. Develle J., 1898, cité par Laurent S., *Politiques de l'ombre*, *op. cit.*
13. Scheer F., « Au temps du monde fini », *in* Cohen S., *Les Diplomates*, Autrement, 2002.
14. Cité par Morgan F., « Does the US spy too much ? », *Salon*, 26 avril 2001.
15. *Cf.* Battistella D., *Un monde unidimensionnel*, Presses de Sciences-Po, 2011.
16. Brochand, P., conférence, Sciences-Po Paris, 11 mai 2010.
17. Selon un document du GCHQ de 2011 révélé par Snowden. *Cf. Dagbladet Information*, 1er novembre 2014.
18. Greenstock J. « The bureaucracy : Ministry of foreign affairs, foreign service, and other government departments », *in* Cooper A. F., Heine J. et Thakur R., *The Oxford handbook of modern diplomacy*, Oxford University Press, 2013.
19. Cohen-Jonathan G. et Kovar R. « L'espionnage en temps de paix », *Annuaire français de droit international*, 1960.
20. Lafouasse F., *L'Espionnage dans le droit international*, Nouveau Monde, 2012.
21. Sanchez E. J., « Intelligence collection, covert operations and international law », *in* AFIO, *Guide to intelligence studies*, 2014.
22. Plantey A., *Principes de diplomatie*, A. Pedone, 2001.
23. *Cf.* par exemple, Correra G., *The art of betrayal, life and death in the British secret service*, W&N, 2011.
24. Hague W., « Securing our future », discours, Londres, 16 novembre 2011.
25. Andrew C., « Déchiffrement et diplomatie : le cabinet noir du Quai d'Orsay sous la IIIe République », *Relations internationales*, mars 1976.

26. L'ancien chef de l'INR de 2001 à 2003, Carl Ford Jr, estime que l'essentiel de sa mission visait à fournir au Secrétaire d'État du *schedule-based reporting* à partir des renseignements reçus. *Cf.* Ford C. Jr, « My perspective on intelligence support of foreign policy », AFIO, septembre 2014.
27. Marion P., *La Mission impossible*, Calmann-Lévy, 1991.
28. Aldrich R. J., *GCHQ, the uncensored story of Britain's most secret agency*, Harper Press, 2010.
29. Jervis R. A., « Reports, politics and intelligence failures : The case of Iraq », *Journal of Strategic Studies*, février 2006.
30. Alexander M., « Does better intelligence improve foreign policy decisions ? », *RUSI Journal*, 1999.
31. Pillar P. R., « Think again : Intelligence », *Foreign Policy*, janvier 2012.
32. Der Derian J., *Antidiplomacy : Spies, terror, speed, and war*, Blackwell, 1992.

CHAPITRE 11
La mutation du renseignement au profit de la défense

1. Kahn D., « The rise of intelligence », *Foreign Affairs*, septembre 2006.
2. Clausewitz C. von (1832), *De la guerre*, Rivages, 2006. La vision négative du renseignement de Clausewitz a été tempérée par certains auteurs. *Cf.* par exemple, Hughes R. G., « Strategists and intelligence », *in* Dover R. *et al.*, *Routledge companion to intelligence studies*, *op. cit.*
3. Keegan J., *Intelligence in war*, Knopf, 2003.
4. Hervé Coutau-Bégarie « Le renseignement dans les doctrines stratégiques françaises », *in* Lacoste amiral P. (éd.), *Le Renseignement à la française*, *op. cit.*
5. Cité par Coutau-Bégarie H., « Le renseignement dans la pensée militaire française », *Stratégique*, 1999.
6. *Cf.* pour l'expérience américaine, Long A. et Ritterhouse Green B., « Stalking the secure second strike : Intelligence, counterforce and nuclear strategy », *Journal of Strategic Studies*, décembre 2014.
7. Bloch M. (1940), *L'Étrange Défaite*, Gallimard, 1990.
8. *Cf.* l'exemple du Tchad dans les années 1960, *in* Bat J.-P., « Le 2e bureau en Afrique équatoriale française », *Revue historique des armées*, 2014.
9. Gomart général C., entretien, *Stratégique*, janvier 2014.
10. Faivre général M., intervention au colloque sur le renseignement, Sénat, octobre 1993.
11. Dupont colonel J., entretien, *Képi blanc*, juin 2008.
12. *Cf.*, par exemple, pour le renseignement naval, Huchthausen P. A. et Sheldon-Duplaix A., *Guerre froide et espionnage naval*, Nouveau Monde, 2009.
13. Concept adopté par l'armée américaine en 1996.
14. Connable B., *Military intelligence fusion for complex operations : A new paradigm*, RAND, 2012.
15. Mazarr M. J., *The revolution in military affairs*, RAND, juin 1994.
16. Gomart général C., entretien, *Stratégique*, janvier 2014.
17. Heinrich général J., « Le renseignement sert d'abord à l'action », *Revue de défense nationale*, octobre 2013.
18. Michaels J. H., « Agents for stability or chaos : Conceptualizing intelligence "relevance" in counterinsurgency », *Studies in Conflict and Terrorism*, février 2011.

19. « Intelligence shift shows change in Afghan war aims », AP, 26 juin 2011.
20. Parrit général B. A. H., « The intelligencers, British military intelligence from the Middle Ages to 1929 », *Pen and Sword*, 2011.
21. Forcade O., préface *in* Rivet général L., *Carnets du chef des services secrets, op. cit.*
22. Puga général B., « Le renseignement d'intérêt militaire : enjeux et perspectives », *Cahiers de Mars*, décembre 2008.
23. Ranson général A., « Quels défis pour le renseignement des armées ? », *Cahiers de la sécurité*, septembre 2010.
24. Urvoas J.-J. et Vadillo F., *Réformer les services de renseignement français* », *op. cit.*
25. Hulnick A. S., « The end of the intelligence cycle », *in* Duyvesteyn I. *et al.*, *The future of intelligence, op. cit.*

CHAPITRE 12
La tentation de l'économie pour le renseignement

1. Badel L., *Diplomatie et grands contrats. L'État français et les marchés extérieurs au XX*[e] *siècle*, Publications de la Sorbonne, 2010.
2. Davies P., « Economic intelligence », *in* Dover R. *et al.*, *Routledge companion to intelligence studies, op. cit.*
3. Rocard M., « Pour une politique de renseignement », *Le Figaro*, 7 mars 2008.
4. Pautrat R., « La place du renseignement dans la politique de sécurité nationale », *in* Arpagian N. et Delbecque E., *Pour une stratégie globale de sécurité nationale*, Dalloz-Sirey, 2008.
5. Devine J. J., « Tomorrow's spygames », *World Policy Journal*, septembre 2008.
6. *Cf.* « BND warnt vor Rettungspaket für Zypern », *Der Spiegel*, 3 novembre 2012.
7. Rapport du NCIX, *Foreign spies stealing US economic secrets in cyberspace*, octobre 2011.
8. Ulfkotte U., *Verschlusssache BND*, Koehler & Amelang, 1997.
9. Hitz F. P., discours à l'American Chamber of Commerce, avril 1995.
10. Woolsey R. J., « Intelligence gathering and democracies : The issue of economic and industrial Espionage », FPC, mars 2000.
11. *New York Times*, 15 novembre 2013.
12. Calvar P., audition devant la Commission des lois, Assemblée nationale, 30 octobre 2013.
13. Goodman A. E., « Intelligence in the post-Cold War world », *in* rapport du Twentieth Century Fund, *In from the cold : The report of the Twentieth Century Task force on the future of U.S. intelligence*, Brookings Institution Press, 1996.
14. Juillet A., « Les habits neufs du renseignement », entretien, *Politique internationale*, automne 2013.
15. Lepri C., « Les services de renseignement en quête d'identité : quel rôle dans un monde globalisé ? », *Géoéconomie*, mars 2008.
16. Weber M. (1919), *Le Savant et le Politique*, 10/18, 2002.
17. Goodman M. A., cité par Scahill J., « Blackwater's private spies », *The Nation*, 5 juin 2008.
18. Priest D. et Arkin W., *Top-secret America : The rise of the new American security state*, Little, Brown and Company, 2011.
19. Mazzetti M., *The way of the knife, the CIA : A secret army and a war at the ends of the earth*, Penguin, 2013.

20. Nakashima E., « Researchers identify sophisticated Chinese cyberespionage group », *Washington Post*, 28 octobre 2014.
21. Porter M., *Competitive strategy. Techniques for analysing industries and competitors*, Free Press, 1980.
22. Rapport au président de la République précédant le décret du 1er avril 1995.
23. Clerc P., article sur l'intelligence économique, *Encyclopedia Universalis*.
24. Pautrat R., « L'intelligence économique, un enjeu de première importance, toujours sous-estimé », *Hérodote*, février 2011.
25. Juillet A., « Tendances et évolutions récentes de la guerre économique », *Revue de défense nationale*, décembre 2011.
26. Lellouche P., *La Croix*, 18 janvier 2011.
27. Cléry général R., « Information économique et méthode de renseignement de défense », *Revue de défense nationale*, juillet 1980.
28. Beau F., « Intelligence économique et renseignement », AgoraVox, 30 juillet 2008.

CHAPITRE 13

Le pilotage politique du renseignement

1. Szendy P., *Sur écoute. Esthétique de l'espionnage*, Minuit, 2007.
2. Laurent S., *Pour une véritable politique publique du renseignement*, Institut Montaigne, juin 2014.
3. Omand D., intervention, Sciences-Po PSIA, 23 septembre 2011.
4. Castells M., *Communication et pouvoir*, Éditions de la Maison des sciences de l'homme, 2009.
5. Smith M. J., « Intelligence and the core executive », *Public Policy and Administration*, janvier 2010.
6. Botero G. (1589), *De la raison d'État*, Gallimard, 2014.
7. Conseil des ministres, 19 janvier 1966, rapporté par Peyrefitte A., *C'était de Gaulle*, Fayard, 2002.
8. Kotani K., « Japan », *in* Dover R. *et al.*, *Routledge companion to intelligence studies*, *op. cit.*
9. Davis J., « Paul Wolfowitz on Intelligence-policy relations », *Studies in Intelligence*, 1996.
10. *Cf.* par exemple, Devine J. J., « Tomorrow's spygames », art. cit. ; ou l'amiral McConnell, ancien DNI, en avril 2010, qui proposent l'institution d'un secrétariat au Renseignement.
11. Cradock P., *Knowing your enemy, how the Joint Intelligence Council saw the world*, John Murray, 2002.
12. Pillar P. R., « The perils of politicization », *in* Johnson L. K. (éd.), *The Oxford handbook of national security intelligence*, *op. cit.*
13. Rovner J., « Intelligence in the Twitter age », *International Journal of Intelligence and Counterintelligence*, février 2013.
14. Thomas S. T., « The CIA's bureaucratic dimensions », *Studies in Intelligence*, mars 1999.
15. Réponse officielle du gouvernement de David Cameron au rapport de l'ISC pour 2011-2012, novembre 2012.
16. Pascovich P., « Military intelligence and controversial political issues : The unique case of the Israeli military intelligence », *Intelligence and National Security*, avril 2014.

17. L'Heuillet H., « Le renseignement ou l'impossible maîtrise de la politique », *Cahiers de la sécurité intérieure*, 1997.
18. Vadillo F., « L'administration à l'épreuve du politique : politisation et personnalisation des services de renseignement et de sécurité de 1981 à 1995 », *Revue administrative*, novembre 2008.
19. Ignatius D., « Fix the intelligence mess », *Washington Post*, 21 avril 2006.
20. Bar-Joseph U., « State-intelligence relations in Israel 1948-1997 », *Journal of Conflict Studies*, 1997.
21. Audition du témoin « SIS 2 » par la commission Chilcot, 2010.
22. Pillar P. R., « Intelligence, policy and the war in Iraq », *Foreign Affairs*, printemps 2006.
23. Joxe P., intervention, Sciences-Po/PSIA, 18 novembre 2011.
24. *Cf.* Hayez P., « Comment (sur)vivre à son service de renseignement ? », *L'ENA hors les murs*, juin 2014.

CHAPITRE 14

La trame de contrôle du renseignement

1. Cité par Denécé E., *Les services français sont-ils nuls ?*, *op. cit.*
2. *Cf.* Hayez P., « L'effet Snowden, les politiques du renseignement dans les démocraties », *Le Débat*, septembre 2014.
3. Fillon F., Premier ministre, discours devant l'Académie du renseignement, 20 septembre 2010.
4. Urvoas J.-J. et Vadillo F., entretien, *Médiapart*, 27 octobre 2011.
5. Rosanvallon P., *La Contre-Démocratie. La politique à l'âge de la défiance*, Seuil, 2007.
6. Le Carré J. (1963), *L'espion qui venait du froid*, Gallimard, « Folio », 2013.
7. Mény Y., *Le Système politique français*, Montchrestien, 2008.
8. Simmel S., *Secret et sociétés secrètes*, Circé, 1991.
9. Conesa P., *La Fabrication de l'ennemi ou Comment tuer avec sa conscience pour soi*, Robert Laffont, 2011.
10. Ben-Israël I., *Philosophie du renseignement. Logique et morale de l'espionnage*, Éditions de l'Éclat, 2004.
11. *Cf.* Heumann S. et Scott B., *Law and policy in internet surveillance programs : United States, Great-Britain and Germany*, Open Technology Institute/New America Foundation, septembre 2013.
12. *Cf.* Johnson L. K., « Ethics of covert operations », *in* Goldman J. (éd.), *Ethics of spying*, Scarecrow Press, 2006.
13. Point de vue développé notamment par l'universitaire Simon Chesterman dans *One nation under surveillance : A new social contract to defend freedom without sacrificing liberty*, Oxford University Press, 2011.
14. *Cf.* Van Puyvelde D., « Intelligence accountability and the role of public interest groups in the United States », *Intelligence and National Security*, novembre 2012.
15. Omand D., « Ethics and intelligence : A debate », *International Journal of Intelligence and Counterintelligence*, novembre 2012.
16. *Cf.* par exemple, Gendron A., « Just war, just intelligence : An ethical framework for foreign espionage », *International Journal of Intelligence and Counterintelligence*, octobre 2005.
17. Olson J., « Intelligence and the war on terror : How dirty are we willing to get our hands ? », *SAIS Review*, mars 2008.
18. Mazzetti M., *New York Times*, 6 avril 2013.

19. Clarridge D., vétéran de la CIA, cité par *New York Times*, 2 février 2006.
20. Devine J. J., *Good hunting : An American spymaster's story*, Farrar, Strauss and Giroux, 2014.
21. Radsan J., « The unresolved equation of espionage and international law », *Michigan International Journal of Law*, mars 2007.
22. Shpiro S., « The media strategies of intelligence services », *International Journal of Intelligence and Counterintelligence*, octobre 2001.
23. Carré de Malberg R. (1922), *Contribution à la théorie générale de l'État de droit*, Dalloz, 2003.
24. Chestermann S., « Privacy and surveillance in the age of terror », *Survival*, septembre 2010.
25. L'*accountability* est « l'obligation d'expliquer et de justifier ses actions » (Hastedt G., « The politics of intelligence accountability », *in* Johnson L. K. (éd.), *The Oxford handbook of national security intelligence*, *op. cit.*).
26. Warusfel B., « Le renforcement du cadre juridique des services de renseignement », *L'ENA hors les murs*, juin 2014.
27. Urvoas J.-J. et Vadillo F., *Réformer les services de renseignement français*, *op. cit.*
28. Vadillo F., *Une loi relative aux services de renseignement : l'utopie d'une démocratie adulte ?*, Fondation Jean-Jaurès, 2012.
29. Squarcini B., entretien, *Le Figaro*, 24 octobre 2013.
30. Quinlan M., « Just intelligence : Prolegoman to an ethical theory », *in* Hennessy P. (éd.), *The new protective state, government, intelligence and terrorism*, *op. cit.*
31. Cooper R., *The breaking of nations*, Grove Press, 2003.
32. Grotius H. (1625), *La Loi de la guerre et de la paix*, PUF, 2012.
33. Smith J., « Keynote address », *Michigan Journal of International Law*, mars 2007.
34. Phythian M., « Ethics and intelligence : A debate », *International Journal of Intelligence and Counterintelligence*, novembre 2012.
35. Berkowitz B., « Democracies and their spies », *Hoover Digest*, 2003.
36. Gill P., « Securing the globe : Intelligence and the post-9/11 shift from "liddism" to "drainism" », *Intelligence and National Security*, 2004.
37. Johnson L. K., « Secret spy agencies and a shock theory of accountability », *Occasional Papers*, University of Georgia, 2007.
38. Treverton G. F., *Intelligence in an age of terror*, Cambridge University Press, 2009.
39. Leigh I., « Rebalancing rights and national security : Reforming UK intelligence oversight a decade after 9/11 », *Intelligence and National Security*, octobre 2012.
40. Conseil de l'Europe, rapport de la commission de Venise, juillet 2007.
41. Born H., *Contemporary challenges to the democratic oversight of intelligence services*, DCAF, avril 2008.
42. Snowden E., déposition devant la commission Libe du Parlement européen, 7 mars 2014.
43. *Cf.* par exemple la décision du Conseil constitutionnel français sur l'attentat de Karachi du 30 novembre 2011.
44. *Cf.* par exemple l'étude *Obama's NSA speech has little impact on skeptical public*, Pew Research Center, 20 janvier 2014.
45. Turner amiral S., *Secrecy and democracy : The CIA in transition*, Houghton Mifflin, 1985.

Conclusion

1. Gill P. et Phythian M., « From intelligence cycle to web of intelligence », *in* Phythian M., *Understanding the intelligence cycle*, *op. cit.*
2. Cité par Hennessy P., *The secret state*, *op. cit.*

3. Picq J., *L'État en France. Servir une nation ouverte sur le monde*, rapport au Premier ministre, mai 1994.
4. *Cf.* notamment Wark W. K., « The intelligence revolution and the future », *Studies in Intelligence*, 1993 ; Barger D., *Toward a revolution in intelligence affairs*, RAND, 2005 ; Liaropoulos A., « A (r)evolution in intelligence affairs ? In search of a new paradigm ? », *RIEAS*, juin 2006 ; Denécé E., « La révolution du renseignement », *Sécurité globale*, été 2008, et « The revolution in intelligence affairs 1989-2003 », *International Journal of Intelligence and Counterintelligence*, janvier 2014.
5. Char R., *À la santé du serpent*, *op. cit.*
6. Celan P. (1955), *De seuil en seuil*, Christian Bourgois, 1991.
7. Wilde O. (1895), *L'Importance d'être constant*, Garnier-Flammarion, 2000.
8. Gibran K. (1923), *Le Prophète*, Casterman, 1987.
9. Debord G. (1967), *La Société du spectacle*, Gallimard, 1996.
10. Selon le philosophe chinois Mencius, « un État sans ennemi ou péril extérieur est condamné » (cité par Wang J., « China's search for a grand strategy », *Foreign Affairs*, mars 2011). Selon Schmitt, « la distinction spécifique du politique, c'est la discrimination de l'ami et de l'ennemi » (Schmitt C. [1932], *La Notion de politique*, Flammarion, « Champs », 2009). Selon Debray, « un grand pays a toujours besoin d'un grand ennemi » (Debray R., « Américains, si vous saviez », *Le Figaro*, 5 Septembre 2003). Selon le philologue Eco, « il semble qu'il soit impossible de se passer de l'ennemi. La figure de l'ennemi ne peut être abolie par les procès de civilisation. Le besoin est inné même chez l'homme doux et ami de la paix » (Eco U., *Construire l'ennemi*, Grasset, 2014).
11. *Cf.* Andrus D. C., « The wiki and the blog, toward a complex adaptive intelligence community », *Studies in Intelligence*, septembre 2005.
12. Laurent S., *Atlas du renseignement. Géopolitique du pouvoir*, Presses de Sciences-Po, 2014.
13. Eliot T. S., « La chanson d'amour de J. Alfred Prufrock », 1911.
14. Guéhenno J.-M., *La Fin de la démocratie*, Flammarion, 1993.

Bibliographie sélective

LA NOTION DE RENSEIGNEMENT

- Barger D. G., *Toward a revolution in intelligence affairs*, RAND, 2005.
- Bean H., *No more secrets : Open source information and the reshaping of American intelligence*, Praeger, 2011.
- Brodeur J.-P., « Le renseignement : distinctions préliminaires », *Revue canadienne de criminologie et de justice pénale*, janvier 2005.
- Denécé E., « La révolution du renseignement », *Sécurité globale*, été 2008.
- Denécé E., « The revolution in intelligence affairs 1989-2003 », *International Journal of Intelligence and Counterintelligence*, janvier 2014.
- DCAF, *Contemporary challenges for the intelligence community*, 2006.
- Dearlove R., « National security and public perceptions », *in* Johnson L. K. (éd.), *The Oxford handbook of national security intelligence*, Oxford University Press, 2010.
- Gill P., « Theories of intelligence », *in* Johnson L. K. (éd.), *The Oxford handbook of national security intelligence*, 2010.
- Herman M., *Intelligence power in peace and war*, Cambridge University Press, 1996.
- Herman M., « Intelligence's essence », *in* Herman M. (éd.), *Intelligence services in the information age*, F. Cass, 2001.
- Hulnick A. S., « What's wrong with the intelligence cycle ? », *Intelligence and National Security*, décembre 2006.
- Immerman R. H., « Intelligence and strategy : Historicizing psychology, policy and politics », *Diplomatic History*, janvier 2008.
- Jackson P., « On uncertainty and the limits of intelligence », *in* Johnson L. K. (éd.), *The Oxford handbook of national security intelligence*, Oxford University Press, 2010.
- Johnson L. K., « Spies », *Foreign Policy*, septembre 2000.
- Johnson L. K., « Bricks and mortar for a theory of intelligence », *Comparative Strategy*, 2003.
- Johnson L. K., « National security intelligence », *in* Johnson L. K. (éd.), *The Oxford handbook of national security intelligence*, Oxford University Press, 2010.

– Lathrop C. E., *The literary spy : The ultimate source for quotations on espionage and intelligence*, Yale University Press, 2004.
– Marrin S., « Is intelligence analysis an art or a science ? », *International Journal of Intelligence and Counterintelligence*, juin 2012.
– Popper K. (1945), *La société ouverte et ses ennemis*, Seuil, 1979.
– Random R. A. (pseudonyme), « Intelligence as a science », *Studies in Intelligence*, mars 1958.
– Shulsky A. N. et Schmitt G. J., « What is intelligence ? », *in* Shulsky A. N. et Schmitt G. J. (éd.), *Silent warfare, understanding the world of intelligence*, Potomac, 2001.
– Turner M. A., « The uncertainty principle », *in Why secret intelligence fails*, Potomac, 2006.
– Wark W. K., « The intelligence revolution and the future », *Studies in Intelligence*, 1993.
– Warner M., « Wanted : A definition of intelligence », *Studies in Intelligence*, 2002 (repris dans Andrew C., Aldrich R. J. et Wark W. K. (éd.) *Secret intelligence : A reader*, Routledge, 2008).
– Warner M., « Building a theory of intelligence systems », *in* Treverton G. F. et Agrell W., *National intelligence systems*, Cambridge University Press, 2009.
– Warner M., « Theories of intelligence : The state of play », *in* Dover R., Goodman M. et Hillebrand C. (éd.), *Routledge companion to intelligence studies*, Routledge, 2014.

LES ORGANISATIONS DE RENSEIGNEMENT

– Bean H., « Organizational culture and US intelligence affairs », *Intelligence and National Security*, août 2009.
– Forcade O., Laurent S., « Une approche analytique du renseignement », *in Secrets d'État. Pouvoirs et renseignement dans le monde contemporain*, Armand Colin, 2005.
– Gentry J. A., « Assessing intelligence performance », *in* Johnson L. K. (éd.), *The Oxford handbook of national security intelligence* », Oxford University Press, 2010.
– Lévi-Strauss C. (1947), *La Pensée sauvage*, Pocket, 1990.
– Hippner C., « A study into the size of the world's intelligence industry », Mercyhurst College, octobre 2009.
– Hulnick A. S., « What's wrong with the intelligence cycle ? », *Intelligence and National Security*, décembre 2006.
– Jones G., « It's a cultural thing : Thoughts on a troubled CIA », *Orbis*, 2005.
– Lowenthal M. M., « What's intelligence ? » et « The intelligence process : A macrolook – Who does what for whom ? » *in Intelligence : From secrets to policy*, CQ Press, 2014.
– Omand D., « The national security strategy : Implications for the UK intelligence community », *IPPR Discussion Paper*, février 2009.
– Omand D., « The intelligence cycle », *in Securing the State*, Hurst, 2010.
– Omand D., « The cycle of intelligence », *in* Dover R., Goodman M. et Hillebrand C. (éd.), *Routledge companion to intelligence studies*, Routledge, 2014.
– Piaget J., *Le Structuralisme*, PUF, « Que sais-je ? », 1968.

- Phythian M. (éd.), *Understanding the intelligence cycle*, Routledge, 2013, notamment Warner M. « The past and present of the intelligence cycle » ; Omand D., « Is it time to move beyond the intelligence cycle ? A UK practitioner perspective » ; et Hulnick A. S., « Intelligence theory, seeking better models ».
- Zegart A. B., *Flawed by design : The evolution of the CIA, JCS and NSC*, Stanford University Press, 1999, chapitres 1, 6 et 7.
- Zegart A. B., « September 11 and the adaptation failure of US intelligence agencies », *International Security*, printemps 2005.

LES MODÈLES NATIONAUX :
CULTURES ET ORGANISATIONS

- Bean H., « Organizational culture and US intelligence affairs », *Intelligence and National Security*, août 2009.
- Becker A., « The spy who couldn't possibly be French : Espionage (and) culture in France », *Journal of Intelligence History*, été 2001.
- Betts R. K., *Enemies of intelligence : Knowledge and power in American national security*, Columbia, 2007.
- Bulinge F., « Renseignement français : les origines d'une culture négative », *Revue de défense nationale*, décembre 2004.
- Cogan C., « Une vision américaine du renseignement français », *in* Lacoste amiral P., *Le Renseignement à la française, Séminaire de recherche 1995-1998*, Economica, 1998.
- Davies P. H. J., « Ideas of Intelligence, divergent national concepts and institutions », *Harvard International Review*, automne 2002 (repris dans Andrew C., Aldrich R. J. et Wark W. K. [éd.], *Secret intelligence : A reader*, Routledge, 2008).
- Davies P. H. J., « Intelligence and the machinery of government : Conceptualizing the intelligence community », *Public Policy and Adminstration*, janvier 2010.
- Davies P. H. J. et Gustafson K. C., *Intelligence elsewhere, spies and espionage outside the Anglosphere*, Georgetown University Press, 2013.
- Duyesteyn I., « Intelligence and strategic culture : Some observations », *Intelligence and National Security*, août 2011.
- Forcade O., « Le siècle des "communautés de renseignement" ? », *Cahiers de la sécurité*, juillet 2010.
- Herman M., « Organizations », *in Intelligence power in war and peace*, Cambridge University Press, 1996.
- Herman M., « British Intelligence in the new century : Issues and opportunities » et « British and American Systems : A study in contrasts ? », *in Intelligence services in the information age*, F. Cass, 2001.
- Jones G., « It's a cultural thing : Reflections on a troubled CIA », FPRI, 2005 (repris dans Andrew C., Aldrich R. J. et Wark W. K. [éd.], *Secret intelligence : A reader*, Routledge, 2008).
- Lacoste amiral P., « La culture française du renseignement », *in* Amiral Lacoste P. (éd.), *Le Renseignement à la française*, séminaire de recherche 1995-1998, Economica, 1998.

- Lacoste amiral P., « La culture française du renseignement, perspectives », *Regard européen*, 1998.
- Lamanna L. J., « Documenting the differences between American and British intelligence reports », *International Journal of Intelligence and Counterintelligence*, décembre 2007.
- Laurent S., *Politiques de l'ombre. État, renseignement et surveillance en France*, Fayard, 2009.
- Olson J. M., « US attitudes toward spying », *in* Olson J. M., *Fair play, the moral dilemmas of spying*, Potomac Books, 2006.
- Omand D., « Creating intelligence communities », *Public Policy and Administration*, janvier 2010.

Phythian M., « Cultures of national intelligence », *in* Dover R., Goodman M. et Hillebrand C. (éd.), *Routledge companion to intelligence studies*, Routledge, 2014.

- Porch D., « Conclusion », *in* Porch D., *Histoire des services secrets français*, Albin Michel, 1997 (deux tomes).
- Smidt W., *Brauchen wir eine Nachrichtendienst-Kultur in der Demokratie ? Fakten, Fragen, Forderungen*, Gesprächkreis Nachrichtendienste in Deutschland, juillet 2006.
- Steele R. D., *The new craft of Intelligence : Achieving asymmetric advantage in the face of nontraditional threats*, monographie, Strategic Studies Institute, US Army War College, février 2002.
- Turner M. A., « Pitfalls of American-style intelligence », *in* Turner M. A., *Why Secret Intelligence fails*, Potomac, 2006.
- Wiant J. A., « The anthropology of intelligence, notes from the field », communication, ISA, février 2007.
- Zegart A. B., « Written remarks for the Record », SSCI, Sénat des États-Unis, 18 août 2004.
- Zegart A. B., *Spying blind, the CIA, the FBI and the origins of 9/11*, Princeton University Press, 2007.

LA GENÈSE HISTORIQUE DU RENSEIGNEMENT CONTEMPORAIN

- Association des anciens des services spéciaux de la défense nationale (AASDN), *Bref historique des services de renseignement français de 1871 à nos jours*, site Internet AASDN.
- Albertelli S., *Les Services secrets du général de Gaulle, le BCRA 1940-1944*, Perrin, 2009.
- Albertelli S., *Les Services secrets de la France libre*, Nouveau Monde, 2012.
- Arboit G., *Le Renseignement. Dimension manquante de l'histoire contemporaine de la France*, rapport de recherche, CF2R, mars 2013.
- Arboit G., *Des services secrets pour la France. Du dépôt de la guerre à la DGSE 1856-2012*, CNRS Éditions, 2014.
- Bély L., *Ambassadeurs et espions au temps de Louis XIV*, Fayard, 1998.
- Ben-Israël I., « Brève histoire du renseignement militaire institutionnel », *in* Ben-Israël I., *Philosophie du renseignement. Logique et morale de l'espionnage*, Éditions de l'Éclat, 2004.

– Blanc O., *Les Espions de la Révolution et de l'Empire*, Perrin, 1997.
– Comisso G., *Les Agents secrets de Venise. 1705-1797*, Le Promeneur, 1990.
– Dulles A., « The evolution of American intelligence », *in* Dulles A., *The craft of intelligence*, Lyons Press, 1965.
– Dvornik F., *Origins of intelligence services : The ancient Near East, Persia, Greece, Rome, Byzantium, the Arab Muslim empires, the Mongol empire, China, Muscovy*, Rutgers, 1974.
– Faure C., « Bref historique des services de renseignement et de sécurité français », *Revue historique des armées*, 2007.
– Forcade O., « Considérations sur le renseignement, la défense nationale et l'État secret en France », *Revue historique des armées*, 2007.
– Forcade O., *La République secrète. Histoire des services spéciaux français de 1918 à 1939*, Nouveau Monde, 2008.
– Forcade O., « La montée en puissance du renseignement dans les relations internationales aux XIXe et XXe siècles », *Questions internationales*, janvier 2009.
– Forcade O. et Laurent S., « Au cœur des États, les origines du renseignement », *in* Forcade O. et Laurent S., *Secrets d'État. Pouvoirs et renseignement dans le monde contemporain*, Armand Colin, 2005.
– Gaddis J. L., « Intelligence, espionage and Cold War history », *Diplomatic History*, mars 1989.
– Genet S., *Les Espions des Lumières. Actions secrètes et espionnage militaire sous Louis* XV, Nouveau Monde, 2013.
– Hennessy P., « Secrets and mysteries », *in* Hennessy P., *The secret state, preparing for the worst 1945-2010*, Penguin, 2010.
– Herman M., « Antecedents », *in* Herman M., *Intelligence power in war and peace*, Cambridge University Press, 1996.
– Herman M., *Intelligence in the Cold War : How much did it matter ?* (non publié), janvier 2009.
– Hugon A., *Au service du Roi catholique, « honorables ambassadeurs » et « divins espions », représentation diplomatique et service secret dans les relations hispano-françaises de 1598 à 1635*, Casa de Velázquez, 2004.
– Kahn D., « An historical theory of intelligence », *Intelligence and National Security*, automne 2001.
– Kahn D., « The rise of intelligence », *Foreign Affairs*, septembre 2006.
– Kahn D., « Intelligence studies on the Continent », *Intelligence and National Security*, avril 2008.
– Krieger W., *Services secrets. Une histoire, des pharaons à la CIA*, CNRS Éditions, 2009.
– Krop P., *Les Secrets de l'espionnage français de 1870 à nos jours*, J.-C. Lattès, 1993.
– Lacoste amiral P. et Thual F., « Conduite des stratégies et renseignement » *in* Lacoste amiral P. et Thual F., *Services secrets et géopolitique*, Lavauzelle, 2001.
– Laurent S., « Pour une autre histoire de l'État, le secret, l'information politique et le renseignement », *Revue d'histoire du XIXe siècle*, 2007.
– Laurent S., « La naissance du renseignement étatique en France au XIXe siècle, entre bureaucratie et politique », *Revue d'histoire du XIXe siècle*, 2007.

– Laurent S., « Is there something wrong with intelligence in France ? The birth of the modern secret state », *Intelligence and National Security*, juin 2013.
– Laurent S., *Atlas du renseignement, géopolitique du pouvoir*, Presses de Sciences-Po, 2014.
– Melnik C., *Les Espions. Réalités et fantasmes*, Ellipses, 2008.
– Melnik C., *De Gaulle, les services secrets et l'Algérie*, Nouveau Monde, 2010.
– Ménager D., « La figure de l'espion à la Renaissance », *Journal de la Renaissance*, 2008.
– Northcott C., « The role, organization and methods of MI 5 », *International Journal of Intelligence and Counterintelligence*, septembre 2007.
– Pernot J.-F., « Aux origines du renseignement français, l'époque moderne (xve-xviiie siècle) », *in* Lacoste amiral P., *Le Renseignement à la française*, Economica, 1998.
– Porch D., « Le renseignement dans la république gaullienne », « Les terroristes, les réseaux parallèles et les déjeuners de M. Pasqua », « L'Affaire du *Rainbow Warrior* », *in* Porch D., *Histoire des services secrets français* » (deux tomes), Albin Michel, 1997.
– Rivet général L., *Carnets du chef des services secrets, 1936-1944*, Nouveau Monde, 2010.
– Sheldon R. M., *Intelligence activities in Ancient Rome : Trust in the Gods but verify*, Routledge, 2007.
– Tidd J. M., « From revolution to reform : A brief history of US intelligence », *SAIS Review*, décembre 2007.
– Walton C., *Empire of secrets : British Intelligence, the Cold War and the twilight of Empire*, Harper Press, 2013.
– Warner M., « The rise of the US intelligence system », *in* Johnson L. K. (éd.), *The Oxford handbook of national security intelligence*, 2010.
– Warusfel B., « Histoire de l'organisation du contre-espionnage français entre 1871 et 1945 », *in* Vaïsse M., *Études sur l'histoire du renseignement*, CEHD, 1998.

LA RECHERCHE HUMAINE

– Bar-Joseph U., « The intelligence chief who went fishing in the cold : How General Eli Zeira exposed the identity of Israel's best source ever », *Intelligence and National Security*, avril 2008.
– Bellaby R., « Many spheres of harm : What's wrong with intelligence collection ? », *IIEA Paper*, février 2009.
– Burkett R., « An alternative framework for agent recruitment : From MICE to RASCALS », *Studies in Intelligence*, mars 2013.
– Clark R. M., « Human intelligence », *in* Clark R. M., *Intelligence collection*, Sage Press, 2014.
– Cogan C., « Hunters not gatherers : Intelligence in the xxi^st^ Century », *Intelligence and National Security*, juin 2004.
– Codevilla A., *Informing statecraft*, Free Press, 1992.
– *Commission on the intelligence capabilities of the US regarding WMD Report*, mars 2005, chapitre 7.
– Drogin B., *Curveball*, Ebury Press, 2007.

- Ferguson H., « The psychology of agent recruitment : How to win the trust of a stranger » et « Agent running », *in* Ferguson H., *Spy : A handbook*, Bloomsbury, 2004.
- Gerber B. E., « Managing HUMINT, the need for a new approach », *in* Sims J. E. et Gerber B. E. (éd.), *Transforming US intelligence*, Georgetown University Press, 2005.
- Gerecht R. M., « The counterterrorist myth », *The Atlantic*, juillet 2001.
- Gerecht R. M., « The CIA vs the Mullahs », *Washington Post*, 27 janvier 2009.
- Hitz F. P., « Human source intelligence », *in* Johnson L. K. (éd.), *The Oxford handbook of national security intelligence*, Oxford University Press, 2010.
- Johnson L. K., « Evaluating HUMINT : the role of foreign agents in US security », *Comparative Strategy*, octobre 2010.
- Lowenthal M. M., « Intelligence collection in transition », *World Politics Review*, 2 février 2009.
- Lowenthal M. M., « Collection and the collection discipline », *in* Lowenthal M. M., *Intelligence : From secrets to policy*, CQ Press, 2014.
- Warrick J., *The triple agent*, Vintage Books, 2012.
- West N., « Curveball chaos », *International of Intelligence and Counterintelligence*, septembre 2007.
- Westcott K., « How can you trust a double agent », BBC, 7 janvier 2010.

LA RECHERCHE TECHNIQUE

- Aid M. M., « The time of troubles : The US NSA in the XXIst century », *Intelligence and National Security*, septembre 2000.
- Aid M. M., « All glory is fleeting : SIGINT and the fight against international terrorism », *Intelligence and National Security*, décembre 2003 (repris dans Andrew C., Aldrich R. J. et Wark W. J. (éd.), *Secret intelligence : A reader*, Routledge, 2008).
- Aid M. M., « The troubled inheritance : the NSA and the Obama Administration », *in* Johnson L. K. (éd.), *The Oxford handbook of national security intelligence*, Oxford University Press, 2010.
- Aid M. M., *The secret sentry : The untold history of NSA*, Bloomsbury, 2010.
- Aldrich R. J., *GCHQ : The uncensored story of Britain's most secret agency*, Harper Press, 2010.
- Andrew C., « Déchiffrement et diplomatie : le cabinet noir du Quai d'Orsay sous la IIIe République », *Relations internationales*, mars 1976.
- Bamford J., *The shadow factory : The ultra-secret NSA from 9/11 to the eavesdropping on America*, Doubleday, 2008.
- Bamford J., *Body of secrets : How America's NSA and Britain's GCHQ eavesdrop on the world*, Century, 2001.
- Clark R. M., *The technical collection of intelligence*, CQ Press, 2010.
- Delesse C., « Du réseau Echelon à la "révolution des affaires de renseignement" aux États-Unis », *Annuaire français des relations internationales*, 2004.
- Diffie W. et Landau S., « Brave new world of wiretapping », *Scientific American*, 2008.
- Faligot R., « France, SIGINT and the Cold War », *Intelligence and National Security*, juillet 2001.

- Ferris J., « SIGINT in war and power politics 1914-2010 », *in* Johnson L. K. (éd.), *The Oxford handbook of national security intelligence*, Oxford University Press, 2010.
- Fitsanakis J. et Allen I. « Cells Wars : The changing landscape of communications intelligence », *RIEAS*, mai 2009.
- Follorou J. et Johannès F., « Révélations sur le Big Brother français », *Le Monde*, 5 juillet 2013.
- Graham Jr T. et Hansen K. A., *Spy satellites and other intelligence technologies that changed history*, University of Washington, 2007.
- Kahn D., *The codebreakers*, Scribner, 1996.
- Lefébure A., *L'Affaire Snowden. Comment les États-Unis espionnent le monde*, La Découverte, 2014.
- Clark R. M., « Communications intelligence », *in* Clark R. M., *Intelligence collection*, Sage Press, 2014.
- De Lastours S., « La cryptologie et le renseignement », *Stratégique*, 1999.
- Legai P., *Impact de l'imagerie spatiale commerciale à haute résolution dans sa dimension de défense, perspectives pour l'Europe de la défense*, thèse université de Marne-la-Vallée, 10 janvier 2003.
- Leprévost F. et Warusfel B., « Echelon : origines et perspectives d'un débat transnational », *Annuaire français des relations internationales*, 2002.
- Lowenthal M. M., « Collection and the collection discipline », *in* Lowenthal M. M., *Intelligence : From secrets to policy*, CQ Press, 2014.
- Richards J., « Signals intelligence », *in* Dover R., Goodman M. et Hillebrand C. (éd.), *Routledge companion to intelligence studies*, Routledge, 2014.
- Richelson J. T., « Technical collection in the post-September 11 world », *in* Treverton G. F. et Agrell W. (éd.), *National intelligence systems*, Cambridge University Press, 2009.
- Ward M., « Secrets, spies and supercomputers », BBC, 1er février 2010.

L'ANALYSE

- Bar-Joseph U. et McDermott R., « The intelligence analysis crisis », *in* Johnson L. K. (éd.), *The Oxford handbook of national security intelligence*, Oxford University Press, 2010.
- Bernkopf Tucker N., « The cultural revolution in intelligence : Interim report », *Washington Quarterly*, printemps 2008.
- Best Jr R. A., *The DNI and intelligence analysis*, Congressional Research Service, 11 février 2005.
- Betts R. K., « Analysis, war and decision : Why intelligence failures are inevitable », *World Politics*, octobre 1978.
- *Commission on the intelligence capabilities of the US regarding WMD*, rapport, mars 2005, chapitre 7.
- Davis J., « Defining the analytic mission : Facts, findings, forecasts and fortunetelling », *in* George R. Z. et Kline R. D. (éd.), *Intelligence and the national security : Enduring issues and challenges*, NDU, 2004.
- Davis J., « Intelligence analysts and policymakers : Benefits and dangers of tensions in the relationship », *Intelligence and National Security*, décembre 2006.

– DNI, *A tradecraft primer : Structured analysis techniques for improving intelligence analysis*, avril 2009.
– DNI, *Intelligence community directive n° 200 : Management, integration and oversight of intelligence community analysis*, janvier 2007.
– George R. Z., « Beyond analytic tradecraft », *International Journal of Intelligence and Counterintelligence*, février 2010.
– George R. Z., « Reflections on CIA analysis : Is it finished ? », *Intelligence and National Security*, février 2011.
– George R. Z. et Bruce J. B, *Analyzing intelligence : Origins, obstacles and innovations*, Georgetown University Press, 2008.
– Goodman M. S. et Omand D., « What analysts need to understand », *Studies in intelligence*, décembre 2008.
– Hart D. et Simon S., « Thinking straight and talking straight : Problems of intelligence analysis », *Survival*, printemps 2006.
– Heuser B., « Spot the difference : The pitfalls of analysing policy-making in other cultures or other periods », communication, Oxford Intelligence Group (Nuffield College), juin 2008.
– Hulnick A. S., « Intelligence producer-consumer relations in the electronic era », *International Journal of Intelligence and Counterintelligence*, septembre 2011.
– Humphrey P. B., « Seeking foreign policy's oracle at Delphi », *International Journal of Intelligence and Counterintelligence*, février 2010.
– Immerman R. H., « Intelligence and strategy : Historicizing psychology, policy and the politics », *Diplomatic History*, janvier 2008.
– Immermann R. H., « Transforming analysis : The IC's best kept secret », *Intelligence and National Security*, avril 2011.
– Jervis R. A., « Reports, politics, and intelligence failures : The case of Iraq », *Journal of Strategic Studies*, février 2006.
– Jervis R. A., *Why intelligence fails : Lessons from the Iranian Revolution and the Iraq war*, Cornell University Press, 2010.
– Joubert B., « Les services et leurs clients », *L'ENA hors les murs*, octobre 2006.
– Lieberthal K. G., *The US intelligence community and foreign policy : Getting analysis right*, Brookings, septembre 2009.
Lowenthal M. M., « Intelligence analysis : management and transformation Issues », *in* Sims J. E. et Gerber B. E. (éd.), *Transforming US intelligence*, Georgetown University Press, 2005.
– Lowenthal M. M., « The intelligence time event horizon », *International Journal of Intelligence and Counterintelligence*, juin 2009.
– Lowenthal M. M., « A disputation on intelligence reform and analysis : My 18 theses », *International Journal of Intelligence and Counterintelligence*, novembre 2012.
– Lowenthal M. M., « Analysis », *in* Lowenthal M. M., *Intelligence, from secrets to policy*, CQ Press, 2014.
– McEachin D., « Analysis and estimates : professional practices in intelligence production », *in* Sims J. E. et Gerber B. E. (éd.), *Transforming US intelligence*, Georgetown University Press, 2005.

- Medina C. A., « What to do when traditional models fail ? », *Studies in Intelligence*, 2002 (repris dans Andrew C., Aldrich R. J. et Wark W. K. (éd.), *Secret intelligence : A reader*, Routledge, 2008).
- Medina C. A., « The new analysis », *in* George R. Z. et Bruce J. B. (éd.), *Analyzing intelligence : Origins, obstacles and innovations*, Georgetown University Press, 2008.
- Morrison J. N. L., « British intelligence failures in Iraq », *Intelligence and National Security*, août 2011.
- Muller Jr D. G., « Improving futures intelligence », *International Journal of Intelligence and Counterintelligence*, juin 2009.
- Negroponte J. D., *Annual threat assessment of the DNI*, 5 février 2008.
- National Intelligence Council, *Mapping the global future*, décembre 2004.
- Omand D., « Elucidation » et « Intelligence failures : on not being surprised by surprise », *in* Omand D., *Securing the State*, Hurst, 2010.
- Petersen M. C., « What I learned in 40 years of doing intelligence analysis for US foreign policymakers », *Studies in Intelligence*, mars 2011.
- Pillar P. R., « Intelligence, policy and the war in Iraq », *Foreign Affairs*, printemps 2006.
- Pillar P. R., « WMD and the Iraq War » et « Scapegoats and spectator sport », *in* Pillar P. R., *Intelligence and US foreign policy*, Columbia University Press, 2011.
- Pincus W., « Estimates to undergo more scrutiny », *Washington Post*, 26 mars 2008.
- Rovner J., « Intelligence in the Twitter age », *International Journal of Intelligence and Counterintelligence*, février 2013.
- Rubin M., « Privatize the CIA », *The Weekly Standard*, 5 février 2007.
- Shulsky A. N. et Schmitt G. J., « What does it all mean ? Intelligence analysis and production », *in* Shulsky A. N. et Schmitt G. J., *Silent warfare, understanding the world of intelligence*, Potomac, 2001.
- Sims J. E., « Decision-advantage and the notion of intelligence analysis », *in* Johnson L. K. (éd.), *The Oxford handbook of national security intelligence*, Oxford University Press, 2010.
- Treverton G. F. et Gabbard C. B., *Assessing the tradecraft of intelligence analysis*, RAND, février 2008.
- Turner M. A., « Analytic snafus », *in* Turner M. A., *Why secret Intelligence fails*, Potomac, 2006.

LA COOPÉRATION ENTRE SERVICES DE RENSEIGNEMENT

- « Carte des vols clandestins de la CIA de “*rendition*” », *Le Monde*, 8 août 2007.
- « Britain under attack from 20 foreign spy agencies including France and Germany », *Daily Telegraph*, 8 février 2009.
- « Cooperative intelligence : Renewed momentum ? », *IISS Strategic Comments*, mai 2006.
- Aldrich R. J., « Dangerous liaisons, post-September 11 intelligence alliances », *Harvard International Review*, automne 2002.
- Aldrich R. J., « Transatlantic intelligence and security cooperation », *International Affairs*, 2004.

- Aldrich R. J., *Globalisation and hesitation ? International intelligence cooperation in practice*, DCAF, octobre 2008.
- Aldrich R. J., « Global intelligence cooperation versus accountability : New facets to an old problem », *Intelligence and National Security*, février 2009.
- Aldrich R. J., « International intelligence cooperation in practice », *in* Born H., Leigh I. et Wills A. (éd.), *International intelligence cooperation and accountability*, Routledge, 2011.
- Alexander M. S., « Knowing your friends, assessing your allies, perspectives on intra-alliance intelligence », *International Journal of Intelligence and Counterintelligence*, mars 1998.
- Andrew C., « Whitehall, Washington and the intelligence services », *International Affairs*, juillet 1977.
- Boatner H. L., « Sharing and using intelligence in international organizations : Some guidelines », *National Security and the Future*, janvier 2000.
- Bigo D., « Renseignement, police et contrôle démocratique : la collaboration européenne et transatlantique », Libertysecurity.org, 3 mars 2007.
- Born H., « International intelligence cooperation : The need for networking accountability », communication, Assemblée parlementaire de l'OTAN, Reykjavik, 8 octobre 2007.
- Byman D. L., « Remaking alliances for the war on terrorism », *Journal of Strategic Studies*, octobre 2006.
- Chesterman S., « Shared secrets : Intelligence and collective security », *Lowy Institute Paper*, 2006.
- Chesterman S., *Intelligence cooperation in international operations : Peacekeeping, weapons inspections and the apprehension and prosecution of war criminals*, DCAF, octobre 2008.
- Chesterman S., *One nation under surveillance : A new social contract to defend freedom without sacrificing liberty*, Oxford University Press, 2011.
- Chouet A., « La coopération antiterroriste transatlantique : Succès techniques et interrogations politiques », *Sécurité globale*, été 2008.
- Clough C., « Quid pro quo : The challenges of international strategic intelligence cooperation », *International Journal of Intelligence and Counterintelligence*, décembre 2004.
- Díaz G., *Intelligence at the United Nations for peace operations*, UNISCI, janvier 2007.
- Gill P., « Not just joining the dots but crossing the borders and bridging the voids : Constructing security networks after 11 September 2001 », *Policing and Society*, mars 2006.
- Gill P., « Les nouveaux développements des réseaux de sécurité et de renseignement », *in* Bigo D., Bonelli L. et Deltombe T. (éd.), *Au nom du 11 Septembre... Les démocraties à l'épreuve de l'antiterrorisme*, La Découverte, 2008.
- Fägersten B., *European intelligence cooperation : Drivers, interests and institutions*, *SIIA Papers*, 2008, n° 6.
- Forcade O., Laurent S., « Le renseignement au-delà des alliances, une "antidiplomatie" ? », *in* Forcade O., Laurent S., *Secrets d'État. Pouvoirs et renseignement dans le monde contemporain*, Armand Colin, 2005.

- Hayez P., « National oversight of international intelligence cooperation », *in* Born H., Leigh I. et Wills A. (éd.), *International intelligence cooperation and accountability*, Routledge, 2011.
- Jeffrey-Jones R., *In spies we trust : The story of Western intelligence*, Oxford University Press, 2013.
- Jeffrey-Jones R., « The end of an exclusive special intelligence relationship : British-American intelligence cooperation before, during and after the 1960s », *Intelligence and National Security*, octobre 2012.
- Johnson L. K. et Freyberg A., « Ambivalent bedfellows : German-American intelligence relations 1946-1991 », *International Journal of Intelligence and Counterintelligence*, juin 1997.
- Kahana E., « Mossad-CIA cooperation », *International Journal of Intelligence and Counterintelligence*, juillet 2001.
- Lefebvre S., « The difficulties and dilemmas of international intelligence cooperation », *International Journal of Intelligence and Counterintelligence*, octobre 2003.
- Melady T. P., et Hilscher S., « Intelligence : worldwide cooperation », *National Security and the Future*, septembre 2008.
- Mellon J., « The Ukusa Agreement of 1948 », 27 novembre 2001.
- Munton D. et Fredj K., « *Sharing secrets : A game theoretic analysis of international intelligence cooperation* », *International Journal of Intelligence and Counterintelligence*, septembre 2013.
- Pincus W., « CIA chief complains about Agency's critics in Europe », *Washington Post*, 17 avril 2007.
- Reveron D. S., « Old allies, new friends : Intelligence-sharing in the war on terror », *Orbis*, été 2006.
- Rosenau W., « Liaisons dangereuses ? Transatlantic intelligence cooperation and the GWOT », communication, conférence de Stockholm, SNDC, 2007.
- Shapiro J. et Byman D. L., « Bridging the Transatlantic counterterrorism gap », *Washington Quarterly*, automne 2006.
- Sims J. E., « Foreign intelligence liaison : Devils, deals and details », *International Journal of Intelligence and Counterintelligence*, 2006.
- Svendsen A. D. M., « The globalization of intelligence since 9/11 : Frameworks and operational parameters », *Cambridge Review of International Affairs*, 6 mars 2008.
- Svendsen A. D. M., « Connecting intelligence and theory : Intelligence liaison and international relations », *Intelligence and National Security*, octobre 2009.
- Walsh J. I., « Defection and hierarchy in international intelligence sharing », *Journal of Public Policy*, août 2007.
- Walsh J. I., *The international politics of intelligence sharing*, Columbia University Press, 2010.
- Walsh J. I., « Intelligence sharing », *in* Dover R., Goodman M. et Hillebrand C. (éd.), *Routledge companion to intelligence studies*, Routledge, 2014.
- Westerfield B. H., « America and the world of liaison », *Intelligence and National Security*, juillet 2006.
- Wiebes C., « Improve the intelligence international liaison », *Intel Forum Original Analysis*, 8 octobre 2001.
- Wippl J. W., « Intelligence exchange through Interintel », *International Journal of Intelligence and Counterintelligence*, décembre 2011.

L'ACTION CLANDESTINE

- Baker J. E., « Covert action : US law in substance, process and practice », *in* Johnson L. K. (éd.), *The Oxford handbook of national security intelligence*, Oxford University Press, 2010.
- Berkowitz B. D., « The logic of covert action », *The National Interest*, printemps 1998.
- Best Jr R. A. et Feickert A., « Special Operations Forces and CIA paramilitary operations : Issues for Congress », Congressional Research Service, 3 août 2009.
- Champtiaux général D., « Opérations spéciales et actions clandestines », *L'ENA hors les murs*, juin 2014.
- Cumming A., « Covert action : Legislative background and possible policy questions », Congressional Research Service, 1er décembre 2008.
- Daugherty W., « Covert action : Strengths and weaknesses », *in* Johnson L. K. (éd.), *The Oxford handbook of national security intelligence*, Oxford University Press, 2010.
- Downes A. B. et Lilley M. L., « Overt peace, covert war ? Covert intervention and democratic peace », *Security Studies*, mai 2010.
- Du Prel A. W., « La vraie histoire du *Rainbow Warrior* », *Tahiti-Pacifique Magazine*, juillet 2005.
- Faivre général M., « Création et évolution du 13e RDP (1960-1990) », *Cahiers du CEHD*, 2007.
- Feickert A., « US special forces : Background and issues for Congress », Congressional Research Service, 16 juillet 2010.
- Foot. R. D., *The SOE. 1940-1946*, Pimlico, 1999.
- Holeindre J.-V., « La ruse et les formes contemporaines de la guerre », *in* Ramel F. et Holeindre J.-V. (éd.), *La Fin des guerres majeures*, Economica, 2010.
- Johnson L. K., « Covert action : Secret attempts to shape history », *in* Johnson L. K., *National security intelligence*, Oxford University Press, 2010.
- Kibbe J. D., « The rise of shadow warriors », *Foreign Affairs*, 2004.
- Kibbe J. D., « Covert action and the Pentagon », *Intelligence and National Security*, 2007 (repris dans Andrew C., Aldrich R. J.. et Wark W. K. [éd.], *Secret Intelligence : A reader*, Routledge, 2008).
- Kibbe J. D., « Covert action, Pentagon style », *in* Johnson L. K. (éd.), *The Oxford handbook of national security intelligence*, Oxford University Press, 2010.
- Lanxade amiral J., « Le commandement des opérations spéciales », *Cahiers du CEHD*, 2007.
- Le Gallo A., « Covert action : A vital option in U.S. national security policy », *International Journal of Intelligence and Counterintelligence*, février 2007.
- Lowenthal M. M., « Covert action », *in* Lowenthal M. M., *Intelligence : From secrets to policy*, CQ Press, 2014.
- Marolles général A. de, « La tradition française de l'action invisible », *in* Lacoste amiral P. (éd.), *Le Renseignement à la française*, Economica, 1998.
- May E. R. et Zelikow P. D., *Dealing with dictators, dilemmas of US intelligence analysis 1945-1990*, MIT, 2006.

– Mistry K., « Approaches to understanding the inaugural CIA covert operation in Italy : Exploring useful myths », *Intelligence and National Security*, avril 2011.
– Muelle R., « Le 11e choc pendant la guerre d'Algérie », *Cahiers du CEHD*, 2007.
– Notin J.-C., *La Guerre de l'ombre des Français en Afghanistan. 1979-2011*, Fayard, 2011.
– Schultz R. H. et Tovar B. H., « Covert action », *in* Godson R. (éd.), *Intelligence requirements for the 1990's*, Lexington, 1989.
– Shulsky A. N. et Schmitt G. J., « Working behind the scenes : Covert action », *in* Shulsky A. N. et Schmitt G. J., *Silent warfare, understanding the world of intelligence*, Potomac, 2001.
– Stiefler T., « CIA's leadership and major covert operations : rogue elephant or risk-averse bureaucrats », *Intelligence and National Security*, décembre 2004.
– Weiner T., *The Legacy of ashes : The history of the CIA*, Doubleday, 2007.

LA LUTTE CONTRE LE TERRORISME

– Bigo D. et Walker R. B. J., « Le régime de contre-terrorisme global », *in* Bigo D., Bonelli L., Deltombe T. (éd.), *Au nom du 11 Septembre… Les démocraties à l'épreuve de l'antiterrorisme*, La Découverte, 2008.
– Bonditti P., « L'organisation de la lutte antiterroriste aux États-Unis », *Cultures and Conflits*, 2001.
– Cantegreil J., « Terrorisme et libertés, la voie française après le 11 Septembre », *En temps réel*, janvier 2005.
– Chouet A., « Le contre-terrorisme entre les paradoxes du renseignement et la tentation militaire », *Homeland and Global Security Forum*, novembre 2006.
– Chouet A., « Les services extérieurs face à la menace terroriste », *Défense*, novembre 2007.
– Cormac R., « Much ado about nothing : Terrorism, intelligence, and the mechanics of threat exaggeration », *Terrorism and Political Violence*, juin 2013.
– Delamotte B., *Question(s) d'intelligence. Le renseignement face au terrorisme*, Michalon, 2004.
– Delpech T., « Le terrorisme international et l'Europe », *Cahiers de Chaillot*, décembre 2002, n° 56.
– Frattini F., « Accountability of the intelligence and security agencies and human rights », symposium, La Haye, 7 juin 2007.
– Garapon A., « Les dispositifs antiterroristes de la France et des États-Unis », *Esprit*, août 2006.
– Hayez P., « Pour une lutte antiterroriste éthique », *Le Monde*, 19 février 2007.
– Hayez P., « Après le terrorisme, quels enjeux pour les services de renseignement ? », *Cahiers de la sécurité*, juillet 2010.
– Johnson C. et Pincus W., « Few clear wins in US anti-terror cases », *Washington Post*, 21 avril 2008.
– Murphy P. (éd.), « Pre-July context » et « The 7 July attacks : Was any intelligence missed or overlooked ? », rapport *London terrorist attacks on 7 July 2005, Intelligence and security committee*, mai 2006.

– Nesser P., « Toward an increasingly heterogeneous threat : A chronology of jihadist terrorism in Europe 2008-2013 », *Studies in Conflict and Terrorism*, avril 2014.
– Omand D., « Ethical guidelines in using secret intelligence for public security », *Cambridge Review of International Affairs*, décembre 2007.
– Omand D., « Sapientia : The public value of intelligence », *in* Omand D., *Securing the state*, Hurst, 2010.
– Omand D., « Les leçons tirées depuis le 11 Septembre », *Le Figaro*, 7 septembre 2011.
– Pollard N. A., « On counterterrorism and intelligence », *in* Treverton G. F. et Agrell W. (éd.), *National intelligence systems*, Cambridge University Press, 2009.
– Pollard N. A. et Sullivan J. P., « Counterterrorism and intelligence », *in* Dover R., Goodman M. et Hillebrand C. (éd.), *Routledge companion to intelligence studies*, Routledge, 2014.
– Rault C., « The French approach to counterterrorism », *Sentinel CTC*, janvier 2010.
– Secrétariat génáal de la défense nationale, « Prévenir le risque : surveiller, détecter, neutraliser », *La France face au terrorisme. Livre blanc sur la sécurité intérieure face au terrorisme*, La Documentation française, février 2006.
– Shapiro J. et Suzan B., « The French experience of counter-terrorism », *Survival*, printemps 2003.
– Sims J. E., « The contemporary challenges of counterterrorism intelligence », *in* Forrest J. J. F. (éd.), *Countering terrorism and insurgency in the 21st Century : International perspectives*, Praeger, 2007.
– Svendsen A. D. M., « Re-fashioning risk : Comparing UK, US and Canadian security and intelligence efforts against terrorism », *Defence Studies*, septembre 2010.
– Treverton G. F., « The intelligence of terrorism », *in* Jenkins B. M. et Godges J. (éd.), *The long shadow of 9/11 : America's response to terrorism* », juin 2011.

LE RENSEIGNEMENT CONFRONTÉ À LA CYBERDIMENSION

– Agence nationale de sécurité des systèmes d'information, *La Stratégie de la France en matière de cyberdéfense et cybersécurité*, février 2011.
– Arquilla J., « Twenty years of cyberwar », *Journal of Military Ethics*, avril 2013.
– Bockel J.-M., *La Cyberdéfense. Un enjeu mondial, une priorité nationale*, rapport d'information, Sénat, juillet 2012.
– Brantly A. F., « Defining the role of intelligence in cyber : A hybrid push and pull », *in* Phythian M. (éd.), *Understanding the intelligence cycle*, Routledge, 2013.
– Brantly A. F., « Cyber actions by state actors : Motivation and utility », *International Journal of Intelligence and Counterintelligence*, mai 2014.
– CSIS, *Significant cyber incidents since* 2006, août 2014.
– Clark R. M., « Cyber collection », Clark R. M., *Intelligence collection*, Sage Press, 2014.
– Clarke R. A. et Knacke R. K., *Cyberwar : The next threat to national security and what to do about it*, HarperCollins, 2010.
– Davies P. H. J., « Information warfare and the future of the spy », *Information, Communication and Society*, 1999.
– Intelligence and National Security Alliance, *Cyber intelligence : Setting the landscape for an emerging discipline*, septembre 2011.

- Lewis J. A., *Rethinking cybersecurity : A comprehensive approach*, CSIS, septembre 2011.
- Lewis J. A., *Thresholds for cyberwar*, CSIS, septembre 2010.
- Lewis J. A., *Conflict and negociation in cyberspace*, CSIS, février 2013.
- Libicki M. C., *Cyberdeterrence and cyberwar*, RAND, 2009.
- Lowenthal M. M., « The intelligence agenda : Transnational issues », in Lowenthal M. M., *Intelligence : From secrets to policy*, CQ Press, 2014.
- Porteous H., *Cybersecurity and intelligence : The US approach*, Canadian Library of Parliament, juin 2011.
- Rid T., « Espionage », *in* Rid T., *Cyberwar will not take place*, Hurst, 2013.
- Rid T. et Buchanan B., « Attributing cyberattacks », *Journal of Strategic Studies*, décembre 2014.
- Rollins J. et Henning A. C., *Comprehensive national cybersecurity initiative*, Congressional Research Service, mars 2009.
- Rosenbach E. et Peritz A. J., *Cyber security and the intelligence community*, Harvard Kennedy School, octobre 2010.
- Valeriano B. et Maness R., « The fog of cyberwar », *Foreign Affairs*, novembre 2012.
- Ventre D. *et al.*, « Au cœur de la cyberdéfense », numéro hors série de *Défense et sécurité internationale*, octobre 2013.
- Warner M., « Cybersecurity : A prehistory », *Intelligence and National Security*, octobre 2012.
- Williams C., Watson T. et Bryant I., « The fifth domain : Chaos and safety in an interconnected world », *Jane's Intelligence Review*, novembre 2012.

RENSEIGNEMENT ET DIPLOMATIE

- Alexander M., « Does better Intel improve foreign policy decisions ? », *RUSI Journal*, 1999.
- Albis T. d', « Ambassade et renseignement : l'impossible coordination », *L'ENA hors les murs*, octobre 2006.
- Fessard de Foucault B., « L'ambassadeur et le renseignement », *Revue de défense nationale*, avril 1999.
- Forcade O. et Laurent S., « Le renseignement au-delà des alliances, une "antidiplomatie" ? », *in* Forcade O. et Laurent S., *Secrets d'État. Pouvoirs et renseignement dans le monde contemporain*, Aramnd Colin, 2005.
- Georgy G., « La diplomatie française et le renseignement », *in* Lacoste amiral P. (éd.), *Le Renseignement à la française*, Economica, 1998.
- Hague W., « Securing our future », discours, F&CO, 16 novembre 2011.
- Herman M., « Diplomacy and intelligence », *Diplomacy and statecraft*, 1998.
- Herman M., « Intelligence and diplomacy », *in* Herman M., *Intelligence services in the information age*, F.Cass, 2001.
- Hilsman Jr R., « Intelligence and policymaking in foreign affairs », *World Politics*, octobre 1952.
- Marquis H., « L'espionnage britannique et la fin de l'Ancien Régime », *Histoire, économie et sociétés*, 1998.

- Mazzetti M., « US expands role of diplomats in spying », *New York Times*, 28 octobre 2010.
- Page M. et Spence J. E., « Open secrets questionable arrived at : The impact of Wikileaks on diplomacy », *Defence Studies*, août 2011.
- Pillar P. R., « Think again : Intelligence », *Foreign Policy*, 3 janvier 2012.
- Shpiro S., « Intelligence services and political transformation in the Middle East », *International Journal of Intelligence and Counterintelligence*, décembre 2004.
- Smith R. F., « Is it a pearl or a kidney stone : Embassy reporting and intelligence reform, from Moscow to Bagdad », *Intelligence and National Security*, décembre 2009.
- Stempel J. D., « Covert action and diplomacy », *International Journal of Intelligence and Counterintelligence*, mars 2007.
- Teixeira P., « Diplomatie et renseignement », *Mondes*, 2010, n° 2.

RENSEIGNEMENT ET DÉFENSE

- « Intelligence support to the warfighter », *Defense Intelligence Journal*, automne 1995.
- Arboit G., *La DRM a quinze ans. Les moyens d'une ambition ratée*, CFR2, décembre 2007.
- Ben-Israël I., « Brève histoire du renseignement militaire institutionnel », *in* Ben-Israël I., *Philosophie du renseignement. Logique et morale de l'espionnage*, Éditions de l'Éclat, 2004.
- Centre de doctrine et d'emploi des forces, dossier « Renseigner pour les forces », *Doctrine*, juin 2006.
- Chizek J. G., *Military transformation : Intelligence, surveillance and reconnaissance*, Congressional Research Service, 17 janvier 2003.
- Connable B., *Military intelligence fusion for complex operations : A new paradigm*, RAND, 2012.
- Coutau-Bégarie H., « Le renseignement dans les doctrines stratégiques françaises », *in* Lacoste amiral P. (éd.), *Le Renseignement à la française*, Economica, 1998.
- Elder G., « Intelligence in war : It can be decisive », *Studies in intelligence*, printemps 2006.
- Faivre général M., « Le renseignement militaire français dans le cadre de l'OTAN (1970-1985) », *in* Lacoste amiral P. (éd.), *Le Renseignement à la française*, Economica, 1998.
- Flynn général M. T. *et al.*, *Fixing intel : A blueprint for making intelligence relevant in Afghanistan*, Center for New American Security, janvier 2010.
- Gentry J. A., « Intelligence learning and adaptation : Lessons from counterinsurgency wars », *Intelligence and National Security*, mars 2010.
- Gudgin P., « Military intelligence in the future », *in* Gudgin P., *Military Intelligence : The British story*, Arms and Armour, 1989.
- Herman M., « Intelligence and the revolution in military affairs », *in* Herman M., *Intelligence services in the information age*, F.Cass, 2001.
- Herman M., « Why does military intelligence matters ? », communication, Oxford Intelligence Group (Nuffield College), octobre 2007.

– Hughes R. G., « Strategists and intelligence », *in* Dover R., Goodman M. et Hillebrand C. (éd.), *Routledge companion to intelligence studies*, Routledge, 2014.
– Johnson L. K., « The DCI and the eight-hundred-pound gorilla », *in* George R. Z. et Johnson L. K. (éd.), *Intelligence and national security strategist*, Rowman and Littlefield Publishers, 2005.
– Keegan J., « Strategic intelligence », *in* Keegan J., *Intelligence in war : Knowledge of the enemy from Napoleon to al-Qaeda*, Knopf, 2003.
– Lacoste amiral P., *Évolution du renseignement militaire et des autres formes de renseignement*, La Baille, 2007.
– Le Page J.-M., « Les services de renseignement français dans la bataille de Diên Biên Phu », *Notes du CEHD*, 2003.
– Masson général M., « Les défis du renseignement militaire », *Sécurité globale*, été 2008.
– Michaels J. H., « Agents for stability or chaos : Conceptualizing intelligence "relevance" in counterinsurgency », *Studies in Conflict and Terrorism*, février 2011.
– Notin J.-C., *La Guerre de la France au Mali*, Tallandier, 2014.
– Puga général B., « Le renseignement d'intérêt militaire : Enjeux et perspectives », dossier « Connaissance et anticipation », *Cahiers de Mars*, décembre 2008.
– Ranson général A., « Quel avenir pour le renseignement des armées ? », *Cahiers de la sécurité*, juillet 2010, n° 13.
– Russell R. L., « Tug of war : The CIA's uneasy relationship with the military », George R. Z. et Johnson L. K. (éd.), *Intelligence and national security strategist*, Rowman and Littlefield Publishers, 2005.

RENSEIGNEMENT ET ÉCONOMIE

– Cormac R., « Secret intelligence and economic security : The exploitation of a critical asset in an increasingly prominent sphere », *Intelligence and National Security*, février 2014.
– Davies P., « Economic intelligence », *in* Dover R., Goodman M. et Hillebrand C. (éd.), *Routledge companion to intelligence studies*, Routledge, 2014.
– Denécé E., *Les Mirages français de l'intelligence économique*, CF2R, février 2011.
– Hastedt G. P., « Seeking economic security through intelligence », *International Journal of Intelligence and Counterintelligence*, 1998.
– Juillet A., « Le renseignement économique en France », *Défense*, novembre 2007.
– Konstantopoulos I. L., « Macroeconomic espionage : Incentives and disincentives », *RIEAS Paper*, juin 2010.
– Lepri C., « Les services de renseignement en quête d'identité : quel rôle dans un monde globalisé ? », *Géoéconomie*, mars 2008.
– National Counterintelligence Executive, *Foreign spies stealing economic secrets on the Internet*, février 2011.
– Revel C., « L'intelligence économique, un principe de gouvernance », *L'ENA hors les murs*, juin 2014.

RENSEIGNEMENT ET POLITIQUE

– Berkowitz B. D., *Democracies and their spies*, Hoover Digest, 2003.
– Betts R. K., *Politicization of intelligence : Costs and benefits*, Columbia University, septembre 2002.

– Davis J., « Intelligence analysts and policymakers : Benefits and dangers of tensions in the relationship », *Intelligence and National Security*, décembre 2006.
– Drumheller T., *On the brink : An insider's account of how the White House compromised American intelligence*, Harper Collins, 2006.
– Ferro C., « Responsables politiques français et renseignement : vers une entente cordiale ? », *Revue de défense nationale*, juin 2013.
– Herman M., « The influence of intelligence Services on political decision-making : The JIC in Great-Britain », conference, Hans-Seidel Stiftung, décembre 2009.
– Kissinger H., « Misreading the Iran report, why spying and policymaking don't mix », *Washington Post*, 12 décembre 2007.
– Lacoste amiral P., « Pratique du pouvoir et renseignement », *Matériaux pour l'histoire de notre temps*, avril 2000.
– Leslau O., « The effect of intelligence on decisionmaking process », *International Journal of Intelligence and Counterintelligence*, juin 2010.
– L'Heuillet H., « Le renseignement ou l'impossible maîtrise de la politique », dossier « Le renseignement : État de droit, raisons d'État », *Cahiers de la sécurité intérieure*, IHESI, 1997.
– Lowenthal M. M., « The role of the policymaker », *in* Lowenthal M. M., *Intelligence : From secrets to policy*, CQ Press, 2014.
– Lowenthal M. M., « The policymaker intelligence relationship », *in* Johnson L. K. (éd), *The Oxford handbook of national security intelligence*, Oxford University Press, 2010.
– Lucas S., « Recognising politicization : The CIA and the path to the 2003 War in Iraq », *Intelligence and National Security*, avril 2011.
– Marrin S., « At arm's length or at the elbow ? Explaining the distance between analysts and decisionmakers », *International Journal of Intelligence and Counterintelligence*, automne 2007.
– Omand D., « Analysts and policymakers : idealists and realists » et « Intelligence failures : on not being surprised by surprise », *in* Omand D., *Securing the State*, Hurst, 2010.
– Pillar P. R., « The perils of politicization », *in* Johnson L. K. (éd.), *The Oxford handbook of national security intelligence*, Oxford University Press, 2010.
– Pillar P. R., « Politicization », *in* Pillar P. R., *Intelligence and US foreign policy*, Columbia University Press, 2011.
– SSCI, « Whether public statements regarding Iraq by US government officials were substantiated by intelligence information », US Senate, juin 2008.
– Steinhart A. et Avramov K., « Is everything personal ? Political leaders and intelligence organizations : A typology », *International Journal of Intelligence and Counterintelligence*, mai 2013.
– Vadillo F., « L'administration à l'épreuve du politique : politisation et personnalisation des services de renseignement et de sécurité de 1981 à 1995 », *Revue administrative*, décembre 2008.
– Vest J., « The recent past and future of intelligence politicization », *World Politics Review*, 2 février 2009.

* LE CONTRÔLE DES AGENCES DE RENSEIGNEMENT

- « Après l'affaire des vols de la CIA, l'Europe veut un meilleur contrôle des services secrets », *Le Monde*, 27 juin 2006.
- DNI, « Reporting intelligence activities to Congress », *Intelligence Community Policy Memo*, janvier 2006.
- UK Intelligence and Security Committee, rapports annuels 2007-2008 et suivants.
- Born H., *Contemporary challenges to the democratic oversight of intelligence services*, DCAF, avril 2008.
- Born H. et Leigh I., *Making intelligence accountable : Legal standards and best practice for oversight of intelligence agencies*, DCAF, 2005.
- Caparini M., « Controlling and overseeing intelligence services in democratic states », *in* Born H. et Caparini M. (éd.), *Democratic control of intelligence services : Containing the rogue elephant*, Ashgate, 2007.
- Gendron A., « Just war, just intelligence : An ethical framework for foreign espionage », *International Journal of Intelligence and Counterintelligence*, octobre 2005.
- Gill P., « Reasserting control : Recent changes in the oversight of the UK intelligence community », *Intelligence and National Security*, mars 1997.
- Glees A., Davies P. H. et Morrison J. L., *The open side of intelligence : The Britain's Intelligence and Security Committee*, Social Affairs Unit, 2006.
- Hastedt G., « The politics of intelligence accountability », *in* Johnson L. K. (éd.), *The Oxford handbook of national security intelligence*, Oxford University Press, 2010.
- Hillebrand C., « Intelligence oversight and accountability », *in* Dover R., Goodman M. et Hillebrand C. (éd.), *Routledge companion to intelligence studies*, Routledge, 2014.
- Ignatius D., « Intelligence oversight in free fall », *Washington Post*, 13 décembre 2007.
- Johnson L. K., « Secret spy agencies and a shock theory of accountability », *Occasional Papers*, University of Georgia, 2007.
- Johnson L. K., « The Church Committee investigation of 1975 and the evolution of modern intelligence accountability », *Intelligence and National Security*, avril 2008.
- Junghans P., « La nouvelle délégation parlementaire au renseignement va-t-elle améliorer l'efficacité des services ? », *Sécurité globale*, été 2008.
- Laurent S., « Les parlementaires français face à l'État secret et au renseignement sous les IVe et Ve Républiques : de l'ignorance à la politisation », *Cahiers de la sécurité*, juillet 2010.
- Kaiser F. M., *Congressional oversight of intelligence : Current structure and alternatives*, Congressional Research Service, février 2007.
- Lowenthal M. M., « Oversight and accountability » et « Ethical and moral issues », *in* Lowenthal M. M., *Intelligence : From secrets to policy*, CQ Press, 2014.
- McDonough D., Rudman M. et Rundlet P., *No mere oversight : Congressional oversight of Intelligence is broken*, Center for American Progress, juin 2006.
- Smidt W., *Geheimhaltung und Transparenz : Demokratische Kontrolle der Geheimdienste im internationalen Vergleich*, GKND, avril 2004.

– Urvoas J.-J. et Verchère P. *Rapport d'information sur l'évaluation du cadre juridique applicable aux services de renseignement*, Assemblée nationale, mai 2013.
– Vadillo F., « Une loi relative aux services de renseignement : l'utopie d'une démocratie adulte ? », Fondation Jean-Jaurès, avril 2012.
– Van Puyvelde D., « Intelligence accountability and the role of public interest groups in the United States », *Intelligence and National Security*, novembre 2012.
– Warusfel B., « Renseignement et État de droit », *Cahiers de la sécurité*, juillet 2010.
– Warusfel B., « Le renforcement du cadre juridique des services de renseignement », *L'ENA hors les murs*, juin 2014.
– Wetzling T. « The democratic control of intergovernmental intelligence cooperation », *DCAF Working Papers*, mai 2006.

Table

Ouvrage proposé par
Perrine Simon-Nahum

Cet ouvrage a été composé
en Electra et en Whitney
par Nord Compo
à Villeneuve-d'Ascq (Nord).

Achevé d'imprimer en mars 2015 sur rotative numérique Prosper
par Soregraph à Nanterre (Hauts-de-Seine).

Dépôt légal : avril 2015
N° d'édition : 7381-3241- X
N° d'impression : 14349

L'imprimerie Soregraph est titulaire de la marque
Imprim'vert® depuis 2004.

Imprimé en France